Zwischen Bilateralismus und Multilateralismus

Carsten Otto

Zwischen Bilateralismus und Multilateralismus

Japanische Sicherheitspolitik in Asien-Pazifik seit dem Ende des Ost-West-Konfliktes

PETER LANG
Frankfurt am Main · Berlin · Bern · Bruxelles · New York · Oxford · Wien

Die Deutsche Bibliothek - CIP-Einheitsaufnahme

Otto, Carsten:

Zwischen Bilateralismus und Multilateralismus : japanische Sicherheitspolitik in Asien-Pazifik seit dem Ende des Ost-West-Konfliktes / Carsten Otto. - Frankfurt am Main ; Berlin ; Bern ; Bruxelles ; New York ; Oxford ; Wien : Lang, 2002
Zugl.: Mainz, Univ., Diss., 2001
ISBN 3-631-39345-8

D 77
ISBN 3-631-39345-8

www.peterlang.de

Meinen Eltern

...if indeed the new world order is to be a peaceful one and safe – if we are to create a Concert of Nations which, even more than the Concert of Europe after the Napoleonic wars, can provide a durable multipolar balance of power – then, make no mistake, Japan will have a critical contribution to make."

(Rede des australischen Ministerpräsidenten Bob Hawke in Tokyo am 19. September 1990)

Vorwort

Die vorliegende Arbeit ist die aktualisierte Fassung meiner Dissertation, die im Februar 2001 beim Fachbereich Sozialwissenschaften der Johannes Gutenberg-Universität Mainz eingereicht wurde. Sie beruht auf Ergebnissen eines von der Deutschen Forschungsgemeinschaft geförderten Projektes zur Untersuchung der wirtschaftlichen und sicherheitspolitischen Kooperation in Asien-Pazifik, das am Mainzer Lehrstuhl für Politikwissenschaft unter der Leitung von Professor Dr. Manfred Mols zwischen 1997 und 2000 durchgeführt wurde. Die Grundlage der Untersuchung bilden zwei längere Forschungsaufenthalte in Japan in den Jahren 1997 und 1999. Als Forschungsbasis während meiner Zeit in Japan diente mir das Institute of Social Science („Shaken") an der Universität von Tokyo. Meinem dortigen Mentor, Professor Kiichi Fujiwara, sei an dieser Stelle nochmals für sein großes Engagement gedankt.

Viele Menschen haben mir in ganz verschiedener Weise ihre Unterstützung während der Entstehung des Manuskripts zuteil werden lassen. Mein Doktorvater Manfred Mols hat die Arbeit von der frühen Phase der Orientierung und Hypothesenbildung über die Diskussion der verschiedenen Sachinhalte bis zur Erstellung des abschließenden Manuskriptes stets aufmerksam-interessiert und kritisch-gewissenhaft begleitet. Einen ganz besonderen Dank möchte ich meinem Freund und langjährigen Kollegen, Jörn Dosch, auszusprechen. Wie in unseren vorangegangenen Projekten hat er auch in diesem durch sein Verständnis, sein Engagement, seine breite Sachkenntnis, seine Herzlichkeit und durch seine Hilfsbereitschaft einen ganz besonderen Anteil am Gelingen dieser Arbeit. Danken möchte ich weiterhin meinen ehemaligen Kollegen am Mainzer Lehrstuhl für Politikwissenschaft Jörg Faust, Christoph Wagner und Hartmut Behr. Sie haben sich die Zeit genommen, Forschungsansatz und Teilergebnisse der Arbeit mit mir zu diskutieren. Ihren kritschen Anregungen verdanke ich sehr viel!

Für die wertvollen und anregenden Diskussionen sowie für die vielfältigen Informationen möchte ich mich zudem ausdrücklich bei folgenden Personen bedanken: Zunächst ist hier Seine Exzellenz Botschafter a.D., Sonderberater des japanischen Außenministers, Mitsuro Donowaki, zu nennen. Sein Interesse an meinem Thema, die unschätzbare Hilfe, die er mir bei der Vermittlung vieler Gesprächspartner im Außen- und im Verteidigungsministerium gewährt hat sowie die vielen Stunden intensiver und offener Gespräche haben mich nicht nur rasch inhaltlich vorankommen lassen. Sie waren außerdem der Zugang zu bis dahin nicht gekannten Aspekten erlebter japanischer Nachkriegsgeschichte sowie Brücke zu einem erweiterten Verständnis japanischer Sicherheitspolitik. Weiterhin ist es mir ein wichtiges Anliegen, mich nun auch in dieser Weise bei Reinhard Drifte (University of Newcastle), Kentaro Fujimoto (japanisches Außenministerium), Masashi Nishihara (Japan Defense Akademy) Toshiya Hoshino (Japan Institute of International Affairs) und Yoshihide Soeya (Keio University) bedanken zu dürfen. Auch sie haben mich unterstützt und an meiner Forschung aktiv und interessiert teilgenommen.

Danksagen möchte ich schließlich den Personen, die auf ihre Weise und in ihren ganz unterschiedlichen Funktionen zum Gelingen dieser Arbeit beigetragen haben. Sie stehen stellvertretend für all jene, die nicht namentlich genannt werden können: Claudia Derichs, Akiko Fukushima, Yoichi Funabashi, Gulie Gilson, Carolina Hernandez, Gebhard Hielscher, Roderick Kaim, Tsutomu Kikuchi, Ellis Krauss, Hideya Kurata, Yoshiki Mine, Axel Misch, Akitoshi Miyashita, Alfredo Robles, Yoshitaka Sasaki, Seizaburo Sato, Norodom Sirivudh, Hadi Soesastro, Paul Stares, Megumi Suezawa, Frank Umbach, Akio Watanabe, Ippei Yamazawa sowie die Bibliothekarinnen der United Nations University Library, Tokyo.

Am Schluß dieser Aufzählung und doch eigentlich ganz vorne steht meine Partnerin Alexandra Wolf. Der Oskar geht an sie. Sie war zu jeder Zeit erster Diskussionspartner und Prüfstein eines neuen Argumentsschrittes. Sie hat mich in allen kritischen und weniger kritischen Phasen bedingungslos unterstützt. Ihre Verdienste am erfolreichen Abschluß des Projektes sind gar nicht aufzählbar.

Waldalgesheim (Bingen), im Mai 2002

Inhalt

Abkürzungsverzeichnis

ACSA	Acquisition and Cross-Servicing Agreement
ADB	Asian Development Bank
APEC	Asia Pacific Economic Cooperation
ARF	ASEAN Regional Forum
ARF-ISG	ARF Intersessional Support Group
ARF-ISM	ARF Intersessional Meetings
ARF-MM	ARF Ministerial Meetings
ARF-SOM	ARF Senior Official Meetings
ASDF	Air Self-Defense Forces
ASEAN	Association of South East Asian Nations
ASEAN-ISIS	ASEAN Institutes of Strategic and International Studies
BAHI	Bilateraler Ansatz – Hoher Institutionalisierungsgrad
BANI	Bilateraler Ansatz – Niedriger Institutionalisierungsgrad
BPND	Basic Policy for National Defense
CBM	Confidence Building Measures
CRG	Constitutional Research Group
CS	Comprehensive Security
CSCAP	Council for Security Cooperation in the Asia-Pacific
EEZ	Exclusive Economic Zone
ECSCAP	European CSCAP
FEC	Far Eastern Commission
GATT	General Agreement on Tariffs and Trade
GHQ	General Headquarters
GS	Gesetz über die Selbstverteidigungsstreitkräfte
GSDF	Ground Self-Defense Forces
GUS	Gemeinschaft Unabhängiger Staaten
HNS	Host Nation Support
IAEA	International Atomic Energy Agency

IMB	International Maritime Bureau
IMF	International Monetary Fond
IPPD	International Policy Planning Division (JDA)
IWF	Internationaler Währungsfonds
JDA	Japan Defense Agency
JICA	Japan International Cooperation Agency
JIIA	Japan Institute of International Affairs
JNP	Japan New Party
LRP	Japan Renewal Party
KEDO	Korean Peninsula Energy Development Organization
KEPCO	Korea Electric Power Corporation
KSZE	Konferenz für Sicherheit und Zusammenarbeit in Europa
KVAE	Konferenz über Vertrauensbildende Maßnahmen und Abrüstung in Europa
LDP	Liberal Democratic Party
LWR	Leichtwasserreaktoren
MAHI	Multilateraler Ansatz – Hoher Institutionalisierungsgrad
MANI	Multilateraler Ansatz – Niedriger Institutionalisierungsgrad
MITI	Ministry of International Trade and Industry
MMEDSEA	Ministerial Conference on the Economic Development of Southeast Asia
MOF	Ministry of Finance
MOFA	Ministry of Foreign Affairs
MSA	Maritime Safety Agency
MSDF	Maritime Self-Defense Forces
NAESED	North East Asia Security Dialogue
NAFTA	North American Free Trade Area
NATO	North Atlantic Treaty Organization
NDPO	National Defense Program Outline
NEACD	North East Asia Cooperation Dialogue

NPT	Nonproliferation Treaty
NSPD	National Security Policy Division (MOFA)
ODA	Official Development Assistance
OECD	Organization for Economic Cooperation and Development
OSZE	Organisation für Sicherheit und Zusammenarbeit in Europa
OMA	Orderly Market Agreements
PAFTA	Pacific Free Trade Area
PAFTAD	Pacific Trade and Development Conference
PBEC	Pacific Economic Cooperation Council
PECC	Pacific Economic Cooperation Council
PKO	Peacekeeping Operations
PMC	Post Ministerial Conferences
RIMPAC	Rim of the Pacific Exercise
SACO	Special Action Committee on Okinawa
SCAP	Supreme Comander for the Allied Powers
SCC	Japan-U.S. Security Consultative Committee
SDC	Subcommittee for Defense Cooperation
SDF	Self-Defense Forces
SDP	Social Democratic Party
SII	Structural Impediments Initiative
TAC	Treaty of Amity and Cooperation in Southeast Asia
TMD	Theater Missile Defense
UN-PKO	United Nations Peace-Keeping-Operations
UNTAC	United Nations Transitory Administration in Cambodia
UNTAET	United Nations Administration in East Timor
VER	Voluntary Export Restraints
VBM	Vertrauensbildende Maßnahmen
WTO	World Trade Organization

TEIL I: KONZEPTIONELLE GRUNDLAGEN

1. Einführung

1.1. Problemstellung und Forschungsanliegen

Am 29. Oktober 2001 hat das japanische Parlament vor dem Hintergrund der Terroranschläge auf das World Trade Center vom 11. September ein Gesetz beschlossen, welches erstmals in der Nachkriegsgeschichte Japans die Entsendung von Streitkräften (*Self-Defense Forces*, SDF) zu out-of-area Einsätzen im Kampf gegen den Terrorismus vorsieht.[1] Diese nicht zu unterschätzende Entscheidung stellt den vorläufig letzten Schritt einer Entwicklung der ökonomischen Supermacht Japan hin zu einem auch im Sachbereich Sicherheit handlungswilligen und international anerkannten Akteur dar.[2]

Dabei galt Japan (und gilt vielen bis heute) gemeinhin als Sonderfall unter den ökonomisch machtvollen Akteuren in der internationalen Politik: Denn das Land agiert trotz seiner herausragenden weltwirtschaftlichen Bedeutung, seiner schlagkräftigen Armee sowie seines hohen Rüstungspotentials in sicherheitspolitischen Fragen nur mit großer Zurückhaltung und bindet sich in diesem Politikfeld eng an seinen Allianzpartner USA. Die Außen- und Sicherheitspolitik Japans wird daher oft als „reaktiv"[3] oder als allein auf wirtschaftliche Interessen zugeschnitten charakterisiert. Sie erhält dadurch ein Stigma, das sich durch die Unentschlossenheit und Entscheidungsängstlichkeit der japanischen Regierung in internationalen Krisen immer wieder zu bestätigen scheint.[4] Japans zögerliche Haltung im Zweiten Golfkrieg 1990/91 diente vielen Beobachtern als weiterer Beweis für das vom amerikanischen

---

[1] Vgl.: „Japan darf künftig an Kriegen teilnehmen", Financial Times Deutschland, 19.10.2001.

[2] Das Gesetz wird in Japan äußerst kontrovers diskutiert. Zur Einschätzung des Gesetzes in der japanischen Presse vgl.: „Diet Passes Antiterrorism Special Measures Law": Foreign Press Center Japan.Im Internet unter: http://www.fpcj.jp/e/shiryo/jb/0145.html.

[3] Das Konzept des reaktiven, erst auf äußeren Druck reagierenden Staates stammt von Kent Calder. Vgl. hierzu: Ders.: Japanese Foreign Economic Policy Formation: Explaining the Reactive State, in: Word Politics, Vol. 15, No. 4, July 1988, S. 517-541.

[4] Vgl. auch: Kerde, Ortrud/ Pauer, Erich: Japanische Außenpolitik: Im Fernen Osten nichts Neues, in: von Bredow, Wilfried/ Jäger, Thomas (Hrsg.): Japan, Europa, USA. Weltpolitische Konstellationen der 90er Jahre. Opladen 1994, S. 211-230.

Außenminister *James Baker* als ‚Scheckbuch-Diplomatie' bezeichnete Unvermögen der asiatischen Großmacht, sich jenseits des Einsatzes ökonomischer Instrumente an der Regelung von Konflikten zu beteiligen.[5] Insbesondere von Japan wurde nach dem Ende des Ost-West-Konfliktes erwartet, daß die wirtschaftliche Supermacht nun rasch, befreit von strukturellen Zwängen, eine wie auch immer geartete „neue Rolle"[6] und ein bestimmteres sicherheitspolitisches Profil einnehmen werde. Diese Einschätzungen erwiesen sich jedoch als falsch oder als zumindest verfrüht.

Dennoch: Die durch den Konflikt am Golf erstmals scharf hervorgetretenen neuen weltpolitischen Realitäten, die harsche internationale Kritik am japanischen Beitrag zur Lösung der Krise sowie eine sich vor dem Hintergrund neuer Herausforderungen verändernde Haltung der Öffentlichkeit und der Eliten haben einen *Wandel* der japanischen Sicherheitspolitik ausgelöst. Die Ursachen und den Prozeß dieses Wandels darzustellen sowie die damit einhergehenden Strategien Japans zu analysieren und diese in den Gesamtzusammenhang einer aktiven japanischen Sicherheitspolitik nach dem Ost-West-Konflikt einzubetten, ist daher das Anliegen dieser Arbeit. Die Beantwortung folgender Fragen steht dabei im Mittelpunkt der Untersuchung:

---

5 Vgl.: McDougall, Derek: The International Politics of the New Asia Pacific. Boulder 1997, S. 39. Japan hatte im Verlauf der Krise ablehnend auf den Wunsch der USA reagiert, Friedenstruppen in die Golfregion zu entsenden und die unter UN-Mandat stehenden militärischen Kontingente vieler Staaten zu unterstützen. Die japanische Regierung beschränkte sich darauf, finanzielle Hilfe zu leisten und kam mit insgesamt 13 Millionen US$ letztlich für 20% der gesamten Kosten der Operation am Golf auf.

6 Insbesondere die Frage nach der künftigen wirtschaftlichen und sicherheitspolitischen Rolle Japans, nach seinem Platz im Gefüge der Großmächte und seinen Möglichkeiten, Führung auszuüben, wurde schon früh gestellt. Für eine Auswahl vgl.: Okita, Saburo: Japan's Quiet Strength, in: Foreign Policy, Vol. 75 (Summer 1989), S. 128-145; Tanaka, Heizo: Japan's Role and Responsibilities in the World Economic System, in: The Washington Quarterly, Vol. 13, No. 3 (Summer 1990), S. 107-120; Gilpin, Robert: Where Does Japan Fit In?, in: Newland, Kathleen (Hrsg.): The International Relations of Japan. London 1990, S. 5-22; Owada, Hisashi: The Japanese Role in the Security of East Asia, in: Grove, Eric: Global Security. North American, European and Japanese Interdependence in the 1990s. (Brassey's Atlantic Commentaries, No. 5), London 1991, S. 3-18; Pyle, Kenneth: The Japanese Question. Power and Purpose in a New Era. Washington 1992; Dobson, Wendy: Japan's Role in the World. (Centre for Japan Studies at ISIS Malaysia), Kuala Lumpur 1992; Inoguchi, Takashi: Japan's role in international affairs, in: Survival, Vol. 34, No. 2 (Summer 1992), S. 71-87. Die Flut dieser Arbeiten hat Chalmers Johnson zu einem lesenswerten Artikel veranlaßt: Ders.: Japan in Search of a „Normal" Role, in: Deadalus, Vol. 121, No. 4 (Fall 1992), S. 1-33.

Mit welchen sicherheitspolitischen Strategien tritt Japan heute als internationaler Akteur in Erscheinung? Welche Aufgaben erfüllen diese Strategien im Gesamtzusammenhang japanischer Sicherheitspolitik in Asien-Pazifik? Welche Rolle spielen hierbei die Konzepte des Bilateralismus und des Multilateralismus?

Etwa seit Ende des Ost-West-Konfliktes ist eine Veränderung der sicherheitspolitischen Außenbeziehungen Japans erkennbar. Bis dahin war Japan in Asien-Pazifik militärisch-diplomatisch fast ausschließlich im Rahmen seiner Allianz mit den USA in Erscheinung getreten. Mit Ausnahme des japanischen Konzeptes der *Comprehensive Security*, welches es erlaubte, Sicherheitspolitik im weiteren Kontext primär wirtschaftlicher („unverdächtiger“) Einflußnahme zu organisieren, war eine offene und unverdeckte Teilnahme oder gar eine eigenständige Rolle Japans bei der Bearbeitung vitaler strategischer Problemfelder in Asien-Pazifik nicht zu erkennen. Insbesondere die auf den früheren japanischen Militarismus zurückzuführenden Vorbehalte seiner Nachbarn schienen den bewußten Verzicht auf eine unilaterale Verfolgung nationaler Interessen jenseits des Rahmens seiner Allianz mit den USA nahezulegen. Dies um so mehr, als diese für alle Seiten günstige Rahmenbedingungen geschaffen hatte: So bot sie den asiatisch-pazifischen Staaten zum einen Schutz *vor* Japan. Zum andern war sie für Japan selbst sowohl Garant *für* die eigene Sicherheit als auch für den Erfolg seines wirtschaftlichen Aufhol- und Überholprozesses. Denn als anti-militaristischer Staat mit einer international einzigartigen Verfassung, welche den Krieg sogar als Mittel der Selbstverteidigung zu verbieten schien und die damit eigene offensive Rüstungsanstrengungen eo ipso ausschloß, war Japan auf den strategischen Schutz der USA angewiesen. Frei gewordene Ressourcen konnten somit leichter für den Ausbau der ökonomischen Vorrangstellung eingesetzt werden, die jedoch auch einher ging mit einer Vernachlässigung einer eigenständigen sicherheitspolitischen oder diplomatischen Rolle Japans in Asien-Pazifik.

Während sich Japan während des Ost-West-Konfliktes zwar aktiv am Aufbau eines wirtschaftlichen Multilateralismus in Asien-Pazifik beteiligt hatte, ansonsten aber lediglich im eng umrissenen Rahmen seiner Allianz mit den USA bzw. indirekt im Rahmen des Konzeptes der Comprehensive Security in Erscheinung getreten war, begannen seine Entscheidungsträger mit Beginn der 90er Jahre und vor dem Hintergrund einer Reihe von extern-strukturellen sowie internen Herausforderungen eine Änderung der überkommenen Sicherheitspolitik voranzutreiben. Dies zeigte sich zunächst in der sukzessiven Förderung multilateral organisierter Sicherheitsdialoge in Asien-Pazifik auf unterschiedlichen diplomatischen Ebenen: 1993 wurde mit japanischer Unterstützung das *ASEAN Regional Forum* (ARF) gegründet, welches das derzeit umfassendste multilaterale sicherheitspolitische Kooperationsforum auf gouvernementaler Ebene in Asien-Pazifik darstellt. Im gleichen Jahr wurde mit der Gründung des *Council for Security Cooperation in the Asia-Pacific* (CSCAP) das wichtigste nicht-staatliche Unterstützungsforum des ARF ins Leben gerufen. Die aufgrund vielschichtiger politischer Frustrationen auf japanischer sowie auf amerikanischer Seite zeitweilig drohende Möglichkeit eines Auseinanderbrechens der Allianz mündete daneben in einen von Japan ganz wesentlich vorangetriebenen Umbau des Verteidigungsbündnisses und dessen Anpassung an gewandelte strategische Rahmenbedingungen in Asien-Pazifik. Zugleich wurden verteidigungspolitische Kontakte zu Schlüsselakteuren in der Großregion wie etwa China, Korea oder Rußland etabliert bzw. ausgebaut und mit der Teilnahme an KEDO (Korean Peninsula Energy Development Organization) sowie an Friedenserhaltenden Maßnahmen der Vereinten Nationen die Entschlossenheit zur Teilhabe an der Gestaltung der sicherheitspolitischen Rahmenbedingungen in Asien-Pazifik demonstriert. Mithin ist heute eine japanische Politik erkennbar, die sich nicht nur in verstärkten und intensivierten bilateralen, sondern auch in der bewußten Förderung multilateraler Strategien ausdrückt.

Diese Entwicklungen in der japanischen Sicherheitspolitik seit Ende des Ost-West-Konfliktes verlaufen quer zu der in großen Teilen der Forschung noch immer bestehenden Grundannahme vom reaktiven, minimalistischen und überwiegend passiven internationalen Akteur Japan, welchem es in erster Linie auf die Sicherung seiner ökonomischen Position ankomme und der es bislang vermieden habe, seiner Stellung als wirtschaftliche Supermacht eine entsprechende militärische Komponente hinzuzufügen. Das *Ziel* dieser Arbeit besteht nun darin, den Leser für die unterschiedlichen Facetten des japanischen Außenverhaltens zu sensibilisieren und das empirische Phänomen „japanische Sicherheitspolitik" in toto zu erfassen. Das *Erkenntnisinteresse* konzentriert sich hierbei zum einen insbesondere auf die Neugestaltung der Sicherheitspolitik Japans sowohl in bezug auf multilaterale Konzepte als auch im bilateralen Rahmen der Allianz mit den USA nach dem Ende des Ost-West-Konfliktes. Hier werden Anstrengungen des asiatischen Wirtschaftsgiganten erkennbar, trotz einer Reihe hemmender innerer und externer Faktoren Einfluß auf die Gestaltung der veränderten sicherheitspolitischen Rahmenbedingungen in Asien-Pazifik zu nehmen. Zum andern ist zu zeigen, mit welchen unterschiedlichen Strategien diese Ziele bislang verwirklicht werden und welche Aufgaben sie im einzelnen als Bestandteil einer aktiven japanischen Sicherheitspolitik erfüllen. Ausgehend von der *Grundthese* eines aktiven japanischen Staates werden vor dem Hintergrund sowohl normenbedingt-endogener als auch exogener Einflußfaktoren insgesamt vier idealtypische[7] Strategien japanischer Sicherheitspolitik konstruiert. Die diesen Strategien zugrundeliegenden Interessen und Ziele seitens der japanischen Akteure werden dann im Verlauf der Arbeit eingehend analysiert und abschließend diskutiert.

Hierzu wird wie folgt vorgegangen: Nachdem im *ersten Teil* die konzeptionellen Grundlagen der Untersuchung entwickelt und vorgestellt werden, dient der *zweite Teil* der Arbeit einem Überblick über die normativ-institutionellen und die historischen Ausgangsbedingungen japanischer Sicherheitspolitik. Hier werden die japanische Verfassung, die japanisch-amerikanische Allianz und das japanische Konzept der Comprehensive Security als bis heute gültige normative Grundlagen japanischer Sicherheitspolitik vorgestellt. Ein sich daran anschließendes historisches Kapitel zur Entwicklung sowie zu den Grundtendenzen und Orientierungen japanischer Sicherheitspolitik während des Ost-West-Konfliktes dient dann als Hintergrund der im weiteren Gang der Arbeit aufzuzeigenden Veränderungen des japanischen Außenverhaltens in der asiatisch-pazifischen Großregion. Der *dritte Teil* schließlich untersucht die internen und externen Rahmenbedingungen japanischer Sicherheitspolitik seit dem Ende des Ost-West-Konfliktes. Hier werden zunächst die maßgeblichen Teilnehmer am sicherheitspolitischen Entscheidungsprozeß und ihre Stellung innerhalb des japanischen Institutionengefüges dargestellt. Anschließend folgt eine umfassende Analyse sowohl der von außen als auch von innen die japanische Sicherheitspolitik beeinflussenden Faktoren. Damit ist der unmittelbare Hintergrund für die im *vierten Teil* der Arbeit erfolgende Darstellung der multi- und bilateralen Strategien Japans entworfen. Dessen Aufbau orientiert

---

7 Ich orientiere mich hier an Max Webers Verständnis des Idealtypus, in: Ders.: Wirtschaft und Gesellschaft. Grundriß der verstehenden Soziologie. Tübingen 1976[5], § 11, S. 9-11.

sich an den in Kapitel III geschilderten Idealtypen japanischer Sicherheitspolitik. Die einzelnen Kapitel des vierten Teil untersuchen den japanischen Beitrag zur jeweiligen Strategie und beschreiben dessen Rolle innerhalb der Sicherheitspolitik Japans. Die gewonnenen Einzelerkenntnisse werden in einem abschließenden Kapitel zu einem Gesamtbild japanischer Sicherheitspolitik zusammengefügt.

Diese Arbeit beruht auf der folgenden *Daten- und Materialbasis*:

1. Öffentlich zugängliche wissenschaftliche Literatur aus deutschen und aus japanischen Bibliotheken.
2. Zeitungen und Zeitschriften aus Japan.
3. Interviews und Gespräche in Tokyo und anderen Städten während zweier Japanaufenthalte von September bis Dezember 1997 sowie von März bis Juli 1999. Gesprächspartner waren Senior Officials und Beamte des japanischen Außenministeriums und des Verteidigungsamtes, aber auch Experten an Universitäten und führenden Think Tanks sowie Journalisten der großen japanischen Tageszeitungen. Da einige Gesprächspartner darum baten, namentlich nicht genannt zu werden, wurde ein Teil der Interviews anonymisiert.
4. Gespräche mit Experten während Konferenzen und Roundtables zu Fragen asiatisch-pazifischer Sicherheit in England, Schweden, den Philippinen und in Japan.
5. Maschinelle Manuskripte und Kopien von Dokumenten, die mir in Japan von universitärer Seite, von Journalisten oder von Mitarbeitern des japanischen Außenministeriums zur Verfügung gestellt wurden.

Der *Untersuchungszeitraum* der Arbeit erstreckt sich prinzipiell von 1945 bis Ende 2000 wobei der Schwerpunkt auf der Dekade nach dem Ende des Ost-West-Konfliktes liegt. Während dieser Zeit haben sich die vorfindbaren Strategien Japans entwickelt und lassen sich gegenüber dem vorangegangenem Zeitraum seit Ende des Zweiten Weltkrieges eindeutig abgrenzen. Wichtige, außerhalb dieses Zeitraumes liegende Ereignisse und Entwicklungen wurden jedoch ebenfalls integriert. Zum Abschluß ist es geboten, eine kurze Information hinsichtlich der „natürlichen" Grenzen dieser Arbeit voranzustellen. Die vorliegende Untersuchung ist eine Analyse der sicherheitspolitischen Positionen Japans zu den vorgestellten bi- und multilateralen Strategien in Asien-Pazifik sowie der hierfür bedeutsamen externen und internen Rahmenbedingungen. Sie zielt jedoch *nicht* ab auf die detaillierte Analyse der spezifischen innenpolitischen und innerhalb der japanischen Eliten stattfindenden Entscheidungsprozesse sowie auf deren Effekte auf die jeweiligen Strategien. Ein solches Vorhaben hätte den Rahmen dieser Arbeit bei weitem gesprengt.

Der zentrale Untersuchungsgegenstand dieser Arbeit ist die Sicherheitspolitik Japans. Was jedoch *Sicherheit* ist, wird äußerst kontrovers diskutiert. Während ein Großteil der beschreibenden Literatur zur japanischen und asiatisch-pazifischen Sicherheitspolitik entweder keine Präzisierung des Begriffs vornimmt oder ein implizites Verständnis vorauszusetzen scheint,[8] variiert im Bereich des Faches Internationale Beziehungen das Verständnis je nach theoretischem Standort des Betrachters. *Muthiah Alagappa* findet daher mehr als 30 Adjektive, die sich mit dem Begriff der Sicherheit verbinden und ihm unterschiedlichste Träger, Werte und Ansätze zuweisen.[9] Nach *Daniel Frei* ist Sicherheit zunächst ein „gesellschaftliches Wertsymbol."[10] Ähnlich argumentiert etwa *Arnold Wolfers*, der Sicherheit als amorph und von vieldeutigem Inhalt bezeichnet und den Begriff allgemein beschrieben hat als das Nichtvorhandensein von Gefahren für erworbene Werte.[11] Insbesondere Vertreter der neorealistischen Theorieschule der Internationalen Beziehungen favorisieren einen engen Sicherheitsbegriff. So definiert etwa *Stephen Walt* die Aufgabe der Analyse internationaler Sicherheit als „the study of the threat,

---

[8] Als eine Auswahl mögen genügen: McDougall 1997; Morrison, Charles (Hrsg.): Asia-Pacific Security Outlook 1997. Honolulu 1997; Mandelbaum, Michael (Hrsg.): The Strategic Quadrangle. Russia, China, Japan and the United States in East Asia. New York 1995; Matthews, Ron/ Matsuyama, Keisuke (Hrsg.): Japan's Military Renaissance? New York 1993; Sase, Masamori: Japanische Sicherheitspolitik nach dem Kalten Krieg, in: Österreichische Militärische Zeitschrift, 34 3, Mai-Juni 1996, S. 293-300; Akaha, Tsuneo: Japanese Security Policy in Post-Cold War Asia, in: Kwak/ Olsen 1996, S. 9-40. Dibb, Paul: Towards a New Balance of Power in Asia. Adelphi Paper 295. Oxford/ New York 1995.

[9] Vgl.: Alagappa, Muthiah: Conceptualizing Security: Hierarchy and Conceptual Travelling, in: Ders. (Hrsg.): Asian Security Practice Material and Ideational Influences. Stanford 1998, S. 677-697 (694-695).

[10] Frei, Daniel: Sicherheit. Grundfragen der Weltpolitik. Stuttgart/ Berlin/ Köln/ Mainz 1977, S. 9.

[11] Vgl.: Wolfers, Arnold: National Security as an Ambiguous Symbol, in: Ders. (Hrsg.): Discord and Collaboration. Essays on International Politics. Baltimore 1962, S. 147-165 (150).

use, and control of military force."[12] Darüber hinaus findet lediglich eine marginale Ausweitung des Untersuchungsgegenstandes – innerhalb der Prämissen des Neorealismus – statt, wenn davon ausgegangen wird, Sicherheit beziehe sich auf „the threat, use and management of military force, and closely related topics."[13]

Bis heute gibt es keine Standarddefinition von Sicherheit, und unterschiedliche Theorieschulen betonen unterschiedliche Dimensionen des Begriffs.[14] Für diese Arbeit soll daher von folgenden Beobachtungen ausgegangen werden: Der Staat nimmt nach wie vor eine zentrale Rolle bei der Gewährleistung, der Gestaltung oder beim Setzen notwendiger Rahmenbedingungen von Sicherheit ein. Trotz des Erscheinens und der wachsenden Bedeutung gesellschaftlicher und transnationaler Akteure ist er nach diesem Verständnis mächtigster Akteur auf nationaler und internationaler Ebene[15] und bleibt daher sowohl der Ausgangs- als auch der Endpunkt von Sicherheit. Zwar beeinflussen transnationale Netzwerke seine Fähigkeit zu unabhängigem Handeln. Ungeachtet der Frage, ob der Staat im Nuklearzeitalter seine Schutzfunktion tatsächlich noch erfüllen kann, bleibt er jedoch letztlich die alleinige und mächtigste Form der Ausübung souveräner militärischer Macht.

Bei der Frage nach dem *Gegenstandsbereich* von Sicherheit haben insbesondere Vertreter des Neorealismus das physische Überleben des Staates[16] sowie den Erhalt seiner *core values*, wie der Souveränität und territorialen Integrität,[17] betont. Da der Staat als mächtigster Herrschaftsverband in seinem Territorium gilt und zudem über das Monopol der „legitimen physischen Gewaltsamkeit"[18] verfügt, schließt ein solches Verständnis den Aspekt der

---

[12] Walt, Stephen: The Renaissance of Security Studies, in: International Studies Quarterly, Vol. 35, No. 2 (1991), S. 211-239 (212).

[13] Shultz, Richard/ Godson, Roy/ Greenwood, Ted (Hrsg.): Security Studies for the 1990s. New York 1993, S. 2-3.

[14] Für die bislang umfassendste Diskussion vgl.: Alagappa Muthiah: Rethinking Security: A Critical Review and Appraisal of the Debate, in: Ders. 1998, S. 27-64.

[15] Vgl.: Waltz 1979, S. 85; Gilpin, Robert: War and Change in World Politics. Cambridge 1981, S. 116-123.

[16] Vgl.: Waltz 1979, S. 126.

[17] Vgl.: Wolfers 1962, S. 154-155.

[18] So die klassische Definition in Max Webers Schrift „Politik als Beruf", abgedruckt in: Winckelmann, Johannes (Hrsg.): Max Weber. Gesammelte Politische Schriften 1988^5, S. 505-560 (506).

innerstaatlichen Bedrohung von Sicherheit per definitionem aus. Dieser Argumentationsstrang übersieht indes, daß Werte und Gefahren nicht nur objektiv gegeben sind, sondern ebenso von Akteuren endogen durch spezifische Interessen, Wahrnehmungen und Werthaltungen erzeugt werden. Er ignoriert auch den Einfluß ethnischer, religiöser und sozialer Konflikte oder die Auswirkungen von Umweltdegradierung und wirtschaftlichen Einflußfaktoren auf die politische Stabilität des Staates und damit auf die Grundlagen seiner Sicherheit.[19]

In Anlehnung an *Barry Buzan*[20] und unter Ergänzung zentraler Kriterien soll *Sicherheit* im folgenden verstanden werden als die Abwesenheit von innerer und äußerer Gefahr für die Werte des Staates und damit seiner Bevölkerung. Dies bedeutet in letzter Konsequenz physisches Überleben, zumindest aber den Erhalt der sozialen und materiellen Rahmenbedingungen. *Sicherheitspolitik* ist daher jene Politik des Staates, welche auf den Erhalt günstiger innerer und externer Rahmenbedingungen sowie auf die Abwehr von Bedrohungen für sein physisches Überleben abzielt, wobei dies prinzipiell nicht nur von militärischen, sondern auch von politischen, wirtschaftlichen, sozialen und ökologischen Faktoren beeinflußt wird.

Sicherheitspolitische Kooperation ist – nicht nur im Rahmen neorealistischer Ansätze – umstritten und steht oft im Verdacht, ein Instrument der Selbsthilfe des Gegners zu sein.[21] Als staatsrechtlich-völkerrechtliche Kategorie[22] im Jahr 1860 durch *Robert von Mohl* eingeführt, wurde internationale Kooperation zunächst als normativ-idealistischer Ansatz „zur Pflege der internationalen Gemeinschaft“[23] konzipiert. In einem neutralen Verständnis bezeichnet Kooperation zunächst jede Form staatlicher oder transnationaler Zusammenarbeit. Im Rahmen dieser Arbeit ist jedoch grundsätzlich zu unterscheiden

---

19 Vgl.: Dupont, Alan: The Environment and Security in Pacific Asia, in: Adelphi Paper 319. International Institute for Strategic Studies 1999; Alagappa 1998, S. 43-51.

20 Buzan, Barry: People, States and Fear: An Agenda for International Security Studies in the Post-Cold War Era. Boulder 1991, S. 4.

21 Vgl.: Müller, Harald: Die Chance der Kooperation. Regime in den Internationalen Beziehungen. Darmstadt 1993, S. 122.

22 Vgl. hierzu sehr prägnant: Dicke, Klaus: Internationale Kooperation als politikwissenschaftliche Kategorie, in: Forschungsbericht und Halbjahresschrift der Universität Kiel, Heft 36 (neue Folge), April 1993, S. 5-16.

23 Mohl, Robert von: Die Pflege der internationalen Gemeinschaft als Aufgabe des Völkerrechts, in: Ders.: Staatsrecht, Völkerrecht und Politik 1, Tübingen 1860, S. 579-636.

zwischen *bilateraler Kooperation* innerhalb einer Allianz, die sich gegen einen äußeren Feind richtet sowie zwischen *multilateraler Kooperation* etwa im Rahmen einer internationalen Organisation, die Sicherheit auf kollektivem Wege als erreichbar ansieht. Solche internationale *Organisationen*, aber auch internationale *Institutionen* bringen stabile Verhaltensmuster ihrer Teilnehmer auf der Basis von Geboten und Verboten hervor. Institutionen sind hierbei die handlungsleitenden Regelwerke, während Organisationen selbst Handlungsfähigkeit aufweisen. So können etwa Regime ohne jede formale Organisation existieren, während letztere gekennzeichnet werden können als „physical entities possessing offices, personnel, equipment, budgets and so forth."[24] Die Welthandelsorganisation WTO ist eine internationale Organisation. Ihre Regeln und Prozeduren sind die Grundlagen ihres entsprechenden Handelsregimes. Die NATO ist ebenso eine internationale Organisation. Sie basiert jedoch auf einem spezifischen Regime, dem NATO-Vertrag. Der Vertrag zum Verbot der Verbreitung von Atomwaffen NPT (Non-Proliferation Treaty; „Atomwaffensperrvertrag") besteht nicht aus einer formalen Organisationsstruktur oder aus bestimmten Akteuren. Er ist jedoch ein Regime, errichtet durch einen völkerrechtlichen Vertrag, welcher die Regeln und Verifikationsprozeduren verbindlich festlegt und somit die Kontrolle des Verhaltens seiner Teilnehmer ermöglicht. In einer Analogie zum Sport können Institutionen somit als die Regeln eines Spiels verstanden werden, das von den Organisationen gespielt wird.[25]

Hinter den Begriffen *Bilateralismus* und *Multilateralismus* verbergen sich zunächst zwei grundlegend verschiedene Ansichten, wie internationale Politik am besten gestaltet werden kann. Im Gegensatz zum Neoinstitutionalismus[26] nehmen Vertreter des Neorealismus an, daß Multipolarität zur Instabilität des internationalen Systems beiträgt, während allein Bipolarität Stabilität und Sicherheit gewährleistet.[27] Ausgehend von *Kenneth Waltz*, der bereits 1964 die

---

[24] Young, Oran: International Regimes: Towards a New Theory of Institutions, in: World Politics 39 (October 1986-July 1987), S. 104-122 (108).

[25] Vgl.: North, Douglass: Institutions, Institutional Change and Economic Performance. (The Political Economy of Institutions and Decisions) Cambridge 1990, S. 4-5.

[26] Vgl.: Kegley, Charles/ Raymond, Gregory: A Multipolar Peace? New York 1994, S. 51.

[27] Wie Stephen Gill jedoch zu Recht feststellt, entbehrt vor allem der Begriff des Multilateralismus eines eindeutigen Inhalts und kann sowohl durch Neorealisten als auch durch liberale Institutionalisten kooptiert werden. Vgl.: Ders.: Global Structural Change and

Bipolarität zwischen den beiden Supermächten und die von ihr ausgehende Abschreckung als Grundlage für die Vermeidung eines Krieges angesehen hatte,[28] sehen auch heutige Neorealisten in der Eindeutigkeit eines bipolaren Systems, welches Fehlkalkulationen nahezu ausschließen würde, ein wichtiges kriegsverhinderndes Moment.[29] Generell läßt sich feststellen, daß die Begriffe Multilateralismus und Bilateralismus für unterschiedlichste Formen zwischenstaatlicher oder transnationaler Kontakte stehen können, die entweder zwei oder mindestens drei Akteure umfassen. Von einem theoretisch-normativen Standpunkt beschreiben beide zudem eine internationale Ordnung, die entweder eher konfrontativ[30] („jeder für sich oder gegen jeden anderen") oder aber kooperativ („alle gemeinsam für die Interessen aller") organisiert ist. Ebensowenig aussagekräftig ist in diesem Zusammenhang der Begriff der Institution bzw. der „institutionalisierten Kooperation," da sowohl Kooperation als auch eine Institution bi- oder multilateral ausgerichtet sein kann und zum Wohl weniger oder vieler beitragen kann. Auch kann ein regelhaftes Verhalten sowohl im Sinne einer konfrontativen Abschreckungsstrategie als auch zum Schutz des Allgemeinwohls und der Kooperation genutzt werden.

Die Adjektive *bilateral* und *multilateral* beziehen sich zunächst auf die Anzahl der Akteure innerhalb eines gegebenen Sachzusammenhangs. In einem nominal-formalen Verständnis bezeichnen sie zwei verschiedene Formen politischer Organisation, ohne Unterschied der ihnen zugrundeliegenden Motive und Ziele.[31] Als Nomina mit der Endung „-ismus" weisen sie eher auf einen bestimmten zugrundeliegenden Glauben oder eine Ideologie als einen

---

Multilateralism, in: Ders.: (Hrsg.): Globalization, Democratization and Multilateralism. Tokyo/ New York/ Paris 1997, S. 1-17 (7).

28 Vgl.: Waltz, Kenneth: The Stability of a Bipolar World, in: Deadalus 93 (Summer 1964), S. 881-909.

29 Vgl.: Christensen, Thomas/ Snyder, Jack: Chain Gangs and Passed Bucks: Predicting Alliance Pattern in Multipolarity, in: International Organization, Vol. 44, No. (Spring 1990), S. 137-168.

30 Das Adjektive konfrontativ und kooperativ sind zunächst neutral zu verstehen und beziehen sich nicht notwendigerweise auf militärische Aktionen.

31 Vgl.: Ruggie, John Gerard: Multilateralism: The Anatomy of an Institution, in: Ders. (Hrsg.): Multilateralism Matters. The Theory and Praxis of an Institutional Form. New York 1993, S. 3-50 (6).

bestimmten Zustand in den internationalen Beziehungen hin.[32] *Robert Keohane* hat Multilateralismus definiert als: „the practice of coordinating national policies in groups of three or more states."[33] Diese Definition ermöglicht es jedoch, sehr unterschiedliche Formen der Gestaltung internationaler Beziehungen unter einem Begriff zu subsumieren. *John Gerard Ruggie* weist in diesem Zusammenhang zu Recht darauf hin, daß ein solches Verständnis von Multilateralismus auch Allianzsysteme beinhaltet, die zwischen mehr als zwei Staaten geschlossen werden.[34] Nach Ruggie sind sowohl Bilateralismus als auch Multilateralismus eine *„generic institutional form* in international relations,"[35] wobei Multilateralismus definiert wird als eine

> „institutional form that coordinates relations among three or more states on the basis of generalized principles of conduct: that is, principles which specify appropriate conduct for a class of actions, without regard to the particularistic interests of the parties or the strategic exigencies that may exist in any specific occurrence."[36]

Bilateralismus und Multilateralismus sollen in dieser Arbeit wie folgt voneinander unterschieden werden: Beide sind unterschiedliche Prototypen der Organisation zwischenstaatlichen Verhaltens. Sowohl bilaterale als auch multilaterale Kooperation kann auf der Basis von internationalen Verträgen erfolgen. Anders jedoch als beim Multilateralismus vertreten Anhänger des Bilateralismus die Ansicht, daß die sich aus dem Sicherheitsdilemma ergebenden Gefahren für die Staaten am ehesten wie folgt minimieren lassen:

> „States seek to keep separate their relationships with other actors. Even if B and C are perceived to be friends, A will find the prospect of sustaining A-B and A-C ties more efficacious than forming an A-B-C (multilateral) arrangement."[37]

In bezug auf diese Arbeit bezeichnet der Begriff des Bilateralismus daher einerseits die vielfältigen Einzelbeziehungen, welche japanische Akteure zu ihren asiatisch-pazifischen Gegenspielern unterhalten sowie anderseits insbesondere den vielschichtigen Kooperationsprozeß mit den USA, der sich im

---

[32] Vgl.: Caporaso, James: International Relations Theory and Multilateralism: The Search for Foundations, in: Ruggie 1993, S. 51-90 (52).

[33] Keohane, Robert: Multilateralism: An Agenda for Research, in: International Journal, Vol. 45, No. 4 (Autumn 1990), S. 731-764 (732).

[34] Vgl.: Ruggie 1993, S. 6.

[35] Ebda. S. 10 (Hervorhebung im Original).

[36] Ebda. S. 11.

[37] Job, Brian: Multilateralism in the Asia-Pacific Region, in: Tow, William/ Trood, Russell/ Hoshino, Toshiya (Hrsg.): Bilateralism in a Multilateral Era. The Future of the San Francisco Alliance System in the Asia-Pacific. Tokyo 1997, S. 160-179 (161).

Rahmen der gemeinsamen militärischen Allianz vollzieht. Als ein Teil des sogenannten *San Francisco Systems* bilateraler militärischer Allianzen der USA in Asien-Pazifik[38] weist diese Form der Kooperation darüber hinaus auf den Grundgedanken hin, daß Sicherheit und Stabilität am ehesten durch viele Eins-zu-Eins-Beziehungen gewährleistet werden können. Im Gegensatz dazu bezieht sich der Begriff Multilateralismus samt seiner Wortverbindungen auf jene Formen zwischenstaatlicher Kooperation in Asien-Pazifik, welche sich im Rahmen etwa des ARF-Prozesses oder von internationalen Organisationen wie KEDO vollziehen.[39] Ihnen ist eine primär kooperative Herstellung von Sicherheit gemeinsam.

Als Schwellenkriterium zur Unterscheidung zwischen einer hohen und einer niedrigen Verregelung des japanischen Bi- und Multilateralismus kann der Grad der Verpflichtung der Teilnehmer gelten, der sich aus dem Vorhandensein völkerrechtlicher Verträge ergibt und denen auch Japan selbst unterworfen ist. Es lassen sich mit Systemen kollektiver Sicherheit und Systemen kollektiver Selbstverteidigung zwei idealtypische Ausprägungen von Multilateralismus und Bilateralismus unterscheiden. Sie sollen abschließend kurz referiert werden, um die zentralen Unterschiede beider Konzepte zu illustrieren.

Die politische Idee, ein System kollektiver Sicherheit zu errichten, entspringt den Erfahrungen einer Zeit wechselnder Allianzen, die mit dem Abschluß der Friedensverträge von Münster und Osnabrück 1648 begann und – mit einer Unterbrechung zwischen den Jahren 1789 und 1815 – bis zum Ausbruch des Ersten Weltkrieges andauerte. Keine dieser Allianzen vermochte es jedoch, dauerhaft den Frieden in ihrem Geltungsbereich zu sichern. Sie scheiterten stets an der Vielzahl der Partikularinteressen, welche ihre Mitgliedsstaaten als höchstes Ziel verfolgten und die dem übergeordneten Ziel des Bündnisses entgegen laufen mußte sowie zum andern an einem Zustand stetiger Rechtsunsicherheit. Denn jeder Staat hatte das souveräne Recht, nötigenfalls durch Krieg politische Entscheidungen herbeizuführen, wobei es keinen Un-

---

38 Die USA unterhalten in Asien-Pazifik fünf bilaterale Allianzen: mit Südkorea, Japan, Thailand, den Philippinen und mit Australien.

39 Für eine hervorragende Einführung in die Landschaft der multilateralen Kooperation in Asien-Pazifik sowie in die Prozesse der Institutionalisierung in der Großregion vgl.: Maull, Hanns/ Nabers, Dirk (Hrsg.): Multilateralismus in Ostasien-Pazifik. Probleme und Herausforderungen im neuen Jahrhundert. Hamburg 2001.

terschied machte, ob der angegriffene Staat Mitglied des Bündnisses war oder nicht. Nach dem Ende des Europäischen Mächtekonzerts des 19. Jahrhunderts wurde mit der Errichtung des Völkerbundes zum ersten Mal versucht, die Wahrung des Weltfriedens auf globaler Ebene und auf der Grundlage kollektiver Sicherheit zu organisieren. Ihre idealtypische Ausprägung findet die Idee kollektiver Sicherheit heute in den Vereinten Nationen,[40] während militärische Allianzen typische Beispiele für Systeme kollektiver Selbstverteidigung darstellen. Beide Systeme dienen der Friedenssicherung, gehen dabei aber vollkommen verschiedene Wege.

Nur das System kollektiver Sicherheit basiert auf der Grundidee des absoluten Gewaltverbots in den zwischenstaatlichen Beziehungen.[41] Es verbietet prinzipiell die gewaltsame Selbsthilfe und bezieht zur Wahrung des Friedens den potentiellen Gegner mit ein. Kollektive Sicherheit ist eine Vision, der in den internationalen Beziehungen eine wichtige Bedeutung als Orientierungspunkt zukommt. In ihrer Konstruktion wendet sie sich nicht gegen einen äußeren Aggressor, sondern schon gegen die Gewaltanwendung zwischen ihren Mitgliedern. Auf dem Prinzip der ‚Klassenkeile‘ basierend, vertraut sie die Sicherheit der Sanktionsbereitschaft aller gegen den an, der die Friedenspflicht bricht.[42] Um die höchste Norm des Gewaltverbots auch gegen einen Aggressorstaat durchzusetzen, bedarf kollektive Sicherheit eines Zwangssystems und verfügt daher über eigene Truppenverbände, die im Idealfall stärker sind als jeder Aggressor oder jeder Verband von

---

[40] Auf die Debatte zwischen Anspruch und Umsetzbarkeit der Idee soll hier nicht eingegangen werden. Vgl. hierzu: Czempiel, Ernst-Otto: Die Reform der UNO. Möglichkeiten und Mißverständnisse. München 1994; Menk, Thomas: Gewalt für den Frieden. Die Idee der kollektiven Sicherheit und die Pathognomie des Krieges im 20. Jahrhundert. (Schriften zum Völkerrecht, Band 105) Berlin 1992; Köchler, Hans: Das Abstimmungsverfahren im Sicherheitsrat der Vereinten Nationen. Rechtsphilosophische Überlegungen zu einem normenlogischen Widerspruch und seinen Folgen für die internationalen Beziehungen. (Veröffentlichungen der Arbeitsgemeinschaft für Wissenschaft und Politik an der Universität Innsbruck, VI). Innsbruck 1991. Festzuhalten bleibt in jedem Fall, daß die Bestimmungen der UNO-Charta, insbesondere durch Artikel 2 (4) sowie Kapitel VI und VII, de iure die Basis für ein effektives System kollektiver Sicherheit legen.

[41] Grundlegend und maßgebend auch für die politikwissenschaftliche Diskussion: Delbrück, Jost: Collective Security, in: Bernhardt, Rudolf (Hrsg.): Encyclopedia of Public International Law (EPIL), Band 3: Use of Force/ War and Neutrality/ Peace Treaties. Amsterdam 1982, S. 105-114.

[42] Vgl. Czempiel 1994, S. 25; Delbrück 1982, S. 105.

Aggressoren. Das Entscheidungsorgan des Systems ist in der Lage, verbindliche Beschlüsse über den Zeitpunkt und über die Art der Sanktion zu treffen.[43] De iure wird dem Einzelstaat damit die Letztentscheidung über die zu treffenden Maßnahmen im Falle einer gegen ihn gerichteten Aggression entzogen. Durch seinen Beitritt zu einem System kollektiver Sicherheit willigt der Staat in eine Beschränkung seiner Souveränität ein. Ein System kollektiver Sicherheit impliziert daher eine

> „freiwillige Selbstaufgabe des Rechts zur Durchsetzung der eigenen Interessen auch dann, wenn diese unter Berufung auf eine iusta causa verteidigt werden könnten".[44]

Im Gegensatz zu Systemen kollektiver Sicherheit ist die Stoßrichtung von Allianzen[45] wie der NATO nach außen gerichtet. Allianzen wehren zwar auch einen Angriff kollektiv ab. Da dieser jedoch nicht aus ihrer Mitte kommt, sondern von außen der Gemeinschaft droht, zeichnen sich Allianzen durch eine mehr oder minder unverhüllte Ausrichtung gegen einen oder mehrere potentielle Gegner aus. Während die Mitglieder der UNO mit der Unterzeichnung der Charta der Vereinten Nationen ihre souveräne Letztentscheidung auf Krieg de iure dem zentralen Entscheidungsorgan – dem Sicherheitsrat – überantwortet haben, verbleibt diese in einer Allianz bei den jeweiligen Vetragsstaaten. Nach Artikel 1 des NATO-Vertrages verpflichten sich die Mitglieder des Bündnisses zwar, Streitfälle mit friedlichen Mitteln beizulegen. Für Streitigkeiten unter den Mitgliedern selbst stellt der Vertrag jedoch keine Regelungen zur Verfügung.[46] Als Systeme kollektiver Selbstverteidigung sind Allianzen völkerrechtlich der kollektiven Sicherheit der Vereinten Nationen deutlich nachgeordnet. Sie sind lediglich als Übergangsmaßnahme gedacht, um den Zeitraum zu überbrücken, bis das System kollektiver Sicherheit in Kraft tritt.[47]

---

43 Vgl. das Stichwort „Kollektive Sicherheit", in: Wolfrum, Rüdiger (Hrsg.): Handbuch Vereinte Nationen. München 1991, S. 406.

44 Menk 1992, S. 405.

45 Vgl.: Verosta, Stephan: Alliance, in: *Bernhardt, Rudolf (Hrsg.)*: Encyclopedia of Public International Law (EPIL), Band 3: Use of Force/ War and Neutrality/ Peace Treaties. Amsterdam 1982, S. 10-14.

46 Vgl.: Döhring, Karl: Systeme kollektiver Sicherheit, in: Isensee, Joseph/ Kirchhof, Paul (Hrsg.): Handbuch des Staatsrechts der Bundesrepublik Deutschland (Band VII: Normativität und Schutz der Verfassung – Internationale Beziehungen) Heidelberg 1992, S. 669-686 (679).

47 So etwa: Kelsen, Hans: Collective Security and Collective Self-Defense under the Charter of the United Nations, in: American Journal of International Law (AJIL), Vol.

Zum Abschluß dieses Unterkapitels sind noch die ausstehenden Begriffe, mit denen sich diese Arbeit auseinandersetzt, kurz zu definieren. Unter *Strategien* sollen demnach

> „langfristige Steuerungsorientierungen verstanden werden, die in Übereinstimmung mit den ihnen übergeordneten Zielen stehen müssen. Das Ziel ist dabei ein angestrebtes Momentum, die Strategie ein über die Zeit hinweg wirkender Prozeß."[48]

Asien-Pazifik wird hier und im folgenden verstanden als bestehend aus Nordostasien und Südostasien, den pazifischen Inselstaaten und kontinentalen Randzonen sowie den an den Pazifik angrenzenden Gebieten Asiens und den Vereinigten Staaten von Amerika. In der Frage, wodurch Asien-Pazifik konstituiert wird und ob der Begriff als eine Region verstanden werden kann, herrscht alles andere als Klarheit.[49] Nach *Manfred Mols* beschreibt eine Region einen geographisch abgrenzbaren und aufgrund historischer, kultureller oder ökonomischer Merkmale als subjektiv abgegrenzt wahrgenommenen Teil eines Größeren.[50] Da der Begriff Asien-Pazifik sich zwar durchaus geographisch abgrenzen läßt, aber zugleich, wie *Peter Katzenstein* zu Recht bemerkt, eine sozial konstruierte Einheit darstellt, in der ein subjektives Zusammengehörigkeitsgefühl nicht vorhanden ist,[51] soll er in dieser Arbeit als *Großregion* oder *Area* bezeichnet werden. Als Regionen gelten dementsprechend Nordostasien und Südostasien.

42, No. 4 (1948), S. 783-796. (793: „Self-Defense must give way to collective security").

48 Faust, Jörg: Diversifizierung als außenpolitische Strategie – Chile, Mexiko und das pazifische Asien. Opladen 2001, S. 28.

49 Segal, Gerald: Rethinking the Pacific. Oxford 1990; Buzan, Barry: The Asia-Pacific: what sort of region in what sort of world?, in: McGrew, Anthony/ Brook, Christopher (Hrsg.): Asia-Pacific in the New World Order. London/ New York 1998, S. 68-87.

50 Mols, Manfred: Regionalismus, in: Staatslexikon der Görres-Gesellschaft, Band 4. Freiburg etc. 1988[7], S. 774-777; Ders.: Integration und Kooperation in zwei Kontinenten. Das Streben nach Einheit in Lateinamerika und Südostasien. Stuttgart 1996, S. 77; Higgott, Richard: De Facto and De Jure Regionalism: The Double Discourse of Regionalism in the Asia-Pacific, in: Global Society, Vol. 11, No. 2, 1997, S. 156-183; zum Regionalismus in Asien-Pazifik vgl. zudem: Mols, Manfred: Regionalismus im asiatisch-pazifischen Raum, in: Zeitschrift für Politikwissenschaft, 6. Jg. (1996) Heft 4, S. 1043-1066 (1996a).

51 Katzenstein, Peter: Asian Regionalism in Comparative Perspective, in: Ders./ Shiraishi, Takashi (Hrsg.): Network Power. Japan and Asia. Ithaca/ London 1997, S. 1-44 (insbesondere 7-12).

In dieser Arbeit wird nicht von einer einzigen strukturellen Zäsur als Einflußfaktor auf die Sicherheitspolitik Japans ausgegangen. Im asiatisch-pazifischen Kontext stellt für Japan insbesondere der Zweite Golfkrieg[52] und die mit ihm verbundenen diplomatischen Katastrophen einen wesentlichen sicherheitspolitischen Einschnitt innerhalb der allgemein so oft bemühten Zäsur „Ende des Kalten Krieges" dar.[53] Das *Ende des Ost-West-Konfliktes* bezeichnet den Zeitraum, welcher mit den ersten freien Wahlen in Polen im Juni 1989 beginnt, mit dem Fall der Mauer am 9. November 1989 sowie der Deutschen Einigung am 3. Oktober 1990 seinen Höhepunkt erreicht und mit der gemeinsamen Erklärung der NATO und der Mitglieder der Warschauer Vertragsorganisation auf der Pariser KSZE-Gipfelkonferenz am 19. November 1990 seinen Abschluß findet. Die *Bipolarität* endet de iure mit der Auflösung der Warschauer Vertragsorganisation am 31. März 1991 und de facto mit der Auflösung der Sowjetunion. Sie wird irreversibel, als die Ukraine am 6. Dezember 1991 den Unionsvertrag von 1922 aufkündigt und gemeinsam mit Weißrußland und Rußland am 8. Dezember 1991 die Gemeinschaft Unabhängiger Staaten (GUS) gründet.

Als *Akteure* sollen im folgenden all jene verstanden werden, die in der Lage sind, als organisierte Einheiten oder Individuen Entscheidungen zu treffen und die Ressourcen zur Durchsetzung von Entscheidungen zu mobilisieren.[54] Es wird davon ausgegangen, daß der Staat zwar nicht mehr der einzige, aber nach wie vor den mächtigsten Akteur in den internationalen Beziehungen darstellt. Er wird zwar in zunehmendem Maß transnational und supranational[55] durchdrungen und überwölbt, bleibt jedoch in der Erfüllung seiner Aufgabe der Gewährleistung von Sicherheit nach außen und nach innen bislang der wichtigste Akteur. Zwar kann er hierbei hinsichtlich seiner

---

52 Die Golfkrise beginnt mit der irakischen Annexion Kuwaits am 2. August 1990 und endet mit dem Waffenstillstandsabkommen vom 11. April 1991.

53 Vgl. auch die Buchbesprechung von: Johnson, Christopher: Redefining the US-Japan Alliance, in: Survival, Vol. 42, No.1 (Spring 2000), S. 173-181 (173-174) oder den Symposiumsbericht von: Nielebock, Thomas/ Rittberger, Volker: Die japanische und deutsche Außenpolitik in vergleichender Perspektive. Ein Tagungsbericht, in: Zeitschrift für Internationale Beziehungen, 6. Jg. (1999) Heft. 1, S. 147-161 (153/ 155).

54 Vgl.: Lentner, Howard: Foreign Policy Analysis: A Comparative and Conceptual Approach. Columbus/ Ohio 1974, S. 17.

55 Dies gilt nicht allein für den europäischen Kontext. Auch innerhalb der WTO führt etwa der Integrationsprozeß der Staaten im Bereich des Handels zu einer Einschränkung ihrer wirtschaftspolitischen Souveränität.

funktionalen Einheiten, wie etwa der Regierung, den Parteien und Politikern sowie der Bürokratie, differenziert werden. Da sich jedoch ein solcher Einfluß nicht immer nachweisen läßt, wird der Staat „Japan“ als kollektiver Akteur verstanden, bei dem eine Konvergenz zwischen den Überzeugungen der funktionalen Einheiten und den vorfindbaren internationalen Handlungen angenommen wird. Als *Strukturen* werden generell alle Muster sich regelmäßig wiederholender Interaktionen des internationalen Systems verstanden. Sie werden von Akteuren erzeugt und verändert, beeinflussen jedoch umgekehrt wiederum deren Handeln. Sie sind dennoch zu keiner Zeit nur materiell-objektiv vorgegeben, sondern in hohem Maße abhängig von der Perzeption durch die Akteure.

2. Zur Rezeption der japanischen Sicherheitspolitik – Der Stand der internationalen Forschung

Vor dem Hintergrund des Erkenntnisinteresses der Arbeit erfolgt in diesem Kapitel eine Bestandsaufnahme der internationalen Literatur zum japanischen Außenverhalten im Sachbereich Sicherheit.[56] Unter forschungspragmatischen Gesichtspunkten lassen sich zwei Gruppen unterscheiden, von denen die erste stärker deskriptiv auf die konstitutiven Merkmale japanischer Sicherheitspolitik abhebt, während sich die zweite eher auf die theoriegeleitete Prognose hinsichtlich der japanischen Sicherheitspolitik nach dem Ende des Ost-West-Konfliktes und den hieraus abgeleiteten praktisch-politischen Ratschlag konzentriert.

2.1. Die konstitutiven Merkmale japanischer Sicherheitspolitik

> “Japan’s foreign policy is a major enigma of the 1990s. According to some, Japan is mired in ‘immobilisms’, passive adrift without goals – a ‘reactive state’ lacking the will or capability to play a more assertive and active role in the world. Indeed,

---

[56] Überblicksaufsätze zur japanischen Außen- und Sicherheitspolitik sind Legion. Hier nur zwei gute und knappe Arbeiten in deutscher Sprache: Maul, Heinz Eberhard: Sicherheitspolitik und Streitkräfte, in: Pohl, Manfred/ Mayer, Hans Jürgen (Hrsg.): Länderbericht Japan. Geographie, Geschichte, Politik, Wirtschaft, Gesellschaft, Kultur. (Bundeszentrale für politische Bildung, Schriftenreihe Band 355) Bonn 1998[2], S. 155-163; Hummel, Hartwig: Japan, Außenpolitik, in: Boeckh, Andreas (Hrsg.): Lexikon der Politik, Band 6: Internationale Beziehungen. München 1994, S. 241-248.

> ineffective is its postwar foreign policy, according to one Japanese former defense official, that Japan cannot even be considered a sovereign state.“[57]

Diese Zusammenfassung der allgemeinen Ansicht zum Außenverhalten Japans von *Susan Pharr* kritisiert – in ihrer gewollten Überzeichnung – eine Reihe von Allgemeinplätzen, welche in der Forschungsliteratur zur Außen- und Sicherheitspolitik Japans anzutreffen sind. Sie trägt jedoch auch einen Kern zutreffender Beobachtung über Japan in sich, nämlich den, daß Japan bislang offensichtlich kaum die Spielregeln der internationalen Politik bestimmt hat. So war schon die sogenannte „Öffnung“ des bis dahin in Isolation lebenden Landes durch Kommodore Perry's „Schwarze Schiffe“ im Jahr 1853 nicht aufgrund einer freien Willensentscheidung der Japaner zustande gekommen, sondern durch Zwang herbeigeführt worden. Japans erste Berührung mit der internationalen Politik war also in dieser Hinsicht bereits eine *Reaktion*[58] auf äußeren Druck. In den nunmehr knapp 150 Jahren seiner Teilnahme an den internationalen Beziehungen war Japan stets darauf bedacht, sich den großen Strömungen der Zeit anzupassen und sie für die eigenen Zwecke zu nutzen. Demographische und territoriale Zwänge, die Insellage und eine massiv wahrgenommene Ressourcenabhängigkeit[59] machten ein solches Vorgehen zum Mittel der Wahl:

> „Japan is a natural nation-state; the idea that a state is created by common will and contract has not existed in Japan. Japan has existed and will exist, regardless of the will and actions of its people. Hence, norms are considered to be created by nature, not men. The logical conclusion from such a view of the world is that the task for the Japanese is to adapt wisely to the international situation to secure its national interests, and not try to change or create the mysterious framework.”[60]

Trotz seiner herausragenden weltwirtschaftlichen Bedeutung wird die Sicherheitspolitik Japans vielfach als ein Bereich verstanden, der dem Land äußerste

---

57 Pharr, Susan: Japan's Defensive Foreign Policy and the Politics of Burden Sharing, in: Curtis, Gerald (Hrsg.): Japan's Foreign Policy After the Cold War. Coping with Change. Armonk 1993, S. 235-262 (235).

58 Eine ausführliche Diskussion und Auswertung der Literatur zur Debatte für oder gegen den reaktiven japanischen Staat bietet: Miyashita, Akitoshi: Gaiatsu and Japan's Foreign Aid: Rethinking the Reactive-Proactive Debate, in: International Studies Quarterly, Vol. 43, No. 4 (1999), S. 695-732.

59 Vgl. Maull, Hanns: Die Außenpolitik Japans, in: Knapp, Manfred/ Krell, Gert (Hrsg.): Einführung in die Internationale Politik. München/ Wien 1996[3], S. 204-240 (207-208).

60 Zitiert in: Pyle, Kenneth: Restructuring foreign and defense policy: Japan, in: McGrew, Anthony/ Brook, Christopher (Hrsg.): Asia-Pacific in the New World Order. London/ New York 1998, S. 121-136 (122).

Zurückhaltung gebietet, in dem auf eigene Initiativen verzichtet und statt dessen eine enge Bindung an die USA favorisiert wird. Dieses Verhalten hat während des Ost-West-Konfliktes das Bild vom reaktiven und passiven[61] japanischen Staat entscheidend mitgeprägt. Die augenscheinliche Grundtendenz Japans, Sicherheitspolitik nahezu ausschließlich durch das Prisma seiner bilateralen Beziehung zu den USA zu betrachten, geht auf den Friedensvertrag von San Francisco vom 8. September 1951 und den parallel dazu geschlossenen japanisch-amerikanischen Sicherheitsvertrag zurück, der Japan in die Asienstrategie der USA integrierte. Der Sicherheitsvertrag entsprach jedoch keinesfalls den amerikanischen Vorstellungen allein: Japans erster Nachkriegspremier, *Shigeru Yoshida*, strebte das Abkommen mit den USA ebenso dringend für die Verwirklichung seiner eigenen Ziele an. Diese bestanden im wesentlichen darin, Japan aus der internationalen Isolation zu führen, in die es sich durch seine aggressiv-expansionistische Politik in Asien selbst manövriert hatte sowie der Bevölkerung wirtschaftlichen Wohlstand und nationales Selbstbewußtsein zurückzugeben. Die Strategie, mit der dieses Ziel erreicht wurde, ist später als ‚*Yoshida-Strategie*' bezeichnet worden.[62] Sie forderte unter anderem, daß Japan alle Kräfte auf den wirtschaftlichen Aufschwung konzentrieren, dabei auf ein eigenständiges außenpolitisches Profil verzichten und nur den geringstmöglichen Aufbau seiner eigenen Streitkräfte vornehmen sollte. Japans nationale Sicherheit sollte daher allein durch die militärische Macht der USA gewährleistet sein.

Yoshida wollte den Sicherheitsvertrag unter allen Umständen. Er bot die einzigartige Gelegenheit, den Pazifismus der Verfassung aufrechtzuerhalten, während Japan auf Kosten sicherheitspolitischer Selbständigkeit ökonomisches Wachstum erzielen und in die internationale Gemeinschaft zurückge-

---

[61] Vgl.: Curtis, Gerald: Domestic Politics and Japanese Foreign Policy, in: Barnds, William (Hrsg.) Japan and the United States: Challenges and Opportunities. New York 1979, S. 21-85 (22); Mulgan, Aurelia: The role of foreign pressure (gaiatsu) in Japan's agricultural trade liberalization, in: The Pacific Review, Vol. 10, No. 2 (1997), S. 165-209; Lehmann, Jean-Pierre: Japanese Attitudes towards Foreign Policy, in: Grant, Richard (Hrsg.): The Process of Japanese Foreign Policy. Focus on Asia. London 1997, S. 123-141.

[62] Zum Inhalt der Strategie vgl. unter anderem: Maull 1996³, S. 210-216; Mendl, Wolf: Japan's Asia Policy. Regional Security and Global Interests. London/ New York 1995, S. 3-5; Yahuda, Michael: The International Politics of the Asia-Pacific, 1945-1995. London/ New York 1995, S. 237-238; Pyle, Kenneth: The Japanese Question: Power and Purpose in a New Era. Washington, DC, 1992, S. 21-26.

führt werden konnte. Obwohl so nicht beabsichtigt, hat Yoshida[63] damit jedoch auch die heutige Einzigartigkeit des japanischen Staatswesens fixiert, die *Yoshihide Soeya* mit dem Begriff der *dualen Identität* umschrieben hat.[64] Denn Japan trete zwar international als ein wichtiger Akteur in Erscheinung, sei aber schon aufgrund innerer Zwänge in seinen Handlungen atypischen Beschränkungen unterworfen, die durch die Abhängigkeit vom militärischen Schutz der USA noch verstärkt würden. Gemeinsam verhinderten sie, daß das Land eine seiner wirtschaftlichen Vorrangstellung entsprechende Sicherheitspolitik durchführen oder eine vergleichbare eigenständige internationale Rolle einnehmen könne. *Chalmers Johnson* schreibt hierzu:

> „The United States has been so long engaged in being a hegemonic power it has forgotten how to manage its domestic affairs, just as Japan has been so long preoccupied with economic competition it has forgotten how to manage foreign and security problems."[65]

Japans Außenverhalten ist stark durch eine *Tendenz zum Erhalt des Status quo* geprägt. Der Ost-West-Konflikt und die enge Bindung an die USA bei einer nur mäßigen eigenen Aufrüstung hatten in Asien-Pazifik politisch-ökonomisch günstige und militärisch berechenbare Margen vorgegeben, in denen sich die japanische Politik entsprechend sicher zu bewegen wußte.[66] Yoshidas Politik hat durch ihre Konzentration auf Wirtschaftswachstum bei gleichzeitiger Ausblendung eigener Sicherheitsanstrengungen den Boden für

---

[63] Zehn Jahre nach seinem Ausscheiden aus der aktiven Politik 1963 bedauerte Yoshida seine Mitverantwortung für die Unselbständigkeit Japans auf dem Gebiet der Außen- und Sicherheitspolitik: „For an independent Japan, which is among the first rank countries in economics, technology, and learning, to continue to be dependent on another country is a deformity (*katawa*) of the state (...). I myself cannot escape responsibility for the use of the constitution as a pretext (*tatemae*) for this way of conducting international policy." Zitiert in: Yahuda 1995, S. 230-231.

[64] Vgl.: Soeya, Yoshihide: Japan's Dual Identity and the U.S.-Japan Alliance. Stanford, May 1998c (Discussion Papers. Asia/Pacific Research Center. Institute for International Studies, Stanford University), S. 5-7.

[65] Johnson 1992, S. 15.

[66] Donald Hellmann hat diesen Umstand als den Aufenthalt Japans in einem von den USA geschaffenen Gewächshaus bezeichnet. Vgl. ders.: Japanese Politics and Foreign Policy: Elitist Democracy Within an American Greenhouse, in: Inoguchi, Takashi/ Okimoto, Daniel (Hrsg.): The Political Economy of Japan, Vol. 2: The Changing International Context. Stanford 1988, S. 345-378. Hellmann schreibt bereits 1972: „Like Pandora and Epimetheus, Japan has been living in a child's paradise free from danger and conflict, thanks to the American Alliance and American Commitments in East Asia." Ders.: Japan and East Asia. The New International Order. London 1972, S. 139.

eine Reihe bis heute gängiger Wahrnehmungen bereitet, von denen der reaktive Modus japanischen Außenverhaltens, die Anfälligkeit der Außenpolitik auf äußeren Druck sowie die Meinung, Japans Außenpolitik sei ausschließlich Außen*wirtschafts*politik sicherlich die bekanntesten sind.

Zuletzt wurde die Haltung Japans im Zweiten Golfkrieg 1990/91 von vielen Beobachtern als weiterer Beweis einer eindimensionalen Politik des Geldes gesehen, der das Desinteresse der asiatischen Supermacht belegte, sich aktiv an der Regelung von Konflikten zu beteiligen. Japan hatte zwar keine eigenen Truppen an den Golf entsandt, trug jedoch mit 13 Milliarden US$ einen größeren Teil der finanziellen Kosten der militärischen Operation als die USA selbst. Der damalige amerikanische Außenminister *James Baker* hatte in diesem Zusammenhang den Begriff der japanischen Scheckbuch-Diplomatie wieder aufgenommen, der seit den 70er Jahren zum Schlagwort für das Auftreten Japans auf der internationalen Bühne geworden war. Indes, wie etwa die politische Kehrtwende Japans im Zuge der ersten Ölkrise 1973 oder die Reaktion auf die Niederschlagung der Demokratiebewegung in China 1989 gezeigt haben,[67] kann man einen der zentralen Grundzüge das Außenverhaltens Japans eher mit dem von Kenneth Pyle eingeführten und weniger polemischen Begriff eines *pragmatischen Nationalismus* erfassen. Aufgrund der Ressourcenverwundbarkeit der japanischen Ökonomie und der negativen Erfahrung des aggressiven Imperialismus der Vorkriegszeit verbietet sich nach allgemeiner japanischer Ansicht die Festlegung auf bestimmte politische Prinzipien. Äußerst aussagekräftig sind in diesem Zusammenhang die beiden folgenden Zitate japanischer Politiker und Diplomaten:

> „The histories of our two countries are different. Your country was built on principles. Japan was built on an archipelago."[68]

---

[67] Japan hatte keine Machtmittel, um die Produktionskürzungen der OPEC-Staaten zu verhindern. Aufgrund der nahezu vollkommenen Abhängigkeit von Öl nahm Japan – im krassen Gegensatz zur USA – eine proarabische Haltung ein. Nach dem Massaker am Platz des Himmlischen Friedens 1989 war Japans Chinapolitik deutlich moderater als die des Westens. Aufgrund der wahrgenommenen eigenen militärischen Schwäche und aufgrund des wirtschaftlichen Potentials des chinesischen Marktes war für die japanische Führung die Stabilität Chinas wichtiger als die Frage der Menschenrechte.

[68] Botschafter Hisahiko Okazaki im Gespräch mit einem amerikanischen Journalisten auf die Frage nach dem Ort der japanischen Prinzipien in der internationalen Politik. Ders:

„The Japanese way of thinking depends on the situation rather than principle – while with the Chinese it is the other way round. (...) We Japanese have no principles. Some people think we hide our intentions, but we have no intentions to hide. Except for a few leftists or rightists, we have no dogma and don't ourselves know where we are going."[69]

Das angebliche Ungleichgewicht zwischen der wirtschaftlichen Macht Japans und seiner politischen Ohnmacht hat *David Baldwin* schon von über 20 Jahren als "paradox of unrealized power"[70] bezeichnet, während *Yoichi Funabashi* in der Gestaltung der sicherheitspolitischen Außenbeziehungen Japans den Ausdruck der Hilflosigkeit eines "immature political player"[71] sieht. *Reinhard Drifte* konstatiert in diesem Zusammenhang ebenfalls, daß Japan bislang seinen Status als wirtschaftliche Supermacht nicht in ein entsprechendes sicherheitspolitisches respektive militärisches Außenverhalten übersetzt habe. Er schreibt:

„Not only does Japan seem not to instrumentalize its power, at least not commensurately with its economic power, but there is also no apparent leadership nor master plan for Japan's foreign and economic policies."[72]

Man könne jedoch, so Drifte, Japans faktisch vorhandene Macht durchaus an den für das Land bislang überwiegend günstigen ökonomischen und politischen internationalen Rahmenbedingungen messen. Denn wenn man davon ausgehe, daß

„proof of power lies in the ability to change the behavior of foreign actors, then Tokyo has plenty. Japan meets its political and economic interests quite well. It matches ends to means with a minimum of input and a minimum of political costs (...). The problem for most observers is that Japan has chosen not to demonstrate its strength. Instead, it leads in an incremental, low-profile way."[73]

Trotz dieses Hinweises liegt der Tenor der Literatur zur japanischen Sicherheitspolitik auf der Annahme, daß Japans Außenbeziehungen der

---

Southeast Asia in Japan's national strategy, in: Japan Echo, Vol. 20, (1993b) (Special Issue), S. 37-44 (39).

69 Zitiert in: Drifte, Reinhard: Japan's Foreign Policy for the 21st Century: From Economic Superpower to What Power? Oxford 1998², S. 28 (1998b).

70 Baldwin, David: Power analysis and world politics: New trends versus old tendencies, in: World Politics, Vol. 31, No.2 (January 1979), S. 161-194.

71 Funabashi, Yoichi: Introduction: Japan's International Agenda for the 1990s, in: Ders.: (Hrsg.): Japan's International Agenda. New York/ London 1994, S. 1-27 (1).

72 Drifte 1998b, S. 5.

73 „The ‚weak' Japan is a myth." Interview mit Reinhard Drifte in: The Japan Times, Montag, 23. September 1996, S. 17 (1996b).

Nachkriegspolitik durch minimalistische, risikominimierende und nutzenoptimierende Strategien geprägt seien, die zwar kaum zu diplomatischen Krisen geführt hätten, jedoch ebensowenig herausragende Politikergebnisse unter internationaler Aufmerksamkeit erzielen konnten. *Michael Blaker* hat für diesen Diplomatiestil den Begriff des *coping*[74] eingeführt. Demnach bestehe für Japans Politiker die Herausforderung internationaler Politik darin, auf Situationen zu reagieren, die von anderen geschaffen wurden. Blaker beschreibt ein solches Verhalten wie folgt:

> „Coping means carefully assessing the international situation, methodically weighting each alternative, sorting out various options to see what is really serious, waiting for the dust to settle on some contentious issue, piecing together a consensus view about the situation faced, and then performing the minimum adjustments needed to overcome criticism and adapt to the existing situation with the fewest risks."[75]

Die Annahme des coping ist in der Literatur weitgehend unumstritten, wenn auch die Einschätzung der japanischen Zielverwirklichung unter der Maßgabe dieser Strategie kontrovers diskutiert wird. Während Blaker zu dem Schluß kommt, Japans Diplomatie sei in der Vergangenheit außergewöhnlich erfolglos gewesen, sogar wenn vitale nationale Interessen auf dem Spiel gestanden hätten,[76] betonen andere eben die herausragenden Erfolge in der japanischen Außen- und Sicherheitspolitik.[77] Drifte hat sich zur negativen Kritik an Japans Außenverhalten in folgender Weise ironisch geäußert:

> „One hears frequently complaints from non-Japanese as well as Japanese alike that Japan's Foreign Policy is ineffective, that Japan's inactivity is amounting to a free-ride, that Japan's foreign policy is reactive, or even that Japan has no foreign policy at all. Faced with the latter complaint one might wonder whether writing on Japan's foreign policy amounts to science fiction. However, even the sharpest critics cannot

---

74 Blaker, Michael: Evaluating Japan's Diplomatic Performance, in: Curtis 1993, S. 1-42.

75 Ebda. S. 3.

76 So demonstriert etwa Blaker anhand zweier Beispiele (Japans Verhalten während der UN-Verhandlungen zum UNCLOS-Regime 1973-1980 und im Zweiten Golfkrieg 1990-1991), daß diese Strategie außergewöhnlich erfolglos und kontraproduktiv gewesen sei.

77 Vgl. etwa: Levin, Norman: The Strategic Dimensions of Japanese Foreign Policy, in: Curtis 1993, S. 202-217; Weinstein, Martin: Japan's Foreign Policy Options: Implications for the United States, in: Curtis 1993, S. 218-234. Beide Autoren bestätigen zwar die Annahme, daß Japans Außenverhalten durch eine „low-risk-, low-cost"-Strategie gekennzeichnet ist, widersprechen jedoch der These, diese sei erfolglos geblieben. Ebenso: Pharr, in: Curtis 1993, S. 236.

ignore that Japan's foreign policy at least does not do any harm to Japan's national interests, be they political or economic. How is that possible?"[78]

2.2. Die Erwartungen zum Außenverhalten Japans im Sachbereich Sicherheit nach dem Ende der Bipolarität

Die Debatte über die Ausprägung und den Erfolg japanischer Sicherheitspolitik findet nicht nur, wie im vorangegangenen Unterkapitel beschrieben, innerhalb der hier als deskriptiv bezeichneten Forschungsliteratur statt. Mit ihrem Anspruch der Fähigkeit zur Prognose möglicher Strategien und Verhaltensweisen Japans im Sachbereich Sicherheit läßt sich auch die erkennbarer auf theoretische Grundannahmen rekurrierende und daraus politische Ratschläge erteilende Literatur in ihren unterschiedlichen Ansätzen kursorisch referieren.

Das Ende des bipolaren internationalen Systems hatte zunächst zu einer stärkeren Regionalisierung internationaler Politik geführt.[79] Die globale Konfliktlinie des Ost-West-Konfliktes ist heute verschwunden und hat regional verschiedenen sicherheitspolitischen Entwicklungen Platz gemacht. An diesem Tatbestand hat sich in der Forschungsliteratur nicht nur eine Diskussion entzündet, welches der beiden Systeme – das heutige multipolare oder das überkommene bipolare – mehr Stabilität verspricht oder ob Sicherheit besser durch Bi- oder Multilateralismus zu verwirklichen ist. Auch hinsichtlich der japanischen Sicherheitspolitik der Zukunft weichen die Prognosen beträchtlich voneinander ab.

Erklärungsansätze,[80] welche wie der Neorealismus[81] insbesondere auf die Machtverteilung im internationalen System rekurrieren und die Bedeutung

---

[78] Vortrag von Reinhard Drifte vom 12. Februar 1996 am Centre for European Studies in Brüssel anläßlich der Veröffentlichung seines Buches: „Japan's Foreign Policy in the 1990s: From Economic Superpower to What Power?" London 1996. Manuskript liegt dem Autor vor (1996a).

[79] Vgl.: Friedberg, Aaron: Ripe for Rivalry: Prospects for Peace in a Multipolar Asia, in: International Security Vol. 18, No. 3 (1993-1994), S. 5-33; Lake, David/ Morgan, Patrick (Hrsg.): Regional Orders. Building Security in a New World. Pennsylvania State University Press 1997.

[80] Für einen guten Überblick über die hier vorgestellten Forschungsprogramme vgl.: Walt Stephen: International Relations: One World, Many Theories, in: Foreign Policy, No. 110 (Spring 1998), S. 29-47; Hasenclever, Andreas/ Mayer, Peter/ Rittberger, Volker:

strukturell-externer Einflußfaktoren auf die Sicherheitspolitik hervorheben, prognostizieren eine militärische und technologische Aufrüstung Japans sowie eine Politik, welche sich ausschließlich am nationalen Interesse orientiere. Aufgrund der gegebenen strukturellen Herausforderungen nach dem Ende der Bipolarität wird langfristig eine Überwindung des nur durch die Bedrohung durch die UdSSR und China sowie die amerikanische Hegemonie am Leben erhaltenen japanischen Pazifismus erwartet. Während Japan gemeinsam mit den USA ein wichtiges Gegengewicht zur Herausforderung durch China bilden könne, wird in einer extremen Version auch eine Bedrohung der USA durch Japan nicht ausgeschlossen.[82] So hat *Kenneth Waltz* angenommen, daß das Ende der Bipolarität zum Rückzug der USA aus Asien-Pazifik und damit zur Instabilität in der Großregion führen werde. Folglich sei Japan trotz seiner normativen Beschränkungen gleichsam unabänderlich gezwungen, ein autonomeres und schärferes militärisches Profil in Asien-Pazifik einzunehmen:

> „Much in Japan's institutions and behavior supports the proposition that it will once again take its place among the great powers. In most of the century since winning its Chinese war in 1894-95, Japan has pressed for preeminence in Asia, if not beyond. (...) The key question is not whether the Japanese people wish their country to become a great power. The question is whether its people and its leaders will begin to feel that Japan needs the range of capabilities possessed by other countries in its region, and in the world. Uncomfortable dependencies and perceived vulnerabilities will lead Japan to acquire greater military capabilities, even though many Japanese prefer not."[83]

Ähnlich wie Waltz erwartete auch *Christopher Layne*, daß Japan seiner quasi ‚natürlichen' Bestimmung folgen und zu einer nuklearen Militärmacht auf-

---

Theories of International Regimes. (Cambridge Studies in International Relations: 55) Cambridge 1997; für eine kritische Diskussion der Möglichkeiten und Grenzen einer theoriegeleiteter Asien-Pazifik-Forschung vgl.: Mols, Manfred: Asia-Pacific: Why Theory and what Type of it? A View from Political Science, in: Dosch, Jörn/ Mols, Manfred: International Relations in the Asia-Pacific: New Patterns of Power, Interest, and Cooperation. Hamburg/ New York 2000, S. 7-38.

81 Zum Konzept des Neorealismus und seinen Grundaussagen verweise ich auf folgende Literatur: Waltz, Kenneth: Theory of International Politics. New York 1979; Grieco, Joseph: Anarchy and Cooperation, in: International Organization, Vol. 42, No. 3 (1988), S. 485-508; Mearsheimer, John: The False Promise of Institutions, in: International Security, Vol. 19, No. 3 (Winter 1994/95), S. 5-49; Baldwin, David (Hrsg.): Neorealism and Neoliberalism. The Contemporary Debate. New York 1993.

82 Freedman, George/ LeBard, Meredith: The Coming War with Japan. New York 1991.

steigen werde.[84] Auch der Pazifismus Japans und die Allianz mit den USA seien lediglich „delaying factors in a long term and inevitable process."[85] Japan werde daher einen ‚Platz an der Sonne' suchen und innerhalb dieses Strebens nach Hegemonie ein entstandenes „Machtvakuum"[86] schnellstmöglich zu seinen Gunsten auffüllen.[87] Dies beinhalte außerdem das Ziel, seiner wirtschaftlichen Stärke eine entsprechende militärische Macht hinzuzufügen.[88] Waltz ging daher davon aus, daß solch zentrale japanische Normen wie etwa das selbst auferlegte Verbot, Nuklearwaffen herzustellen, nicht wirklich von dauerhafter Wirksamkeit seien:

> „Nuclear inhibitions arising from World War II will not last indefinitely: one might expect them to expire as generational memories fade."[89]

Diese Einschätzung wird auch von einigen japanischen Wissenschaftlern geteilt. So gehen etwa *Seizaburo Sato* und *Masashi Nishihara* davon aus, daß Japans „pazifistische politische Kultur" bereits im Wandel begriffen sei.[90] *Michael Green*[91] führt sogar das Zitat eines ‚japanischen Pazifisten alter Schule' an, der davon ausgeht, daß sich die kommenden Generationen weniger an die pazifistischen Normen gebunden fühlen werden und so die Grundlage für eine autonome Sicherheitspolitik Japans schaffen, die sich nicht länger von der anderer Großmächte unterscheide.

Vor dem Hintergrund der oben referierten Annahmen haben *Eric Heginbotham* und *Richard Samuels* eine außergewöhnliche Perspek-

---

83 Waltz, Kenneth: The Emerging Structure of International Politics, in: International Security, Vol. 18, No.2 (1993), S. 44-79 (56 und 65).

84 Vgl.: Layne, Christopher: The Unipolar Illusion: Why New Great Powers Will Rise, in: International Security, Vol. 17, No. 4 (Spring 1993), S. 37-39.

85 Ebda. S. 57.

86 Die entsprechende Literatur ist Legion. Vgl. hierzu insbesondere die kritische Analyse von: Roy, Denny: Assessing the Asia-Pacific ‚Power Vacuum', in: Survival, Vol. 37, No. 3 (Autumn 1995), S. 45-60.

87 Prominente Vertreter dieser Idee sind insbesondere Barry Buzan und Gerald Segal: Dies.: Rethinking East Asian Security, in: Survival, Vol. 36, No. 2 (Summer 1994), S. 3-21; Segal, Gerald: Adjusting to the New International Order, in: Mathews, Ron/ Matsuyama (Hrsg.): Japan's Military Renaissance? New York 1995, S. 102-116.

88 Vgl.: Bergner, Jeffrey: The New Superpowers. Germany, Japan, the US and the New World Order. New York 1991, S. 111.

89 Ebda. S. 66-67.

90 Interviews mit Professor Nishihara in Tokyo 1997 sowie mit Professor Sato 1999.

91 Green, Michael, State of the Field Report: Research on Japanese Security Policy, in: Access Asia Review, Vol. 2, No. 1 (September 1998), S. 5-39 (16-17).

tivänderung vorgenommen.[92] Sie gehen davon aus, daß Japan heute sein gesamtes Machtportfolio ausschließlich ökonomisch definiere und Sicherheitspolitik demnach vollkommen in der Gestaltung einer techno-ökonomischen Vormachtstellung aufgehe. So habe Japan 1) bislang auf den Aufstieg Chinas zur Militärmacht nicht mit einer unilateralen Gleichgewichtspolitik oder mit Aufrüstung reagiert, sondern 2) auf die daraus resultierende mögliche militärische Bedrohung insbesondere mit massiver wirtschaftlicher Kooperation und eben nicht mit ökonomischer Unterdrückung sowie 3) trotz einer Reihe von Spannungen innerhalb der Allianz mit den USA wenig getan, um ein etwaiges Auseinanderbrechen der Allianz zu verhindern. Vor diesem Hintergrund stellen die Autoren eine ökonomisch definierte ‚*grand strategy*' Japans fest:

> „Whereas Japan once pursued policies designed to strengthen its economic base for the purposes of enhancing its military power, today the very concepts of security and power frequently are defined in technological, industrial, and economic terms."[93]

Vor dem Hintergrund der veränderten strategischen Rahmenbedingungen in Asien-Pazifik haben sich eine Reihe von Autoren für einen Erhalt der japanisch-amerikanischen Allianz im Sinne einer positiven Einflußnahme auf die Machtbalance[94] in der Großregion eingesetzt. So empfehlen *Henry Kissinger*[95] und *Michael Armacost*[96] die fortdauernde Präsenz der amerikanischen Streitkräfte in Asien-Pazifik und den Erhalt der Allianz mit Japan. Beides sei notwendig, um sowohl die Stabilität in der Großregion zu erhalten, deren Staaten alleine ein stabiles Machtgleichgewicht nicht erreichen können, als auch das Aufkommen eines regionalen chinesischen Hegemons zu unterbinden. Kissinger argumentiert darüber hinaus, die Allianz unterbinde ein Wiederaufflammen des japanischen Militarismus in der Region

---

92 Heginbotham, Eric/ Samuels, Richard: Mercantile Realism and Japanese Foreign Policy, in: International Security, Vol. 22, No. 4 (Spring 1998), S. 171-203.

93 Ebda. S. 173.

94 Die Beiträge der Politikberatung, welche auf ein wie auch immer geartetes Machtgefüge in der Großregion abheben, orientieren sich nicht notwendiger Weise an einem neorealistischen Forschungsparadigma. So schätzen beispielsweise Think Tanks bei ihrer Arbeit oft die Klarheit des neorealistischen Vokabulars, ohne damit jedoch einen theoriegeleiteten Forschungsanspruch zu erheben.

95 Vgl.: Kissinger, Henry: Diplomacy. New York 1994.

96 Armacost, Michael: Friends or Rivals? The Insider's Account of U.S.-Japan Relations. New York 1996. Besonders 246-248.

und verhindere zudem eine mögliche nukleare Aufrüstung,[97] während *Thomas Christensen* darauf hingewiesen hat, daß eine fortdauernde Allianz als Mittel der Balance vor allem gegen eine chinesische Bedrohung eingesetzt werden solle.[98] Um den chinesischen Expansionismus einzudämmen, fordert schließlich *Gideon Rachman*, Japan solle innerhalb der Allianz eine gleichberechtigte Rolle neben den USA einnehmen, die eine entsprechende Ausweitung seiner militärischen Aufgaben beinhaltet.[99]

Eine weitere Gruppe von Autoren, der Mitglieder des *Cato-Instituts* in Washington und mit *Chalmers Johnson* einer der einflußreichsten Japanforscher angehören, stehen der Allianz und ihrer Funktion der Einhegung japanischer Machtansprüche dezidiert kritisch gegenüber. Sie sprechen sich dafür aus, die amerikanischen Truppen aus der Region abzuziehen und die Allianz dabei dergestalt umzuwandeln, daß Japan alleinverantwortlich seine militärische Verteidigung sicherstellen kann. Die USA seien, so *Ted Carpenter*, Director of Foreign Policy Studies am Cato-Institut, lange genug ‚balancer of first resort' in Ostasien gewesen und hätten Japan dabei eine Freifahrt in Sachen Sicherheit ermöglicht. Da Japan aber selbst eine potentielle Großmacht in Ostasien darstelle, solle das Land auch eine entsprechende Rolle bei seiner militärischen Verteidigung einnehmen. Die USA könnten hierbei sinnvoller Weise nur der ‚balancer of last resort' sein.[100] *Christropher Layne* argumentiert überdies, daß Japan ohnehin weiter aufrüsten werde. Somit unterstütze eine fortdauernde Präsenz der amerikanischen Truppen nur japanisches free-riding und beschleunige das Anwachsen seines relativen Machtpotentials.[101] Johnson schließlich geht davon aus, daß die Allianz auch weiterhin eine eigenständige militärische Rolle Japans verhindern und von den weitaus wichtigeren Problemen, wie der Beseitigung der unfairen Handelspraktiken Japans gegenüber den USA, ablenken werde.[102]

---

97 Vgl.: Kissinger 1994, S. 828-829.

98 Vgl.: Christensen, Thomas: Chinese Realpolitik, in: Foreign Affairs, Vol. 75, No. 5 (September-October 1996), S. 37-52.

99 Vgl.: Rachman, Gideon: Containing China, in: Washington Quarterly, Vol. 19, No. 4 (Winter 1996), S. 129-139.

100 Vgl.: Carpenter, Ted: Paternalism and Dependence: The U.S.-Japanese Security Partnership, in: Policy Analysis, No. 244, November 1, 1995.

101 Vgl: Layne 1993, S. 46-49.

102 Johnson, Chalmers/ Keehn, E.: The Pentagon's Ossified Strategy, in: Foreign Affairs, Vol. 74, No. 2 (July-August 1995), S. 103-114. S. 112: „The DOD (Department of Defense, C.O.) offers a military substitute for the failure of the United States to produce an

Autoren, welche einem hier als neoliberaler Institutionalismus bezeichneten Forschungsansatz[103] zugerechnet werden können, nehmen an, daß von multilateraler Kooperation eine friedensförderliche Wirkung auf die zwischenstaatlichen Beziehungen ausgehen kann. In bezug auf Asien-Pazifik betonen sie die durch Institutionen vermittelte Bedeutung von Demokratie, Freihandel und Wohlfahrtsmehrung für eine stabile sicherheitspolitische Kooperation und setzen sich insbesondere für eine Umgestaltung der Allianz und für eine stärkere militärisch-politische Einbindung Japans in die Großregion ein.[104] Sie erwarten, daß dies aufgrund gemeinsamer japanisch-amerikanischer Interessen nach dem Ende der Bipolarität parallel zu einer Aufwertung der multilateralen Mechanismen in Asien-Pazifik geschieht[105] und unterscheiden sich in dieser Hinsicht deutlich von der vorherigen Autorengruppe.

---

effective trade and investment strategy.“ 1996 schreibt Johnson: „Japan's conservative Liberal Democratic Party and ruling bureaucracy welcomed the U.S. commitment, since it left them free to pursue Japan's own economic interests in East Asia while the Americans perpetuated their military deployments in the area." Ders.: Containing China: U.S. and Japan Drift Towards Disaster, in: Japan Quarterly, Vol. 43, No. 4 (October-December 1996), S. 10-18 (14).

[103] Die hier vorgenommene Zusammenführung der beiden Ansätze des Liberalismus und des Neoinstitutionalismus geschieht aus forschungspragmatischen Gründen. Während der Liberalismus als Klasse von Theorien auf die innergesellschaftlichen Zusammenhänge und ihre Wirkung auf das Außenverhalten von Staaten abhebt und etwa die Demokratisierung von Staaten als geeignetes Mittel der Herstellung von Frieden und Sicherheit ansieht, beobachtet der Neoinstitutionalismus insbesondere den Aspekt der multilateralen Kooperation. Eine trennscharfe Unterteilung der referierten Literatur scheint vor dem Hintergrund des Erkenntnisinteresses dieser Arbeit nicht sinnvoll. Für eine Differenzierung vgl.: Moravcsik, Andrew: Taking Preferences Seriously: A Liberal Theory of International Politics, in: International Organization, Vol. 51, No. 4 (Autumn 1997), S. 513-553; Für weitere zentrale Arbeiten vgl.: Keohane, Robert: After Hegemony. Discord and Collaboration in the World Political Economy. Princeton 1984, insbesondere S. 85-97; Keohane, Robert/ Nye, Joseph: Power and Interdependence. World Politics in Transition. Boston 1989[2]; Keohane, Robert/ Martin, Lisa: The Promise of Institutionalist Theory, in: International Security, Vol. 20, No. 1 (Summer 1995), S. 39-51; kritisch hierzu: Mearsheimer, John: A Realist Reply, in: International Security, Vol. 20, No. 1 (Summer 1995), S. 82-93; Keck, Otto: Der neue Institutionalismus in der Theorie der Internationalen Politik, in: PVS 32 (1991), S. 635-653; Snidal, Duncan: Relative Gains and the Pattern of International Cooperation, in: American Political Science Review, Vol. 85, No. 3 (1991), S. 701-726.

[104] Mochizuki, Michael (Hrsg.): Toward A True Alliance: Restructuring U.S.-Japan Security Relations. Washington 1997.

[105] Kawasaki, Tsuyoshi: Between realism and idealism in Japanese security policy: the case of the ASEAN Regional Forum, in: The Pacific Review, Vol. 10, No. 4 (1997), S. 480-503 (491-497).

So fordern neben *Joseph Nye*[106] insbesondere *Michael Mochizuki* und *Michael O'Hanlon* in einer ganzen Reihe von Publikationen einen Umbau der Allianz mit dem Ziel, sie für einen Einsatzbereich jenseits der bloßen militärischen Abschreckung in Asien-Pazifik auszuweiten.[107] Unter der Prämisse, daß konsolidierte Demokratien keine Kriege gegeneinander führen, favorisieren die Autoren die Umgestaltung des Verteidigungsbündnisses auf der Basis liberaldemokratischer Prinzipien und gemeinsamer politische Werte. Bei einer auch in Zukunft bestehenden Abschreckungsfunktion erwarten sie dabei eine Weiterentwicklung der Allianz als Instrument der Verbreitung liberaler Gedanken im Namen gemeinsamer Interessen und demokratischer Werte sowie dessen Ausbau zu einem allgemeinen Sicherheitsforum für Asien-Pazifik, eventuell unter Einbezug Chinas und anderer Staaten.[108] Eine dergestalt ‚liberale' Allianz, so die Autoren, sei am ehesten geeignet, in ihrem Integrationsraum Frieden zu stiften.[109] Die Allianz mit den USA sei nicht nötig, um ein etwaiges Wiederaufleben eines japanischen Militarismus einzuhegen. Besser sei es, Japan, aber auch China in internationale Institutionen einzubinden und auf diesem Weg zur Stabilität in der Großregion beizutragen.[110] Japan solle im Rahmen einer umstrukturierten Allianz, die auch eine deutliche Reduzierung der amerikanischen Streitkräfte auf Okinawa mit einschließen könne,[111] durchaus erweiterte sicherheitspolitische Aufgaben übernehmen (*burden sharing*)[112] und hierzu auch seine Verfassung ändern, um an Maßnahmen kollektiver Sicherheit und kollektiver Selbstverteidigung teilnehmen zu können. Eine in dieser Hinsicht umgestaltete Allianz werde letztlich auch die Zustimmung der japanischen Öffentlichkeit zu Einsätzen der SDF im Rahmen von Friedens- und humanitären Missionen und weiteren

---

[106] Vgl.: Nye, Joseph: Conflicts After the Cold War, in: The Washington Quarterly, Vol. 19 (1996), S. 5-24.

[107] Mochizuki, Michael/ O'Hanlon, Michael: A Liberal Vision for the US-Japan Alliance, in: Survival, Vol. 40, No. 2 (Summer 1998), S. 127-134.

[108] Vgl.: Ebda. S. 128. Siehe auch: Mochizuki, Michael: Japan as an Asia-Pacific Power, in: Ross, Robert (Hrsg.): East Asia in Transition: Towards a New Regional Order. Armonk/ New York 1995, S. 125-159 (147).

[109] Vgl.: Mochizuki/ O'Hanlon 1998, S. 132-134.

[110] So etwa: Iriye, Akira: Japan, China in the Global Setting. Cambridge 1992.

[111] Vgl. hierzu insbesondere den Aufsatz von: O'Hanlon, Michael: Restructuring U.S. Forces and Bases in Japan, in: Mochizuki 1997, S. 149-178.

[112] Vgl.: O'Hanlon, Michael: A New Japan-U.S. Security Bargain, in: Japan Quarterly, Vol. 44, No. 4 (December 1997), S. 12-19.

gemeinsamen Polizeiaktionen in der Region finden.[113] Auch *Victor Cha*[114] argumentiert beim Versuch der Erklärung der Sicherheitsbeziehungen zwischen Japan, Südkorea und den USA für eine Allianz, die Japans Wandel zu einem auch von seinen Nachbarn anerkannten Sicherheitspartner in Asien-Pazifik fördern und eben nicht einhegen solle. In letzter Konsequenz, so Cha, sei es sogar sinnvoll, eine enge sicherheitspolitische Kooperation zwischen Japan und Südkorea für den wahrscheinlichen Fall eines letztlichen Rückzugs der USA aus der Großregion ins Auge zu fassen.[115]

Eine dritte Gruppe der hier vorzustellenden Autoren betont im Gegensatz zu beiden anderen Ansätzen die Bedeutung von sozialen, erfahrungs- und lernbedingten Normen, Werten und Identitäten für die Erklärung japanischer Sicherheitspolitik. Diese dem Konstruktivismus[116] zuzuordnende Forschung

---

[113] Vgl.: Mochizuki/ O'Hanlon 1998. S. 129. Während die Bedeutung der japanisch-amerikanischen Allianz für beide Autoren im Zentrum ihrer Argumentation steht, wird die friedensstiftende Wirkung multilateraler Sicherheitsforen wie dem ARF als unabhängige Variable jedoch kritisch-vorsichtig bewertet. Vgl. hierzu etwa S. 131. Deutlicher ist indes die folgende Textstelle: „The Clinton administration, unlike the Bush administration, has embraced multilateral dialogues as a positive supplement to America's network of bilateral alliances. (...) These dialogues can help prevent crisis if they can foster military transparency, restrain the buildup of arms, and cultivate norms for the peaceful resolution of territorial and other disputes. A note of caution is warranted here. In some circles, especially among progressive intellectuals in Japan, arguments are made in favor of establishing an all-inclusive collective security order in the Asia-Pacific while 'demilitarizing' the U.S.-Japan alliance. This view poses a false choice between bilateralism and multilateralism. (...) The proper attitude is to see multilateral dialogues as only one way (and not necessarily the most effective one) to reduce tensions. The focus should be on concrete security problems – not on security architectures." Aus: Mochizuki, Michael: Toward a New Japan-U.S. Alliance, in: Japan Quarterly Vol. 43, No. 3 (July-September 1996), S. 4-16 (11).

[114] Vgl.: Cha, Victor: Alignment Despite Antagonism: The United States-Korea-Japan Triangle. Stanford 1999.

[115] Vgl.: Ebda. S. 204.

[116] Auch hier sind die Grenzen zum Liberalismus fließend, da stark auf innerstaatliche Faktoren für die Erklärung staatlichen Außenverhaltens rekurriert wird. Aus forschungspragmatischen Gründen sollen daher auch Autoren wie Peter Katzenstein wegen der Betonung des soziokulturellen und rollenabhängigen Kontextes von Sicherheitspolitik dem Konstruktivismus zugeordnet werden. Für eine Literaturauswahl sei verwiesen auf: Wendt, Alexander: Anarchy is what States make of it: the social construction of power politics, in: International Organization, Vol. 46, No. 2 (Spring 1992), S. 391-425; Wendt, Alexander: Collective Identity Formation and the International State, in: American Political Science Review, Vol. 88, No. 2 (June 1994), S. 384-396; Zürn, Michael: Interessen und Institutionen in der internationalen Politik. Grundlegung und Anwen-

geht daher davon aus, daß sich das japanische Außenverhalten im Sachbereich Sicherheit weniger an den objektiv gegebenen strategischen Rahmenbedingungen in Asien-Pazifik nach dem Ende des Ost-West-Konfliktes orientiere, sondern vielmehr durch innerstaatliche Normen und spezifische, kulturell präfigurierte Verhaltensweisen gefiltert werde. Eher könnten daher die spezifischen historischen Erfahrungen sowie die daraus resultierenden Einstellungen und Rollen zur Erklärung japanischer Sicherheitspolitik beitragen.[117]

So hebt insbesondere *Peter Katzenstein* hervor, daß Japans Sicherheitspolitik vor allem durch innere und nicht allein durch äußere Einflüsse geprägt werde.[118] Obwohl Japans transnationale Kontakte zu den USA seit den 80er Jahren zu einer engen militärischen Zusammenarbeit geführt hätten[119] und Japan im Zuge der burden-sharing-Politik der USA zur zweit- oder drittgrößten Militärmacht aufgestiegen sei,[120] würde sogar ein abruptes Ende der Allianz nicht unweigerlich das Ende der ‚Keine-Gewalt-Kultur' Japans und damit eine „normale" Verteidigungspolitik auslösen.[121] In seiner eher neutralen Prognose hinsichtlich der sicherheitspolitischen Optionen Japans wird jedoch deutlich, daß in den innerstaatlichen Variablen im Prinzip auch

---

dungen des situationsstrukturellen Ansatzes. Opladen 1992; Checkel, Jeffrey: The Constructivist Turn in International Relations Theory, in: World Politics, Vol. 50 (January 1998), S. 324-348; Lapid, Yosef/ Kratchowil, Friedrich (Hrsg.): The Return of Culture and Identity in IR Theory. Boulder, Colorado 1996; Hänggi, Heiner: Sozialer Konstruktivismus als goldene Brücke? Zur jüngsten Theoriedebatte in der Disziplin der Internationalen Beziehungen, in: Bulletin, No. 1 (Schweizerische Akademie der Geistes- und Sozialwissenschaften) März 1998, S. 32-40, Mc Sweeney, Bill: Security, Identity and Interests. A Sociology of International Relations. (Cambridge Studies in International Relations: 69) Cambridge 1999.

[117] Vgl. hierzu insbesondere: Katzenstein, Peter (Hrsg.): The Culture of National Security: Norms and Identity in World Politics. New York 1996.

[118] Vgl.: Katzenstein/ Okawara 1993a, S. 117; Katzenstein, Peter: Cultural Norms and National Security: Police and Military in Postwar Japan. Ithaca/ London 1996, S. 204.

[119] Vgl.: Ebda. S. 131-152; Siehe auch: Ders./ Okawara 1994, S. 55-58; Katzenstein, Peter/ Tsujinaka, Yutaka: „Bullying," „buying," and „binding": US-Japanese transnational relations and domestic structures, in: Risse-Kappen, Thomas (Hrsg.): Bringing transnational relations back in. Non-state actors, domestic structures and international institutions. Cambridge 1995, S. 79-111 (106).

[120] „By the mid-1990s, dollar for dollar, Japan had become the second or third largest military power in the world." Katzenstein 1996, S. 149.

[121] Vgl.: Ebda. S. 208.

die Option einer „offensiven“ Sicherheitspolitik enthalten sei – wenn die Umstände dies erforderten:

> „But Japanese policy makers, rather than following strictly the logic of realist doctrine, have responded to the domestic and transnational structures and norms that imbed Japan's security policy. Since the mid-1970s, changes in the international environment have effected Japan's security policy. (...) Defense have crept upward - very gradually. And the various constraints that have operated on Japanese defense policy have been loosening - very gradually. The determinants of these gradual changes were not primarily the perceived threat posed by the Soviet Union or changes in the global distribution of power but the vagaries in the structures and norms, both domestic and transnational, that have affected Japan during the past two decades. Among these, political sensitivity to the domestic opposition of the LDP (die Liberaldemokratische Partei Japans, C.O.) on the one hand and political pressure on the other have clearly been two key factors."[122]

> „The domestic and international policy structures and norms that are conditioning Japan's security policy all militate against Japan's moving on its own, in the foreseeable future, to an independent military posture in world politics. But in an era of rapid chance, the gradual establishment of a national option has moved Japan's security policy from weakness to strength."[123]

Autoren wie *Glenn Hook*[124] oder *Thomas Berger* gehen noch einen Schritt über Katzenstein hinaus, indem sie eine weiterhin auf grundlegenden pazifistischen Normen fußende Sucherheitspolitik Japans erwarten. Berger betont hier vornehmlich den starken Einfluß einer „culture of anti-militarism“[125] auf Japans Außenverhalten. So seien es vor allem die eigenen negativen Erfahrungen der Geschichte, die Staaten wie Japan oder Deutschland gegen militaristische Tendenzen immunisierten:

> „The central thesis is that Germany and Japan, as a result of their historical experiences and the way in which those experiences were interpreted by domestic political actors, have developed beliefs and values that make them peculiarly reluctant to resort to military force."[126]

---

[122] Katzenstein/ Okawara 1994, S. 69.

[123] Ebda. 1994, S. 55.

[124] Hook, Glenn: Militarization and Demilitarization in Contemporary Japan. London/ New York 1996.

[125] Berger, Thomas: From Sword to Chrysanthemum. Japan's Culture of Anti-militarism, in: International Security, Vol. 7, No. 4 (Spring 1993), S. 119-150 (120).

[126] Ders.: Norms, Identity, and National Security in Germany and Japan, in: Katzenstein, Peter (Hrsg.): The Culture of National Security. Norms and Identity in World Politics. New York 1996, S. 317-356 (318).

Während Hook, ebenso wie Berger, historisch-kulturell bedingte pazifistische Normen zur Erklärung der Sicherheitspolitik Japans heranzieht, hebt das von *Hanns Maull* entwickelte[127] idealtypisch-normative Rollenkonzept der nicht-militärischen „Zivilmacht“[128] stärker auf eine außenpolitische Orientierung Japans[129] ab, die sich sowohl im Rahmen gesellschaftlicher Lernprozesse entstandener Weltbilder, Werte und Normen als auch im Spannungsfeld spezifischer Rollenerwartungen der Außenwelt vollzieht. Japans Außenverhalten wird nach diesem Verständnis vornehmlich von innerstaatlichen Parametern bestimmt und zielt, ganz im Sinne von *Norbert Elias*, darauf ab, zu einer Zivilisierung der internationalen Beziehungen beizutragen. Nach *Kirste und Maull* ist eine Zivilmacht

> „ein Staat, dessen außenpolitisches Rollenkonzept und Rollenverhalten gebunden sind an Zielsetzungen, Werte, Prinzipien sowie Formen der Einflußnahme und Instrumente der Machtausübung, die einer Zivilisierung der internationalen Beziehungen dienen.“[130]

Das Rollenkonzept der Zivilmacht erfasst dabei nicht nur jene Faktoren, die wie etwa Werte, Lernen oder Vorstellungen über Gerechtigkeit von den Vertretern systemischer Handlungstheorien vernachlässigt werden. Es bietet über den Weg der idealtypischen Kreation eines bestimmten Rollenverhaltens einen neutralen analytischen Rahmen, um systematisch Werte und Normen zu

---

[127] Auch Funabashi benutzt den Begriff der „civilian power“ und hat ihn in die japanische Debatte eingeführt. Seine idealistische Definition des Begriffs zielt darauf ab, Japan aufgrund seiner pazifistischen Verfassung zum Vorreiter einer friedlichen internationalen Kooperation zu machen. Funabashi fordert daher einen nicht-militärischen Beitrag Japans zur Welt, der sich in multilateralen Foren vollzieht. Vgl.: Funabashi, Yoichi: Japan and the New World Order, in: Foreign Affairs, Vol. 70, No. 5 (Winter 1991-92), S. 58-74.

[128] Vgl.: Maull, Hanns: Germany and Japan: The New Civilian Powers, in: Foreign Affairs, Vol. 69, No. 5 (Winter 1990-91), S. 91-106.

[129] Zivilmächte sind ebenso die USA sowie die demokratisch verfaßten Staaten der OECD-Welt.

[130] Kirste, Knut/ Maull, Hanns: Zivilmacht und Rollentheorie, in: Zeitschrift für Internationale Beziehungen (ZIB), 3. Jg. (1996) Heft 2, S. 283-312 (300). Vgl. auch: Maull, Hanns: Civilian Power: The Concept and its Relevance for Security Issues, in: Babic, Lidija/ Huldt, Bo (Hrsg.): Mapping the Unknown. Towards a New World Order (The Yearbook of the Swedish Institute of International Affairs 1992-93). Stockholm 1993, S. 115-131 (126). Eine sinnvolle Kritik des Zivilmachtkonzeptes bietet: Tewes, Henning: Das Zivilmachtkonzept in der Theorie der Internationalen Beziehungen. Anmerkungen zu Knut Kirste und Hanns W. Maull, in: ZIB, 4. Jg. (1997) Heft 2, S. 347-360.

erkennen und deren Einfluß auf das Akteurshandeln aufzuzeigen.[131] Dabei zeichnen sich Zivilmächte unter anderem aus durch den Willen zur partnerschaftlichen Gestaltung der internationalen Beziehungen mit partiellem Souveränitätstransfer, durch die durch die Ablehnung von unilateralem Handeln sowie der Nutzung von internationalen Organisationen und Institutionen zur Konfliktlösung und Problembearbeitung, durch den Primat demokratischer Innenpolitik über die nationale Außenpolitik und durch die Verflechtung eigener Interessen mit universellen Werten wie den Menschenrechten und dem Interventionsverbot. Letztlich lehnen Zivilmächte die Anwendung militärischer Gewalt als Mittel der Politik ab, wobei sie jedoch keinesfalls pazifistisch im Sinne der Negierung des Rechtes der individuellen oder kollektiven Selbstverteidigung nach Artikel 51 der Charta der Vereinten Nationen beziehungsweise der autorisierten Anwendung von Gewalt im Rahmen eines Systems kollektiver Sicherheit sind.[132]

2.3. Zusammenfassung

Die Aussagen der auf die Grundtendenzen japanischer Sicherheitspolitik abhebenden Literatur können wie folgt zusammengefaßt werden: Japan ist ein sich zwischen Opportunismus und Pragmatismus bewegender, vornehmlich reaktiver Staat, der es meist ablehnt, jenseits finanzieller Mechanismen eine aktive und mit entsprechenden Kosten verbundene Rolle als Akteur in den internationalen Beziehungen einzunehmen. Als potentielle militärische Großmacht handelt Japan zudem strikt status quo-orientiert, verläßt sich auf seine sicherheitspolitische Freifahrt auf Kosten der USA und zeigt ein nicht unerhebliches Desinteresse am Weltgeschehen. Hinsichtlich der Prognose des japanischen Außenverhaltens im Sachbereich Sicherheit lassen sich folgende thematisch gebündelte Aussagen erkennen: In bezug auf die künftige sicherheitspolitisch-militärische Rolle Japans in Asien-Pazifik erwarten die dem Neorealismus zuzurechnenden Autoren aufgrund veränderter struktureller Rahmenbedingungen ein Abklingen der pazifistischen und anti-

[131] Für eine ganz hervorragende Entfaltung des Konzeptes der Zivilmacht vgl. die Dissertation von Knut Kirste: Rollentheorie und Außenpolitikanalyse. Die USA und Deutschland als Zivilmächte. Berlin/ Bern/ New York/ Paris/ Wien 1998, S. 27-59. Für einen Versuch, das Rollenkonzept der Zivilmacht für die Untersuchrung und Bewertung staatlicher Menschenrechtspolitik nutzbar zu machen vgl.: Pfeil, Florian: Zivilmacht für die Menschenrechte? Menschenrechte in der deutschen Außenpolitik 1990-1998 (POLITICA – Schriftenreihe zur politischen Wissenschaft, Bd. 40). Hamburg 2000.

[132] Vgl. Ebda. S. 54-57 sowie: Maull/ Kirste 1996, S. 300-302.

militaristischen Strömungen als Ende eines lediglich vorübergehenden Phänomens. Japan werde demnach eine ausgewogene Machtverteilung in der Großregion und damit den Status einer auch militärischen Großmacht anstreben. Die Verteidigungsallianz mit den USA diene nicht nur der Machtbalance gegenüber China, sondern sei auch ein wichtiges Mittel der Einhegung solcher Machtinteressen. Im Gegensatz hierzu sehen die dem neoliberalen Institutionalismus zuneigenden Autoren zwar die Notwendigkeit eines bestimmteren sicherheitspolitischen Profils und der Einbindung Japans in die strategischen Fragen der Großregion. Für sie besteht hierin jedoch keinesfalls die Gefahr einer Remilitarisierung Japans etwa nach dem eigenen historischem Vorbild. Sie fordern daher die Umgestaltung der Allianz, die Japan eine größere Rolle ermöglichen und die durch weitere multilaterale Dialogmechanismen ergänzt werden könne. Die dem Konstruktivismus zuzurechnenden Autoren gehen davon aus, daß Japans Kultur des Pazifismus und Anti-Militarismus fortbestehen werde und daß eine Entscheidung etwa für oder gegen eine offensiv ausgerichtete Sicherheitspolitik letztlich stark vom Einfluß innerstaatlicher Faktoren abhängig sei.

3. Annahmen und Leitfragen

Das vorangegangene Kapitel hat die zentralen Positionen der Japanforschung deutlich gemacht und einen breiten Überblick über die Wahrnehmung japanischer Sicherheitspolitik vermittelt. Dabei wurde deutlich, daß Japan auf der einen Seite als ein im wesentlichen reaktiver internationaler Akteur verstanden wird, der bis zum heutigen Tag weitestgehend auf eine eigenständige Sicherheitspolitik verzichtet und der über ein äußerst unausgeglichenes Machtportfolio verfügt. Auf der anderen Seite sind die Prognosen der theoriegeleiteten Forschung zur japanischen Sicherheitspolitik denkbar heterogen bzw. beziehen sich oft nur auf ein ganz bestimmtes Problemfeld aus dem Sachbereich Sicherheit (z.B. nukleare Aufrüstung; Allianzpolitik). Diese Arbeit will nicht nur versuchen, die Sicherheitspolitik Japans jenseits der referierten Einzelaussagen der Forschung in toto zu erfassen. Sie will insbesondere die Grundthese belegen, daß Japan als ein aktiver und erfolgreicher Akteur im Sachbereich Sicherheit bezeichnet werden kann. Als Grundlage für den weiteren Gang der Arbeit erscheint es daher sinnvoll, zunächst die oben bereits angesprochenen empirischen Befunde zum Außenverhalten Japans in der Form von Strategieannahmen sowie die Leitfragen der Untersuchung zu präsentieren.

3.1. Erste Annahmen

Seit dem Ende des Ost-West-Konfliktes osziliert die Sicherheitspolitik Japans zwischen bi- und multilateralen Ansätzen, die jeweils durch einen unterschiedlichen Grad der Institutionalisierung gekennzeichnet sind. Aus diesen Beobachtungen lassen sich wie folgt vier *idealtypische Strategien* ableiten.

I. Multilateraler Ansatz – Niedriger Institutionalisierungsgrad

Diese Strategie umfaßt insbesondere den Bereich der multilateralen Dialogdiplomatie in Asien-Pazifik auf gouvernementaler und nicht-gouvernementaler Ebene, in denen die Schaffung von Transparenz und wechselseitigem Vertrauen, aber kaum sensible Themen aus dem Sachbereich Sicherheit im Mittelpunkt stehen. Da hier keine verbindlichen Regeln bzw. nonkonformes Verhalten sanktionierende Prozeduren existieren,[133] kann diese Strategie als **weicher Multilateralismus** bezeichnet werden. Am ehesten entspricht dieser Strategie das Engagement Japans im ARF-Prozeß.

II. Multilateraler Ansatz – Hoher Institutionalisierungsgrad

Diese Strategie bezieht sich auf die Teilnahme Japans an der Arbeit internationaler Organisationen in Asien-Pazifik. Die Strategie Japans, welche die Förderung der Tätigkeit von internationalen Organisationen einschließlich der Unterordnung unter deren Regelwerk zum Gegenstand hat, wird daher als **harter Multilateralismus** bezeichnet. Sie kann von der Strategie des weichen Multilateralismus hinsichtlich des Grades der Verpflichtung unterschieden werden, dem auch Japan unterworfen ist und der seine Entsprechung nicht zuletzt in der Umsetzung in innerjapanische Rechtsakte findet. Am ehesten läßt sich ihr die Teilnahme Japans an UN-Friedenseinsätzen in Asien-Pazifik sowie die Unterstützung der KEDO zuordnen.

---

[133] Ich beziehe mich bei der Unterscheidung eines hohen und niedrigen Verregelungsgrades im Bereich des Multilateralismus auf die herrschende Meinung innerhalb der Literatur zur Regimeforschung. Sie ist hier deshalb angebracht, da sie sich mit der Beschreibung und Erklärung vielfältiger Formen der Kooperation zwischen mehr als zwei Akteuren der internationalen Politik befaßt. Vgl.: Rittberger, Volker/ Mayer, Peter (Hrsg.): Regime Theory and International Relations. Oxford 1995; Kohler-Koch, Beate: Zur Empirie und Theorie internationaler Regime, in: Dies. (Hrsg.): Regime in den internationalen Beziehungen. Baden-Baden 1989, S. 17-85; Wolf, Klaus Dieter/ Zürn, Michael: „International Regimes" und Theorien der Internationalen Politik, in: PVS 27 (1986), S. 201-221.

III. Bilateraler Ansatz – Niedriger Institutionalisierungsgrad

Diese nur schwach institutionalisierte Strategie umfaßt prinzipiell all diejenigen, nicht auf die USA bezogenen[134] bilateralen Kontakte Japans zu Schlüsselakteuren[135] in Asien-Pazifik (Korea, China, Rußland), die sich zumeist auf ad hoc-Basis erstens im Rahmen völkerrechtlich unverbindlicher sicherheitspolitischer Konsultationsmechanismen vollziehen und die zweitens nicht bereits durch die ersten beiden Strategien aufgefangen werden. Im Rahmen dieser Arbeit wird sie daher als **weicher Bilateralismus** bezeichnet.

IV. Bilateraler Ansatz – Hoher Institutionalisierungsgrad

Diese Strategie ist durch ein hohes Maß dauerhafter Verbindlichkeit gekennzeichnet und stellt den Gravitationspunkt japanischer Sicherheitspolitik schlechthin dar. Sie beruht auf einem Netzwerk bilateraler Abkommen und völkerrechtlicher Verträge und bezieht sich insbesondere auf die sich im Rahmen der Allianz zwischen den USA und Japan vollziehende militärische Kooperation. Da die sich hier ergebenden Verpflichtungen Japans sehr weitreichend sind und zunehmend in innerstaatliches Recht umgewandelt werden, wird diese Strategie als **harter Bilateralismus** bezeichnet.

3.2. Leitfragen

Die folgenden Leitfragen stehen im Zentrum der Untersuchung:

1. Unter welchen normativ-internen und strukturell-externen Einflußfaktoren vollzieht sich die japanische Sicherheitspolitik nach dem Ende des Ost-West-Konfliktes?
2. Auf welche Herausforderungen haben japanische Akteure mit welchen Strategien regiert?
3. Welche Aufgaben erfüllen diese Strategien für Japan in Anbetracht seiner spezifischen Interessen und Zielvorstellungen?

---

[134] Natürlich bestehen auch bilaterale Kontakte dieser Art mit den USA. Sie werden jedoch im Kontext dieser Arbeit im Rahmen der Allianzkooperation behandelt.

[135] Die ASEAN ist ebenfalls ein wichtiger Akteur in der Großregion und für Japan in wirtschaftlicher sowie in politischer Hinsicht von besonderer Bedeutung. Die sicherheitspolitisch relevante Funktion der Assoziation besteht jedoch insbesondere im Bereich des weichen Multilateralismus. Sie wird dementsprechend dort im Hinblick auf Japan analysiert.

4. Welche Rolle spielt insbesondere der Multilateralismus als neuer Ansatz nach dem Ende des Ost-West-Konfliktes, und wo werden sich hieraus ergebende Möglichkeiten, aber auch Grenzen gesehen?
5. Hat sich demgegenüber die Funktion des Bilateralismus, insbesondere in Gestalt der Allianz mit den USA, gewandelt?
6. Hat sich Japans Rolle innerhalb der Allianz verändert?
7. Inwiefern lassen also die präsentierten Strategien auf Wandel oder Kontinuität japanischer Sicherheitspolitik nach dem Ende des Ost-West-Konfliktes schließen?
8. Welche Aussagekraft kommt vor diesem Hintergrund letztlich den Prognosen und Annahmen der referierten Japanforschung zu?

TEIL II: GRUNDLAGEN UND GESCHICHTE JAPANISCHER SICHERHEITSPOLITIK IN ASIEN-PAZIFIK

Im folgenden werden zunächst die normati-institutionellen sowie die verfassungsrechtlichen Rahmenbedingungen japanischer Sicherheitspolitik dargestellt. Trotz der strukturellen und innerstaatlichenÄnderungen, die sich im Zuge der Beendigung des Ost-West-Konfliktes eingestellt haben, gelten sie bis heute nahezu unverändert und sind die Grundlage jeder Auseinandersetzung mit dem Außenverhalten Japans. Hieran schließt sich eine Skizze japanischer Sicherheitspolitik von der Gründung der bilateralen Allianz mit den USA im Jahre 1951 bis zum Ende des Ost-West-Konfliktes an. Sie ist der Vergleichspunkt für all jene Veränderungen, die Japans Sicherheitspolitik heute charakterisieren.

4. Die Grundlagen der japanischen Sicherheitspolitik

Bis heute können drei zentrale, sowohl von innen als auch von außen wirksame Variablen als grundlegende Bestimmungsfaktoren japanischer Sicherheitspolitik ausgemacht werden. Die japanische Nachkriegsverfassung sowie die bilaterale Sicherheitsallianz mit den USA haben hier unmittelbare normative und praktisch-politische Relevanz, wohingegen das japanische Konzept der umfassenden Sicherheit auch ohne jede völkerrechtliche Verbindlichkeit die Sicherheitspolitik Japans effektiv strukturiert.

4.1. Die Verfassung als Ausgangsbasis: eine kritische Diskussion

Die verfassungsrechtlichen Grundlagen für die Rückkehr Japans in die internationale Staatengemeinschaft nach dem Zweiten Weltkrieg sind als eine „tour de force in political and diplomatic schizophrenia“[1] bezeichnet worden, welche sich bis heute negativ auf die Außenbeziehungen Japans auswirke. Denn obwohl die Bedeutung der Verfassung als normative Grundlage Japans kaum überbewertet werden kann, birgt sie einen vermeintlichen Widerspruch in sich, der bis heute nicht aufgelöst worden ist. Verantwortlich hierfür ist Artikel Neun der japanischen Verfassung, der als Generalverneinung aller militärischen Gewalt durch das japanische Volk zum am häufigsten zitierten Abschnitt unter den Staatsverfassungen der Erde geworden ist:

---

[1] Smith, Patrick: Japan: A Reinterpretation. New York 1997, S. 11.

"Aspiring sincerely to an international peace based on justice and order, the Japanese people forever renounce war as a sovereign right of the nation and the threat or use of force as means of settling international disputes.

In order to accomplish the aim of the preceding paragraph, land, sea, and air forces as well as other war potential, will never be maintained. The right of belligerency of the state will not be recognized."[2]

Trotz des Friedensartikels verfügt Japan heute über eine der modernsten Armeen und weist im internationalen Vergleich die drittgrößten Verteidigungsausgaben auf.[3] Die Atlantikcharta und das Potsdamer Abkommen hatten die Errichtung einer legitimen und demokratischen Regierung für Japan nach dem Ende des Krieges gefordert. Dem entsprechend wurde Japan nach seiner Kapitulation unter die Kontrolle der alliierten Mächte gestellt. Oberster Befehlshaber, der *„Supreme Commander for the Allied Powers"* (SCAP), war General MacArthur. Verärgert über die zögerlichen und zaghaften Ansätze der Verfassungsreform durch die japanischen Beauftragten instruierte MacArthur das General Hauptquartier (*„General Headquarters"*, GHQ), eigene Entwürfe für eine japanische Nachkriegsverfassung zu erarbeiten.[4] Von zentraler Bedeutung wurden hierbei die Präambel der Verfassung sowie der Entwurf des Artikel Neun, weswegen die japanische Verfassung auch als pazifistische Verfassung bezeichnet wird. Artikel Neun ist jedoch bis heute Gegenstand heftiger Diskussionen und unterschiedlicher Interpretationen geblieben. Für die einen bedeutet er unbedingten Pazifismus ohne jedes eigene militärische Potential und damit den vollständigen Verzicht auf die bewaffnete Abwehr eines Angriffs. Für die anderen steht er einer Abwehr durch eigene Streitkräfte im Falle eines bewaffneten Angriffs oder der Teilnahme japanischer Truppen an Einsätzen von Friedenserhaltenden Maßnahmen der Vereinten Nationen nicht entgegen. Dies ist auch die offizielle Sichtweise der japanischen Regierung. So wird zwar der Krieg als legitimes Mittel zur Beilegung internationaler Streitigkeiten abgelehnt, nicht aber das

---

2 Der Verfassungstext ist entnommen aus: Institute of Administrative Management Under the Supervision of Management and Coordination Agency, Prime Minister's Office, Government of Japan. Tokyo 1999, S. 112-120 (Hervorhebung des Verfassers).

3 Die Daten sind dem Jahrbuch 2001 des Stockholm International Peace Research Institute (SIPRI) entnommen. Im Internet: „The fifteen major military spenders in 2000, 1995-2000", http://projects.sipri.se/milex/mex_major_spenders.html.

4 Vgl. auch: Hunsberger, Warren/ Finn, Richard: Japan's Historical Record, in: Hunsberger, Warren (Hrsg.): Japan's Quest: The Search for International Role, Recognition and Respect. Armonk/ New York etc. 1997 S. 15-34 (22-26).

Recht des Staates, im Falle eines direkten Angriffs auf eigenes Territorium selbst zu verteidigen (*individuelle Selbstverteidigung*) bzw. als Mitglied der Vereinten Nationen an völkerrechtlich sanktionierten Einsätzen von Friedenstruppen teilzunehmen. Japan hat demnach das Recht zur Selbstverteidigung, allerdings nur, wenn es sich um einen direkten bewaffneten Angriff handelt. Dennoch dürfen japanische Streitkräfte keine Waffengewalt jenseits der Staatsgrenzen anwenden, da dies das notwendige Minimum zur nationalen Verteidigung überschreiten würde. Das japanische Verteidigungsamt weist in seinen Verlautbarungen darauf hin, daß Japan zwar nach Artikel 51 der Charta der Vereinten Nationen das souveräne Recht besitze, mit militärischer Gewalt den Angriff eines Dritten gegen einen befreundeten oder verbündeten Staat abzuwehren (*kollektive Selbstverteidigung*), es jedoch ausdrücklich auf dieses Recht verzichte, da es unvereinbar mit den Verfassungsbestimmungen sei.

Mit der Verabschiedung eines entsprechenden Gesetzes am 22. Juni 1992[5] wurde es den japanischen Streitkräften erstmals verfassungsrechlich legal ermöglicht, an UN-Friedenseinsätzen teilzunehmen. Zwar wurde im Dezember 2001 eine Revision des Gesetzes von 1992 beschlossen, die den SDF deutlich größere Handlungsfreiheit ermöglicht. Dennoch unterliegt ihre Teilnahme an UN-Friedenseinsätzen auch weiterhin einer Reihe von Einschränkungen.[6] Artikel 3 (1) des Gesetzes über die Selbstverteidigungsstreit-

---

[5] Law Concerning Cooperation For United Nations Peace-Keeping Operations and Other Operations. (kurz: International Peace Cooperation Law) Tokyo, 22. Juni 1992. Dennoch gingen etwa der Entsendung einer 43 Mann starken Transporteinheit zum Einsatz auf den Golan-Höhen seit Februar 1996 (UNDOF) eineinhalb Jahre der Debatte und Konsultation voraus! Vgl.: Heinrich, William/ Shibata, Akiho/ Soeya, Yoshihide: UN-Peace-Keeping Operations: A Guide to Japanese Policies. Tokyo/ New York/ Paris 1999, S. 33-35

[6] Traditioneller Weise sind dies die sogenannten „Fünf Prinzipien", welche laut Gesetz die Entsendung japanischer Truppen zu UN Missionen folgenden Einschränkungen und Handlungsvorgaben unterwerfen: 1) es muß ein Waffenstillstand zwischen den Konfliktparteien existieren; 2) alle Konfliktparteien, einschließlich des Staates, auf dessen Territorium der Konflikt ausgetragen wird, müssen einer Entsendung zustimmen; 3) der Einsatz muß auf dem Grundsatz der Unparteilichkeit beruhen; 4) der Einsatz von Waffen ist nur zur Selbstverteidigung zulässig; 5) im Falle der Verletzung der vorangegangenen vier Punkte darf Japan seine Truppen vom Einsatzort abziehen. Das Gebot der ausschließlichen Selbstverteidigung sowie das Verbot der Teilnahme an der Entwaffnung von Truppen wurde durch die Revision des Gesetzes vom Dezember 2001 aufgehoben.

kräfte weist dem japanischen Militär als Hauptaufgabe die Verteidigung Japans gegen eine äußere Aggression zu. Obwohl sich das Oberhaus 1954 kurz nach der Annahme des Gesetzes gegen jede Entsendung japanischer Truppen zu sogenannten *out of area*-Einsätzen ausgesprochen hatte, herrscht bislang die übereinstimmende Annahme, daß auswärtige Einsätze nur dann legal sind, wenn sie nicht die Anwendung von Waffengewalt beinhalten.[7] Das Verbot kollektiver Selbstverteidigung bleibt jedoch bestehen, eine Unterscheidung zwischen völkerrechtlich legitimierten Einsätzen der UNO und unilateraler Gewaltanwendung wird nicht getroffen. Es herrscht der ungewöhnliche Umstand, daß eine nationale Verfassung vor universellen Völkerrechtsnormen rangiert.[8] Bis auf den heutigen Tag sind die Debatten über die Verfassungskonformität der SDF und das Recht auf kollektive Selbstverteidigung nicht verstummt. Eine sicherheitspolitische, für die internationale Gemeinschaft glaubwürdige und klar definierte Rolle Japans hängt jedoch in letzter Konsequenz von einer Revision der Verfassung und damit der Auflösung des Widerspruchs seines bewaffneten Pazifismus ab.[9] Die Bestimmungen des Artikels Neun und die Interpretationsvielfalt haben bislang nicht nur ein von außen deutlich erkennbares Bild der Möglichkeiten und Grenzen eines japanischen Beitrages zur internationalen Sicherheit verhindert. Sie haben auch in einem gewissen Maße die Abhängigkeit vom Allianzpartner USA zementiert. Denn sie haben dazu beigetragen, daß sich Japan in Sicherheitsfragen auf die USA verläßt und wenig Neigung zeigt, sich aktiv an der Regelung von Konflikten zu beteiligen. Dies hat zu den vielfach geäußerten Vorwürfen geführt, Japan sei lediglich ein militärischer Trittbrettfahrer der USA.

---

7 Vgl.: Japan Defense Agency: Defense of Japan 1998, S. 68-69.

8 Vgl. hierzu: Iwasawa, Yuji: The relationship between international law and national law: Japanese experience, in: British Year Book of International Law, Vol. 64 (1993), S. 344-349, 371-375.

9 Vgl. auch: Otto, Carsten: Japans bewaffneter Pazifismus: Die Sicherheitspolitik einer wirtschaftlichen Supermacht seit dem Ende des Ost-West-Konfliktes, in: ASIEN 73 (Oktober 1999), S. 7-28. Einer der prominentesten Vertreter der Anerkennung des Rechtes auf kollektive Selbstverteidigung ist der ehemalige japanische Botschafter in Saudi-Arabien und Thailand, Hisahiko Okazaki. Vgl. seine Äußerungen in der Japan Times vom 22. April 1999, S. 21: „Japan ill-prepared for an emergency on the Korean Peninsula", sowie in: Japan Echo, Vol. 20, No. 2 (Summer 1993), S. 8-11: „Clearing the Way for a Global Security Role" (1993a).

Die Unsicherheit über die tatsächliche Aussage von Artikel Neun und die widersprüchlichen Interpretationen dieser Verfassungsbestimmung gehen zurück auf voneinander abweichende Entwürfe unterschiedlicher Akteure.[10] Nachdem ein erster Verfassungsentwurf des vom SCAP angeregten japanischen *„Constitutional Problem Investigation Committee“* vom 27. Oktober 1945 für die Besatzungsmächte inakzeptabel gewesen war, ordnete MacArthur am 3. Februar 1946 die Ausarbeitung eines eigenen Entwurfs durch die GHQ an. Um das Ziel der USA zu verwirklichen, in Japan eine verantwortliche und demokratische Regierung einzusetzen, favorisierte MacArthur die Unterstützung der konservativen Regierung unter *Kijuro Shidehara*. MacArthur wollte die Institution des Kaisers unangetastet lassen. Sie war zwar symbolischer Mittelpunkt des japanischen Militarismus, den die USA durch Sieg, Besatzung und Demokratisierung eigentlich überwinden wollten. Eine Besatzungspolitik, welche eine Abdankung des Kaisers forderte, wäre jedoch aufgrund der zu erwartenden massiven Widerstände in der japanischen Bevölkerung nicht durchführbar gewesen. Um die Kritik der *Far Eastern Commission* (FEC) an der Beibehaltung des Kaisertums schon im Vorfeld abzulenken,[11] hatte MacArthur in einer Note an die GHQ drei wesentliche Punkte vorformuliert, die in die Revision der Verfassung aufgenommen werden sollten. Diese Liste der drei sogenannten „musts“ enthielt dann erstmals den Aspekt des totalen Kriegsverzichts durch Japan:

> “War as a sovereign right of the nation is abolished. Japan renounces it as an instrumentality for settling disputes and even for preserving its own security. It relies upon higher ideals which are now stirring the world for its defense and protection. No Japanese Army, Navy, or Air Force will ever be authorized and no rights of belligerency will ever be conferred upon any Japanese force.”[12]

In der nachfolgenden Fassung der von MacArthur eingesetzten *Constitutional Research Group* (CRG) der GHQ vom 13. Februar 1946 war seine Vorgabe nur noch zum Teil enthalten:

> “War as a sovereign right of the nation is abolished. *The threat or use of force is forever renounced as a means for settling disputes with any other nation* (Hervorhebung

[10] Vgl.: Tsuneoka, Setsuko: Pacifism and Some Misconceptions About the Japanese Constitution, in: Kashiwashobo (Hrsg.): The Constitution of Japan. English and Japanese. Tokyo 1996, S. 120-153.

[11] Als alliierte Behörde war die FEC verantwortlich für die Implementierung und Durchführung der Okkupation.

[12] Entnommen aus: Japan Echo, Vol. 20, No. 2, Summer 1993, S. 20.

des Verfassers). No army, navy, air force, or other war potential will ever be authorized and no rights of belligerency will ever be conferred upon the state."[13]

Dieser Entwurf der GHQ ist letztlich in die Verfassung Japans eingegangen. Ob er indes tatsächlich jede Form der Verteidigung verbietet und ob dies von Seiten der USA entsprechend in diesem Maße intendiert war, ist bis heute umstritten. Die Mitglieder der CRG erklärten später, sie hätten zu keiner Zeit die Idee eines absoluten Pazifismus in Betracht gezogen. Ebenso schien ein Dokument der US-Regierung vom 11. Februar 1946 die Existenz japanischer Streitkräfte vorauszusetzen. Ob eine solche Rhetorik aufgrund des 1947 einsetzenden Kalten Krieges politisch motiviert war und als nachgeschobene Rechtfertigung für die Wiederbewaffnung Japans im Zuge des Koreakrieges seit 1950 diente, ist ebenso unklar wie die Frage, ob MacArthur beabsichtigt hatte, Japan das Recht zur Selbstverteidigung vollkommen abzuerkennen.[14] Als sich der Verfassungsentwurf der CRG schließlich durchsetzte, sah sich Premierminister Yoshida daher während einer Verfassungsdebatte am 26. Juni 1946 in einem Komitee des japanischen Unterhauses zu der Feststellung veranlaßt, daß die japanische Verfassung jede Form der Gewaltanwendung kategorisch verbieten würde:

> "The provision concerning the renunciation of war does not directly deny the right of self-defense. It renounces war, however, even as the exercise of the right of self-defense as well as the right of belligerency because of section 2 of Article 9, in which all armaments and the right of belligerency of the state are not permitted."[15]

Mit dem Beginn des Kalten Krieges vollzog sich ein drastischer Wechsel der Japanpolitik der USA. MacArthur hatte ursprünglich beabsichtigt, Japan zuvorderst zu reformieren und zu demokratisieren:

> „Destroy the military power. Punish war criminals. Build the structure of representative government. Hold free elections. Enfranchise the women. Release the political prisoners. Liberate the farmers. Establish a free labor movement. Encourage a free

[13] Ebda.

[14] Noch vor Ausbruch des Koreakrieges stellte MacArthur ausdrücklich fest: „The Japanese constitution does not prohibit self-defense." Zitiert in: Kunimi, Nakano: The Constitution of Japan, in: Journal of Japanese Trade & Industry, No. 2 1996, S. 20-23 (21). Hunsberger und Finn führen jedoch als Gegenargument an, MacArthur selbst hätte die Antikriegs-Klausel bewirkt, da er hierin die beste Möglichkeit gesehen habe, das japanische Kaisertum gegen die Kritik in den USA zu verteidigen. Vgl.: Hunsberger/ Finn, in: Hunsberger 1997, S. 15-34 (24).

[15] Zitiert in: Tsuneoka 1996, S. 138.

economy. Abolish police oppression. Develop a free and responsible press. Liberalize education. Decentralize political power. Separate the church from the state."[16]

Das Verbot eines geplanten Generalstreiks durch MacArthur im Februar 1945[17] sowie spätere Streikverbote gegen japanischen Gewerkschaften 1947 markierten eine Wende in der amerikanischen Besatzungspolitik, die sich in einigen Punkten von den oben zitierten Absichten der USA unterscheidet und die als *Reverse Course* bezeichnet wird. Im Zuge dieser politischen Kehrtwende stand nun nicht mehr die Demokratisierung Japans und die Zerschlagung des Militärs an erster Stelle, sondern – durch die massive Förderung der wirtschaftlichen Erholung Japans – der Aufbau eines verläßlichen Satelliten im Pazifik beim Kampf gegen den Kommunismus. Als sich Yoshida dem Druck der USA beugte und im Januar 1951 die Errichtung einer 50.000 Mann starken japanischen Polizeireservetruppe billigte, die im Juni 1954 zu den heutigen Selbstverteidigungsstreitkräften wurde, so beruhte dies auf einer veränderten *Interpretation* der Verfassungsbestimmungen.

Die selbe Verfassungsbestimmung wurde in der Folgezeit so ausgelegt, daß die SDF zwar als legal anerkannt wurden, sich jedoch nicht an der militärischen Beilegung internationaler Konflikte im Rahmen eines kollektiven Sicherheitssystems beteiligen durften.[18] Sie verhinderte darüber hinaus bis heute, daß verbindliche Grundlagen geschaffen werden konnten, die festlegen, mit welchen Mitteln und ab welchem Zeitpunkt Japans SDF auf eine äußere Bedrohung oder einen Akt der Aggression reagieren können. Ein Vergleich zu den entsprechenden Bestimmungen des Grundgesetzes ist hier sehr illustrativ: Art. 24 (2) und 25 GG stellen ausdrücklich fest, daß sich Deutschland einem kollektiven Sicherheitssystem unterordnet und dem Völkerrecht Vorrang vor Bundesrecht gewährt. Japan ist zwar auch Mitglied des kollektiven Sicherheitssystems der Vereinten Nationen und hat als solches die entsprechenden Bestimmungen der Charta als gültiges Völkerrecht anerkannt, lehnt jedoch den Vorrang des Völkerrechts vor der japanischen Verfassung, der nach Art. 98 (1) „höchsten Norm der Nation", ab. Japanische

---

16 MacArthur, Douglas: Reminiscences. New York 1964, S. 282-283.

17 Vgl.: Derichs, Claudia: Soziale Bewegungen im Japan der Nachkriegszeit – Betrachtungen aus der Sicht der neuen Bewegungsforschung, in: Dies./ Osiander, Anja (Hrsg.): Soziale Bewegungen in Japan. Hamburg 1998, S. 35-56 (37).

18 Vgl. insbesondere: Watanabe, Akio: Japan's Postwar Constitution and Its Implications for Defense Policy: A Fresh Interpretation, in: Matthews, Ron/ Matsuyama, Keisuke (Eds.): Japan's Military Renaissance? New York 1993, S. 35-49.

Völkerrechtler flüchten sich bei der Rechtfertigung dieser Politik zuweilen auf rechtspositivistische und mithin fragwürdige Konstruktionen.[19]

Neben den bislang geschilderten Unklarheiten, welche sich direkt aus der Verfassung ergeben, soll hier noch ein verwandter Problembereich angesprochen werden. Kritiker betonen immer wieder das Fehlen von Notstandsgesetzen (*yuji hosei*), die klarstellen, wie Japans Militär effektiv den ihm in Artikel 76 des Gesetzes über die Selbstverteidigungsstreitkräfte (GS) erteilten Hauptauftrag der Landesverteidigung, eventuell in Kooperation mit den USA, erfüllen kann. Während etwa das Grundgesetz die Kompetenzen zwischen Bund und Ländern im Verteidigungsfall regelt und hier in Art. 115c und f eindeutig zugunsten des Bundes entscheidet, fehlen solche Bestimmungen bislang in der japanischen Verfassung. Ebenso läßt sich auch aus dem GS nicht entnehmen, welche Rechte die Selbstverteidigungsstreitkräfte im Falle eines Angriffs auf Japan besitzen.

Das japanische Verteidigungsamt untersucht seit 1977 die rechtlichen Probleme der SDF im Verteidigungsfall. Während das Amt zwar noch 1978 feststellen konnte, daß die internationale Situation positiv sei und schnelle Entscheidungen über *yuji hosei* daher momentan nicht nötig wären,[20] stellt sich das Sicherheitsumfeld nach dem Ende des Ost-West-Konfliktes deutlich komplizierter dar, während zugleich die Anforderungen an Japan im Rahmen seiner Kooperation mit den USA gestiegen sind. Dennoch liegt der letzte Zwischenbericht des Verteidigungsamtes mittlerweile 16 Jahre zurück.[21] Dieser Umstand wird von einem Mitarbeiter des Außenministeriums darauf

---

[19] So wird im krassen Gegensatz zur herrschenden Lehre etwa argumentiert, die Teilnahme an Zwangsmaßnahmen der UNO nach Kapitel VII der Charta sei nur dann obligatorisch, wenn zuvor nach Art. 43 dem Sicherheitsrat über Sonderabkommen Truppenkontingente der Mitglieder zur Verfügung gestellt worden sind. Da diese Sonderabkommen bis heute nicht geschlossen worden seien, bestehe folglich auch keine Verpflichtung, einem Beschluß des Sicherheitsrates Folge zu leisten. Vgl. zur japanischen Sicht: Kozai, Shigeru: Japanese Participation in United Nations forces, in: Japanese Annual of International Law, Vol. 9, 1965, S. 11-14; Vgl. hierzu im Gegensatz: Frowein, Jochen: Kommentar zu Art. 39, 41, 42, 43, in: Simma, Bruno (Hrsg.): Charta der Vereinten Nationen. Kommentar. München 1991, S. 559-595, insbesondere Randziffer 16, S. 589.

[20] Vgl.: Japan Defense Agency 1998, S. 359-362: „On Studies on Legal Problems With Regard to Emergency Situations. April 22, 1981.“

[21] Vgl.: „On Studies on Legal Problems With Regard to Emergency Situations. October 16, 1984”. Abgedruckt in: Japan Defense Agency 1998, S. 363-368.

zurückgeführt, daß die geplante Notstandsgesetzgebung nicht allein privates Recht einschränken würde:

> „It draws attention of the public to the fact that war is still possible People are generally afraid that yuji hosei will give too much power to the military sector and the Defense Agency. Of course none of our politicians wants to discuss this openly.“[22]

Der Zwischenbericht des Verteidigungsamtes über *„Legal Problems With Regard to Emergency Situations“* vom 16. Oktober 1984 weist unter anderem darauf hin, daß für die Nutzung öffentlicher Straßen, des zivilen Luftraumes sowie von Häfen oder Parks durch die SDF im Verteidigungsfall keine Rechtsverordnungen bestünden und Kooperation von den lokalen Regierungen erst erbeten werden müsse.[23] Verteidigungsexperten wie Professor *Masashi Nishihara* von der Japan Defense Academy erwähnen zusätzlich, daß sich Krankenhäuser weigern könnten, verwundete US-Soldaten aufzunehmen.[24] Ein Japankorrespondent der *Far Eastern Economic Review* bemerkt in diesem Zusammenhang:

> „Tokyo has no legal means of placing the country on a war footing. That means, for example, that if a tank on its way to fight for the nation ran a red light, the police would be obligated to arrest the soldier driving it.”[25]

Zuletzt hat der sogenannte „Fischerboot-Zwischenfall“ vom 23. und 24. März 1999 auf die unzulänglichen Verfassungsgrundlagen hingewiesen, als zwei nordkoreanische Spionageschiffe in japanische Gewässer eindrangen und von der japanischen Marine nicht gestoppt werden konnten. Zwar dürfen die SDF nach Art. 95 des GS Waffengewalt unter Beachtung des Proportionalitätsgrundsatzes und bei einem „unavoidable and reasonable cause“ anwenden. Dem steht jedoch die Bestimmung entgegen, daß Waffengewalt nur zur Selbstverteidigung, also etwa bei einem vorhergehenden Beschuß der japanischen Schiffe durch die nordkoreanischen Boote, angewendet werden darf.

---

22 Interview im japanischen Außenministerium am 4. Juni 1999.

23 Dies nimmt zuweilen bizarre Ausmaße an: So haben etwa die Pioniere der SDF nicht die Möglichkeit, zerstörte Brücken selbst zu reparieren, um militärisches Material zum Einsatzort zu bringen: „In this case, the Road Traffic Law may prohibit SDF units from doing their repair work by themselves. Hence, it is considered necessary to adopt exceptional measures and permit them to repair by themselves with regard to the Road Traffic Law, so as to enable SDF to traverse damaged roads, etc., without delay.“ Japan Defense Agency 1998, S. 364.

24 Interview mit Masashi Nishihara in Tokyo, 18. November 1997.

25 Landers, Peter: Military Makeover?, in: Far Eastern Economic Review, 15. April 1999, S. 24.

Da es zu keinem Beschuß durch Eindringlinge kam, konnten die japanischen Schiffe also nur Warnschüsse abgeben und ihre letztlich erfolglose Verfolgungsjagd der schnelleren nordkoreanischen Boote starten.[26] Weder die Maritime Safety Agency (MSA), die höchstens unter Anwendung des *Fischereigesetzes* eine Inspektion der beiden Schiffe hätte vornehmen können, noch die durch Premierminister Obuchi entsandten Einheiten der Marine (*Maritime Self-Defense Forces*, MSDF) hatten daher eine rechtliche Grundlage, die Eindringlinge zu stoppen. Die Vereinigung der Flugzeugkapitäne der *Japan Airlines* (JAL) erklärte schon wenige Wochen später öffentlich, im Falle eines Angriffs auf Japan nicht mit den SDF zusammenarbeiten zu wollen und daher auch keine militärischen Güter auf dem Luftwege zu transportieren.[27]

Nach Jahrzehnten der Unsicherheit hat nun der Nationale Sicherheitsrat Japans dem Parlament am 16. April 2002 drei Gesetzesentwürfe zur Entscheidung vorgelegt, welche die Handlungsfähigkeit der SDF in einer „militärischen Notsituation" erleichtern sollen und dabei die Kooperation der Bürger und der lokalen Behörden mit den japanischen Streitkräften verpflichtend einfordern.[28]

4.2. Die japanisch-amerikanische Sicherheitsallianz

So wie sich der ambivalente Verfassungstext bis heute beschränkend auf die sicherheitspolitischen Gestaltungsmöglichkeiten Japans auswirkt, haben auch der Politikwechsel der USA von 1947 und die nachfolgende Einbindung Japans in die amerikanische Containment-Strategie sowie das geschickte Ausnutzen der Situation durch Premierminister Yoshida die japanische Sicherheitspolitik entscheidend geprägt. Die sich mit dem abzeichnenden Ost-West-Konflikt ändernden politischen Rahmenbedingungen in Asien kamen Yoshidas Politikzielen entgegen und beeinflußten die Wahrnehmung Japans als politisch eindimensionales *‚animale economica‘* sowie die nahezu voll-

---

26 Vgl. hierzu den Kommentar von: Soeya, Yoshihide: Shape Up Or Ship Out. Recent Events in the Sea of Japan have exposed the limited parameters of Japanese defense and security posture, in: Look Japan, June 1999 (1999a), S. 23.

27 „JAL captains set on defense pact collision course", in: Asahi Evening News, 20. Mai 1999, S. 3.

28 „Cabinet Approves Three Bills Dealing with Armed Attack on Japan": Foreign Press center Japan, http://www.fpcj.jp/e/shiryo/jb/0214.html.

kommene sicherheitspolitische Absorption durch die bilaterale Allianz mit den USA.

Durch die von *George Kennan* verfaßte Direktive des Nationalen Sicherheitsrats der USA vom Oktober 1948 wurden unter der Bezeichnung „N.S.C. 13/2“ die ursprünglichen Ziele der amerikanischen Besatzung in Japan revidiert. Gemäß der Bestimmungen des Potsdamer Abkommens sollte Japan demokratisch reformiert und entmilitarisiert werden. Die Industrieanlagen des Landes sollten allein der Selbstversorgung dienen und die anstehenden Reparationszahlungen ermöglichen. Im Zuge der amerikanischen Containment-Strategie gegenüber China und der UdSSR wurden diese ursprünglichen Ziele jedoch zugunsten einer raschen wirtschaftlichen Erholung Japans zurückgestellt.[29] Kennan befürwortete deshalb unter anderem auch das Aussetzen der Säuberungsaktionen und der japanischen Reparationszahlungen. In der Folgezeit blieben die beabsichtigten demokratischen Reformen stecken und wurden einer engen wirtschaftlichen und militärischen Kooperation mit den USA nachgeordnet. Ein Großteil der bürokratischen und politischen Elite blieb von den Säuberungsaktionen unbehelligt.

Die Zielsetzungen der USA deckten sich mit Yoshidas eigenen Absichten. In den vorbereitenden Verhandlungen zu einem Friedensvertrag sprach sich der amerikanische Unterhändler *John Foster Dulles* dafür aus, Japan wirtschaftlich aufzubauen, es in den sich formierenden westlichen Block einzugliedern und militärisch an die USA zu binden. Da der wirtschaftliche Wiederaufstieg Japans das wichtigste Ziel Yoshidas war, geriet die von Dulles vorgeschlagene Zusammenarbeit zum Mittel der Wahl. Yoshida blieb zwar bei seiner Linie, daß sich Japan nur leicht bewaffnen dürfe und aus internationalen Konflikten heraushalten solle, stimmte im Zuge des Koreakrieges jedoch einer Stationierung amerikanischer Truppen in Japan zu. Neben der Verfassung stellt der Sicherheitsvertrag mit den USA die zweite Säule der japanischen Sicherheitspolitik seit der Nachkriegszeit dar. Er wurde parallel zum Friedensvertrag am 8. September 1951 unterzeichnet und trat gemeinsam mit diesem am 28. April 1952 in Kraft. Die Befehlshoheit der GHQ und die Kontrolle der FEC wurden beendet. Mit Ausnahme Okinawas, das als Haupt-

---

[29] Vgl. zu diesem Absatz insbesondere: Sudo, Sueo: The Fukuda Doctrine and ASEAN. New Dimensions in Japanese Foreign Policy. ISEAS Singapore 1992, S. 24-37.

stützpunkt der USA im Pazifik auch weiterhin unter amerikanischer Oberhoheit stand, erlangte Japan seine Souveränität zurück.

Der Sicherheitsvertrag mit den USA stellte eine entscheidende Zäsur im Wiederaufbau Japans dar.[30] Ursprünglich als Mittel zur Einhegung des sowjetischen Machtanspruchs in Asien-Pazifik geschlossen, sanktionierte er die Stationierung amerikanischer Truppen in Japan zur Sicherung der Region und zur Verteidigung Japans. Die Präambel des Vertrages stellte fest:

> „Japan desires, as a provisional arrangement for its defense, that the United States of America should maintain armed forces of its own in and about Japan so as to deter armed attack upon Japan.
>
> The United States of America, in the interest of peace and security, is presently willing to maintain certain of its armed forces in and about Japan, in the expectation, however, that Japan will itself increasingly assume responsibility for its own defense against direct and indirect aggression."

In den Augen japanischer Politiker diente der Sicherheitsvertrag jedoch vor allem amerikanischen Interessen und weniger der Verteidigung Japans, von der die USA ganz im Gegensatz zu Yoshida ohnehin annahmen, daß sie von Japan selbst durchgeführt werden würde.[31] Durch die Bestimmungen des zweiten Artikels, der den USA ein Vetorecht bei der Entscheidung einräumte, welche fremden Truppen künftig in Japan stationiert sein dürften, wurde Japan fest in das westliche Lager einbezogen. Die USA setzten nicht nur durch, weiterhin ihre militärischen Basen auf Okinawa zu behalten. Nach Artikel Eins besaßen sie ebenso das Recht, sich in die inneren Angelegenheiten Japans nötigenfalls mit Waffengewalt einzumischen:

> „Japan grants and the United States of America accepts the right, upon the coming into force of the Treaty of Peace and of this Treaty, to dispose United States land, air, and sea forces in and about Japan. Such forces may be utilized to contribute to the maintenance of the international peace and security in the Far East and to the security of Japan against armed attack from without, including assistance given at the express request of the Japanese Government to put down large-scale riots and disturbances in Japan, caused though instigation or intervention by an outside Power or Powers."

---

[30] Hunsberger/ Finn 1997, S. 15 sehen in den Verträgen den Beginn einer „new era of insulation from foreign conflict and dependence on the United States" nach der freiwilligen Abschottung Japans in der Tokugawa-Periode.

[31] Vgl.: LaFeber, Walter: The clash: a history of U.S.-Japan relations. New York/ London 1997, S. 282-293.

Die Bestimmungen des Sicherheitsvertrages sahen eine Bestätigung der Zusammenarbeit spätestens bis 1960 vor. Dem damaligen Ministerpräsident *Nobosuke Kishi* war insbesondere daran gelegen, den in seinen Augen ungleichen Vertrag zu revidieren und eine neue Phase der bilateralen Beziehungen zwischen beiden Staaten einzuleiten. So sollten eine ganze Reihe der Bestimmungen des Vertragen von 1951 zugunsten Japans modifiziert werden: Eine stärkere Betonung der Verpflichtung der USA zur Verteidigung Japans. Ein Konsultationsmechanismus zwischen beiden Regierungen, welcher der japanischen Seite wenn nicht mehr Mitsprache, so doch ein größeres Maß an Informationen gewährte. Ein Ende des Rechtes der US-Truppen zur Intervention in Japan sowie klare Maßgaben hinsichtlich der Dauer des Sicherheitsvertrages. Das Fehlen all dieser Punkte symbolisierte das ganze Ausmaß des japanischen Souveränitätsverlustes innerhalb der Sicherheitspartnerschaft mit den USA, der durch die Okinawa-Frage noch zusätzlich vergrößert wurde. Der neue Sicherheitsvertrag, der nahezu alle japanischen Wünsche berücksichtigte, wurde am 19. Januar 1960 unterzeichnet und trat im 23. Juni desselben Jahres in Kraft.[32] Laut Artikel 10 hatte er nun ein definitives Zeitlimit von zehn Jahren und konnte von einem oder beiden Partnern innerhalb einer Zwölfmonatsfrist aufgelöst werden. Insbesondere enthielt er eine deutlichere Zusage der USA hinsichtlich der Verteidigung Japans. Von besonderer Bedeutung sind die beiden folgenden Bestimmungen des überarbeiteten Sicherheitsvertrages:

> "Each Party recognizes that an armed attack against either Party in the territories under the administration of Japan would be dangerous to its own peace and safety and declares that it would act to meet the common danger in accordance with its constitutional provisions and processes." (Artikel V)

> "For the purpose of contributing to the security of Japan and the maintenance of international peace and security in the Far East, the United States of America is granted the use by its land, air and naval forces of facilities and areas in Japan." (Artikel VI)

Die beiden Artikel beschreiben zwei Arten von Krisensituationen, die eine gemeinsame amerikanisch-japanische Militäraktion auslösen können. Die eine – die sogenannte 'Artikel V Situation' – beinhaltet den direkten bewaffneten Agriff gegen Japan, während die andere – die 'Artikel VI Situation' – sich auf die Sicherung der Region und die logistische Unterstützung der USA

[32] "Treaty of Mutual Cooperation and Security Between the United States of America and Japan". Washington DC, 19. Januar 1960.

durch Japan bezieht. In seiner ursprünglichen Version war Artikel V entsprechend der Vorlage der amerikanischen Regierung auf die gesamte Großregion bezogen. Der darin enthaltene Wortlaut „in the Pacific" ignorierte jedoch die restriktive Interpretation des Selbstverteidigungsrechts seitens der japanischen Regierung und hätte Japan zur Teilnahme an entsprechenden militärischen Aktionen der USA verpflichtet. Aufgrund dieses offensichtlichen Gegensatzes, der nicht absehbare innenpolitische Spannungen auszulösen imstande war, setzte die japanische Regierung die Änderung des ursprünglichen Wortlautes durch. Wichtiger ist Artikel V aber aufgrund der völkerrechtlichen Besonderheit, die in ihm verborgen liegt: Denn sein Wortlaut, daß ein bewaffneter Angriff auf japanisches Gebiet von beiden Bündnispartnern gemäß ihrer „constitutional provisions and processes" abgewehrt wird, besagt nicht anderes, als daß Japan darauf verzichtet, die Verteidigung seines Territoriums alleine sicherzustellen. Hier liegt also der völkerrechtlich einzigartige Fall vor, daß ein souveräner Staat seine zentrale Prärogative, die der Selbstverteidigung, auf einen äußeren Verbündeten überträgt.

Die Revision des Sicherheitsvertrages, der in dieser Form bis heute die völkerrechtliche Grundlage der japanisch-amerikanischen Allianz bildet, führte zu einer bis dahin unbekannten Welle des Protestes in Japan[33] und stellte die Beziehungen zwischen beiden Staaten vor eine Zerreißprobe. Insbesondere die Okinawa-Frage blieb weiterhin ungelöst. Eisenhower hatte sich in den Verhandlungen zum neuen Sicherheitsvertrag geweigert, weder Okinawa noch die Bonin-Inseln an Japan zurückzugeben. Darüber hinaus war Okinawa spätestens 1960 zum größten Standort amerikanischer Nuklearwaffen im Pazifik geworden. Da die Hälfte der amerikanischen Truppen in Japan der Air Force angehörte, befürchteten die Japaner nicht zu Unrecht, daß die USA einen nuklearen Krieg von japanischen Basen aus fliegen könnten.[34] Zur pazifistischen Grundhaltung in weiten Teilen der Bevölkerung, die mit der nationalistischen und autoritären Politik der Kishi-Regierung nicht einverstanden war, gesellte sich zudem ein Gefühl des

---

[33] Vgl. dazu zentral: Packard, George: Protest in Tokyo. The Security Crisis of 1960. Princeton 1966.

[34] Wenige Jahre zuvor war es bereits zu antiamerikanischen Protesten in Tokyo gekommen, nachdem die Besatzung eines japanischen Fischerbootes, das unwissentlich in die Nähe eines amerikanischen Testgebietes für Nuklearwaffen bei den Marschall-Inseln gesegelt war, an den Folgen der Verstrahlung gestorben war. Vgl.: LaFeber 197, S. 311.

Gefangenseins in jedwede militärische Aktion der USA. Dies kam besonders deutlich zum Ausdruck als nach dem peinlichen U-2-Zwischenfall bekannt wurde, daß das über sowjetischem Gebiet abgeschossene amerikanische Aufklärungsflugzeug von Okinawa aus gestartet war. Der neue Vertrag wurde nicht nur als eine unauflösbare Verstrickung Japans in die Strategie der USA angesehen. Er wurde vor allem als eine de facto-Revision der Verfassung sowie als Beginn der Wiederaufrüstung und der Einfuhr nuklearer Waffen nach Japan verstanden. Darüber hinaus verhinderte der Vertrag nun vollständig den von breiten japanischen Schichten gewünschten Dialog und Handel mit China.[35] Die die Verhandlungen begleitenden Proteste weiteten sich bis zur Ratifikation des Vertrages am 21. Juni 1960 zu einem in der modernen Geschichte Japans nicht dagewesenen Sturm der Empörung aus.[36] *John Welfield* schreibt dazu:

> „The Prime Minister's residence was attacked, rioting students fought pitched battles with police in the Diet compound, 6 million men and women went out on strike two times in as many weeks. On 18 June, the day the treaty was automatically approved by the House of Councilors, a crowd of some 330.000 protesters gathered in front of the Diet. Ratification of the treaty by the Japanese Cabinet on 21 June and its approval by the United States Senate the following day precipitated another massive strike involving an estimated 6.25 million workers, the largest in the nations history. In the summer of 1960 Japan showed every indication of emerging as America's Hungary."[37]

Erst nachdem die USA am 11. Juli 1960 mit dem Abzug der U-2-Flugzeuge von Okinawa begannen und der unter den Folgen eines Attentates leidende Kishi am 19. Juli durch den gemäßigten *Hayado Ikeda* ersetzt wurde, konnte die aggressive Stimmung dauerhaft eingedämmt werden. Ikeda erreichte 1961 noch in einem Treffen mit Präsident Kennedy, daß Japan zumindest die ‚residuale Souveränität' über Okinawa zurückerhielt.[38] Jedoch erst in den Verhandlungen über die unbefristete Verlängerung des Sicherheitsvertrages

---

[35] Seit den 50er Jahren hatten die USA Japan untersagt, Handelsbeziehungen zur VR China zu errichten. Als es dennoch zu privatwirtschaftlichen Kontakten kam, zwang die amerikanische Regierung Japan sowohl zur Teilnahme am COCOM (Coordinating Committee) Regime, das den Handel zwischen dem Westen und der UdSSR überwachte als auch zum Äquivalent für den Handel mit China, CHINCOM.

[36] Vgl. hierzu LaFeber 1997, S. 314-324.

[37] Welfield, John: An Empire in Eclipse. Japan in the Postwar American Alliance System: a Study in the Interaction of Domestic Politics and Foreign Policy. London 1988, S. 137-163 (138).

[38] Vgl.: US Department of State: Joint Communiqué, Department of State Bulletin, Vol. XLV, No. 1150 (July 1961), S. 57-58.

zwischen Premier Sato und Präsident Nixon 1969-1972 wurde Okinawa vollständig an Japan zurückgegeben.[39] Um dennoch weiterhin die Stationierung amerikanischer Truppen sicherzustellen, pachtet die japanische Regierung seitdem das Land und stellt es den USA zur Verfügung.[40]

Auf der Basis des die heutige Allianz begründenden völkerrechtlichen Vertrages zur Gegenseitigen Sicherheit zwischen Japan und den USA wurden seit 1978 weitere bilaterale Kooperations- und Koordinationsabkommen geschlossen.[41] Die gemeinsamen Verteidigungsrichtlinien (*Guidelines*), die zuerst 1978 formuliert wurden, definierten erstmals die Aufgaben beider Allianzpartner. Die Guidelines regten auch die Durchführung gemeinsamer Manöver und engerer nachrichtendienstlicher Zusammenarbeit zwischen den beiden Allianzpartnern an. In den 80er Jahren wurde dann die militärische Kooperation zwischen den beiden Partnern kontinuierlich ausgebaut. Schon 1978 nahm die japanische Luftwaffe (*Air Self-Defense Forces*, ASDF) und seit 1981 die Armee (*Ground Self-Defense Forces*, GSDF) an Manövern mit den USA teil. Im Rahmen von RIMPAC (Rim of the Pacific Exercise) hatte die Marine 1980 erstmals an einem Großmanöver teilgenommen. Japan weitete 1981 die Grenze der Verteidigung seiner Seewege auf 1000 nautische Meilen westlich von Guam und nördlich der Philippinen aus und kooperiert seit 1983 mit den USA auf dem Gebiet der Waffentechnologie. Seit 1979 unterstützt Japan im Rahmen seines sogenannten *Host Nation Support*-Programms auch finanziell die Anwesenheit der US-Truppen. 1997 wurden erstmals nach dem Ende des Ost-West-Konfliktes die gemeinsamen Verteidigungsrichtlinien von 1978 einer Änderung unterzogen und damit der Schwerpunkt der Allianz über die Verteidigung Japans gegen einen direkten bewaffneten Angriff hinaus ausgedehnt auf die militärische Kooperation

---

39 Das Sato-Nixon Joint Communiqué tagte erstmals am 21. November 1969. Am 17. Juni wurde der Rückgabevertrag unterzeichnet. Die Rückgabe sowie die Reduzierung der US-Basen auf Okinawa wurde in einer gemeinsamen Stellungnahme am 7. Januar 1971 bekanntgegeben, die Rückgabe selbst erfolgte dann am 15. Mai 1972.

40 Für einen detaillierten Überblick hierzu vgl.: Welfield 1988, S. 222-251. Für die Verbindung der Rückgabe Okinawas und der Frage der Dislozierung der amerikanischen Nuklearwaffen vgl. Welfield 1988, S. 241-249; LaFeber 1997, S. 349-352 sowie Soeya 1998c, S. 12-14.

41 Sie werden in diesem Absatz lediglich angesprochen. Eine ausführliche Darstellung und Diskussion findet im Kapitel zur bilateralen militärischen Kooperation der USA und Japans statt.

beider Staaten bei ihrer gemeinschaftlichen Aufgabe der Bewahrung von Frieden und Sicherheit in Asien-Pazifik.

4.3. Das japanische Konzept der Comprehensive Security

Jede Darstellung japanischer Sicherheitspolitik bliebe unvollständig, wenn sie neben den völkerrechtlich-verbindlichen Grundlagen der Verfassung und des Sicherheitsvertrages nicht auch das Konzept der umfassenden Sicherheit (*Comprehensive Security*) berücksichtigen würde. Das Konzept, welches seit seiner Präsentation 1980 handlungsleitend für alle japanischen Regierungen ist,[42] betont den ganzheitlichen Charakter nationaler Sicherheit, der nicht nur durch militärische, sondern auch durch wirtschaftliche, politische und soziale Komponenten beeinflußt wird.

Das Konzept der Comprehensive Security stellt das Ergebnis der Arbeit einer Forschungsgruppe dar, die im April 1979 auf Wunsch von Premierminister Masayoshi Ohira gebildet und von dem ehemaligen Direktor des japanischen Verteidigungsamtes, Dr. Inoki, geleitet wurde. Der Bericht der Forschungsgruppe wurde nach dem plötzlichen Tod Ohiras dessen Nachfolger Ito im Juli 1980 vorgelegt.[43] Ohira hatte das Konzept der Comprehensive Security zur Erweiterung militärischer Sicherheit in seinem Wahlkampf aufgegriffen. Die Grundidee, welche zu diesem Zeitpunkt bereits seit einigen Jahren immer wieder diskutiert wurde,[44] basierte auf dem Gedanken, nationale Sicherheit nicht nur militärischen Mitteln anzuvertrauen, sondern auch in einer ausgewogenen Art und Weise wirtschaftliche, politische und diplomatische Mittel zu verwenden.[45] Über die Motive, die der Ausarbeitung des Konzeptes zugrunde liegen, herrscht in der Literatur keine Übereinstimmung. So wird umfassende Sicherheit einerseits als Deckmantel der japanischen Regierung für die Etablierung eines stärkeren militärischen Profils gewertet,[46] während

---

[42] Vgl.: Drifte, Reinhard: Japan's Foreign Policy. London 1990, S. 30 (1990a).

[43] The Comprehensive Security Study Group (Ed.): Report on Comprehensive National Security. Tokyo, July 1980.

[44] Bereits 1973 hatte Premier Tanaka ein solches Konzept angesprochen. Vgl. hierzu: Edström, Bert: Japan's Evolving Foreign Policy Doctrine. From Yoshida to Miyazawa. London 1999, S. 73.

[45] Vgl.: Edström 1999, S. 104.

[46] Vgl.: Dewitt, David: Common, Comprehensive and Cooperative Security, in: The Pacific Review, Vol. 7, No. 1, S. 1-15. Der Bericht hatte tatsächlich eine Steigerung der Verteidigungsausgaben um 20% vorgeschlagen. Vgl. hierzu: Drifte 1990, S. 32.

andere darauf verweisen, daß die pazifistischen Verfassungsbestimmungen Japans ohnehin eine stärkere Betonung wirtschaftlicher Aspekte notwendig werden ließen.[47] Tatsächlich fand das Konzept der Comprehensive Security Zustimmung in der japanischen Bevölkerung und ermöglichte es der Regierung, einen deutlich höheren Verteidigungshaushalt zu verabschieden.[48] Inoguchi betont, daß umfassende Sicherheit auch ein geeignetes Mittel war, den konstanten amerikanischen Druck auf Japan hinsichtlich eines größeren militärischen Lastenausgleichs abzulenken, indem auf den Beitrag zur Sicherheit in anderen Bereichen verwiesen werden konnte,[49] während Soeya und Drifte schließlich darauf hinweisen, daß das Konzept auch eine Reaktion auf den in Japan wahrgenommenen militärischen und ökonomischen Machtverlust der USA seit 1973 darstelle.[50]

Der Bericht der Forschungsgruppe behandelte die Beziehungen Japans zur USA, Japans Stellung in Asien-Pazifik, Japans Ressourcenabhängigkeit sowie die Unzulänglichkeiten bei der japanischen Verteidigung. Der Sicherheitsbegriff wird dementsprechend weit gefaßt. Schon der erste Satz des Berichtes lautet „Security means protecting the people's life from various forms of threat." Um diesen Schutz zu gewährleisten, wurde eine Reihe von miteinander verbundenen Maßnahmen vorgeschlagen: Die Stärkung der eigenen militärischen Verteidigungsfähigkeit und der militärischen Kooperation mit den USA, die Verbesserung der Beziehungen zur UdSSR und zur VR China sowie die Vorbereitung zum besseren Umgang mit nationalen Gefahren, die durch Nahrungs- und Energieknappheit oder durch Naturkatastrophen entstehen können.[51] Mit der Ausarbeitung des Konzeptes hatte Japan auf die Krisen und Konflikte der 70er Jahre reagiert, in denen vor allem die USA militärisch und wirtschaftlich an Stärke verloren hatten und in der rohstoffabhängige Staaten nicht mehr sicher sein konnten, ihren Energiebedarf jederzeit ausreichend decken zu können. Bereits im Juli 1974 tauchte

---

47 Vgl.: Katahara, Eiichi: Japan's Concept of Comprehensive Security in the Post-Cold War World, in: Shirk/ Twomey 1996, S. 213-131 (214).

48 Vgl.: Sudo, Sueo: Southeast Asia in Japanese Security Policy. (Institute of Southeast Asian Studies, Pacific Strategic Paper 3) Singapore 1991, S. 34.

49 Vgl.: Inoguchi, Takashi: The ideas and structures of foreign policy: looking ahead with caution, in: Ders.: Japan's Foreign Policy in an Era of Global Change. London 1993, S. 3-56 (26).

50 Vgl.: Soeya 1998c, S. 16; Drifte 1990a, S. 30.

der Begriff der *wirtschaftlichen Sicherheit* erstmals in einem Bericht des japanischen Wirtschaftsministeriums auf, der im Zuge der ersten Ölkrise und dem Ende des Bretton-Woods-Systems 1973 erstellt worden war.[52] Die nachfolgenden dramatischen Ereignisse der späten 70er Jahre wie die sowjetische Invasion in Afghanistan, die Geiselnahme amerikanischer Botschaftsangehöriger in Iran 1979, aber auch die schon 1971 durch Nixon eingeleitete Politik des amerikanischen Teilrückzugs aus Asien („Nixon Schock") hatten in Japan die Wahrnehmung geprägt, die USA seien nicht länger gewillt oder in der Lage, für ausreichende militärische Sicherheit ihrer Verbündeten zu sorgen, respektive zur Sicherung des Weltwährungssystems oder des Freihandels beizutragen. Der Bericht stellte daher fest:

> "The most fundamental change in the international situation that took place in the 1970s is the termination of clear American supremacy in both military and economic spheres (...) while the Soviet Union has continued to build up its military force. As a result, U.S. military power is no longer able to provide its allies and friends with nearly full security. (...)
>
> The era of the 'Pax Americana' upheld almost single-handedly by the United States is over, and it has given way to a new era of 'peace maintained by shared responsibilities', in which all countries cooperate in the maintenance and management of the international system. It has become impossible for Japan to pursue solely its own economic interests within this system. (...) With Japan now accounting for 10 % of the world's total GNP, it is vital that Japan accept commensurate international responsibilities and endeavor to protect the free political, economic, and social systems."[53]

Japan hat sich während seiner gesamten Nachkriegsgeschichte stets der Notwendigkeit ausgesetzt gesehen, uneinheitliche oder gar gegensätzliche strategische Interessen in Einklang bringen zu müssen. Als Status-quo-Macht ist ihm dabei bis heute besonders an der Beibehaltung einer reibungslosen wirtschaftlichen Kooperation sowie eines stabilen politischen Umfeldes in seiner Region gelegen. Hierbei scheint Japan aber zugleich in einem unauflösbaren Dilemma gefangen, welches sich aus den anti-militärischen Bestimmungen seiner Verfassung und dem besonders von amerikanischer Seite immer wieder geäußerten ‚free rider'-Vorwurf ergibt. In dem Bericht der Forschungsgruppe findet sich denn auch der japanische Anspruch nach

---

[51] Vgl. die Zusammenfassung des Berichtes bei: Barnett, Robert: Beyond War. Japan's Concept of Comprehensive National Security. Washington etc. 1984, S. 1-6.

[52] Vgl.: Sudo 1991, S. 32.

[53] Zitiert nach Barnett 1984, S. 1-3.

größerer sicherheitspolitischer Selbständigkeit wieder sowie der Wunsch, trotz der vielfältigen hemmenden Faktoren, die auf die Gestaltungsmöglichkeiten japanischer Politik einwirken, eine mehr als nur wirtschaftliche Position im internationalen System einzunehmen. In der Durchführung einer umfassenden Sicherheitspolitik wird daher die Möglichkeit gesehen, die Dilemmasituation aufzulösen, welche sich aus den legitimen Interessen Japans und den sich aus den inneren und äußeren Beschränkungen ergebenden Hindernissen für die Verfolgung dieser Interessen im Rahmen einer selbständigeren Politik ergibt.

Japan ist sich zwar eines größeren Handlungsbedarfs bewußt, muß aber jeden seiner politisch-militärischen Schritte exakt abwägen, um bei seinen Nachbarstaaten keine Verunsicherung herbeizuführen. Auf der anderen Seite wird eben diese Form der Politik, die Japan ex necessitate durchführen muß, in den USA als ein Ausweichen vor unangenehmen Aufgaben angesehen. Das Konzept der Comprehensive Security[54] war daher ein ideales Mittel für die Regierung, um die gegensätzlichen Pole japanischer Sicherheitspolitik miteinander zu verbinden und das japanische Verständnis von Sicherheit grundlegend auf eine prägnante Formel zu bringen:

> „The term thus freed Japan's national security from the straightjacket of the Security Treaty, allowing Japan to secure its external environment by other means, such as aid to strategically important countries, and transcending to some extend the sharp divide between the system of the Peace Constitution and the system of the Security Treaty."[55]

Die Betonung einer engen Verbindung militärischer und ökonomischer Aspekte nationaler Sicherheit unterscheidet die Sicherheitspolitik Japans nicht grundsätzlich von der anderer Staaten. Das japanische Konzept der Comprehensive Security als politisches Phänomen beansprucht in den internationalen Beziehungen daher keinesfalls den Rang der Einzigartigkeit. So entspricht es etwa der von Indonesien maßgeblich entwickelten ASEAN-Ideologie der *national resilience*, das Sicherheit ebenfalls nicht auf die klassische Verteidigungsfunktion beschränkt, sondern auch auf politische und

---

[54] Das Konzept der Comprehensive Security findet seine Entsprechung im indonesischen Konzept der „*national resilience*" und mithin im Sicherheitsverständnis der ASEAN. Vgl. hierzu: Dosch, Jörn: PMC, ARF and CSCAP: Foundations for a Security Architecture in the Asia-Pacific? (Australian National University. Strategic & Defence Studies Centre, Working Paper, No. 307) Canberra, June 1997 (1997a), S. 2-3.

[55] Drifte 1990a, S. 30.

gesellschaftliche Bereichen bezieht.[56] National resilience wird von *Michael Leifer* wie folgt charakterisiert:

> „['National Resilience'] would be achieved by creating a stable domestic political order that would encourage fruitful economic development. In turn, this economic growth would reinforce the underlying political order. The ideal aggregate expression of national resilience in Southeast Asia as a whole was seen as 'regional resilience' – a condition in which regional cooperation would reduce external threat and prevent internal political disorder from spreading across common borders."[57]

Beispiele einer dem japanischen Konzept der Comprehensive Security entsprechenden Außenpolitik lassen sich auch für die USA finden. So diente etwa schon der *Marshall-Plan* 1948 nicht nur der Aufbauhilfe Westeuropas, sondern war zugleich ökonomischer Anreiz für die feste Einbindung der westlichen Länder in das anti-sozialistische Lager unter der Führerschaft der USA. Als Teil der Containment-Strategie bestand ein wichtiges Ziel der USA in der

> „Verhinderung eines exklusiven europäischen Handelsblocks bzw. Militärbündnisses, das den ökonomischen und sicherheitspolitischen Interessen Amerikas zuwidergelaufen wäre. Ein weiteres zentrales Interesse bildete die Zementierung einer amerikanisch-europäischen Wertegemeinschaft, die u.a. in der von Washington geförderten Demokratisierung der Bundesrepublik Deutschland ihren Ausdruck fand."[58]

Vor diesem Hintergrund zielten auch die Interventionen der USA in Lateinamerika auf den Schutz der eigenen Sicherheitsinteressen ab. So resümiert *Peter Smith*:

> „In the eyes of Cold Warriors, the consolidation of any left-wing regime in the Western Hemisphere would have dire and dangerous implications for U.S. national security and for the global distribution of power. It was therefore essential to resist this possibility."[59]

---

[56] Es sei hier noch angemerkt, daß das Konzept auch dem comprehensive security-Entwurf Malaysias oder der total defence-Ideologie Singapurs entspricht. Vgl.: Dosch, Jörn: Die ASEAN: Bilanz eines Erfolges. Akteure, Interessenlagen, Kooperationsbeziehungen. Hamburg 1997b, S. 105-109.

[57] Leifer, Michael: The ASEAN Regional Forum. (Adelphi Paper, No. 302) London 1992, S. 14.

[58] Dosch, Jörn: Endfassung der Habilitationsschrift, November 2000, S. 33.

[59] Smith, Peter: Talons of the Eagle. Dynamics of U.S.-Latin American Relations. New York/ Oxford 2000^2, S. 164-165.

Ihre praktische Einlösung findet Comprehensive Security in sehr deutlicher Form in der Entwicklungshilfepolitik (*Official Development Assistance*, ODA) Japans, die einen unerläßlichen Hebel indirekter politischer Einflußnahme darstellt. Als Mittel der Außen- und Sicherheitspolitik[60] konnte damit zugleich dem amerikanischen Druck für eine gerechtere Verteilung der Verteidigungslasten innerhalb der Allianz und den rigiden Verfassungsbestimmungen entsprochen werden, die einen militärischen Beitrag Japans zur Stabilisierung des internationalen Systems ausschlossen. Japan stellte daher in der Folgezeit umfassende ‚strategische Hilfe'[61] für die Staaten Asiens und des Mittleren Ostens zur Verfügung und entsprach damit seinen eigenen, aber auch den westlichen Sicherheitsbedürfnissen. So nutzt die japanische Regierung etwa die Vergabe von ODA als Druckmittel, um China, Nordkorea und Iran zu einer größeren Selbstbeschränkung hinsichtlich ihres Exports von Waffen zu bewegen[62] und hebt die Bedeutung von ODA bei der Prävention von regionalen Konflikten immer wieder hervor.[63]

Im Juni 1992 war eine ODA-Charta[64] verabschiedet worden, die seitdem die Vergabe von Entwicklungshilfe von der Einhaltung bestimmten Kriterien seitens der Empfängerländer, wie etwa der Senkung der Militärausgaben und der Demokratieförderung, abhängig macht. 54% aller ODA Japans fließen nach Asien-Pazifik.[65] China, Indonesien, Thailand, Indien, die Philippinen und Vietnam sind hier die hauptsächlichen Empfängerstaaten.[66] Noch 1964 nach Indien selbst zweitgrößter Empfänger von Weltbankdarlehen, wurde Japan 1989 erstmals und seitdem ununterbrochen zum weltweit größten Ge-

---

[60] Vgl.: May, Bernhard: Japanische Entwicklungshilfepolitik vor der Wende?, in: Pohl, Manfred/ Mayer, Hans Jürgen (Hrsg.): Länderbericht Japan. Bonn 1998^2, S. 164-178; Inada, Juichi: Japan's Aid Diplomacy: Economic, Political or Strategic?, in: Newland, Kathleen (Hrsg.): The International Relations of Japan. London 1990, S. 100-120.

[61] Vgl.: Drifte 1998b, S. 114-133 (128).

[62] Vgl. Ebda. 129.

[63] Vgl. etwa den Abschnitt, „Regional Conflicts and the Role of ODA", in: Ministry of Foreign Affairs, Japan: Japan's Official Development Assistance Summary 1998. Tokyo 1998, S. 18-20 (18).

[64] Der Text ist abgedruckt in: Ministry of Foreign Affairs, Japan: Japan's Official Development Assistance Summary 1998. Tokyo 1998, S. 51-53.

[65] Vgl.: May 1998^2, S. 170.

[66] 1997 erhielten China 577 Millionen und Indonesien 497 Millionen US$ an bilateraler Entwicklungshilfe. Daten aus: Management and Coordination Agency, Government of Japan: Japan Statistical Yearbook 1999, S. 431; Facts and Figures of Japan 1999, S. 24.

ber staatlicher Entwicklungshilfe.[67] Das Geld wird *bilateral* in Form von Krediten als Kapitalhilfe oder technische Hilfe beziehungsweise als Schenkung vergeben sowie *multilateral* über regionale und internationale Finanzorganisationen wie die Weltbank oder die Asian Development Bank (ADB) gesteuert. Sowohl in ihrer rein ökonomischen als auch in ihrer sicherheitsrelevanten Bedeutung läßt sich sagen, daß Japans ODA in Asien-Pazifik insbesondere der Aufrechterhaltung eines stabilen Status quo dient. So sichert sie nach *Bernhard May* wichtige Rohstoffe, erschließt Märkte, dient der ökonomischen und politischen Stabilisierung der Entwicklungsländer respektive ihrer Eliten und begrenzt die Migration nach Japan.[68] Die strategische Bedeutung japanischer Entwicklungshilfe erschließt sich zunächst durch die Betrachtung Südostasiens, wo die Expansions- und Kolonialpolitik Japans deutliche Spuren im Verhältnis zu den Staaten der Region hinterlassen hat. So erhielten etwa im Jahr 1997 acht von zehn ASEAN-Staaten, Indonesien, Thailand, Philippinen, Vietnam, Laos, Kambodscha, Myanmar und Malaysia insgesamt 2,3 Milliarden US$ an bilateraler Entwicklungshilfe.[69] Zum strategisch relevanten Hintergrund der japanischen Entwicklungshilfe bemerkt *Oskar Weggel*:

> „Japan wirkt auf die meisten ASEAN-Staaten noch heute so janusköpfig wie einst die Bundesrepublik in den Nachkriegsjahren auf ihre Nachbarländer. Wirtschaftlich unentbehrlich, weckt es doch immer wieder traumatische Erinnerungen an die Besatzungszeit der Jahre 1941-1945."[70]

Und *Manfred Pohl* fügt hinzu:

> „Südostasien ist ebenfalls für die japanische Sicherheitspolitik ein Kernbereich: Japan hat ein vitales Interesse an der wirtschaftlichen und sozialen Stabilität der südostasiatischen Länder. Die Interessen der japanischen Regierung und der japanischen Wirtschaft treffen sich hier: Öffentliche Entwicklungshilfe und private Direktinvestitionen tragen gemeinsam zu einer solchen Stabilisierung bei."[71]

---

67 Vgl. auch: Green, Carl: Japan's Growing Leadership in Global Development, in: SAIS Review, 14, No. 1 (Winter-Spring 1994), S. 101-181. Das ODA-Budget Japans im Fiskaljahr 1999 betrug 1,048,9 Milliarden Yen. Daten im Internet unter: http://www.mofa.go.jp/policy/oda/budget/1999.html.

68 May, Bernhard: Japans Neue Entwicklungshilfepolitik. Oldenburg 1989.

69 Vgl.: Ministry of Foreign Affairs Japan: Japan's Official Development Assistance. Summary 1998. Tokyo 1998, S. 49.

70 Weggel 1984 zitiert in: Dosch 1997b, S. 112.

71 Pohl, Manfred: Japan und die Zukunft der ASEAN-Staaten, in: Aus Politik und Zeitgeschichte, B 48/98, S. 13-24 (13).

Doch auch über den Bereich der ASEAN hinaus dient Japans ODA in der gesamten Großregion der Sicherung eines strategisch günstigen Umfeldes jenseits militärischer Einflußnahme.[72] In den Worten von *Susumu Yamakage*:

> „Japan's grand strategy was not limited to military defense narrowly defined. Official Development Assistance (ODA), the single most obvious lever for Japan's exercise of power, was defined as an instrument for the nation's comprehensive security. The Japanese government provided "strategic aid" to some frontline states, Thailand being the first recipient. It also extended aid to such countries as Turkey, Nicaragua and Egypt, indicating that Japan's strategic aid was closely connected to U.S. global strategy. In a word, Japan began to involve itself in security matters outside its territory."[73]

Neben der ODA-Politik ist auch das Engagement in der Asiatischen Entwicklungsbank ein deutlicher Beleg für ein erweitertes Sicherheitsverständnis Japans. Zwar hält Japan in der auf seine Initiative 1966 gegründeten Organisation gemeinsam mit den USA je 15,9% der Stimmen- und damit auch der Kapitalanteile. Die Bank wird jedoch schon aufgrund der Zahlungsrückstände der USA eindeutig von Japan dominiert.[74] Zudem wird der Präsident der Bank traditionell von Japan gestellt. Japan setzte sich darüber hinaus bei der Errichtung eines eigenen Institutes unter der Ägide der ADB durch. Durch dieses von der japanischen Regierung vollständig finanzierte sogenannte *Asian Development Bank Institute* mit Sitz in Tokyo,[75] welches seit 1997 der Förderung einer asiatischen Entwicklungspolitik jenseits westlicher Modelle dient, hat Japan seinen entwicklungspolitischen Einfluß in Asien-Pazifik gegenüber den USA verteidigen und ausbauen können. Dies gilt letztlich um so mehr, als dieser Einfluß trotz des gescheiterten japanischen Vorschlags eines Asiatischen Entwicklungsfonds zuletzt weiter verstärkt wurde. So wurde 1997 ein Kreditprogramm in Höhe von 30 Milliarden US$ beschlossen, welches als sogenannter *Miyazawa-Plan* zur Stabilisierung Südkoreas sowie der vier am stärksten von der Asienkrise betroffenen ASEAN-Staaten beitrug. Durch diese langfristigen und billigen Kredite hat es Japan verstanden, sich nicht nur Marktvorteile zu schaffen,[76] sondern auch vertrauens- und ordnungsbildend in den genannten Ländern Einfluß zu nehmen.

---

[72] Vgl. hierzu sehr anschaulich: Drifte 1998b, S. 114-133.

[73] Yamakage, Susumu: Japan's National Security and Asia-Pacific's Regional Institutions in the Post-Cold war era, in: Katzenstein/ Shiraishi 1997, S. 275-305 (286).

[74] Vgl.: Drifte 1998b, S. 125-128.

[75] Im Internet unter: http://www.adbi.org.

[76] Ein Teil des Geldes ging an japanische Firmen vor Ort.

5. Japans Sicherheitspolitik in Asien-Pazifik während des Ost-West-Konfliktes

Dieses Kapitel stellt die Grundzüge der japanischen Sicherheitspolitik in Asien-Pazifik während des Ost-West-Konfliktes dar. Vor dem Hintergrund der Allianzpolitik werden Japans Beziehungen zur ASEAN sowie zu weiteren Schlüsselakteuren der Großregion herausgearbeitet.

5.1. Der Auf- und Ausbau der japanischen Verteidigungsfähigkeit im Rahmen der Allianz mit den USA

Nach dem Wiedererlangen seiner staatlichen Souveränität mit dem Inkrafttreten des Friedensvertrages von San Francisco 1952 begann Japan sukzessive mit dem Ausbau seiner eigenen Verteidigungsfähigkeit, unterwarf diese jedoch zugleich einer Reihe von Selbstbeschränkungen.[77] Gemessen am Bruttosozialprodukt Japans blieben die Rüstungsanstrengungen dabei im internationalen Vergleich vorderhand gering, während Phasen der Aufrüstung häufig eine Reaktion auf Forderungen der USA nach einer stärkeren Eigenbeteiligung (*burden-sharing*) bei der gemeinsamen Verteidigung darstellten. Nachdem ein Beschluß des japanischen Oberhauses am 2. Juni 1954 sowohl die Entsendung japanischer Streitkräfte ins Ausland als auch deren Teilnahme an Maßnahmen kollektiver Selbstverteidigung unter Artikel 51 der Charta der Vereinten Nationen abgelehnt und damit Yoshidas Politikziele zementiert hatte, wurden am 9. Juni 1954 die Gesetze zur Errichtung des Verteidigungsamtes und der Selbstverteidigungsstreitkräfte (*Self-Defense Forces*, SDF) verabschiedet. Yoshida hatte sich vor dem Hintergrund des Koreakrieges und unter Berufung auf die Friedensverfassung mit seiner Politik einer leichten Bewaffnung zur ausschließlichen Verteidigung gegen die von der Opposition geforderte unbewaffnete Neutralität durchgesetzt.[78]

Am 20. Mai 1957 nahm das Kabinett die sogenannte *Basic Policy for National Defense* (BPND) als die bis heute maßgebliche Grundlage für die Verteidigungspolitik Japans an.[79] Sie legt vier Grundsätze Japans für die

---

[77] So gilt unter anderem das Verbot der Herstellung oder des Erwerbs offensiver Waffensysteme (Flugzeugträger, luftbetankbare Kampfflugzeuge, Langstreckenbomber- und Raketen). Ebenso sind die Verteidigungsausgaben auf 1% des BSP beschränkt.

[78] Vgl.: Sudo 1991, S. 10-11.

[79] Abgedruckt in: Japan Defense Agency 1998, S. 313.

nationale Verteidigung fest: 1) Unterstützung der Vereinten Nationen und Förderung der internationalen Zusammenarbeit zur Realisierung des Weltfriedens; 2) Förderung der öffentlichen Wohlfahrt und der Vaterlandsliebe als Grundvoraussetzung für die nationale Sicherheit; 3) sukzessiver Aufbau der für die Selbstverteidigung notwendigen militärischen Verteidigungsfähigkeit unter Berücksichtigung der gegebenen innenpolitischen Rahmenbedingungen; 4) Abwehr äußerer Aggression auf Basis der bilateralen Sicherheitsabkommen mit den USA bis zur erfolgreichen Implementierung eines kollektiven Sicherheitssystems durch die Vereinten Nationen. Auf der Grundlage der BPND vom Mai 1957 wurde die Verteidigungsfähigkeit Japans in vier Rüstungsrahmenprogrammen kontinuierlich ausgebaut. Das erste Programm, angenommen vom Kabinett am 14. Juni 1957, galt für den Zeitraum von 1958 bis 1960 und richtete sich auf den Aufbau der Armee (*Ground Self Defense Forces*, GSDF), nachdem der rapide Abzug der amerikanischen Truppen im Zuge des Koreakrieges eine beträchtliche Lücke hinterlassen hatte. Das zweite Programm für die Jahre von 1962 bis 1966 zielte ab auf die Stärkung der Marine und der Luftwaffe. Die dritten (1967 bis 1971) und vierten Programme (1972 bis 1976) hatten die gleiche Ausrichtung, führten darüber hinaus jedoch neue Waffensysteme ein und strebten eine Modernisierung der Streitkräfte an.[80]

Insgesamt haben sowohl externe (Phasen der Annäherung und Verschlechterung in den Beziehungen zwischen den Supermächten)[81] als auch innenpolitische Determinanten (Pazifistische Grundhaltung und Opposition zur Politik der Regierungspartei LDP) die Sicherheitspolitik Japans beeinflußt.[82] So nutzte die LDP die pazifistischen Bestimmungen der Verfassung dazu, amerikanischen Druck hinsichtlich eines stärkeren militärischen Profils Japans so weit wie möglich abzulenken. Die dennoch unabänderlichen Modifikationen des eigenen Verteidigungsprofils führten zu

---

80 Vgl. hierzu: Sakanaka, Tomohisa: Japan's Changing Defense Policy, in: Matthews, Ron/ Matsuyama, Keisuke (Hrsg.): Japan's Military Renaissance? New York 1993, S. 69-83 (77-78).

81 Vgl. hierzu die beiden exzellenten und noch stets äußerst lesenswerten Darstellungen von: Wassmund, Hans: Die Supermächte und die Weltpolitik. USA und UdSSR seit 1945. München 1989; Ders.: Grundzüge der Weltpolitik. Daten und Tendenzen von 1945 bis zur Gegenwart. München 1985[2].

innenpolitischen Spannungen, die indes durch eine Politik des stufenweisen Aufbaus der Streitkräfte, der Betonung der Verfassungskonformität und der gleichzeitigen Einführung von Maßnahmen der militärischen Selbstbeschränkung in eine weitgehende breite Zustimmung der Öffentlichkeit umgewandelt werden konnten.[83] Daß die innenpolitische Opposition durchaus ernst zu nehmen war, hatten 1960 die Unruhen in Japan im Zuge der Revision des Sicherheitsvertrages mit den USA bereits bewiesen. Unter der Regierung von *Eisaku Sato* (1964-1972) wurden daher die bestehenden Selbstbeschränkungen wie etwa das Verbot der Entsendung der SDF zu out-of-area-Einsätzen und der Teilnahme an Maßnahmen kollektiver Selbstverteidigung 1967 unter dem Eindruck massiver Kritik an der Rolle Japans im Vietnamkrieg[84] durch die sogenannten *Drei Nicht-Nuklearen Prinzipien* ergänzt.[85] Sie legen bis heute fest, daß Japan Kernwaffen weder erwerben, einführen noch selbst herstellen darf. Die Prinzipien besänftigten sowohl die Kritik der Opposition als auch der breiten Öffentlichkeit. Darüber hinaus boten sie ein gutes Argument gegen eine weitere Involvierung Japans in die militärischen Aktionen der USA in der Großregion.[86] Schon im selben Jahr hatte sich Japan auf ein umfassendes Waffenexportverbot festgelegt, das zunächst nur für die kommunistischen Länder galt, später jedoch auch auf alle Staaten ausgeweitet wurde.[87] Gemeinsam mit der Parole, „not becoming a military power that might pose a threat to the security of other countries"[88] sollte diese Vorrichtung Japans Absage an eine autonome Sicherheitspolitik und den Verzicht auf als aggressiv wahrgenommene militärische Aktionen des ehemaligen Kriegsgegners in Asien untermauern.

In einer Phase, die zwar durch eine Détente-Politik zwischen den beiden Supermächten, für Japan jedoch auch durch den völlig unerwarteten

---

[82] Katzenstein, Peter/ Okawara, Nobuo: Japanese Security Issues, in: Craig, Garby/ Bullock, Mary (Hrsg.): Japan. A New Kind of Superpower? Washington DC 1994, S. 53-78.

[83] Shiro, Okubo: Japan's Constitutional Pacifism and United Nations Peacekeeping, in: Hunsberger 1997, S. 96-112 (103-104).

[84] Die USA flogen die Einsätze der großflächigen Bombardierung Vietnams von den Basen auf Okinawa aus.

[85] Sie wurden in Form einer Resolution des Unterhauses am 24. November 1971 politisch bekräftigt.

[86] Vgl.: Pharr, in: Curtis 1993, S. 246.

[87] Vgl.: Defense Agency 1997, S. 342-343.

[88] Defense Agency 1998, S. 69.

Chinabesuch Nixons 1972 sowie durch die Ölkrise 1973 und die damit verbundene Erkenntnis der Verwundbarkeit der japanischen Wirtschaft gekennzeichnet war, kam es zu einer ersten Änderung des verteidigungspolitischen Konzeptes. Am 29. Oktober 1976 nahmen der Nationale Sicherheitsrat Japans und das Kabinett in einem gemeinsamen Beschluß die „Umrißlinie für das Nationale Verteidigungsprogramm" (*National Defense Program Outline*, NDPO, jap.: *Taiko*) an. Die BPND hatte keine Aussage drüber getroffen, in welcher Form die amerikanisch-japanischen Sicherheitsbeziehungen und die Verteidigung Japans miteinander verbunden waren. Sie stellte lediglich vage fest, daß das amerikanisch-japanische Sicherheitssystem die Basis für die Verteidigung Japans sei. Die NDPO löste die bisherigen Rüstungsrahmenprogramme ab und legte auf der Grundlage einer ausschließlich defensiven Verteidigung[89] sowie der Sicherstellung der Kontrolle des militärischen Sektors durch ziviles Personal ein deutlich autonomeres Verteidigungskonzept Japans in Friedenszeiten fest.[90] Vor dem Hintergrund einer perzipierten stabilen und dauerhaften bipolaren Struktur des internationalen Systems[91] verdeutlichte die NDPO die Bedeutung der USA bei der Verteidigung Japans, während sie zugleich die Bedeutung einer qualitativen Verbesserung der eigenen Verteidigungsfähigkeit hervorhob:

> "This outline is meant to serve as a guideline for Japan's future defense posture (...). Based on the information given below, efforts will be made to qualitatively maintain and improve defense capability, and fulfill the purpose of that capability, in specific upgrading, maintenance and operation of defense functions."[92]

Gemäß der NDPO verfolgte Japan nun drei maßgebliche verteidigungspolitische Ziele: 1) Im Rahmen eines sogenannten *„standard defense force concept"* wurde der Aufbau einer adäquaten eigenen konventionellen Verteidigungsfähigkeit bei gleichzeitigem nuklearen Schutz durch die USA angestrebt; 2) Sie sollte eine minimale Truppenstärke auch in Friedenszeiten aufrechterhalten und zugleich die militärische Abschreckung und Verteidigung im Falle einer *„limited and small-scale aggression"* durch japanische Truppen garantieren; 3) Im Falle eines konventionellen Großangriffs stand auch weiterhin die Kooperation mit den USA im Zentrum der

[89] Vgl.: Japan Defense Agency 1998, S. 69-71.
[90] Abgedruckt in: Defense Agency 1996, S. 270-275.
[91] Vgl. ebda. S. 270.
[92] Ebda.

japanischen Verteidigungsstrategie.[93] Aufgrund harscher Kritik aus dem In- und Ausland, wo infolge der nun jährlich konzipierten und damit flexibleren Verteidigungspläne eine Ausweitung des militärischen Aktionsradius Japans befürchtet wurde, war die japanische Regierung gezwungen, die Schwelle der Verteidigungsausgaben auf jährlich 1% des BSP festzulegen.

Während der Auf- und Ausbau der unilateralen Verteidigungsfähigkeit unter dem Druck der USA kontinuierlich ausgeweitet wurde, dehnte Japan seine sicherheitspolitische Kooperation mit den USA weiter aus. Am 27. November 1978 wurden die gemeinsamen Verteidigungsrichtlinien der USA und Japans[94] („*Guidelines*") verabschiedet. Sie kodifizierten die enge militärische Kooperation mit dem amerikanischen Partner,[95] präzisierten die Bestimmungen des Sicherheitsvertrages und legten die Aufgaben beider Allianzpartner für den Fall einer Bedrohung der Sicherheit Japans, bei einem bewaffneten Angriff auf Japan oder im Falle von „*situations in the Far East outside of Japan which will have an important influence on the security of Japan*" fest. Die Verabschiedung der Guidelines war nicht nur der erste Schritt hin zu einer immer enger vernetzten und institutionalisierten militärischen Kooperation zwischen den USA und Japan in den Bereichen militärische Operation, Nachrichtendienste und Logistik. Sie war zugleich der erste zaghafte Hinweis auf eine mögliche sicherheitspolitische Rolle Japans in Asien-Pazifik – unter der Ägide der USA. Im Zuge erneuter weltpolitischer Spannungen, die durch die sowjetische Invasion Afghanistans sowie durch eine verstärkte Präsenz sowjetischer Truppen vor den nördlichen Grenzen Japans ausgelöst wurden, vergrößerte Japan – nach Absprache mit den USA – erneut den Aktionsradius der SDF, indem die Einsatzgrenze der *Maritime Self Defense Forces* auf 1000 Seemeilen ausgeweitet wurde.[96]

---

93 Vgl. ebda. 271-272.

94 "Guidelines for Japan-U.S. Defense Cooperation. Report by the Subcommittee for Defense Cooperation, Submitted to and Approved by the Japan-U.S. Security Consultative Committee. 27. November 1978." Kopie mit freundlicher Unterstützung des japanischen Außenministeriums.

95 Vgl.: Cronin, Richard: Japan, the United States and for the Asia-Pacific Century: Three Scenarios for the Future. ISEAS, Singapore 1992, S. 59.

96 Mochizuki, Mike: Japan's Search for Strategy, in: International Security, Vol. 8, No. 3 (Winter 1983-84) S. 152-179 (161); Levin, in: Curtis 1993, S. 206.

Die 1980er Jahre markierten eine Phase verstärkter japanisch-amerikanischer Kooperation in sicherheitspolitischen Fragen und wurden stark durch die Außenpolitik unter der Regierung von Premierminister *Yasuhiro Nakasone (1982 bis 1987)* bestimmt.[97] Nakasone, der sich durch seine Außenpolitik die Popularität in Japan sicherte und der argumentierte, Japan sei der natürliche Verbündete der USA bei der Sicherung des Friedens, verstärkte insbesondere die militärische Kooperation mit dem Allianzpartner.[98] So wurde unter seiner Regierung nicht nur das rigide Waffenexportverbot zugunsten japanischer Technologietransfers in die USA ausgehebelt.[99] Nakasone forderte zudem häufigere Großmanöver japanischer und amerikanischer Truppen. Ebenso wurde aufgrund amerikanischen Drucks hinsichtlich einer gerechteren Verteilung der Verteidigungslasten zwischen den Allianzpartnern die 1%-Obergrenze für Verteidigungsausgaben durchbrochen[100] und erst 1990 wieder eingesetzt.[101] Die Bestimmungen der NDPO wurden zwar hierzu entsprechend geändert, indem festgelegt wurde, für welche Waffentypen das zusätzliche Budget verwendet werden konnte. Wie *Hartwig Hummel* jedoch gezeigt hat, sind die Verteidigungsausgaben Japans unter den sich ändernden Rahmenbedingungen dennoch seit 1976 konstant gestiegen und haben sich seit etwa 1967 um die 1%-Marke eingependelt.[102]

Japans Sicherheitspolitik in den 1980er Jahren wies also Züge des Wandels hin zu einer ausgewogeneren Partnerschaft mit den USA auf. Auf die Großregion bezogene Initiativen im Sachbereich Sicherheit jenseits des Bemühens um eine gerechte Aufgabenverteilung im Rahmen der Bindung an

---

97 Vgl. auch: Sudo 1991, S. 13-16.

98 Zur Außenpolitik Nakasones vgl.: Thayer, Nathaniel: Japanese Foreign Policy in the Nakasone Years, in: Curtis 1993, S. 90-104.

99 So beschloß die japanische Regierung 1983 eine klare Abkehr von dem langjährigen Waffenexportverbot, indem sie den Transfer von Militärtechnologie an die USA im Sinne einer „Ausnahmeregelung" legalisierte. Vgl.: Statement of Chief Cabinet Secretary on Transfer of Military Technologies to the United States. 14. January 1983. Abgedruckt in: Japan Defense Agency 1998, S. 344.

100 Vgl.: Katzenstein, Peter/ Okawara, Nobuo: Japan's National Security: Structures, Norms and Policy Responses in a Changing World. Ithaca/ New York 1993, S. 158 (1993b).

101 Zur Verteidigungspolitik Japans unter Nakasone vgl.: Maswood, Javed: Japanese Defence. The Search for Political Power. Singapore 1990.

102 Vgl.: Hummel Hartwig: Japan's Military Expenditures After the Cold War: The ‚Realism' of the Peace Dividend, in: Australian Journal of International Affairs, Vol. 50, No. 2, (1996), S. 137-155 (insbesondere 141 und 146).

die USA während des Ost-West-Konfliktes waren zwar erkennbar. Sie blieben jedoch vor dem Hintergrund des Konzeptes der Comprehensive Security von ökonomischen Zielsetzungen eingerahmt. Während die Zusammenarbeit mit den USA stets ausgebaut wurde[103] und sich Japan wie etwa bei der Revision des totalen Waffenexportverbots zum Teil beträchtlich von seinen selbst auferlegten Beschränkungen entfernte, war eine unilaterale Sicherheitspolitik bei der Bearbeitung vitaler strategischer Problemfelder in Asien-Pazifik nicht erkennbar. Es gab jedoch durchaus Bereiche, in denen Japan zumindest indirekten sicherheitspolitischen Einfluß geltend machen konnte: Nämlich in seinen Beziehungen zu den südostasiatischen Staaten und zum Regionalverbund der ASEAN.

5.2. Die Südostasienpolitik Japans

Japans Nachkriegsbeziehungen zu den Staaten Südostasiens wurden mit der Ankündigung der Yoshida-Regierung eingeleitet, eine aktive Rolle in der Region auf dem Weg „wirtschaftlicher Diplomatie" einnehmen zu wollen.[104] Die ökonomische Entwicklung Südostasiens hatte nicht zuletzt deshalb besondere Priorität, da erstens der Zugang zum chinesischen Markt verschlossen war und da darüber hinaus die wirtschaftlichen Investitionen in die Region ein sicheres Instrument zur Abwehr kommunistischer Einflüsse schien. So machte Premierminister *Yoshida* 1953 klar:

> „The most immediate challenge to the free countries today is the problem of combating Communism. (...) In order to defend against Communism, it is urgent to promote the economic development of Southeast Asia and to reinforce their standard of living."[105]

Nachdem das Problem der Reparationszahlungen gelöst und damit der südostasiatische Markt für japanische Güter und Investitionen geöffnet worden war,[106] stieg Japan bis Mitte der 60er Jahre zum bedeutendsten ökonomischen Akteur in der Region auf, in dessen Gefolge auch die Staaten Südostasiens

---

[103] Vgl.: Cummings, Bruce: Japan and Northeast Asia into the Twenty-first Century, in: Katzenstein/ Shiraishi 1997, S. 136-168 (154-155).

[104] Vgl.: Um, Khatharya: Southeast Asia and Japan: Political, Economic and Security Implications for the 1990s, in: Kendall, Harry/ Joewono, Clara (Hrsg.): Japan, ASEAN, and the United States (Institute of East Asian Studies. University of California at Berkeley, Research Papers and Policy Studies, 35) Berkeley 1991, S. 187-211 (189).

[105] Zitiert in: Sudo 1991, S. 18.

[106] Vgl.: Vogel, Ezra: Japan as Number One in Asia, in: Curtis, Gerald (Hrsg.): The United States, Japan, and Asia. London/ New York 1994, S. 159-183 (160).

prosperierten. Außenpolitische Initiativen blieben dennoch nur schwach ausgeprägt und zielten vornehmlich auf die weitere Verbesserung der Handelsbeziehungen ab. Südostasien wurde zunächst vor allem als wichtige Quelle für die so dringend benötigten Rohstoffe angesehen. Obwohl ein explizit sicherheitspolitischer Ansatz im japanischen Verhältnis zur Region nicht erkennbar war, unterstützte Japan im Rahmen der amerikanischen Containment-Strategie alle Maßnahmen, die sich auf die Stabilität und Entwicklung der Region bezogen. Im Jahr 1966 war Japan darüber hinaus ganz entscheidend an der Gründung der *Ministerial Conference on the Economic Development of Southeast Asia*, der Asiatischen Entwicklungsbank oder der Förderung der *Intergovernmental Group on Indonesia* beteiligt.[107]

Trotz des offenkundigen Enthusiasmus für regionale Wirtschaftskooperation gewährte Japan der ASEAN nur minimale Aufmerksamkeit und beschränkte sich auf bilaterale Kontakte zu ihren Mitgliedsstaaten.[108] Traditionell standen hier Japans Beziehungen zu Indonesien im Mittelpunkt. Japan ist der wichtigste Handelspartner der ehemaligen südostasiatischen Führungsmacht, die ihrerseits der Garant für Japans reibungslosen Ölnachschub ist. Vorderhand schien Japan also die Existenz der 1967 gegründeten ASEAN als ein multilaterales Forum bis in die 70er Jahre hinein zu ignorieren. *Arnfinn Jorgensen-Dahl* schreibt dazu:

> „The Japanese Foreign office welcomed the formation of ASEAN and saw it as an evidence of a move away from narrow nationalism and of the existence of common interests which would bring about a greater measure of stability in the region. In the ensuing years ASEAN has continued to receive the support of successive Japanese governments. But as in the case of the United States, Japan's support consisted of verbal and moral encouragement, and she gave no indication of wanting to deal with the ASEAN states on anything but a bilateral basis."[109]

Einen ersten Wandel brachten sektorale Handelsgespräche, die Japan im November 1973 mit der Assoziation im Rahmen eines eigenen *„ASEAN-Japan Meeting on Synthetic Rubber"* zu führen gezwungen war.[110] Diese

---

[107] Vgl.: Rix, Allan: ASEAN and Japan: More than Economics, in: Broinowski, Alison (Hrsg.): Understanding ASEAN. London 1982, S. 169-195 (173-174).
[108] Vgl: Doner, Richard: Japan in East Asia: Institutions and Regional Leadership, in: Katzenstein/ Shiraishi 1997, S. 197-233 (210).
[109] Jorgensen-Dahl, Arnfinn: Regional Organization and Order in South-East Asia. New York 1982, S. 130.
[110] Vgl.: Ebda. S. 146-147.

Verhandlungen – die ersten, welche Japan mit der ASEAN als Ganzer bestritt – sind der eigentliche Ursprung der heutigen engen Verklammerungen zwischen Japan und der Assoziation.[111] Die Haltung Japans gegenüber der ASEAN hatte sich im Zuge der Beendigung des Vietnamkrieges 1975 und des ersten Gipfels der ASEAN 1976 eindeutig geändert. Seit dem Ende des Vietnamkrieges war ganz Indochina kommunistisch geprägt, und es schien Japan nicht länger geboten, als Partner der USA in der Abwehr des Kommunismus in Asien die eigenen ökonomischen und politischen Ziele voneinander zu trennen. Aufgrund der Annahme, daß eine weitere Isolation Vietnam in die wirtschaftliche Abhängigkeit von der Sowjetunion führen könnte, unterstützte Japan den ökonomischen Wiederaufbau des Landes.

Zugleich waren die Beziehungen Japans zu den USA bereits seit einigen Jahren durch Irritationen gekennzeichnet, die mit den sogenannten *Nixon-Schocks* begonnen hatten und durch die erste Ölkrise 1973 zusätzlich verstärkt wurden. Während einer Pressekonferenz in Guam hatte Präsident Nixon eine erste ‚Erschütterung' in japanischen Regierungskreisen hervorgerufen, als er die Reduzierung der amerikanischen Truppenstärken in der Region ankündigte. Weitere Schreckensmeldungen folgten, als Nixon 1971 bekannt gab, diplomatische Beziehungen zu China aufzunehmen und die Konvertibilität des US-Dollars in Gold aufzuheben.[112] Da Nixon der japanischen Regierung noch wenige Monate zuvor versichert hatte, sich in der Chinafrage mit Japan abzusprechen, rief sein unerwarteter Politikwechsel in japanischen Regierungskreisen das Gefühl hervor, vom eigenen Partner betrogen worden zu sein.[113] Die Ölkrise von 1973 hatte Japan nicht nur seine nahezu vollkommene Abhängigkeit von der stetigen Einfuhrmöglichkeit des Rohmaterials deutlich vor Augen geführt. Japan fühlte sich von seinem Allianzpartner übergangen, als amerikanische Ölfirmen zunächst den einheimischen Bedarf befriedigten.[114] Wichtiger war jedoch die Erkenntnis, daß effektive politische Mittel nicht vorhanden waren, mit denen die Krise gelöst werden konnte. Die gleichzeitigen unterschiedlichen Auffassungen in den USA und Japan, wie ökonomische Probleme eines solchen Ausmaßes zu beseitigen wären, stellten

---

[111] Vgl. auch: Rieger, Hans Christoph: ASEAN Economic Cooperation Handbook. Singapore 1991, S.69.

[112] Vgl.: Matthews, Ron: Japan's Security into the 1990s, in: Ders./ Matsuyama 1993, S. 1-34 (27).

[113] Vgl.: Edström 1999, S. 66.

[114] Vgl.: Drifte 1990a, S. 9.

einen zusätzlichen Streitpunkt dar, der sich auf die beiderseitigen Sicherheitsbeziehungen und somit auf die Basis des japanischen Sicherheitskonzeptes auswirken konnte.

Nachdem sich parallel zu diesen Ereignissen die ASEAN mit ihrem ersten Gipfeltreffen in Bali 1976 als Sprachrohr Südostasiens konstituiert hatte, nahm Japan kooperative Beziehungen zur Assoziation auf und beendete damit das überkommene Muster einer rein ökonomisch motivierten bzw. durch die Interessen der USA gefilterten Südostasienpolitik.[115] Ausgangspunkt dieser Neuorientierung war die Politik der Regierung unter Premierminister *Takeo Fukuda*.[116] Die Verbesserung der Beziehungen zu Südostasien, die bis dahin alles andere als entspannt waren[117] und die durch die Verabschiedung der NDPO auf Seiten der ASEAN Unsicherheit bezüglich einer Remilitarisierung Japans erzeugten, hatte nun außenpolitische Priorität.[118] In seiner Rede während eines Gipfeltreffens mit Staats- und Regierungschefs der ASEAN in Manila am 18. August 1977 formulierte Fukuda drei politische Prämissen, die als *Fukuda-Doktrin* den Beginn eines systematischen, kohärenten und vielschichtigen Beziehungsgeflechtes zwischen der ASEAN und Japan markieren.[119] Sie lauten im einzelnen: 1) Japan wird sich nicht zu einer militärischen Macht entwickeln; 2) Japan sucht den Dialog mit den Staaten Südostasiens im Rahmen einer gleichberechtigten Partnerschaft; 3) Japan strebt die friedliche Koexistenz zwischen der ASEAN und Indochina an. *Koji Watanabe* schreibt dazu:

---

[115] Vgl.: Sudo 1991, S. 19-21.

[116] Grundlegend: Sudo 1992.

[117] 1974 war es in Indonesien und Thailand im Vorfeld eines geplanten Staatsbesuch Premiers Tanaka zu Unruhen gekommen. Über die antijapanische Stimmung in Südostasien und den Boykott japanischer Güter berichten: Vogel, in: Curtis 1994, S. 159-183 sowie Wilfrido Villacorta: Japan's Asian Identity. Concerns for ASEAN-Japan Relations, in: ASEAN Economic Bulletin, Vol. 11, No. 1 1994, S. 79-92 (84). Susumu Yamakage erwähnt die Nichtbeachtung der ASEAN durch Japan und die Wahrnehmung der Assoziation als bedeutungslose Organisation sowie einen Handelsstreit zwischen ASEAN und Japan, der sich an dem Vorwurf entzündet hatte, Japan würde durch den Export eines synthetisch gewonnenen Gummis die südostasiatischen Märkte zerstören. Vgl.: Ders.: Japan's National Security and Asia-Pacific's Regional Institutions in the Post-Cold War Era, in: Katzenstein/ Shiraishi 1997, S 275-305 (290).

[118] Vgl.: Sudo 1992, S. 4-5.

[119] Die Rede von Takeo Fukuda vom 18. August 1977 in Manila findet sich in: Jahresbericht des japanischen Außenministeriums. Tokyo 1978, S. 326-330.

„It was only in 1977, when Prime Minister Fukuda visited the ASEAN countries that Japan expressed the political dimension in its foreign policy in general and in policy toward Southeast Asia in particular by committing itself not to be a skeptical bystander to ASEAN."[120]

Fukudas Vorschläge zielten darauf ab, über rein wirtschaftliche Kontakte hinaus die wechselseitigen Beziehungen auch auf kultureller, sozialer und politischer Ebene auszubauen, Japan eine anerkannte Stellung innerhalb der regionalen Ordnungsmechanismen zuzugestehen und die Beziehungen zur ASEAN auf der einen sowie Indochina auf der anderen Seite zu kalibrieren. In diesem Zusammenhang ist insbesondere die folgende Passage der Rede von Bedeutung:

„Japan will be an equal partner of ASEAN and its member countries, and co-operate positively with them in their efforts to strengthen their solidarity and resilience, together with other nations of like mind outside the region, while aiming at fostering a relationship based on mutual understanding with the nations of Indochina, and will thus contribute to the building of peace and prosperity throughout Southeast Asia."[121]

Die Initiative Fukudas, über die das japanische Außenministerium schrieb, es sei „the first positive diplomatic stance by our country after the war,"[122] ermöglichte nicht nur die Teilnahme Japans an den *Post Ministerial Conferences* (PMC), dem Dialogmechanismus der ASEAN mit externen Mächten.[123] Ihr ging zudem ein erfolgreicher japanischer Vorschlag zur Gründung eines eigenen Dialogforums mit der Assoziation voraus, der zu einer deutlichen Intensivierung der institutionellen Verklammerungen zwischen Japan und der ASEAN führte. Während Japan seit 1973 lediglich informelle Beziehungen zur ASEAN etabliert hatte, war das am 23. März 1977 gegründete ASEAN-Japan-Forum erster Ausdruck formalisierter wechselseitiger Kooperationsbeziehungen.[124] Das Forum errichtete einen regelmäßigen wirtschaftlichen, aber auch politischen Dialog zwischen Japan und dem südostasiatischen Regionalverbund, der an Intensität nur von der bilateralen

---

[120] Zitiert in: Sudo 1991, S. 20.

[121] MOFA-Jahresbericht 1978, S. 330.

[122] Diplomatic Bluebook 1978, S. 44.

[123] Dialogpartner der ASEAN sind: EU (seit 1972), Australien (seit 1974), Neuseeland (seit 1975), Japan, Kanada, USA, Entwicklungsprogramm der Vereinten Nationen/ UNDP (seit 1977), Südkorea (seit 1991), Indien (seit 1995), China und Rußland (seit 1996). Vgl.: Dosch 1997b, S. 85.

[124] Vgl.: Vogel 1994, S. 166.

Beziehung Japans zur USA übertroffen wurde.[125] Wie ein Blick auf die Homepage der ASEAN verdeutlicht,[126] stehen in dieser Zeit auch weiterhin wirtschaftliche Kooperationen mit Japan im Vordergrund, die sich vor allem auf technische und finanzielle Hilfe auf unterschiedlichen Ebenen beziehen.

Die strategische Relevanz der Beziehungen zwischen Japan und der ASEAN jenseits wirtschaftlicher Überlegungen darf jedoch nicht unterschätzt werden. Denn neben den genannten Verklammerungen, welche ohne Zweifel auch die Stellung der ASEAN aufgewertet haben, nahm Japan eine wichtige Position zugunsten der sicherheitspolitischen Zielverwirklichung der Assoziation ein. So hatte sich Japan zum Beispiel immer wieder in die Politik Vietnams gegenüber der ASEAN eingeschaltet. Ein Ansatz bestand in diesem Zusammenhang etwa im Aufruf an Vietnam, japanische Entwicklungshilfe für den Erwerb von Waren aus den ASEAN-Staaten zu verwenden, um so engere wirtschaftliche Kontakte und Ansatzpunkte eines Dialoges herzustellen.[127] Ebenso setzte sich Japan finanziell und politisch für eine Beilegung des Kambodscha-Konfliktes ein.[128] Zusätzlich zu seiner Funktion als Vermittler und „Brückenkopf“ stärkte Japan auch die Position der ASEAN gegenüber China, als sich Suzuki (1981) und Takeshita (1988) gemeinsam mit der Assoziation gegen eine Unterstützung der Roten Khmer durch China einsetzten. Darüber hinaus war Japan wesentlich an der Herbeiführung normaler diplomatischer Beziehungen zwischen Indonesien und China beteiligt (1989).[129] Japans Bedeutung als Partner der ASEAN zeigte sich sehr deutlich auf dem dritten Gipfeltreffen der Assoziation in Manila 1987, zu dem Japan als einziger der Dialogpartner geladen war.[130]

Gemessen am ohnehin starken wirtschaftlichen und am gewachsenen politischen Einfluß Japans in der Region blieben die militärischen Kontakte zur ASEAN minimal. Als Teil seines Konzeptes der Comprehensive Security

---

[125] Vgl.: Sudo 1992, S. 210-212.
[126] Im Internet unter: http://www.aseansec.org/dialog/mjap.htm.
[127] Vgl.: Sudo 1991, S. 23.
[128] Vgl.: McDougall 1997, S. 187-191.
[129] Vgl. Ebda. S. 24-25.
[130] Die Rede von Ministerpräsident Noburo Takeshita auf dem dritten ASEAN-Gipfel wurde zuletzt als Ausgangspunkt einer „special relationship“ zwischen Japan und der Assoziation bezeichnet. Vgl.: Ansprache des Staatssekretärs im Außenministerium der

verstand Japan jedoch seine wirtschaftliche Unterstützung der ASEAN stets als ein politisches Instrument, welches die Staaten der Assoziation gegenüber ihren Gegnern UdSSR, Nordkorea und Vietnam stärken konnte.[131] Japan trug damit nicht unerheblich zum Zusammenhalt und zur Konsolidierung der ASEAN bei. Vor dem Hintergrund des ambivalenten Verhältnisses der ASEAN zu Japan in der Region, welches bis heute besteht und das sich auch dem Dualismus wirtschaftliche Hilfe – potentielle Dominanz als Militärmacht ergibt, setzte sich Japan nach einer Phase der Nichtbeachtung und der Betonung wirtschaftlicher Überlegungen für eine Stärkung der ASEAN ein und trug zur Verbesserung der Selbstbehauptung der Assoziation durch die institutionellen Verklammerungen bei. In den Worten von *David Arase*:

> „Japan is making efforts to help the members of ASEAN institutionalize their cooperative efforts (...). It is also helping the region's developing countries maintain political stability by increasing special disbursements of ODA funds, starting with the case of the untied US$ 900 million Ex-Im Bank loan to Indonesia in 1987 and Japan's backing of the Philippine Aid Plan. (...) And Japan uses pledges of aid to promote the withdrawal of Vietnamese troops from Cambodia, national reconciliation between the warring Khmer factions, and the management of the continuing refugee problem."[132]

Neuester Ausdruck der engen Verklammerungen zwischen Japan und der ASEAN sind im übrigen die seit 1997 stattfinden ASEAN+3-Gespräche, in denen die Assoziation mit Japan, China und Südkorea in einem regelmäßigen politischen Dialog steht. Diese Gespräche, welche nach einem informellen Vorlauf heute regelmäßig im Rahmen der jährlichen Treffen der ASEAN-Staaten stattfinden, finden Japans entschiedene Zustimmung und nehmen eine zunehmend bedeutende Stellung im Institutionengefüge der ASEAN ein.[133]

5.3. Japans Beziehungen zu den Schlüsselakteuren in Asien-Pazifik

Japan nahm am 29. September 1972 diplomatische Beziehungen zu China auf, während es im Zuge der amerikanischen Containment-Strategie in Asien bis zur Normalisierung der amerikanisch-chinesischen Beziehungen durch das Schanghai-Kommuniqué vom Februar 1972 auf offizielle Kontakte zu China

---

Philippinen anläßlich der Eröffnung des ASEAN Promotion Centers in Tokyo: http://www.dfa.gov.ph/pisu/speech/sp-asean21.st.html.

131 Vgl. Ebda. S. 43.

132 Arase, David: U.S. and ASEAN Perceptions of Japan's Role in the Asian-Pacific Region, in: Kendall/ Joewono 1991, S. 262-287 (268).

133 Vgl.: „New Alliance in Asia", Korea Now, December 2, 2000, S. 5-7.

verzichtet hatte. Mit der Aufnahme diplomatischer Beziehungen zu China wurde der 1952 geschlossene Friedensvertrag mit Taiwan durch eine einseitige Erklärung Japans annulliert und die politischen Kontakte mit dem Inselstaat nur noch über „inoffizielle, quasi-konsularische Vertretungen“[134] abgewickelt. Bereits seit den frühen 60er Jahren hatte es rege privatwirtschaftliche Kontakte mit China gegeben. Die Aufnahme diplomatischer Beziehungen zu China stieß auf ein starkes Interesse bei japanischen Wirtschaftsunternehmen. Nach anfänglichem Enthusiasmus kühlte sich die Begeisterung aufgrund des schlechten Marktzugangs jedoch schnell wieder ab, bis sie dann durch die Einführung ökonomischer Reformen in China 1978 wiederbelebt wurde.[135] Die starken japanischen Exporte bei gleichzeitig äußerst vorsichtigen Investitionsstrategien bis zum Ende der 1980er Jahre sowie ein wachsendes Handelsbilanzdefizit mit Japan riefen in China jedoch immer wieder deutliche Kritik hervor. Zwar können die bilateralen Kontakte zwischen Japan und China zwischen 1972 und dem Tiananmen-Massaker 1989 generell als positiv bezeichnet werden.[136] Dennoch war die überragende Bedeutung Japans für den wirtschaftlichen Wiederaufbau Chinas, die Abhängigkeit Chinas von japanischer Entwicklungshilfe sowie das Ausbleiben eines substantiellen japanischen Technologietransfers immer wieder die Ausgangsbasis für wechselseitige Spannungen.[137]

Diese Spannungen betrafen insbesondere das Problem der offiziellen Entschuldigung für die japanische Aggression zwischen 1895 und 1945.[138] Ebenso hatten die Textbuch-Krisen der Jahre 1982, 1984 und 1986, in der China die vermeintlich relativierende Darstellung der japanischen Invasion auf dem asiatischen Festland in japanischen Geschichtsbüchern kritisierte sowie Versuche japanischer Politiker, die Greueltaten der Kaiserlichen Armee während des Krieges herabzuspielen, zur Belastung des beiderseitigen

---

[134] Schubert, Gunter: Die Beziehungen Japans zu Taiwan, in: Mayer/ Pohl 1994, S. 205-207 (205).

[135] Vgl.: Vogel in Curtis 1994, S. 169-172.

[136] Vgl.: Huo, Hwei-ling: Japan and China: Collaborators or Rivals?, in: Hunsberger 1997, S. 150-166 (155); Yoo, Se Hee: Sino-Japanese Relations in a Changing Asia, in: Curtis 1993, S. 303-322 (303).

[137] Vgl.: Drifte 1990, S. 53; Yoo, in: Curtis 1993, S. 303.

[138] Vgl.: Huo, in: Hunsberger 1997, S. 154-156.

Verhältnisses geführt.[139] Trotz der geschilderten Vorbehalte sowie vielfältiger negativer Wahrnehmungen durch China[140] hob Japan als erster der G-7-Staaten nach dem Tiananmen-Massaker die Sanktionen gegen China auf. Nachdem sich die G-7 im Juli 1989 zu Wirtschaftssanktionen gegen China entschlossen hatten, gewährte Japan schon seit 1990 China erneut staatliche Entwicklungshilfe. Im Jahr darauf besuchte dann Premierminister Kaifu als erster Regierungschef der großen Industriestaaten China. Dies alles demonstrierte das Interesse Japans, die potentielle asiatisch-pazifische Großmacht nicht länger international zu isolieren, sondern sie kooperativ in die Geschicke der Großregion einzubinden. *Kaifu* selbst schrieb hierzu:

> „Maintaining and developing a good, stable relationship between Japan and China is important not only for our own country but for the peace and stability of the entire Asia-Pacific region. While we strongly criticized the suppression of human rights during the Tiananmen incident and continue to do so, we consider it important to continue its reform process and open-door policy. Our aim is for China to become an integral part of the regional framework of peace and prosperity."[141]

Mit der Aufnahme diplomatischer Beziehungen zu China und dem Abschluß eines Friedens- und Freundschaftsvertrages am 12. August 1978 hatte sich Japan auch in das Spannungsverhältnis der chinesisch-sowjetischen Rivalität begeben.[142] So enthielt der Friedensvertrag von 1978 eine klar gegen die UdSSR gerichtete *Anti-Hegemonie-Klausel*, die eine spürbare Verschlechterung der japanischen Beziehungen zur Sowjetunion nach sich zog. Dies wurde konkret sichtbar, als die UdSSR noch 1978 mit der massiven Stationierung von Truppen auf den auch von Japan beanspruchten Inseln östlich von Hokkaido begann. Japan lehnte jedoch eine militärische Kooperation mit China ab, nicht zuletzt, um die Beziehungen zu Südostasien und insbesondere zur Sowjetunion nicht noch weiter zu belasten.

Die UdSSR war der Hauptgegner Japans während des Ost-West-Konfliktes und Fokus der japanisch-amerikanischen Allianzpolitik, die zum Ziel hatte, den Einfluß der kommunistischen Supermacht in Asien-Pazifik einzudämmen. Die gemeinsame sowjetisch-japanische Erklärung von 1956

---

[139] Vgl.: Drifte, Reinhard: Japan's Security Policy and Southeast Asia, in: Contemporary Southeast Asia, Vol. 12, No. 3, December 1990, S. 186-197 (189-191) (1990b).

[140] Vgl.: Yoo, in: Curtis 1993, S. 305.

[141] Kaifu, Toshiki: Japan's Vision, in: Foreign Policy, No. 80 (Fall 1990), S. 28-39 (35).

[142] Vgl. hierzu: Glaubitz, Joachim: Japan und China: Zwischen Mißtrauen und Kooperation, in: Mayer/ Pohl 1998, S. 195-207.

hatte zwar den Kriegszustand beendet und den Beginn diplomatisch-konsularischer Beziehungen markiert. Ein Friedensvertrag wurde indes nicht unterzeichnet. Da überdies trotz der geographischen Nähe und des sibirischen Rohstoffreichtums auf japanischer Seite keine nennenswerten ökonomischen Interessen bestanden, erhielten territoriale Streitigkeiten wie etwa die um die von Japan beanspruchten und seit dem Ende des Zweiten Weltkrieges von der Sowjetunion besetzten südlichen Kurilen eine übersteigerte Bedeutung. Trotz des Wandels in der Sowjetunion seit dem Amtsantritt Gorbatschows 1985 fanden weder sowjetische Vorschläge zur Errichtung eines asiatischen Sicherheitssystems von 1986 und 1988 noch der Versuch von Außenminister Shevardnadse während seines Staatsbesuchs in Japan 1986 hinsichtlich der Aufnahme von Friedensverhandlungen zwischen beiden Staaten die Zustimmung Japans.[143] Die japanisch-sowjetischen Beziehungen am Ende des Ost-West-Konfliktes lassen sich daher wie folgt zusammenfassen:

> „At the end of the Cold War, Japanese-Soviet economic ties were severely limited, political relations were still strained, and security concerns (particularly in Tokyo) still loomed large. The Soviet presence in Asia-Pacific was still primarily military and Japan's power base remained largely economic. Neither side could claim to have found a trustworthy partner in the other."[144]

Japans imperialistische Vergangenheit hatte insbesondere die politischen Beziehungen zu *Korea* belastet, das von 1910 bis 1945 unter der japanischen Besatzung zu leiden hatte. Seit den 60er Jahren war Japan zwar umfassend an der Industrialisierung *Südkoreas* beteiligt, indem es massiv die exportorientierte Entwicklung des Staates mit japanischen Technologien unterstützte. Die langen Jahre repressiver japanischer Kolonialherrschaft, die Schulbuch-Krisen der 80er Jahre, in denen die beschönigende Darstellung des japanischen Verhaltens gegenüber Korea während des Krieges und der japanischen Besatzungszeit massiv kritisiert wurde[145] sowie geschichtsklitternde Äußerungen japanischer Politiker verhinderten jedoch auch hier eine reibungslose Beziehung beider Staaten. Zudem konservierten sie auf Seiten Südkoreas ein unverhohlenes Mißtrauen gegenüber Japan und seinen

---

[143] Vgl.: Drifte 1990a, S. 49-51.

[144] Akaha, Tsuneo: Japanese-Russian Economic Relations and their Implications for Asia-Pacific Security, in: Shirk/ Twomey 1996, S. 197-212 (198).

[145] Die Schulbuch-Krisen erstrecken sich mit Unterbrechungen bis in die heutige Zeit. Vgl.: „Schulbuchstreit entwickelt sich zur diplomatischen Krise", in: Japan Aktuell, Jg. IX, Heft 4 (Mai/ Juni 2001), S. 342-343.

möglichen Ambitionen in Nordostasien. Erst auf massiven Druck der USA[146] und nach 14jährigen Verhandlungen unterzeichneten Südkorea und Japan am 22. Juni 1965 einen Normalisierungsvertrag, der dann zu einer stetigen Verbesserung der bilateralen Beziehungen führte.[147] Seit 1965 hatte Japan Südkorea als die einzig legitime Vertretung Koreas anerkannt. Im November 1969 betonte ein Treffen zwischen Nixon und Sato die zentrale Stellung Südkoreas für die Sicherheit Japans. Dennoch, obwohl Japan wirtschaftlich stark am Wiederaufbau Südkoreas beteiligt war, es seit den 80er Jahren zu ersten Kontakten auf militärischer Ebene gekommen war und insbesondere unter Nakasone die Verbindung von japanischen Krediten und südkoreanischen Verteidigungsanstrengungen auch zugunsten der Sicherheit Japans klar erkennbar wurde,[148] blieb die jeweilige Bindung beider Staaten an die USA im Rahmen ihrer Allianz mit den USA der Überbau ihrer bilateralen Kontakte.[149] Während die Entwicklung und der Ausbau guter Beziehungen zu Südkorea demnach weit oben auf der Prioritätenliste japanischer Außenpolitik zu finden war, kam es mit Nordkorea lediglich zum zaghaften Aufbau unpolitischer und privater Kontakte.

In Japans Beziehungen zu Nordostasien dominierten während des Ost-West-Konfliktes sicherheitspolitische Themen, die jenseits der übergeordneten Struktur, welche durch die Allianzen der USA mit Korea und mit Japan vorgegeben war, nur in bilateralen Einzelkontakten behandelt wurden. In *Südostasien* hatte sich der 1967 gegründete Regionalverbund der ASEAN mit seinem ersten Gipfeltreffen in Bali 1976 als einflußreicher Akteur in der Region etabliert und markierte seit dieser Zeit das Zentrum des japanischen Interesses. Während Japan sich seit den 60er Jahren erfolgreich um die Erschließung der Märkte und Rohstoffe der Region bemüht hatte und wesentlich am dortigen Aufschwung beteiligt war,[150] rückte Südostasien seit Mitte der 70er Jahre auch politisch in den Vordergrund. Hierbei waren fünf

---

[146] Nach dem Ende des Koreakrieges suchte die USA zu einer Normalisierung Nordostasiens beizutragen und verlangte von ihrem Allianzpartner hierbei ein „burden-sharing“ in Form wirtschaftlicher Aufbauhilfe durch japanische Technologie. Unter Präsident Kennedy wurde Japan dabei am 22. April 1963 erstmals als „*free-rider*“ in Sachen Sicherheit bezeichnet. Vgl.: Cummings 1997, S. 158.

[147] Vgl.: Cho, Myunghoon: Japan und die Koreaner, in: Mayer/ Pohl 1994, S. 208-218.

[148] Vgl.: Ahn, Byung-jon: Japanese Policy Towards Korea, in: Curtis 1993, S. 263-273 (267).

[149] Vgl.: Cummings, 1997, S. 159.

Faktoren ausschlaggebend: 1) die Unzuverlässigkeit des Allianzpartners USA seit der Nixon-Doktrin; 2) die Normalisierung der Beziehungen Japans zu China seit 1972; 3) problematische ökonomische Beziehungen zu einigen südostasiatischen Staaten als Ergebnis der militärischen Vergangenheit und einer bestenfalls als unglücklich zu bezeichnenden Investitionspolitik der frühen 70er Jahre, die zum Boykott japanischer Güter und 1974 zu offenen Aufständen in Thailand und Indonesien geführt hatten[151]; 4) die Erkenntnis der strategischen Bedeutung freier Seewege in Südostasien zur ungehinderten Versorgung mit Rohstoffen; 5) die Existenz dreier kommunistischer Staaten in Indochina seit 1975,[152] die es insbesondere gebot, die Beziehungen zur ASEAN auf der einen und zu Indochina auf der anderen Seite auszutarieren.[153] Wichtigster Ausdruck dieses japanischen Perspektivwechsels war die oben bereits angesprochenen Fukuda-Doktrin. Sie stellte nach Jahren der Nichtbeachtung die Beziehungen zum Regionalverbund auf ein neues Fundament und verdeutlichte, daß Japan die wirtschaftliche und regionalstrategische Bedeutung der ASEAN erkannt hatte und nutzen wollte.

Japans sicherheitspolitisches Auftreten während des Ost-West-Konfliktes in Asien-Pazifik jenseits seiner Comprehensive Security-Strategie blieb dennoch weiterhin durch äußerste Vorsicht geprägt. Auch unter Premier Nakasone, der mit seiner Forderung nach der „Internationalisierung Japans" eine Politik verstärkter Aufrüstung betrieb und der die von Fukuda initiierte Plazierung Japans als anerkannter politischer Akteur in Südostasien fortführen wollte, beschränkte sich Japans Sicherheitspolitik insbesondere auf die unbedingte Unterstützung der USA und verzichtete auf jeden Unilateralismus.[154] Bezüg-

---

150 Vgl. insbesondere Vogel 1994.

151 Vgl.: Villacorta 1994, S. 82; Korhonen 1998, S. 71-75.

152 Die spektakuläre Rettungsaktion vom 29.-30. April 1975, als Mitglieder der amerikanischen Botschaft und führende südvietnamesische Regierungsmitglieder vom Dach der US-Mission in Saigon per Hubschrauber ausgeflogen werden mußten, hatte die Überlegenheit der kommunistischen Kräfte in Vietnam eindrucksvoll bestätigt. Nach der Vereinigung des Landes unter kommunistischer Herrschaft setzten sich am 17.4.1975 die kommunistische Rote Khmer in Pnom Penh und am 2.12.1975 die Pathet Lao in Vientiane endgültig durch. Vgl. auch: Wassmund 1985, S. 204; Asiaweek, 21. Januar 2000, S. 58.

153 Vgl.: St John, Ronald: Japan's Moment in Indochina. Washington Initiative ... Tokyo Success, in: Asian Survey, Vol. 35, No.7, July 1995, S. 668-681.

154 Edström 1999, S. 129 weist darauf hin, daß Nakasone Japans Außenpolitik jenseits der Beziehungen zur USA als „residual" bezeichnete.

lich einer stärkeren Eigenbeteiligung in regionalen Sicherheitsfragen blieben offizielle japanische Stellungnahmen in diesem Punkt weiterhin schmerzlich vage. So wiesen Takeshitas Reden wiederholt vage darauf hin, daß Japan eine – nicht näher definierte – „ Rolle“ einnehmen ‚müsse‘, ‚solle‘, ‚wolle‘ oder ‚würde‘.[155] Und Außenminister Uno ließ sich lediglich zu einer vagen Stellungnahme hinreißen:

> „Japan intends not only to expand its contributions in the economic field, but also to embark on new forms of contributions in the political and diplomatic fields, with a view of finding solutions to regional conflict and relaxing tension."[156]

Die Grenzen einer solchen über den wirtschaftlichen Bereich hinausgehenden Teilnahme Japans an der Sicherheit in Asien-Pazifik waren ohnehin in einem Statement von *Lee Kwan Yew* erkennbar geworden, der die japanische Regierung in einem Interview aufforderte, sich stärker um die Übernahme wirtschaftlicher Funktionen zu kümmern als um einen eigenständigen Beitrag zu Frieden und Stabilität in der Region.[157] Wie Aussagen von Politikern der ASEAN-Staaten deutlich zeigen, wird eine größere militärische Rolle Japans in der Region auch weiterhin abgelehnt. So stellte Malaysias Premier Mahathir 1988 fest, „we do not want to see Japanese military on the region's soil“[158], während der thailändische Außenminister darauf hinwies, es bestünde aufgrund der historischen Erblast Japans noch stets „understandable unanimity of view among ASEAN countries on the undesirability of Japan's possible remilitarization.“[159]

5.4. Japans multilaterale Strategien im Sachbereich Wirtschaft

Japans Förderung multilateraler Institutionen in Asien-Pazifik blieb während des Ost-West-Konfliktes auf den Bereich der wirtschaftlichen Kooperation beschränkt. So hatte eine gemeinsame Initiative der Vorsitzenden der japanischen und australischen Industrie- und Handelskammer schon 1963 zur Bildung eines *Japan-Australia Economic Committee* geführt, in dem zum ersten Mal die Idee eines pazifikweiten wirtschaftlichen Kooperationsforums

---

[155] Entnommen Ebda. S. 136.
[156] Zitiert in: The Nation (Bangkok), 9. Juli 1988, S. 4.
[157] Abgedruckt in: Mainichi Shimbun, 3. Juli 1988, S. 2.
[158] Nihon Keizai Shimbun, 8. Januar 1988, S. 6.
[159] Zitiert in: Sudo, Sueo: Japan's Role in the Context of the Emerging Asia-Pacific World, in: Institute of Southeast Asian Studies (Hrsg.): Southeast Asian Affairs 1989. Singapore 1989, S. 51-65 (63).

diskutiert wurde. Aus diesem Komitee entstand schließlich 1968 der *Pacific Business Cooperation Council*[160] (PBEC), der bis heute dem gedanklichen Austausch von Geschäftsleuten der Pazifikstaaten und der Bildung von Netzwerken dient. Innerhalb des PBEC wurde 1968 erstmals der Gedanke einer asiatisch-pazifischen Organisation für multilaterale wirtschaftliche Kooperation und Entwicklung entwickelt.[161] Zuvor hatte bereits der japanische Ökonom *Kiyoshi Kojima* die Einführung einer pazifischen Freihandelszone vorgeschlagen und damit die Gründung der *Pacific Trade and Development Conference* 1968 (PAFTAD) wesentlich beeinflußt.[162] Die japanischen Premierminister *Takeo Miki*[163] und *Masayoshi Ohira* unterstützten während ihrer Regierungszeit ähnliche Konzepte ökonomischer Kooperation in Asien-Pazifik. Insbesondere eine Initiative Ohiras aus dem Jahr 1978 führte mit der Unterstützung durch den australischen Premier Fraser zur Gründung der *Pacific Economic Cooperation Conference* (PECC). Innerhalb der PECC, die sich aus Regierungsvertretern, Geschäftsleuten, Journalisten und Akademikern der Pazifikstaaten zusammensetzt, wurde dann zum ersten Mal öffentlich die Bildung eines wirtschaftlichen Kooperationsforums auf regierungsamtlicher Ebene propagiert. Die 1989 ins Leben gerufene *Asia-Pacific Economic Cooperation* (APEC), die das Ziel der PECC erstmals verwirklicht und die bislang das einzige gouvernementale Wirtschaftsforum für den asiatisch-pazifischen Raum ist, geht ebenso auf japanische Initiativen zurück. Die APEC ist ein niedrig institutionalisiertes Kooperationsforum, das auf der Basis von Freiwilligkeit insbesondere wirtschaftliche und technische

---

[160] Marris, Esme/ Overland, Malcolm: PBEC. The History of the Pacific Basin Economic Council 1967 to 1997. Bridging the Pacific. Wellington and Honolulu May 1997.

[161] Yamaoka, Michio: PBEC, PECC and APEC. (Waseda University Discussion Paper Series, No. 5) Tokyo 1996, S. 7. Im Jahr 1980, auf dem 13. "International General Meeting of PBEC", hatte die Idee einer pazifischen Wirtschaftsgemeinschaft bereits ein solches Maß an Überzeugungskraft gewonnen, daß die Teilnehmer zustimmten „that ultimate creation of some kind of yet unspecified form of organization to foster regional economic growth and development through intergovernmental cooperation has merit as long term objective.“ Pacific Basin Economic Council: Thirteenth General Meeting. Sydney, Australia, May 5-8, 1980. Closing Summary, S. 4.

[162] Vgl.: Kojima, Kiyoshi: Japan's Interest in the Pacific Trade Expansion, in: Ders. (Hrsg.): Pacific Trade and Development. Papers and Proceedings of a Conference Held by The Japan Economic Research Center in January 1968. Tokyo 1968, S. 153-193; Ders.: Japan and a Pacific Free Trade Area. Berkeley/ Los Angeles 1971.

[163] Terada, Takashi: The origins of Japan's APEC policy: Foreign Minister Takeo Miki's Asia-Pacific policy and current implications, in: The Pacific Review, Vol. 11, No. 3 1998, S. 337-368.

Kooperation zwischen den Mitgliedsstaaten fördert, aber auch auf eine allgemeine Liberalisierung von Handel und Investitionen abzielt. Da man in Japan nicht ohne Grund angenommen hatte, daß der Vorschlag zur Gründung eines solchen Kooperationsforums aufgrund des noch immer stark ausgeprägten Mißtrauens in Asien vor einer erneuten Führerschaft oder sogar wirtschaftlichen Hegemonie Japans negativ aufgenommen würde, sprachen sich die sogenannten „backroom boys“[164] des MITI zuvor mit australischen Diplomaten ab. Da Australien ähnliche Pläne entwickelt hatte, paßte das MITI seine eigenen Konzepte an und unterstützte einen entsprechenden Vorschlag das australischen Premiers Hawke zur Gründung der APEC.[165]

Japan hat während des Ost-West-Konfliktes vor allem ökonomische Instrumente zur Verwirklichung seiner nationalen Ziele eingesetzt und dabei auf ein zu starkes Eigenprofil verzichtet. Die APEC ist für die japanische Regierung ein Mittel der Wahl, da sie sowohl wirtschaftliche Zwecke erfüllt zugleich jedoch auch als politisches Dialogforum, Ort der Selbstpräsentation und Gesprächsplattform[166] genutzt werden kann.

5.5. *Zusammenfassung*

Die sich seit Ende der 80er Jahre abzeichnenden Auflösungserscheinungen der bipolaren Weltordnung riefen in Japan Unsicherheit und Sorge über die zukünftige Organisation der internationalen Beziehungen und über die eigene Position innerhalb der sich herausbildenden neuen Ordnungsstrukturen hervor. Bereits im Mai 1989 schrieb die *Nihon Keizai Shimbun*,

> „To live through a time of confused peace like the present is far more difficult than to follow a world order predicated on the Cold War structure.“[167]

---

[164] So ein Titel der Far Eastern Economic Review zur APEC-Politik Japans: „Japan supportive but wary of the limelight. The backroom boys.“ Far Eastern Economic Review, 16. November 1989, S. 11-12.

[165] Zur sich weiter vertiefenden Kooperation zwischen Japan und Australien vgl.: Terada, Takashi: The Australia-Japan Partnership in the Asia-Pacific: From Economic Diplomacy to Security Co-operation?, in: Contemporary Southeast Asia, Vol. 22, No. 1 (April 2000), S. 175-198.

[166] Okazaki 1993b, S. 56 hat in diesem Zusammenhang zu Recht festgestellt, „foreign peoples and governments have no way of knowing whether Japan is really the sane and responsible government it claims to have become until they have had a chance to observe it in action.“

[167] Nihon Keizai Shimbun, 7. Mai 1989, S. 2.

In der Tat hatte Japan von den strukturellen Rahmenbedingungen der Bipolarität sowie den gegensätzlichen Hegemoniebestrebungen der Sowjetunion und der USA in vieler Hinsicht profitiert: So geriet das Land rasch zum wichtigsten Vorposten der amerikanischen Vorwärtsstrategie in Asien, nachdem der japanisch-amerikanische Sicherheitsvertrag von 1951 den USA Stützpunktrechte in Japan eingeräumt hatte. Während die USA so den wirtschaftlichen Wiederaufbau Japans als ‚asiatischen Workshop' des Westens im Rahmen seiner Containment-Strategie durch die Übernahme von Sicherheitsgarantien unterstützte, konnte sich Japan ganz auf den wirtschaftlichen Aufstieg konzentrieren. Die enge Bindung an die USA sicherte darüber hinaus die Reintegration in die Weltwirtschaft durch günstige Wechselkursrelationen zwischen Yen und Dollar, durch erleichterten Zugang zu den so wichtigen Exportmärkten und durch die Eingliederung in das GATT, den IWF oder die OECD ab.[168]

Unter amerikanischer Besatzung hatte Japan eine neue Verfassung erhalten, in der insbesondere die Generalnorm eines *Anti-Militarismus* und *Pazifismus* fixiert wurde. Artikel Neun der Verfassung verbot daher die Anwendung militärischer Gewalt durch Japan. Zwar wurde Japan im Zuge des Koreakrieges sukzessive wiederbewaffnet und stand am Ende des Ost-West-Konfliktes im Rang einer militärischen Mittelmacht. Der militärische Schutz der USA und eine Reihe innenpolitischer Beschränkungen hatten jedoch dazu geführt, daß die eigenen Rüstungsanstrengungen vor allem im Vergleich zum wirtschaftlichen Rang Japans gering bleiben konnten. Nationale Sicherheit wurde allein durch die USA gewährleistet oder durch das Konzept der Comprehensive Security organisiert. Während sich Japan also insbesondere wirtschaftlich profilieren konnte, im Rahmen seiner APEC-Politik durchaus erfolgreich war[169] und über ein enges Netz bilateraler militärischer Kontakte zu seinem Allianzpartner USA verfügte, wurde eine wie auch immer geartete autonome und unilaterale Sicherheitspolitik in Asien-Pazifik weiterhin abgelehnt. In den Jahrzehnten nach dem Ende des Zweiten Weltkrieges hatte Japan ein dichtes und gut funktionierendes Netzwerk privatwirtschaftlicher Kon-

---

[168] Vgl.: Maull, Hanns: Die Außenpolitik Japans, in: Knapp, Manfred/ Krell, Gert (Hrsg.): Einführung in die Internationale Politik. München Wien 1996³, S. 204-240 (213).

[169] Vgl.: Otto, Carsten: Japan in APEC: A European View. Masch. Man. Vortrag, gehalten am 26.5.1999 am Deutschen Institut für Japanstudien/ Tokyo; Deng, Yong: Japan in APEC: The Problematic Leadership Role, in: Asian Survey, Vol. 37, No. 4 (April 1997), S. 353-367.

takte in einer Großregion etabliert, in der sich mit wenigen Ausnahmen keine formellen politischen Institutionen herausgebildet hatten.[170] Während Japan also seine wirtschaftlichen Außenbeziehungen geschickt zu koordinieren wußte und dazu entsprechende Strategien entwickelt hatte, war eine weitergehende politische Rolle respektive sicherheitspolitischer Einfluß auch am Ende des Ost-West-Konfliktes nur sporadisch zu erkennen.

Das Gleiche gilt für die Diskussion *multilateraler Sicherheitsstrukturen* sowohl auf Seiten der ASEAN als auch Japans. So hatten bis zu diesem Zeitpunkt der südostasiatische Regionalverbund ebenso wie Japan entsprechende sowjetische Vorschläge abgelehnt. Generalsekretär Gorbatschow hatte im Juli 1986 in einer Rede in Wladiwostock die Gründung einer Pazifikkonferenz am Beispiel des Helsinkiprozesses angeregt. Im August 1988 sprach er sich in Krasnojarsk für die Bildung einer asiatischen Sicherheitsgemeinschaft aus. Japan und die ASEAN sahen in diesen Vorstößen eine sowjetische Propaganda, und Japan verwies auf das ungelöste Problem der Besetzung seiner nördlichen Territorien durch die UdSSR. Trotz einer Phase deutlicher Entspannung in den Beziehungen der beiden Supermächte seit Ende 1987[171] waren japanische Entscheidungsträger weder an einer Veränderung des bestehenden bilateral organisierten Musters regionaler Sicherheit noch an einer strategischen Aufwertung der UdSSR interessiert.[172] Eine Übertragung des Helsinkiprozesses auf Asien-Pazifik hätte nach Ansicht Japans zudem die Anerkennung eines territorialen Status quo zugunsten der Sowjetunion zur Folge gehabt.

Letztlich überwog auch im japanischen Außenministerium die Angst, multilateral organisierte Sicherheit könnte einen Keil in die Allianz mit den USA treiben, die Sicherheitspartnerschaft aufweichen und gemeinsam mit dem ohnehin befürchteten Teilrückzug amerikanischer Streitkräfte aus der Region zur dann unvermeidlichen Übernahme regionaler Sicherheitsaufgaben durch

---

[170] Zu den vielfältigen Gründen hierfür vgl. Katzenstein, Peter: Introduction: Asian Regionalism in Comparative Perspective, in: Ders./ Shiraishi 1997, S. 1-44.

[171] Im November 1987 hatten sich die USA und die UdSSR in Genf auf einen Abbau ihrer Mittelstreckenraketen geeinigt. Auf dem Gipfeltreffen in Washington im Dezember 1987 unterzeichneten beide Supermächte den INF-Vertrag.

[172] Vgl. auch: Wallraf, Wolfgang: Japan, Rußland und die Transformation der Ost-West Beziehungen, in: Mayer/ Pohl 1994, S. 224-233 (229).

Japan führen.[173] Premierminister Kaifu stellte daher im Juli 1990 fest, es sei noch zu früh für die Errichtung einer asiatischen KSZE, wie sie zuvor auch vom kanadischen Außenminister *Joe Clark* vorgeschlagen worden war. Kaifus Versuch, durch eine „foreign policy of aspirations“[174] Japans internationale Rolle aufzuwerten wie auch seine Befürwortung der Anwendung von Waffengewalt im Zweiten Golfkrieg zeitigten jedoch keine erkennbare Wirkung im Außenverhalten Japans. Kaifu konnte sich schon aufgrund seiner politischen Unerfahrenheit und seiner schwachen Position innerhalb der LDP nicht durchsetzen. Ein Gesetzesentwurf zur Entsendung japanischer Truppen zu Friedenserhaltenden Maßnahmen der UNO scheiterte noch 1990 am Widerstand der eigenen Partei. Japan konnte sich nur finanziell an der Operation am Golf beteiligen.

Mit Ausnahme der ASEAN und der von der Mitgliedschaft her eng begrenzten Dialogplattform der Post Ministerial Conferences (PMC) existierten während des Ost-West-Konfliktes keine multilateralen Foren zur Diskussion von Themen aus dem Sachbereich Sicherheit in Asien-Pazifik. In den PMC wurden zwar neben den traditionell im Mittelpunkt stehenden ökonomischen Themen auch Fragen mit sicherheitspolitischer Relevanz behandelt. Dies geschah jedoch bis 1992 nicht in einer systematischen Form und war nicht Teil der offiziellen Tagesordnung. Japan konnte dieser Zustand solange gelegen sein, wie die bipolare Weltordnung andauerte. Nur dieser Status quo erlaubte es Japan, die internationale Politik wie aus einem „Gewächshaus“ heraus zu beobachten und als Wirtschaftsgigant, aber politisches Neutrum ohne autonome sicherheitspolitische Rolle stillschweigend akzeptiert zu werden. Als wichtigster militärischer Verbündeter der USA in Asien unterstützte Japan die Politik der USA, während die Allianz in den Augen seiner asiatischen Nachbarn zugleich das wirkungsvollste Mittel der Disziplinierung des früheren Aggressors darstellte. Da sich Japans Teilnahme an multilateralen Sicherheitsdialogen in einer Region, deren Staaten Sicherheit ohnehin in traditionellen Allianzpolitiken suchten, von selbst ausschloß, gerieten die Vereinten Nationen zur einzigen, wenn auch globalen, multilateralen Sicherheitsorganisation. Nachdem Japan 1956 die UN-Mitgliedschaft erhalten hatte, wurde unter Premier Kishi die sogenannte „UN centered diplomacy“ zu einer der Säulen japanischer Sicherheitspolitik. Doch

---

[173] Vgl.: Drifte 1990a, S. 55.
[174] Zitiert in Edström 1999, S. 147.

auch wenn die Regierung und die Öffentlichkeit Japans in der Idee eines kollektiven Sicherheitssystems durch die Weltorganisation tatsächlich eine Entsprechung zum Ideal eines pazifistischen Staates gesehen haben mögen, blieb der eigene militärische Beitrag zum Funktionieren eines solchen Systems unzureichend. So existierte bis 1992 kein Gesetz, welches die Teilnahme japanischer Truppen an den völkerrechtlich sanktionierten Friedenserhaltenden Maßnahmen der UNO hätte ermöglichen können.

Für den Zeitraum der Regierung Yoshida bis zur Auflösung der bipolaren Ordnungsstrukturen der internationalen Beziehungen und dem Zweiten Golfkrieg lassen sich die folgenden Grundzüge japanischer Sicherheitspolitik in Asien-Pazifik festhalten: Japans Außenbeziehungen waren eindeutig von der Yoshida-Doktrin geprägt. In ihrem Mittelpunkt stand eine fast ausschließlich ökonomisch dominierte Außenpolitik sowie eine engmaschige, ausdifferenzierte und hoch institutionalisierte bilaterale Sicherheitsallianz mit den USA, der sukzessive weitere Abkommen hinzugefügt wurden (Vgl. Tabelle 1). Unter diesen Prämissen einer engmaschigen Beziehung zur USA sowie unter dem Festhalten an den pazifistischen Verfassungsbestimmungen hatte Japan zwar zögerlich auf amerikanischen Druck des ‚burden-sharing' reagiert, aber auch kontinuierlich aufgerüstet. Die Allianz ermöglichte es Japan, seine Verteidigung auf einen Verbündeten zu übertragen und seine Ressourcen ohne äußere Störungen für die Verwirklichung wirtschaftlicher Ziele einzusetzen. Sie war zugleich ein eng umrissener Rahmen, innerhalb dessen sich seine Sicherheitspolitik bewegen konnte und wurde in Asien weitgehend als Schutz vor einem erneuten Militarismus Japans angesehen. Zugleich hatte jedoch das Festhalten an der Yoshida-Doktrin die Entwicklung einer eigenständigen sicherheitspolitischen Rolle sowie die Herausbildung und Durchsetzung eigener politischer Visionen und Konzepte weitgehend verhindert. Nicht zuletzt durch die Verschleppung der für die Staaten Südostasiens so wichtigen Reparationsfrage im Zuge der amerikanischen Containment-Strategie wurde darüber hinaus der Bilateralismus zum dominanten Kennzeichen der japanischen Sicherheitspolitik.

Von wenigen Ausnahmen abgesehen betrieb Japan eine an den USA orientierte Sicherheitspolitik, die, falls nötig, auf verfassungsbedingte Selbstbeschränkungen rekurrierte und die Förderung eines niedrig institutionalisierten wirtschaftlichen Multilateralismus in Asien-Pazifik präferierte. Zwar war, wie am Beispiel des Konzeptes der Comprehensive Security gezeigt werden konnte, auch während des Ost-West-Konfliktes durchaus eine sicherheitspolitische Strategie erkennbar. Diese wirkte indes nur *indirekt* über wirtschaftliche und/ oder diplomatische Mechanismen. Sie erzielte zudem keinen Erfolg hinsichtlich einer offiziellen und anerkannten Teilhabe Japans an der Gestaltung der strategischen Rahmenbedingungen in der Großregion. Eine eigenständige und unilaterale Rolle Japans im Sachbereich Sicherheit in Asien-Pazifik war nicht existent.

Tab. 1: Das Netz der verteidigungspolitischen Kooperation zwischen Japan und den USA während des Ost-West-Konfliktes[175]

Unterzeichnung	Bezeichnung der Funktion und Zielsetzung der Kooperation
1949	Mutual Defense Assistance Act
1951	Mutual Security Act
28.02.1952	Japan-U.S. Administrative Agreement
28.04.1952	Sicherheitsvertrag zwischen den USA und Japan tritt in Kraft
26.07.1952	Japan-U.S. Facilities and Areas Agreement
12.11.1952	Japan-U.S. Ship Charter Agreement
22.03.1954	Japan-U.S. Technical Agreement
01.05.1954	Mutual Defense Assistance Agreement (MDAA) Between Japan and the USA
02.06.1954	Japan-U.S. Naval Vessel Loan Agreement
19.01.1960	Treaty of Mutual Cooperation and Security Between Japan and the USA
19.01.1960	Japan-U.S. Security Consultative Committee
19.01.1960	Security Subcommittee
23.06.1960	Status of Forces Agreement*
23.06.1960	Japan-U.S. Joint Committee
23.06.1970	Automatische Verlängerung des MST
19.01.1973	Security Consultative Group
08.07.1976	Subcommittee for Defense Cooperation (SDC)
27.11.1978	Guidelines for Japan-U.S. Defense Cooperation
27.11.1978	Luftwaffe: Erste gemeinsame Ausbildung japanischer und amerikanischer Rekruten
26.02.1980	Teilnahme japanischer Marine an RIMPAC-Manöver
03.09.1980	1. Treffen des Japan-U.S. Systems and Technology Forum
Seit 1982	Gemeinsame Manöver und Trainingseinheiten aller Waffengattungen
1983	Gründung einer Joint Military Technology Commission (JMTC)
27.12.1985	Abkommen über die Lieferung von japanischer Mitärtechnologie an die USA im Rahmen des MDAA
05.09.1986	Zustimmung der japanischen Regierung zu erstem Transfer von japanischer Militärtechnologie an die USA
29.11.1988	Unterzeichnung zur Koproduktion des FS-X Fighters
21.6.1990	Einigung Japans und der USA zur Einrichtung einer Ministerkonferenz zu Sicherheitsfragen

* Das Abkommen verpflichtet Japan, den US-Truppen vor Ort „facilities and areas" zur Verfügung zu stellen. Artikel VII des Abkommens hebt faktisch das Waffenexportverbot Japans zugunsten der USA auf. Vgl. auch: Katzenstein/ Okawara 1994, S. 65.

[175] Daten: Defense of Japan 1998. Eigene Zusammenstellung.

TEIL III: JAPANISCHE SICHERHEITSPOLITIK NACH DEM ENDE DES OST-WEST-KONFLIKTES

Nachdem im fünften Kapitel die Grundzüge des japanischen Außenverhaltens während des Ost-West-Konfliktes skizziert wurden, wird im folgenden gezeigt, welche externen und internen Faktoren sich heute auf die Sicherheitspolitik Japans auswirken. Zuvor sind jedoch jene maßgeblichen Akteure herauszuarbeiten, die den Prozeß japanischer Sicherheitspolitik gestalten.

6. Akteure – Die Innenseite der Sicherheitspolitik Japans

Unter Bezug auf *William Wallace* kann Außenpolitik insgesamt beschrieben werden als „an élite process, dominated by the executive".[176] Gemeinhin wird dem aus Bürokratie, Regierungsparteien und Wirtschaftsverbänden gebildeten sogenannten „Eisernen Dreieck" der maßgebliche Einfluß auf die Außenpolitik Japans insgesamt zugesprochen.[177] Diese Feststellung sagt jedoch nichts über die tatsächliche Verteilung von Einfluß und Kompetenz im Sachbereich Sicherheit aus. Sie verdeckt zudem den Blick auf eine ganze Reihe weiterer Teilnehmer am sicherheitspolitischen Entscheidungsprozeß.[178] In diesem Kapitel sollen die wichtigsten dieser Akteure kurz beschrieben werden, wobei für den weiteren Gang dieser Arbeit davon ausgegangen wird, daß es in ihrem

---

[176] Wallace, William: Foreign Policy and the Political Process. London 1971, S. 40.

[177] Vgl.: Maull 1996, S. 221; Drifte 1990a, S. 16; Kevenhörster, Paul: Japan – Außenpolitik im Aufbruch. Opladen 1993. Andere Autoren lehnen jedoch dieses Modell als zu ungenau etwa bei der Analyse japanischer Politik ab. Vgl. hierzu: Takeshi, Ishida/ Krauss, Ellis (Hrsg.): Democracy in Japan. Pittsburgh 1989; Richardson, Bradley: Japanese Democracy: Power, Coordination, and Performance. New Haven/ London 1997; Schwartz, Frank: Advice and Consent: The Politics of Consultation in Japan. Cambridge 1998. Heute wird das von Michio Muramatsu und Ellis Krauss entwickelte Modell eines *„patterned pluralism"* am ehesten der politischen Wirklichkeit Japans gerecht. Demnach spielt die Bürokratie eine herausragende Rolle in der japanischen Politik. Sie muß jedoch nicht nur auf ihre eigene Institution, sondern auch auf die mit ihr eng verbundenen Interessengruppen Rücksicht nehmen und kann sich hier lediglich in dem von der Regierungspartei abgesteckten Rahmen bewegen. Ebenso üben durchaus auch oppositionelle Parteien einen wichtigen Einfluß auf die Politik der Regierungspartei. Vgl.: Dies.: The Conservative Policy Line and the Development of Patterned Pluralism, in: Yamamura, Kozo/ Yasukichi, Yasuba (Hrsg.): The Political Economy of Japan, Vol. 1: Domestic Transformation. Stanford 1987, S. 516-554.

[178] Zur Elitenrekrutierung und den Entscheidungsfindungsprozessen vgl.: Koh, Byung: Japan's Administrative Elite. Berkeley/ Los Angeles 1989, Nakano, Minoru: The Policy-Making Process in Contemporary Japan. London/ New York 1997.

Interesse lag, nach dem Ost-West-Konflikt die nun als inadäquat wahrgenommenen sicherheitspolitischen Strategien zu diversifizieren.

6.1. Die Bürokratie – mit oder gegen Regierung und Parteien?

Obwohl im Vergleich zu westlichen Industriestaaten wesentlich kleiner,[179] ist doch selten eine staatliche Bürokratie so mystifiziert worden, wie die japanische. Ministerien wie das MITI (Ministry of International Trade and Industry), das MOF (Ministry of Finance) oder das MOFA (Ministry of Foreign Affairs) nehmen aufgrund ihrer weitreichenden Steuerungs- und Kontrollfunktionen im Bereich der Außen-, Wirtschafts-, der Haushalts- oder der Steuerpolitik tatsächlich eine Position besonderer Autorität ein. Insbesondere das MITI geriet spätestens seit Johnsons berühmtem Buch[180] zum Synonym für die japanische Wirtschaftsmacht. Die Geschlossenheit und Intransparenz des bürokratischen Apparates samt seiner engen Vernetzung mit einflußreichen Parteipolitikern und Interessengruppen hat nicht zuletzt dazu geführt, daß der Mythenbildung reichlich Nahrung gegeben wurde. Ihr zufolge käme Japan einer Arbeitsgemeinschaft gleich („Japan-AG"), in der eine homogene Gruppe aus Bürokratie, Politikern und Unternehmen (das oben genannte „eiserne Dreieck") die Realisierung politischer Ziele anstrebe. Publizierte „Innenansichten" der Bürokratie finden daher insbesondere in Japan und den USA reißenden Absatz.[181]

Es lassen sich im wesentlichen drei unterschiedliche Modelle zum Einfluß der Ministerialbürokratie auf den politischen Prozeß in Japan identifizieren.[182] Ganz gleich, ob die Bürokratie jedoch nun in den Fokus des politischen Prozesses gestellt wird, ob eine enge Verflechtung zwischen administrativen und politischen Interessen besteht oder ob der Einfluß der Bürokratie heute durch

---

[179] Vgl.: Richardson, Bradley: Japanese Democracy: Power, Coordination, and Performance. New Haven/ London 1997, S. 122-124.

[180] Johnson, Chalmers: MITI and the Japanese Miracle. The Growth of Industrial Policy, 1925-1975. Stanford 1982.

[181] Traditionell: Karel van Wolferen: The Enigma of Japanese Power. Erste Auflage 1989. Zu einem Bestseller wurde auch der 1993 erstmals aufgelegte Erfahrungsbericht von Masao Miyamoto, einem Beamten des japanischen Gesundheitsministeriums: Straitjacket Society. An Insider's Irreverent View of Bureaucratic Japan. Tokyo/ New York/ London 1995.

[182] Vgl. hierzu die Diskussion bei: Bruns, Gabriele: Die japanische Demokratie. Das politische System zwischen Stagnation und Aufbruch. (Kieler Schriften zur politischen Wissenschaft, Band 10) Frankfurt 1999, S. 180-188.

die Parteien zumindest teilweise kontrolliert wird: Alle drei Sichtweisen betonen ihre herausragende Bedeutung innerhalb der japanischen Politik.[183] Die Bürokratie wird gemeinhin als verantwortlicher institutioneller Faktor für die langsame und zögerliche Reaktion Japans auf Veränderungen im internationalen Umfeld verstanden.[184] *Mulgan* hat hierfür den griffigen Begriff der „institutionalisierten Immobilität" geprägt.[185] Japans Bürokratie ist durch inter- und intraministerielle Konflikte sowie einen vertikalen Aufbau[186] gekennzeichnet. Zwischen einzelnen Ministerien bestehen kaum Querverbindungen. Jedes beansprucht Autonomie, rekrutiert, ernennt und fördert seine Beamten selbständig und achtet streng darauf, daß ihm sein zugewiesener Kompetenzbereich nicht von anderen beschnitten wird. Im Falle der APEC-Politik Japans hatten daher beispielsweise sowohl MITI als auch das MOFA voneinander unabhängige Konzeptionen entwickelt und jeweils heftig verteidigt. *Yoichi Funabashi* hat zum entsprechenden Auftreten der japanischen Delegation bei den ersten beiden Treffen des asiatisch-pazifischen Wirtschaftsforums bemerkt:

> „At Canberra and Singapore, APEC nations asked not only about the "Three Chinas" but about the "Two Japans": MITI and Gaimusho, Japan's Ministry of Foreign Affairs."[187]

---

[183] Siehe auch Blechinger, Verena: Reformfieber (*Gyokaku Fiba*) oder Opportunismus? Zur Diskussion über die Verwaltungsreform in Japan, in: Japanstudien, Band 7, 1995, S. 31-69 (33-40).

[184] Vgl.: Calder, Kent: The Institutions of Japanese Foreign Policy, in: Grant, Richard: The Process of Japanese Foreign Policy. Focus on Asia. London 1997, S. 1-24; Sakaiya, Taichi: The Myth of the Competent Bureaucrat, in: Japan Echo, Vol. 25, No. 1 (February 1998), S. 25-39; Japan Echo, Vol. 24 1997 (Special Issue): The Japanese Bureaucracy. Historical and Cultural Perspectives; Ogita, Tatsushi: The APEC Policy-Making Process in Japan. (IDE [Institute of Developing Economies]-APEC Study Center. Working Paper Series, 95/96-No. 7) Tokyo 1996. Für eine Gegenmeinung vgl. zuletzt: Drucker, Peter: In Defense of Japanese Bureaucracy, in Foreign Affairs, Vol. 77, No.5 (September/ October 1998), S. 68-80.

[185] Mulgan 1997, S. 172.

[186] Vgl.: Ahn, C.S.: Interministry Coordination in Japan's Foreign Policy Making, in: Pacific Affairs, Vol. 71, No. 1, (1998), S.41-60 (42).

[187] Funabashi, Yoichi: Asia Pacific Fusion. Japan's Role in APEC. Washington 1995, S. 211. Ähnlich äußert sich Robert Cronin, der das Canberra-Treffen als eine „Two Japan's Conference" bezeichnet hat: Ders.: Changing Dynamics of Japan's Interaction with Southeast Asia, in: Southeast Asian Affairs 1991, Annual Review (ISEAS Singapore) 1991, S. 49-68 (65).

Doch auch innerhalb einzelner Ministerien, zwischen einzelnen Abteilungen, bestehen „Rivalitäten und Domänenkonflikte", wie *Verena Blechinger* am Beispiel der Nordamerika- und der Asienabteilung des Außenministeriums gezeigt hat.[188] Trotz dieser vielschichtigen Konfliktlinien zwischen einzelnen Ministerien und innerhalb ihrer jeweiligen Organisation, die sich in vielen Fällen negativ auf die Fähigkeit der japanischen Bürokratie ausgewirkt haben, nationale Interessen stringent und erfolgreich wahrzunehmen,[189] bleibt ihr enormer Einfluß auf den politischen Entscheidungsfindungsprozeß ungebrochen. Innerhalb eines Umfeldes, in dem die durchschnittliche Verweildauer eines Premierministers zwischen einem und eineinhalb Jahren liegt sowie innerhalb einer Parteienlandschaft, die insbesondere seit dem Ende der LDP-Alleinherrschaft 1993 durch rasch wechselnde Koalitionsregierungen, Parteineugründungen und -auflösungen gekennzeichnet ist, repräsentiert die Bürokratie mit ihren loyalen Beamten Konstanz sowie über die Jahre hinweg akkumulierte Erfahrung und Fachkenntnis. *C.S. Ahn* schreibt hierzu:

> „Career civil servants in Japan, once they have gained entry to the ministry of their choice, seldom leave that ministry until they retire, except for occasional services as "detailees" in other ministries. Subject to intense competition to climb the ministry's highly stratified ladder of advancement, they tend to conform to the ministry's tradition, ethos, and rules of behavior."[190]

Der Einfluß der Bürokratie ist nicht nur aufgrund der Expertise und des Sachwissens ihrer Beamten gegeben, sondern auch in der Relation zur nur schwach ausgeprägten Führungsstruktur,[191] der kurzen Verweildauer von Premierministern und der Desintegration der Parteien zu sehen. Der japanische Premierminister kontrolliert nach Artikel 66 der japanischen Verfassung das Kabinett und hat nach Artikel 68 das Recht der Ernennung und

---

[188] Blechinger, Verena: Zwischen Bilateralismus und Regionalismus: Die innenpolitische Debatte über eine neue politische Rolle in Asien, in: Japanstudien. Jahrbuch des Deutschen Instituts für Japanstudien der Franz von Siebold Stiftung, Band 10) 1998, S. 71-106 (79-80).

[189] Vgl.: Ahn 1998, S. 50-52, zeigt dies am Beispiel der unzulänglichen Interministeriellen Kooperation während des Zweiten Golfkrieges.

[190] Ebda. S. 42-43.

[191] Vgl.: Pohl, Manfred: Die innenpolitische Entwicklung von Nakasone zu Miyazawa. Keine Wende in Japan, in: Maull, Hanns (Hrsg.): Japan und Europa: Getrennte Welten? Frankfurt 1993, S. 85-110 (insbesondere 108), Wallraf, Wolfgang: Japan nach der Einparteienherrschaft: Neue Politik durch institutionellen neuen Wandel?, in: Link, Werner/ Schütt-Wetschky, Eberhard/ Schwan, Gesine (Hrsg.): Jahrbuch für Politik 1995, 5. Jg., 2. Halbband, Baden-Baden 1995, S. 247-275.

Entlassung einzelner Minister. Er hat zudem das Recht, die obersten Richter des Landes zu ernennen. Als Chef einer Faktion der Regierungspartei ist er jedoch der ständigen Herausforderung anderer Faktionen seiner eigenen Partei ausgesetzt.[192] Sicherlich ist das Ansehen des japanischen Ministerpräsidenten und seine äußere Stellung durch seine Auftritte auf internationalem Parkett (UNO/ G-8/ WTO/ APEC etc.) gewachsen. Nach innen bleibt er jedoch in großem Maße von der Bürokratie, von ihrem Wissen, ihrer Erfahrung und Unterstützung abhängig.[193] Anders als in den USA, wo nach einem Regierungswechsel der neue Präsident nahezu das gesamte Personal der Spitzenbeamten austauscht, sieht sich der japanische Ministerpräsident vor ein massives Aufgebot von Karrierebürokraten gestellt, die bereits seit einem sehr langen Zeitraum ihr Amt innehaben und ihre Behörde in- und auswendig kennen. Im Gegensatz zu den USA, wo die dem Präsidenten zuarbeitenden Spitzenpositionen mit externen Experten besetzt werden, setzen sich die Berater des Premierministers sämtlich aus Beamten zusammen, die ihm hierfür für eine bestimmte Zeit von anderen Ministerien zu Verfügung gestellt werden.[194] Diese Beamten blicken in der Regel auf eine langjährige Karriere in ihrem ‚Heimatministerium' zurück und sind gegenüber ihrem zwischenzeitlichen Vorgesetzten nicht notwendigerweise loyal. Sie bilden vielmehr eine eigene Einheit, die sich auf langjährigen persönlichen Netzwerken und interministeriellen Abhängigkeitsverhältnissen gründet, die mit Sicherheit dauerhafter sind als die Verweildauer eines einzelnen Ministerpräsidenten. Für gewöhnlich ist dieser lediglich in der Lage, seinen Chefsekretär selbst zu bestimmen, oft ein Sohn oder Verwandter:

> „Everyone else is a career bureaucrat, often seconded from major ministries such as finance and foreign affairs."[195]

Der Premierminister ernennt zwar die Mitglieder seines Kabinetts. Obwohl verantwortlich für ihr Ressort, sind sie jedoch weit weniger erfahren als ihre Stellvertreter, die Vizeminister. Zudem ist ihre politische Autorität aufgrund

---

[192] Vgl. hierzu die Darstellung der die Machtfülle des japanischen Premierministers einschränkenden Faktoren bei: Richardson 1997, S. 97-105 (insbesondere 98).

[193] Vgl. Derichs, Claudia: Kleine Einführung in die Politik und das politische System Japans. (Duisburger Arbeitspapiere Ostasienwissenschaften, No. 12, 1996) und Blechinger 1998, S. 80.

[194] Vgl. hierzu insbesondere: Kerbo, Harold/ McKinstry, John: Who Rules Japan? The Inner Circles of Economic and Political Power. Westport/ London 1995, S. 79-96 (83-84).

[195] :„To Shy for Big Time": Far Eastern Economic Review, 30. Juli 1998, S. 23.

ihrer kurzen Verweildauer innerhalb eines Ministeriums und des sich daraus ergebenden Status, lediglich ein ersetzbarer Repräsentant einer bestimmten *Faktion*[196] zu sein, eingeschränkt. *Kerbo und McKinstry* betonen:

> „The vice-minister, on the other hand, is a career bureaucrat who has spent all of his working life in the same government agency, moving up the career ladder to the to since graduation from a major university. These are the people considered most powerful individuals within each Japanese government agency."[197]

Auch die politischen Parteien Japans sind im Regelfall kaum in der Lage, den Einfluß der Bürokratie zu beschränken. Ein Grund hierfür ist nicht nur das Phänomen sich rasch einander abwechselnder Koalitionen, sondern zunächst die fehlende Geschlossenheit der Parteien selbst.[198] Im Regelfall konkurrieren verschiedene Faktionen um politische Richtungsentscheidungen und um Einfluß. Die politischen Parteien Japans sind also alles andere als einheitliche Akteure. Zwar gibt es die sogenannten *zoku*, Zusammenschlüsse von Parlamentariern verschiedener Parteien, die in einem bestimmten Politikfeld durch langjährige Arbeit Erfahrung gesammelt haben und diese gegen den Einfluß der Ministerien einsetzen können. Ahn merkt jedoch an, daß die zoku meist nur dort Einfluß nehmen, wo ökonomische Fragen im Vordergrund stehen.[199] Folgt man diesem Gedanken, so müßte Sicherheitspolitik dort, wo sie sich mit militärischen Angelegenheiten auseinandersetzt, um so stärker von der Bürokratie dominiert werden.

6.2. Außenministerium und Vereidigungsamt

Das *Außenministerium* ist hauptverantwortlich für die langfristige Politikplanung und für das diplomatische Auftreten Japans auf der internationalen Bühne. Als zentraler Koordinationspunkt der Außenpolitik entwirft es die entsprechenden Konzepte und Leitlinien und repräsentiert mithin Kontinuität und Verläßlichkeit japanischer Politik nach außen. Gemeinsam mit dem MITI, das ebenfalls eine Abteilung für internationale Angelegenheiten besitzt, beansprucht auch das Finanzministerium über den Weg der Budgethoheit ein

---

[196] Der Faktionalismus stellt auch nach der Einführung des neuen Wahlsystems 1994 ein wesentliches Strukturmerkmal des politischen Systems Japans dar. Faktionen sind Interessengruppierungen innerhalb einer Partei, die von einem einflußreichen Politiker geführt werden und die – eigenständig hierarchisch organisiert – um Macht und Einfluß konkurrieren. Vgl. hierzu: Bruns 1999, S. 126-139 sowie S. 268-271.

[197] Kerbo/ McKinstry 1995, S. 83-84.

[198] Vgl. hierzu den vorzüglichen Abschnitt bei: Richardson 1997, S. 74-94.

Mitspracherecht bei außenpolitischen Handlungen.[200] Dieser Einfluß wirtschaftlicher Interessen und Institutionen trägt zu der allgemeinen Wahrnehmung bei, japanische Außenpolitik sei im wesentlichen Außen*wirtschafts*politik. Sie hat *Kenneth Pyle* zur Feststellung veranlaßt, die nicht von ökonomischen Interessen dominierte Seite des außenpolitischen Entscheidungsfindungsprozesses sei schwach und unterentwickelt geblieben.[201] Dies wird noch deutlicher, wenn man sämtliche erlassenen Verordnungen des MITI, des MOF und des MOFA miteinander vergleicht. So rangierte unter diesen mit dem höchsten Status versehenen Ministerien 1994 das MOFA mit 53 entsprechenden Verwaltungsakten weit abgeschlagen hinter dem Finanzministerium (1387) und dem MITI (1986).[202]

Zwar ist das MOFA im Vergleich zu anderen Ministerien aufgrund fehlender Unterstützung einer eindeutigen Wählerschaft oder parlamentarischer Interessengruppen (zoku) in einer strukturell schwächeren Position.[203] Dennoch, vor allem durch das verstärkte internationale Auftreten Japans, etwa im Rahmen der asiatisch-pazifischen sicherheitspolitischen Dialogmechanismen, der Forderungen nach einer aktiveren Sicherheitspolitik durch vermehrte Teilnahme an UN-Friedenseinsätzen und den Ausbau der Allianz mit den USA, kommen dem MOFA wesentliche Kompetenzen zu. Die für Japan so wichtige Bedeutung einer funktionierenden sicherheitspolitischen Kooperation mit den USA hat dazu geführt, daß das MOFA zum „Wächter" der guten bilateralen Beziehungen geworden ist, der alle anderen Politikbereiche untergeordnet werden.[204] Neben dem Außenministerium nimmt das *Verteidigungsamt* (Japan Defense Agency, JDA) eine zunehmende Bedeutung im Bereich der Sicherheitspolitik ein, wenn auch seine Stellung dem MOFA deutlich nachgeordnet ist.[205] Grund dafür ist die militaristische Vergangenheit Japans und die unrühmliche Rolle des militärischen Apparates. Der militärische Sektor ist daher unter strikter ziviler Kontrolle. Das Verteidigungsamt ist nicht im Range eines Ministeriums, ihm steht kein Verteidigungsminister vor, sondern ein nachgeordneter *„minister of state."*

---

[199] Vgl.: Ahn 1998, S. 46.
[200] Vgl.: Otto 1999, S. 15.
[201] Vgl.: Pyle 1998, S. 125.
[202] Daten aus: Richardson 1997, S. 111.
[203] Vgl.: Drifte 1998b, S. 21.
[204] Vgl.: Ebda. S. 23.
[205] Vgl.: Calder 1997, S. 5.

Zusätzlich hat sich die Gewohnheit durchgesetzt, daß ein hoher Beamter des MITI zum Leiter des Verteidigungsamtes ernannt wird und damit entscheidende Positionen im Bereich Budget, Beschaffung oder Produktion also primär wirtschaftlichen Entscheidungen unterliegen.[206]

Die oben beschriebenen neueren Entwicklungen im Bereich internationaler Sicherheit, aber auch die regionale Dialogdiplomatie auf gouvernementaler und nicht- bzw. semigouvernementaler Ebene haben den Einfluß der JDA wie auch das Profil der Selbstverteidigungsstreitkräfte deutlich verbessert.[207] Die JDA wirbt darüber hinaus in ihrem jährlichen Weißbuch für ein positiveres Bild der SDF in der japanischen Öffentlichkeit.[208] Seit 1996 nehmen Angehörige der JDA an den *Senior Official Meetings* des ASEAN Regional Forum teil, und 1997 konnte das Amt erstmals seine Beamten zu den Ministertreffen des ARF entsenden. Vor allem in den seit 1997 stattfindenden Prozeß der Neudefinition der japanisch-amerikanischen Verteidigungsrichtlinien ist die JDA intensiv involviert und nimmt dort eine gewichtige Stellung ein.[209] *Masashi Nishihara* stellt daher fest, innerhalb der Allianz habe das Verteidigungsamt das Sagen. Einen symbolischen Ausdruck dieser Aufwertung erfährt die JDA durch die 1997 begonnene Reorganisation ihrer Behörden. So wurde in Tokyo ein neues, exponiert gelegenes Hauptquartier für den neu geschaffenen Nachrichtendienst bezogen. Seit dem 8. Mai 2000 beherbergen der riesige Gebäudekomplex und die dazu gehörigen Anlagen (23 Hektar) nun die gesamte Organisation der JDA. Mit ihrem Umzug aus der recht unscheinbaren Lage am Rande des Stadtteils Roppongi in das auf einer Anhöhe gelegene und von weitem sichtbare Gelände im Stadtteil Ichigaya und durch die Verei-

---

[206] Vgl.: Katzenstein, Peter/ Okawara, Nobuo: Japan's National Security: Structures, Norms and Policies, in: International Security, Vol. 17, No. 1 (1993), S. 84-118 (1993a).

[207] Vgl.: Mulgan, Aurelia: International Peacekeeping and Japan's Role. Catalyst or Cautionary Tale?, in: Asia Survey, Vol. 35, No. 12 (December 1995), S. 1102-1117 (1110).

[208] Vgl.: Defense Agency 1997, S. 207-225. Mit einer unfreiwilligen Komik hat das Weißbuch von 1998 den Einsatz von Angehörigen der SDF während der olympischen Winterspiele im japanischen Nagano gewürdigt, als die „Iron men in snow" durch nächtliches Schneeschippen den regelgerechten Austrag des Skisprungwettbewerbs sicherstellten. Vgl.: Defense Agency 1998, S. 250.

[209] Interview mit Professor Nishihara am 23. April 1999.

nigung ihrer Behörden unter einem Dach präsentiert sich die JDA als Regierungsorganisation nun sehr selbstbewußt der japanischen Öffentlichkeit.[210]

Auch in dem sicherheitspolitischen *second-track* Prozeß in Asien-Pazifik ist die JDA mittlerweile vertreten. So nehmen JDA-Angehörige in inoffizieller Kapazität etwa an den Beratungen des *Northeast Asian Cooperation Dialogue* (NEACD) oder dem weniger bekannten *Tripartite Forum on Northern Pacific Security* teil.[211] Zugleich wird die Kooperation zwischen JDA und MOFA auch im Rahmen der japanischen Politik in den multilateralen Dialogforen von den beteiligten Akteuren überwiegend als positiv eingeschätzt. In diesem Bereich wie auch bei der Ausarbeitung des japanischen Positionspapiers für die jährlichen Treffen des ASEAN Regional Forums arbeiten die *National Security Policy Division* im MOFA und die *International Security Policy Planning Division* der JDA zusammen. Die politische Verantwortung liegt jedoch letztlich beim MOFA.

6.3. Die Rolle der nicht-staatlichen Beratungsgremien in der japanischen Politik

Eine nicht unwesentliche Funktion im politischen Planungs- und Entscheidungsprozeß kommt den zahlreichen Beratergruppen (*shingikai*) der Regierung zu. Sie sind Konsultationsorgane, die auch von Ministerien in den unterschiedlichsten Politikbereichen eingerichtet werden.[212] Ihre Mitglieder umfassen typischerweise Vertreter der Parteien, der Industrie, der Universitäten sowie Journalisten und Privatleute. Shingikai unterscheiden sich in statuarische, also durch Parlamentsbeschluß oder ein Gesetz eingerichtete, und in private Gremien. Ihre rechtliche Basis erhalten sie durch Artikel 8 des *National Administrative Organization Act* von 1949. Sie wurden während der amerikanischen Okkupation geschaffen, um ein möglichst breites Sachwissen für politische Entscheidungen einzuholen. Beabsichtigt war jedoch ebenso, den Einfluß der Bürokratie zu begrenzen und die japanischen Entscheidungsfindungsprozesse insgesamt offener zu gestalten.

---

[210] Der jetztige Standort der JDA in Ichigaya bei Shinjuku stellt den traditionellen Ort des japanischen Militärs dar.

[211] Vgl.: Defense Agency 1998, S. 170-177.

[212] Die maßgebliche Untersuchung dieses typischen Mechanismus in der japanischen Politik stammt von Frank Schwartz: Advice and Consent. The Politics of Consultation in Japan. Cambridge/ New York/ Melbourne 1998.

Während 1949 352 shingikai tätig waren, ging ihre Zahl bis 1998 auf 222 zurück.[213] Diese jedoch im Vergleich zu anderen Industriestaaten noch immer sehr hohe Zahl ist darauf zurückzuführen, daß shingikai nicht nur von der Exekutive und den Ministerien, sondern auch von einzelnen Abteilungen und Büros innerhalb der Bürokratie eingesetzt werden. Ihre Funktionen bestehen insbesondere in der Informationsgewinnung und in der sondierenden Beratung politisch relevanter Sachverhalte, meist auf Anordnung einer Behörde. Die Arbeitsberichte und die in einem schriftlichen Abschlußbericht veröffentlichten Empfehlungen der Gremien dienen anschließend oft als Grundlage für Gesetzesentwürfe oder einer politischen Handlungslinie. Dabei gehen die Erwartungen hinsichtlich der Leistungsfähigkeit der shingikai und ihrer tatsächlichen Relevanz im politischen Entscheidungsprozeß auseinander. So hat Nakasone während seiner Amtszeit private Beratergremien dazu genutzt, um seine Abhängigkeit von der Informationspolitik des MOFA zu verringern.[214] Premierminister Ohira (1978-1980) bildete mehr als zehn solcher Gremien, die Berichte zu sicherheitspolitischen Fragen und zur Kooperation in Asien-Pazifik erstellt haben. Ehemalige Teilnehmer dieser Gremien betonen, daß Ohira hierbei weniger an kurzfristigen, persönlich zu nutzenden Informationen interessiert war, sondern vor allem beabsichtigte, langfristige Visionen und Konzepte für die japanische Politik zu entwickeln.[215]

Auch *Frank Schwartz* hebt in seiner Untersuchung die wichtige Funktion der shingikai, insbesondere im Bereich des Interessenausgleichs und der Koordination hervor.[216] Zugleich ist jedoch offensichtlich, daß in sehr vielen Fällen shingikai der Legitimierung ohnehin beschlossener Konzepte dienen. *Akio Watanabe* bestätigt dies: Sie dienten meist kosmetischen Zwecken. Oft schrieben die Bürokraten, welche das Gremium eingesetzt haben, die zu beratenden Entwürfe und die Empfehlungen sogar selbst. Ein Diplomat im Außenministerium bezeichnet die Arbeit der shingikai daher gar als unzulässige Verschwendung von Steuergeldern.[217] Nach Ansicht von Watanabe und anderen verbirgt sich hinter der häufigen Einsetzung von

---

213 Zahlen aus: Schwartz und Abe, Hitoshi/ Shindo, Muneyuki/ Kawato, Sadafumi: The Government and Politics in Japan. Tokyo 1994, S. 40.
214 Interview mit Seizaburo Sato in Tokyo am 10. Mai 1999.
215 Interviews mit Seizaburo Sato und mit Akio Watanabe in Tokyo am 22. Juni 1999.
216 Vgl.: Schwartz 1998, S. 58.
217 Interview am 12. Juni 1999.

shingikai ein Demokratiedefizit, da hier politische Konzepte jenseits parlamentarischer Debatte und Öffentlichkeit in kleinen Zirkeln diskutiert und entworfen werden:

> „The determination of state policies and the legitimation of the actions of political leaders by non-elected councils, however widely drawn from society, is highly problematic from a democratic perspective."[218]

Dennoch, shingikai in ihren unterschiedlichen Ausprägungen haben ohne Zweifel eine wichtige Funktion der möglichst umfassenden Beschaffung und Auswertung wichtiger politikrelevanter Informationen. Sie dienen damit der Vorstrukturierung und der Auswahl von Handlungsalternativen für die japanische Politik. Dies gilt vor allem für das Außenministerium, das besonders stark der Internationalisierung der japanischen Politik ausgesetzt ist. Aber auch in brisanten Sicherheitsfragen kann es durchaus angezeigt sein, zuerst ein möglichst weites Spektrum an Meinungen und Expertise einzuholen: Somit läßt sich eine negative Reaktion des inneren und des internationalen Umfeldes entweder schon im Vorfeld vermeiden oder durch einen politischen „Versuchsballon“ testen.

6.4. Japans Streitkräfte: Die Self-Defense Forces (SDF)

Aufgrund der militaristischen Vergangenheit Japans rangieren die Streitkräfte – wie übrigens die gesamten militärischen Einrichtungen – im Ansehen bis heute deutlich hinter den übrigen sicherheitspolitischen Institutionen. Erst das Ende des Ost-West-Konfliktes und die Entsendung japanischer Truppen zu Friedenserhaltenden Einsätzen der UNO haben sowohl das Interesse als auch die Einschätzung der SDF seitens der japanischen Bevölkerung verbessert.[219] Zur Zeit stehen knapp 240.000 Männer und Frauen im militärischen Dienst.[220] Diese Zahl entspricht in etwa der Größe der britischen Streitkräfte. Die SDF verfügen jedoch kaum über Kampferfahrung und haben bislang noch eher geringe Erfahrung im internationalen Einsatz, etwa im Bereich der UN-Friedenstruppen. Zugleich sehen sie sich einem chronischen Mangel an Rekruten ausgesetzt, der sich durch die demographischen Verschiebungen in

---

[218] Abe/ Shindo/ Kawato 1994, S. 44-45.

[219] Vgl. etwa entsprechende Umfragen des Verteidigungsamtes: Defense Agency 1998, S. 434-439.

[220] Vgl.: Cordesman, Anthony: The Asian Conventional Military Balance in 2002: Northeast Asia. CSIS (Center for Strategic and International Studies) Washington, DC Februar 2002, S. 6.

der japanischen Bevölkerung eher verschärfen, denn verbessern wird. *Reinhard Drifte* schreibt:

> „Although unemployment is presently running at a comparatively high level, this has not much improved the recruiting situation. The SDF is not a very desirable nor fashionable career for most Japanese."[221]

Im Bereich der Verteidigungsausgaben steht Japan mit etwa 40 Milliarden US$ an dritter Stelle hinter den USA und Rußland und verfügt über modernste Waffensysteme.[222] Obwohl Japan damit in Asien-Pazifik ein militärischer und technologischer Gigant ist, muß berücksichtigt werden, daß ein beträchtlicher Teil des Verteidigungsbudgets für die Forschung sowie für Personalausgaben und für die Stationierung der amerikanischen Truppen verwendet wird.[223] Wie Tabelle 2 verdeutlicht, sind zwar die Militärausgaben seit 1985 gemessen am japanischen Bruttosozialprodukt nahezu gleich geblieben und schwanken zwischen 0,95% und 1%. Aufgrund des stetig wachsenden Volkseinkommens sind sie jedoch in absoluten Zahlen bis 1997 konstant angestiegen. Infolge der Wirtschaftskrise hat die japanische Regierung 1998 eine Reihe von geplanten Rüstungstransfers auf unbestimmte Zeit verschoben. Durch ein Reformgesetz werden zudem seit 1997 die im mittelfristigen Verteidigungsprogramm vorgesehenen Ausgaben um 10% gekürzt.[224]

7. Strategische Rahmenbedingungen japanischer Sicherheitspolitik

Das Ende des Ost-West-Konfliktes in Europa zeitigte zunächst keinen direkten Effekt auf Japans Sicherheitspolitik. Die ersten freien Wahlen in Polen im Juni 1989, die Öffnung der ungarischen Westgrenze am 11. September 1990, der Fall der Mauer am 9. November oder die Vereinigung Deutschlands am 3. Oktober 1990 waren in den Augen japanischer Entscheidungsträger und der Öffentlichkeit zunächst rein europäische Ereignisse, die Japan selbst nicht tangierten und von Japan nicht beeinflußt wurden.

---

[221] Drifte 1998b, S. 76.

[222] Vgl.: International Institute for Strategic Studies: Military Balance 1999/2000. London 1999.

[223] Vgl.: Hummel 1996, S. 140-141; Drifte 1998b, S. 77; Defense of Japan 1998, S. 108-109.

[224] In einer Entscheidung des Kabinetts vom 3. Juni 1997 wurden die Ausgaben für diesen Zeitraum von den ursprünglich vorgesehenen 25.15 Trillionen Yen um 920 Milliarden Yen zurückgenommen.

Tab. 2: Die japanischen Verteidigungsausgaben von 1955 bis 1999[225]

Fiskaljahr	BSP (in 100 Millionen Yen)	Anteil der Verteidigungsausgaben am BSP (in %)
1955	75,590	1,8
1965	281,600	1,1
1975	1,585,000	0,8
1985	3,146,000	1,0
1989	3,897,000	1,1
1990	4,172,000	1,0
1991	4,596,000	1,0
1992	4,837,000	1,0
1993	4,953,000	0,9
1994	4,885,000	1,0
1995	4,928,000	1,0
1996	4,960,000	1,0
1997	5,158,000	1,0
1998	5,197,000	0,9
1999	4,932,000	1,0

Das Gleiche galt auch für das vertraglich besiegelte Ende des Ost-West-Konfliktes durch die Unterzeichnung der Charta von Paris am 19. November 1990 durch die 22 Signatarstaaten der NATO und des Warschauer Paktes. Während in Europa die sich immer klarer abzeichnende friedliche Revolution der Weltpolitik von den Menschen begeistert aufgenommen wurde, verdeutlichte schon die militärische Niederschlagung der chinesischen Demokratiebewegung am 4. Juni 1989, daß Asien nicht automatisch den europäischen Veränderungen folgen würde. Mithin bestätigten sie die allgemeine Ansicht in Japan, daß mit einem Ende des Ost-West-Konfliktes nicht nur für Europa, sondern auch für Asien eine wesentliche disziplinierende Klammer verloren gehen würde und die Welt somit insgesamt unsicherer geworden sei.

Wichtig blieb für Japan in dieser Zeit außerdem die Lösung wirtschaftspolitischer Herausforderungen, die sich in den Diskussionen und

---

[225] Daten: Defense of Japan 1998, S. 348; Baker/ Morrison 2000, S. 99. Gerundete Werte, eigene Zusammenstellung.

Verhandlungen zur geplanten nordamerikanischen Freihandelszone (NAFTA) oder des Gemeinsamen Europäischen Marktes ankündigten. So war Japan entscheidend an der Errichtung der asiatisch-pazifischen Wirtschaftskooperation APEC beteiligt, der vor dem Hintergrund der Entwicklungen in anderen Regionen wichtige Funktionen zukommen sollte. So wollte Japan die APEC, um einen Abwehrmechanismus gegen eine etwaige Aufteilung der Welt in einzelne protektionistische Blöcke zu haben und zugleich über einen effektiven Hebel zu verfügen, der ihm weiteren Zugang zu den amerikanischen und europäischen Märkten garantierte. Wie Japans Betonung des Aspektes der wirtschaftlichen und technischen Kooperation innerhalb der APEC zeigt, war das Forum jedoch ein ebenso wichtiges Instrument zur Aufrechterhaltung und Weiterentwicklung der bestehenden Handels- und Investitionsnetzwerke japanischer Firmen in der Großregion. Nach Ansicht japanischer Entscheidungsträger war daher ein Mechanismus, welcher einerseits die sich rapide entwickelnden japanischen Netzwerke in Süd- und Nordostasien unterstützen und der andererseits ein Gegengewicht zu einer drohenden Fragmentierung der Weltwirtschaft schaffen konnte, ideal zur gleichzeitigen Lösung einer Vielzahl von Problemen.

Seit dem Ende des Ost-West-Konfliktes haben sich die komplexen Einflußfaktoren auf die Sicherheitsstruktur des asiatisch-pazifischen Raumes und mit ihnen ihr Einfluß auf die japanische Sicherheitspolitik verändert und diversifiziert. Ihre Unübersichtlichkeit und potentielle Brisanz bei gleichzeitiger Abwesenheit effektiver Konfliktlösungsmechanismen hat dazu geführt, daß Sicherheitsexperten das militärstrategische Umfeld in der Großregion als fluide und als instabil bewerten.[226] Im folgenden sollen die wesentlichen Charakteristika der asiatisch-pazifischen Sicherheitsstruktur und ihre Bedeutung für die Sicherheit Japans dargestellt werden.

7.1. Südostasien

Wie oben gezeigt, bedarf Japan aufgrund seiner Insellage und seiner Abhängigkeit von importierten Rohstoffen in besonderem Maße eines konfliktfreien Umfeldes.[227] Von großer Bedeutung ist in diesem

---

[226] Vgl.: Baker, Richard/ Morrison, Charles (Hrsg.): Asia Pacific Security Outlook 2000. Tokyo/ New York 2000, S. 9-12.

[227] Zu den zahlreichen bilateralen Konfliktfeldern zwischen den ASEAN-Staaten vgl.: Dosch 1997b, S. 132-145.

Zusammenhang daher das Vorhandensein von stabilen militärischen, wirtschaftspolitischen und gesellschaftlichen Rahmenbedingungen in Südostasien. Die Straße von Malakka, die den Pazifik mit dem Indischen Ozean verbindet, das südchinesische Meer sowie die Gewässer um Indonesien und die Philippinen stellen für Japan die wichtigsten Transportwege seines Rohstoffnachschubs dar. Territoriale Dispute innerhalb dieser Region, wie sie insbesondere um die Spratly-Inseln ausgetragen werden, können militärische Konflikte provozieren und im Extremfall zur Abriegelung dieser Transportwege führen.[228] Die Spratlys bestehen aus etwa 230 kleinen Inseln, Riffs, Untiefen und Sandbänken im südchinesischen Meer. Brunei, Malaysia, Taiwan, China, Vietnam und die Philippinen streiten sich um die Besitzansprüche für dieses Gebiet.[229] Wer auch immer diese Ansprüche rechtmäßig erheben mag, aufgrund des angenommenen enormen wirtschaftlichen Potentials – Beobachter sprechen von Thunfischbeständen von 50.000 Tonnen pro Jahr und von immensen Ölvorkommen – ist eine friedliche Lösung des Problems schwierig. Die Interessen Japans an einer friedlichen Lösung oder zumindest am gegenwärtigen Status quo in der Frage der Besitzrechte dieser Inseln im südchinesischen Meer können ohne Einschränkungen als vital bezeichnet werden.[230] Eine Abriegelung der Seewege durch die Malakkastraße und das südchinesische Meer würde nicht nur einen Umweg um Australien herum erzwingen und damit die Transportpreise um ein Drittel erhöhen. Sie würde auch den europäischen Absatzmarkt unerreichbar machen und die japanischen Handels- und Wirtschaftsnetzwerke in Südostasien bedrohen.[231]

Vielschichtige Spannungen territorialer Art bestehen nicht nur zwischen den ASEAN-Staaten.[232] Insbesondere die Frage der maritimen Grenzen in Asien-

---

[228] Vgl. bereits 1988: Soon, Lau/ To, Lee (Hrsg.): The Security of the Sea Lanes in the Asia-Pacific Region. Singapore 1988.

[229] Vgl. grundlegend: Catley, Bob/ Keliat, Makmur: Spratlys: The Dispute in the South China Sea. Aldershot 1997.

[230] Vgl. auch: Er, Lam Peng: Japan and the Spratlys Dispute: Aspirations and Limitations, in: Asian Survey, Vol. 36, No. 10 (October 1996), S. 995-1010.

[231] Vgl. Ebda. S. 128-133.

[232] Vgl.: Simon, Sheldon: Security Prospects in Southeast Asia: Collaborative Efforts and the ASEAN Regional Forum. Unveröffentlichtes Vortragspapier gehalten anläßlich der Konferenz „30 Jahre ASEAN" an der Universität Mainz, 10.-12. Juli 1997, S. 5-10; David, Harald: Tensions Within ASEAN (Monographs on South-East Asian Politics and International Relations No.1) Hull 1996.

Pazifik bleibt bis heute unbeantwortet. So streitet sich zum Beispiel Japan mit Korea über die Tok-do-Inseln (nach japanischer Lesart: Takeshima) und mit China über die Sengaku-Inseln. Seit der Einführung der „ausschließlichen Wirtschaftszonen“ (*Exclusive Economic Zone*, EEZ) in den frühen 70er Jahren hat eine zunehmende Zahl von Staaten damit begonnen, solche Zonen von 200 Seemeilen Breite vor ihren Küsten zu beanspruchen.[233] In Asien-Pazifik hatte die Sowjetunion de facto bereits 1976 mit der Errichtung einer solchen Zone begonnen, gefolgt von Nordkorea im Jahr 1977. Sowohl Japan als auch Südkorea und China haben 1996 EEZ proklamiert, die sich jedoch überschneiden. Aufgrund der vermuteten Öl- und Gasvorkommen, die laut einer UNO-Studie zu den größten der Welt zählen, ist für Japan als ressourcenarmes Land die Nutzung etwa der Sengakus im Rahmen seiner EEZ von vitalem Interesse. Das Potential eines politischen oder gar militärischen Konfliktes zeigte sich noch im selben Jahr, als Angehörige der rechtsgerichteten *Japan Youth Foundation* die Sengakus symbolisch besetzten und eine scharfe politische Reaktion Chinas auslösten.[234] Da andere Staaten in der Großregion ebenso von diesem Völkergewohnheitsrecht Gebrauch machen werden, sind weitere Grenzkonflikte schon jetzt abzusehen.[235] Territoriale Dispute in Südostasien werden zudem von Staaten geführt, die nach langen Jahren unter fremder Kolonialherrschaft heute ausgeprägten Wert auf ihre Souveränität legen. *Muthiah Alagappa* schreibt hierzu:

> „The sovereign nation-state is the most valued political unit in Asia. It endows political identity, focuses allegiance, and fulfils security and welfare functions. Unlike in Europe there is little or no basis to argue that the state is in decline in Asia."[236]

Dieser Anspruch auf staatliche Eigenständigkeit wird insbesondere durch den Kauf von konventionellen Waffen und den Ausbau der nationalen Streitkräfte untermauert. Wurde während des Ost-West-Konfliktes der Waffenhandel noch durch die Supermächte geregelt, so entfaltet er sich heute ungehemmt

---

[233] Zur Geschichte und zur völkerrechtlichen Bedeutung vgl.: Simma, Bruno/ Verdross, Alfred: Universelles Völkerrecht. Theorie und Praxis. Berlin 1994^2, S. 692-712.

[234] Vgl.: Dupont, Alan: The Environment and Security in Pacific Asia, in: Adelphi Paper 319. International Institute for Strategic Studies 1999, S. 34

[235] Vgl.: Paik, Jin-Hyun: Exclusive Economic Zone and Maritime Boundary Delimitation in Northeast Asia, in: Bateman, Sam/ Bates, Stephen (Hrsg.): The Seas Unite: Maritime Cooperation in the Asia-Pacific Region (Canberra Papers on Strategy and Defence, No. 118), S. 195-210.

[236] Alagappa, Muthiah: Systemic Change, Security, and Governance in the Asia-Pacific, in: Chee, Chan Heng (Hrsg.): The New Asia-Pacific Order. Singapore 1997, S. 29-89 (33).

und entzieht sich weitgehend einer internationalen Kontrolle. Diese Verbindung der territorialen Dispute mit rigidem Souveränitätsdenken und dem Erwerb von Rüstungsgütern erhöht nun die Gefahr, daß sich daran militärische Konflikte entzünden, die dann nur sehr schwer wieder eingedämmt werden können.[237] Die militärische Präsenz der USA und ihr Netzwerk bilateraler Allianzen in Asien-Pazifik ist daher derzeit ein nicht zu unterschätzendes stabilisierendes Moment.

Der am 19. April 1991 erstmals in einem Bericht des US-Department of Defense[238] offiziell bekanntgegebene Plan einer dreistufigen Reduzierung und Reorganisierung der amerikanischen Truppen in Asien-Pazifik hätte zu einer rapiden und grundlegenden Umwandlung der Sicherheitsstruktur geführt. Bei den bestehenden heterogenen wechselseitigen Bedrohungswahrnehmungen und einem nur unzureichend ausgebildeten organisatorisch-institutionellen Überbau zur Konfliktprävention hätte dies wohl nur zu einer vermehrten Unsicherheit und potentiellen Instabilität in der Region beigetragen.[239] Auch wenn es sicherlich irreführend ist, einem ‚Rüstungswettlauf' in Asien-Pazifik das Wort zu reden,[240] so ist doch sowohl die Produktion als auch der Handel mit konventionellen Waffen in Asien-Pazifik seit dem Ende des Ost-West-Konfliktes stetig angestiegen – und damit auch die davon ausgehenden Gefahren für die Stabilität der Großregion. Denn durch die Verbindung des Erwerbs von Waffen mit ungünstigen Kontextfaktoren (Grad der politischen

---

[237] Für eine gute Auswertung der Trends im südostasiatischen Waffenhandel vgl.: Gill, Bates/ Mak, Joon Num/ Wezeman, Siemon: ASEAN Arms Acquisitions: Developing Transparency. Kuala Lumpur 1995.

[238] Vgl.: Sakanaka, Tomohisa: Japan's Changing Defence Policy, in: Matthews/ Matsuyama 1993, S.69-83 (73).

[239] Vgl.: Fukuda; Kazuo: The Framework of Security in Asia: The Impact of US Foreign Policy Changes, in: Taylor, Trevor/ Sato, Seizaburo (Hrsg.): Future Sources of Global Conflict (The Security Challenges for Japan and Europe in a Post-Cold War World, Volume 4) London 1995, S. 95-106.

[240] Die Dynamik des Waffenhandels in der Region ergibt sich aus komplexen wirtschaftlichen, technologischen, doktrinären, politischen und militärischen Faktoren. Ein Rüstungswettlauf in dem Sinne, daß zwei Staaten in einer Aktion-Reaktion-Abfolge wechselseitig ihre Rüstungsanstrengungen mit dem Ziel umfassender strategischer Überlegenheit erhöhen, ist in Asien-Pazifik nicht gegeben. Es sei abschließend darauf verwiesen, daß der bloße Hinweis auf bestehende „arms races" in der Region, wie er in der Literatur oft zu finden ist, weniger der Realität gerecht wird, als daß er bestehende Wahrnehmungsfehler fördert und damit Bedrohungsperzeptionen weiter schürt. Beides erhöht die Möglichkeit eines ungewollten militärischen Konfliktes.

Stabilität, Wirtschaftskraft, konkurrierende Gebietsansprüche etc.) sowie wechselseitiger (Fehl-) Wahrnehmungen bezüglich der militärischen Absichten anderer Staaten erhöht sich die Möglichkeit der Entstehung eines militärischen Konfliktes. Lediglich die Asienkrise hat dazu geführt, daß einige Staaten aufgrund drastisch gefallener Wechselkurse bereits bewilligte Rüstungsgeschäfte absagen mußten.[241] Da jedoch der Waffenhandel noch immer gleichsam die ‚führende Währung der Diplomatie'[242] darstellt und in vielen Fällen der Befriedigung des nationalen Prestiges dient, kann ein Ende der finanziellen Zwangslage in Asien wieder zu einer erneuten Erhöhung der Rüstungsausgaben führen. Gleich aus welchen Gründen auch immer die Staaten in Asien-Pazifik konventionelle Waffen produzieren und kaufen,[243] die Situation, so die Expertenmeinung von *Malcolm Chalmers*,

> „reflects deeper tensions and uncertainties which need to be addressed before they get out of hand."[244]

Umweltdegradierung und Piraterie stellen zwei weitere potentiell destabilisierende Einflußfaktoren auf die asiatisch-pazifische Sicherheitsstruktur dar. Die Zerstörung der Umwelt und die Verschmutzung des Lebensraumes ist zwar nicht der zentrale Auslöser eines Konfliktes zwischen Staaten. Wie *Alan Dupont* jedoch gezeigt hat, kann sie Auslöser einer Wirkungskette sein, welche über Luftverschmutzung (Beispiel „the haze"), Nahrungs- und Energieknappheit hin zu militärischen Auseinandersetzungen über Ressourcen, wie etwa im südchinesischen Meer um die Spratlys oder in Nordostasien um die Tok-do-Inseln oder die Sengakus führen kann.[245] *Amitav Acharya* hat darauf hingewiesen, daß die Piraterie im südchinesischen Meer

---

[241] Vgl.: The National Institute for Defense Studies, Japan: East Asian Strategic Review 1998-1999. Tokyo 1999, S. 33.

[242] So: Nolan, Jane: The Global Arms Market After the Gulf War. Prospects for Control, in: Washington Quarterly, Vol. 15, No. 3 (Summer 1992) 125-138.

[243] Vgl. hierzu: Willett, Susan: East Asia's Changing Defence Industry, in: Survival, Vol. 39, No. 3 (Autumn 1997), S. 107-134; Ball, Desmond: Trends in Military Acquisitions in the Asia-Pacific Region: Implications for Security and Prospects for Constraints and Controls. (The Australian National University. Strategic and Defence Studies Centre, Working Paper, No. 273) Canberra 1993; Mack, Andrew/ Ball, Desmond: The Military Build-Up in the Asia-Pacific Region: Scope, Causes and Implications for Security. (The Australian National University. Strategic and Defence Studies Centre, Working Paper, No. 264) Canberra June 1992.

[244] Chalmers, Malcolm: Openness and Security in South-East Asia, in: Survival, Vol. 3, No. 3 (Autumn 1996), S. 82-89 (85).

[245] Vgl.: Dupont 1999.

und vor allem in der von mehr als 2000 Schiffen pro Tag durchquerten Straße von Malakka nicht nur die kommerzielle Schiffahrt in der Region bedrohe, sondern auch zu Umweltkatastrophen führen könnte.[246] Die Passage verbindet, Singapur passierend, den Indischen Ozean mit dem südchinesischen Meer und öffnet den Weg nach Ostasien. Einem Bericht des Handelsblattes zufolge hat das International Maritime Bureau (IMB) in London für das Jahr 1999 285 Verbrechen dieser Art registriert.[247] Nicht nur die südostasiatischen Anrainerstaaten, sondern auch Japan sind massiv der Bedrohung durch die organisierte Piraterie ausgesetzt. Ein gekaperter und führungslos in der dicht befahrenen Malakkastraße treibender Öltanker könnte nach einer Schätzung des IMB zudem eine Umweltkatastrophe verursachen, die das Ausmaß des Exxon Valdez-Desasters überschreiten könnte. Am 16. November 1999 wurde erstmals ein entführtes Schiff – ein japanischer Frachter – mit militärischer Gewalt befreit. Auch hier ist die äußerst umstrittene Frage der territorialen Souveränität und der Unverletzlichkeit der maritimen Grenzen betroffen, und es ergibt sich das Problem, ob bewaffnete Schiffe einem Frachter zu Hilfe kommen dürfen, der in den Gewässern eines anderen Staates überfallen wird. Interessanter Weise scheint das Problem der Piraterie nun dazu geführt zu haben, daß insbesondere die südostasiatischen Staaten eine größere sicherheitspolitische Rolle Japans in Betracht ziehen. Ein entsprechender Vorschlag von Premier Obuchi am Rande des dritten informellen ASEAN-Gipfels in Manila im November 1999, japanische Schiffe könnten etwa die Malakkastraße patrouillieren oder Frachtschiffe begleiten, fand breite Zustimmung.[248]

Innerhalb des komplexen strategischen Umfeldes in Südostasien kommt Japan sein wirtschaftliches Engagement in der Region zugute. Zunächst ist Japan der wichtigste Handelspartner der meisten asiatisch-pazifischen Staaten und tritt vor allem auf internationaler Bühne (UNO, IWF, G-8 etc.) als Vertreter südostasiatischer Interessen auf.[249] Mit ausgelöst durch die im Zuge des Plaza-

[246] Vgl.: Acharya, Amitav: A New Regional Order in South-East Asia: ASEAN in the Post-Cold War Era, in: Adelphi Paper 279. International Institute for Strategic Studies, August 1993, S. 37-40.
[247] Handelsblatt, Donnerstag, 27.1.2000, S. 53.
[248] Vgl.: Far Eastern Economic Review, 9. März 2000.
[249] So hat sich etwa die Tradition eingebürgert, daß sich Vertreter Japans etwa vor einem Treffen der G-8 mit ihren asiatischen Kollegen absprechen. Vgl. zuletzt: „The Personal Touch", Far Eastern Economic Review, January 27, 2000, S. 24-26.

Abkommens von 1985 beschlossene Yenaufwertung begann Japan mit der verstärkten Auslagerung zunächst von Produktionsstandorten in die südostasiatischen Staaten. Dies hatte nicht zuletzt auch eine massive Stärkung der Wirtschaft der vier Tigerstaaten sowie Thailands, Malaysias und Indonesiens zur Folge.[250] Südostasien ist heute zudem nicht länger nur als kostengünstiger Produktionsstandort für den japanischen Exportmarkt, sondern vor allem auch als Investitions- und Absatzmarkt von Bedeutung.[251] So stiegen etwa die japanischen Direktinvestitionen in Indonesien von 813 Millionen US$ im Jahr 1993 auf 2,5 Milliarden US$ im Jahr 1997 an.[252] Gleiche Werte weisen auch Thailand und Malaysia auf. In den frühen 90er Jahren ist zudem eine sogenannte „zweite Welle von japanischen Direktinvestitionen klein- und mittelständischer Unternehmen zu beobachten.[253] Auch die Asienkrise hat diesen Trend nicht nachhaltig verändert. Sie hat dennoch die enge Verflechtung von ökonomischer, sozialer und militärischer Sicherheit in Asien-Pazifik deutlich gemacht[254] und die Bedeutung wirtschaftlicher Stabilität für die politische Entwicklung der Staaten in der Großregion hervorgehoben.[255] Japanisches Kapital und Direktinvestitionen[256] sowie japanische Produktions- und Unternehmensnetzwerke in der Region haben ohne Zweifel ein interdependentes Beziehungsgeflecht herausgebildet, von dem stabilisierende Effekte auf die sicherheitspolitischen Rahmenbedingungen angenommen

---

[250] Vgl.: Kiyokatsu, Nishiguchi: Japan and the Asian Economic Miracle, in: Hunsberger 1997, S. 133-149 (139-146).

[251] Vgl.: Wallraf, Wolfram: Japan und Südostasien, in: Pohl/ Mayer 1998^2, S. 385-398 (393).

[252] Vgl.: Facts and Figures of Japan 1999, S. 51.

[253] Vgl.: Pohl Manfred: Japans Rolle in Ostasien: Großmacht wider Willen?, in: APuZ, B50/94, S. 27-38 (27).

[254] Vgl.: Singh, Gurdip: Asian Economic Overview: The Impact of Economic Factors on Security, in: Military Technology/ MILTECH 3/ 2000, S. 56-58; Harris, Stuart: The Economic Aspects of Security in the Asia/Pacific Region, in: Journal of Strategic Studies, Vol. 18, No. 3 (September 1995), S. 32-51.

[255] Vgl.: Mols, Manfred: Die Asienkrise: Manifeste und latente Züge, internationale Auswirkungen und die Rolle von APEC und ASEAN, in: In: Dosch, Jörn /Faust, Jörg (Hrsg.): Die ökonomische Dynamik politischer Herrschaft. Das pazifische Asien und Lateinamerika. Opladen 2000, S. 255-284; Dibb, Paul/ Hale, David/ Prince, Peter: The Strategic Implications of Asia's Economic Crisis, in: Survival, Vol. 40, No. 2 (Summer 1998), S. 5-26 (15).

[256] Vgl.: Urata, Shujiro: Japanese Foreign Direct Investment in Asia: Its Impact on Export Expansion and Technology Acquisition of the Host Economies, in: Kumar, Negesh (Hrsg.): Globalization, Foreign Direct Investment and Technology Transfers. Impacts on and Prospects for Developing Countries. London/ New York 1998, S. 146-173.

werden können. Japan ist darüber hinaus im Rahmen der bestehenden ökonomischen Kooperationsstrukturen (APEC, PECC, AFTA etc.) eng mit den ASEAN-Staaten zusammengeschlossen, was bislang ebenfalls positive Wirkungen auf die nachbarschaftlichen Beziehungen nach sich gezogen hat. Wie *Jochen Legewie* am Beispiel industrieller Kooperationskonzepte der ASEAN gezeigt hat, spielen japanische Unternehmen im wirtschaftlichen Integrationsprozeß des Regionalverbundes eine entscheidende Rolle, die auch in den kommenden Jahren nicht schwächer werden wird.[257]

Dies gilt in ähnlichem Maße für die politische Bedeutung Japans für die ASEAN. Die Assoziation hatte insbesondere nach dem Ende der Asienkrise mit einem massiven Imageproblem zu kämpfen. Dieses ergab sich aus einer dreijährigen Phase von Selbstmitleid und einer Politik des ‚business as usual' nach dem ökonomischen Schock der Rezession sowie aus einer bislang unbekannten Disharmonie unter den Mitgliedsstaaten. Wie *Jörn Dosch* zu Recht feststellt, hat die asiatische Krise der Erfolgsgeschichte der ASEAN ein deutliches Ende gesetzt.[258] Hieraus ergibt sich für Japan nun die Möglichkeit, die offenkundige Schwäche der strukturellen Position der Assoziation als relevanter Akteur in Asien-Pazifik im Sinne einer vergrößerten diplomatisch-politischen Einflußnahme zu nutzen. Ebenso gilt dies für die Strategien wirtschaftlicher Entwicklung in Südostasien. Hier stößt die ASEAN nach einer langen Phase der Akzeptanz etwa der USA und der EU zunehmend auf Ablehnung und bedarf um so mehr der Hilfe eines starken asiatischen Partners.

Letztlich ist auch der politische Einfluß zu nennen, der sich aus der vorne bereits beschriebenen ODA-Politik Japans in der Region ergibt. Auf die ASEAN-Staaten entfielen schon 1990/1991 etwa 80% aller bilateralen Entwicklungshilfegelder Japans.[259] Ebenso waren in den 80er Jahren etwa 15% aller indonesischen und malaiischen sowie 25% aller philippinischen und thailändischen Kapitalzuflüsse japanische ODA.[260] *Reinhard Drifte* schreibt zu den Folgen dieser Einflußnahme:

---

[257] Vgl.: Legewie, Jochen: Wirtschaftliche Integration der ASEAN: Zur Rolle japanischer Unternehmen bei der Entstehung und Umsetzung industrieller Kooperationskonzepte, in: Japanstudien, Band 10 (1998), S. 215-247.
[258] Vgl.: Dosch, Jörn: Asia-Pacific after the Crisis. Masch. Man. 18.1.2001, S. 7.
[259] Vgl.: Wallraf in Pohl/ Mayer 1998, S. 394.
[260] Zahlen bei: Drifte 1998b, S. 116.

„The investment in Asia, together with the ODA (...), has led to the acquisition by Japan of considerable power and influence over the perception, material circumstances and bargaining position of these countries."[261]

Besonders anschaulich läßt sich die Instrumentalisierung von Entwicklungshilfe für politische Ziele anhand einiger Beispiele demonstrieren.[262] So war zum einen die finanzielle Unterstützung Myanmars Anfang 1990, welche de facto das Überleben des Regimes sicherstellte, eine praktische Einlösung von Comprehensive Security. Die politische Relevanz des Konzeptes zeigte sich zum andern auch zwischen 1992 und 1994, als Japans Teilnahme an den UN-Friedenstruppen in Kambodscha von einem beträchtlichen finanziellen Hilfsprogramm begleitet wurde, welches sich auch auf Vietnam erstreckte und das seit Fukuda lang ersehnte Ziel der politischen Stabilisierung in Indochina zu verwirklichen half.

7.2. Japans Beziehungen zu den USA

Japans Beziehungen zu seinem einzigen Allianzpartner innerhalb der fluiden asiatisch-pazifischen Sicherheitsstruktur sind auch in den Jahren nach Beendigung des Ost-West-Konfliktes nicht frei von Spannungen geblieben. Die vom ehemaligen US-Botschafter in Japan, *Mike Mansfield*, noch 1989 als „wichtigste bilaterale Beziehung der Welt"[263] eingestufte Partnerschaft wurde in zunehmendem Maße durch sich verschärfende Handelskonflikte, negative wechselseitige Wahrnehmungen und eine daraus resultierende Abnahme der öffentlichen und politischen Unterstützung der Allianz sowie letztlich durch den drohenden militärischen Abzug der amerikanischen Truppen belastet. Durch die Yoshida-Strategie sowie die japanische Eigenwahrnehmung, als ein zwar reiches, aber dennoch ressourcenarmes und daher äußerst verletzliches Land der inhärenten Instabilität der internationalen Politik ausgesetzt zu sein, geriet die sicherheitspolitische Partnerschaft mit den USA seit 1945 zum Mittel der Wahl.[264] Als einziger und einzigartiger Garant für die Sicherheit Japans während des Ost-West-Konfliktes und als Kern einer sich stets weiter ausdifferenzierenden bilateralen wirtschaftlichen und militärischen Kooperation wurde die Allianz mit den USA zum dauerhaften Referenzpunkt und zur

---

[261] Drifte 1998b, S. 107.

[262] Vgl. auch hierzu; Drifte 1998b, S. 128-133.

[263] Mansfield, Mike: The United States and Japan: Sharing Our Destinies, in: Foreign Affairs, Vol. 68, No. 2 (Spring 1989), S. 3-15 (3).

[264] Vgl.: Katzenstein 1996, S. 131.

als maßgeblich wahrgenommenen Strukturvorgabe des internationalen Systems überhaupt. Während der Ost-West-Konflikt den Bestand dieser Struktur gleichsam automatisch garantierte, genoß Japan vor dem Hintergrund eines stabilen Status quo ein hohes Maß an politischer und wirtschaftlicher Erwartungssicherheit: Geschützt durch die Sicherheitsgarantie der USA konnte Japan seinen Bedarf an Rohstoffen decken und seine wirtschaftlichen Netzwerke in Asien-Pazifik und in der Welt weiterentwickeln.

Ebenso wichtig war indes, daß die Allianz nationale Debatten über die eigene militärische Verteidigung und den Artikel Neun der Verfassung schon im Vorfeld einhegen konnte und vor allem unbequeme Auseinandersetzungen hinsichtlich einer größeren außen- und sicherheitspolitischen Rolle und Verantwortung erst gar nicht öffentlichkeitswirksam wurden. Im Gegenzug für die Verteidigung Japans gegen die kommunistische Bedrohung wurden den USA militärische Basen auf Okinawa garantiert und die westliche Supermacht mit dem einzigartigen Vorteil ausgestattet, eine massive Vorwärtsstrategie in Asien-Pazifik nahe am Feind und – später – noch näher an den so prosperierenden Märkten Asiens aufrechtzuerhalten. Es war daher keinesfalls überraschend, daß Japan bereits früh mit einem Gefühl der Unsicherheit auf die Ereignisse reagierte, die sich in Europa 1989 ihre Bahn zu brechen begannen.

In einem Klima notorischer Handelskonflikte und wirtschaftlicher Spannungen, welche Japan und die USA in zunehmendem Maße voneinander entfremdeten, befürchtete man folglich in den außen- und sicherheitspolitischen Entscheidungszentren in Tokyo, die USA hätten nach dem Ende der Systemkonfrontation nicht länger einen Bedarf an der Sicherheitspartnerschaft.[265] Man erwartete, das Ende der Sowjetunion, das chronische Handelsbilanzdefizit der USA mit Japan sowie die hohen Auslandsschulden der USA würden einen Rückzug amerikanischer Truppen aus Asien oder gar ein Ende der Allianz diktieren. Zugleich mehrten sich in den USA die Stimmen, die eine sicherheitspolitische Freifahrt zuungunsten der USA und zugunsten der japanischen Wirtschaft befürchteten und die eine gerechtere Kostenverteilung

---

[265] Vgl.: Leitch, Richard/ Kato, Akira/ Weinstein, Martin: Japan's Role in the Post-Cold War World. (Contributions in Political Science, Number 361) Westport, Connecticut/ London 1995, S. 30.

bei der Verteidigung Japans einforderten. Der Boom des Koreakrieges hatte Japan wirtschaftlich wieder aufgebaut:[266]

> „A once war-devastated economy that had survived on aid and narrow markets suddenly became infused with capital. Four months after the war began, the nation's industrial production reached postwar highs (actually 106 percent of the 1934 to 1936 base). Employment soared. The large annual trade deficit began to be more than covered by U.S. military spending in Japan. The Korean War was to the rebuilding of Japan as the Marshall Plan was for rebuilding Western Europe."[267]

Seit Ende der 50er Jahre hatten sich an verschiedenen Industriebereichen amerikanisch-japanische Handelskonflikte entzündet.[268] Bereits Mitte der 60er Jahre war es der japanischen Wirtschaft erstmals gelungen, trotz zunehmender Importe eine positive Handelsbilanz gegenüber den USA zu verzeichnen.[269] Geringe Importe und Kapitalinvestitionen, eine strenge Kontrolle des Kapitalabflusses sowie eine durch technischen Fortschritt zunehmend kostengünstige Produktion hatten zu einer Welle japanischer Exporte nach Asien und in die USA geführt. Die USA versuchten daraufhin, durch protektionistische Maßnahmen – den sogenannten „*Voluntary Export Restraints*" (VER) und „*Orderly Market Agreements*" (OMA) – ihre wettbewerbsschwachen Branchen vor den vermeintlich unfairen japanischen Handelspraktiken zu schützen: 1956 im Bereich Textilien, 1968 und 1974 im Bereich Stahl, 1977 im Bereich Fernseher, 1981 bei Autos und 1986/ 1992/ 1995 im Bereich Halbleiter. Die protektionistischen Maßnahmen der USA waren indes nur zum Teil erfolgreich, da sie lediglich eine Verlagerung der japanischen Strategien in immer technologie- und wertintensivere Bereiche des amerikanischen Marktes zur Folge hatten.[270]

Auch in den folgenden Jahren beherrschten Handelskonflikte das Bild der bilateralen Beziehungen. Während sich die sicherheitspolitische Zusammenar-

---

[266] Hunsberger, Warren: Japan's Economy: From Resource Constraints to External Surpluses, in: Ders. (Hrsg.): Japan's Quest. The Search for International Role, Recognition and Respect. Armonk 1997, S. 35-58 (39-40).

[267] LaFeber 1997, S. 293-294.

[268] Vgl. hierzu: Legewie, Jochen: Außenwirtschaftliche Verflechtungen, in: Deutsches Institut für Japanstudien (Hrsg.): Die Wirtschaft Japans. Strukturen zwischen Kontinuität und Wandel. Berlin/ Heidelberg/ New York 1997, S. 293-316.

[269] Vgl.: Pempel, T.J.: From Exporter to Investor: Japanese Foreign Economic Policy, in: Curtis 1993, S. 105-120 (108).

[270] Vgl.: Hilpert, Hanns Günther: Die US-amerikanische Handelspolitik gegenüber Japan, in: Japan: Analysen und Prognosen, Nr. 138, Dezember 1997, S. 15-24 (15).

beit nahezu reibungslos entwickelte, nahmen die handelspolitischen Debatten zwischen beiden Ländern an Schärfe zu. Dies zeigte sich unter anderem an den entsprechenden uni- und bilateralen Maßnahmen der USA: 1989 wurde Japan unter den Bestimmungen des Artikel 301 des *„US-Trade and Competitive Act“*, der sogenannten Super 301-Klausel, von den USA als Nation mit unfairen Handelspraktiken eingestuft. Das Gesetz sieht vor, daß die Handelspartner der USA, welche mehr als das 1,75-fache ihrer Importe in die USA exportieren, mit Strafzöllen von 100% belegt werden.[271] Die unter der Regierung Bush 1989 initiierte *„Structural Impediments Initiative“* (SII) sah einen Abbau der strukturellen Handelshemmnisse vor, etwa durch Verbesserung der physischen Importkapazitäten Japans (Flug- und Seehäfen, Infrastruktur), der Vereinfachung der Zoll- und Einfuhrregelungen, eine Verschärfung der Kartellaufsicht, der traditionellen Keiretsu-Strukturen und einer Preisanpassung japanischer Waren im Ausland an den Weltmarktpreis. Doch die amerikanischen Versuche zur Öffnung des japanischen Marktes und der Deregulierung der japanischen Wirtschaft blieben ohne langfristigen Erfolg.

Spätestens während der ersten Clinton Administration drohten die permanenten Handelskonflikte sowie eine zunehmend negative wechselseitige Wahrnehmung der Bevölkerung beider Staaten die bisherige Konstanz der Sicherheitsbeziehungen zu gefährden.[272] Clinton hatte den Präsidentschaftswahlkampf unter anderem mit einem starken wirtschaftlichen Schwerpunkt bestritten und der Politik der horrenden Militärausgaben der Reagan- und Bush-Ära ein Ende gesetzt. Mit der Wahl Clintons zum amerikanischen Präsidenten im November 1992 hatten dann erstmals die „Revisionisten“ Einfluß auf die Gestaltung der amerikanischen Beziehungen zu Japan. Als revisionistisch bezeichnete die *Business Week* in ihrer Titelstory vom 7. August 1989[273] eine Gruppe von zunächst vier Japanexperten: Chalmers

---

[271] Vgl.: Ebda. S. 17.

[272] Entsprechend wurden immer wieder Artikel veröffentlicht, welche die wechselseitige Bedeutung der Allianz für beide Partner und ihre Erneuerung betonten. So etwa: Holland, Harrison: An Alliance in Need of Therapy. The Troubled US-Japan Relationship, in: Journal of East Asian Affairs, Vol. 7, No. 1 (Winter 1993), S. 186-225; Auer, James: The Imperative U.S.-Japan Bond, in: Orbis, Vol. 39, No. 1 (Winter 1995), S. 37-53; The Economist, 13. April 1996, S. 19-21: „America and Japan: Friends in need.“

[273] Neff, Robert/ Holstein, William/ Magnuson, Paul: Rethinking Japan: The Harder Line Toward Tokyo, in: Business Week, 7. August 1989, S. 44-52.

Johnson, Professor an der University of California, Clyde Prestowitz,[274] Präsident des Economic Strategy Institute in Washington sowie die Journalisten James Fallows,[275] außenpolitischer Ressortleiter des *Atlantic Monthly* und den in Japan lebenden Niederländer Karel van Wolferen. Die Revisionisten verneinen die Grundidee der amerikanischen Wirtschaftspolitik gegenüber Japan, die davon ausging, daß die Wirtschaftssysteme beider Staaten gleich oder zumindest doch gleichartig seien. Nach ihrer Ansicht ist das japanische Wirtschaftssystem nicht mit dem Kapitalismus Amerikas oder des Westens gleichzusetzen. Die japanische Wirtschaftspolitik werde in einem Kontext nationaler Entwicklungsziele konzipiert und durch eine umfassende politische Planung und Kontrolle geprägt. Japan sei grundverschieden von den USA. Es werde durch ein Netz struktureller Marktbarrieren abgesichert und könne von einer geschützten Heimatbasis der Eroberung der Weltmärkte auf Kosten der anderen Volkswirtschaften nachgehen. Das Bestreben nach ökonomischer Autonomie, nicht die Integration der Weltwirtschaft und der Wohlstand aller Wirtschaften, stehe demnach im Vordergrund der japanischen Wirtschaftspolitik. Der japanische Kapitalismus zeichne sich daher durch eine Mixtur aus Planwirtschaft, Marktwirtschaft und einer neomerkantilistischen Außenpolitik[276] aus. Zugleich könnten Änderungen der ökonomischen Struktur Japans aufgrund des feudalistisch geprägten und durch bürokratische Trägheit gekennzeichneten politischen Systems nicht erwartet werden. Aus diesen Gründen seien sämtliche Versuche erfolglos, etwa auf dem Weg der Verringerung von Handelsbarrieren und einem Druck auf verbesserten Marktzugang, wie etwa durch die SII, eine Reduzierung des Handelsbilanzdefizits zu bewirken.[277] Die Revisionisten befürworteten daher

---

[274] Zentral ist sein Buch: Trading Places. How America Is Surrendering Its Future to Japan and How to Win It Back. Mir liegt die in Tokyo 1991 gedruckte Ausgabe des 1988 erschienenen Werkes vor.

[275] Von ihm stammt: The Enigma Of Japanese Power. The First Full-Scale Examination Of The Inner Workings Of Japan's Political/ Industrial System. New York 1990. Erstdruck London 1989.

[276] Der klassische Merkantilismus ist an ein absolutistisches Staatssystem gebunden (Vgl. etwa Preußen unter Friedrich II). Das Ziel ist wirtschaftliche und militärische Macht. Wirtschaftswachstum auf Kosten der anderen Staaten ist hierbei Mittel zum Zweck. Handelsbilanzüberschüsse sind die charakteristischen Kennzeichen eines merkantilistischen Wirtschaftssystems. Vgl. grundlegend: Blaich, Fritz.: Merkantilismus, in: Handbuch der Wirtschaftswissenschaften, Band 5. Stuttgart 1980, S. 240-251.

[277] Vgl.: Asher, David: A U.S.-Japan Alliance for the Next Century, in: Orbis, Vol. 41, No.3, Summer 1997, S. 343-374 (344-345).

eine aggressivere Strategie der USA in ihrer Beziehung zu Japan, die im Rahmen einer speziell auf Japan anzuwendenden Außenwirtschaftspolitik eines *„managed trade“* für spezifische Sektoren konkrete Quoten, Stück- oder Prozentzahlen für amerikanische Exporte nach Japan definieren sollte.[278]

Die Politik des ergebnisorientierten Handels und die Androhung von Vergeltungsmaßnahmen zeitigte jedoch nur unwesentliche numerische Erfolge, die zudem kaum größer waren als in den vorangegangen Administrationen. *Gunther Schnabl* und *Indira Gurbaxani* haben dies in einem Schaubild des fortwährenden Kreislaufs amerikanisch-japanischer Handelsgespräche veranschaulicht: Demnach ist ein Handelsbilanzdefizit seitens der USA gegeben, welches zur Unzufriedenheit mit Japan führt. Japan reagiert hierauf in einer für die USA inadäquaten Weise, was die Androhung von Sanktionen durch Super 301 etc. nach sich zieht. Japan ändert daraufhin seine Position und geht teilweise Zugeständnisse ein, das Handelsbilanzdefizit der USA sinkt jedoch nicht, womit erneut der Ausgangspunkt des Kreislaufs erreicht ist.[279] Inzwischen herrscht in der Literatur die überwiegende Meinung, das amerikanische Handelsbilanzdefizit sei keinesfalls allein auf ein „Japan-Problem“[280] zurückzuführen und müsse daher differenzierter betrachtet werden.[281]

Die Argumentation der Revisionisten[282] wurde insbesondere durch die Phase der japanischen „Seifenblasen-Wirtschaft“ (*bubble economy*) zwischen 1986 und 1992 beeinflußt. Die G-5-Staaten hatten 1985 auf ihrem Treffen im New Yorker Plaza Hotel eine drastische Aufwertung des Yen beschlossen, um so

---

278 Vgl.: Johnson, Chalmers: Japan: Who Governs? The Rise of the Developmental State. New York 1995, S. 111-113.

279 Vgl.: Schnabl, Gunther/ Gurbaxani, Indira: Goals, Decision-Making Mechanisms and Instrument in the Japanese-American Trade Conflict, in: Intereconomics, May/ June 1998, S. 126-135 (131).

280 Vgl. insbesondere: Ravenhill, John: The ‘Japan Problem’ in Pacific Trade, in: Higgott, Richard/ Leaver, John/ Ravenhill, John: Pacific Economic Relations in the 1990s. Cooperation or Conflict. St Leonards 1993, S. 106-132.

281 Vgl.: Hunsberger 1997, S. 35-58; Destler, I.M.: American Trade Politics. Washington DC/ New York1995[3], S. 264-307; Blecker, Robert: The Trade Deficit and U.S. Competitiveness, in: Ders. (Hrsg.): U.S. Trade Policy and Global Growth. Armonk/ London 1996, S. 179-214; Bonker, Don: America’s Trade Crisis. The Making of the U.S. Trade Deficit. Boston 1988 (insbesondere S. 104-113).

282 Vgl. zum folgenden: Asher, David: What Became of the Japanese “Miracle“, in: Orbis, Vol. 40, No. 2 (Spring 1996), S. 215-234.

den massiven Handelsungleichgewichten mit Japan entgegenzusteuern.[283] Dies hatte nicht nur die Auslagerung von aufgrund höherer Lohnkosten unrentabel gewordenen Industrien vor allem nach Südostasien, sondern auch eine Kreditexpansion in Japan zur Folge. Verschiedene Finanzpakete des Finanzministeriums (MOF), eine expansive Geldpolitik der *Bank of Japan* sowie die Senkung des Leitzinses von 5% auf 2,5% hatten die Vermögenswerte und Grundstückspreise in Tokyo innerhalb kürzester Zeit auf ein Zehnfaches ansteigen lassen. Mit Duldung des MOF ermöglichten es die japanischen Banken ihren Kunden, Kredite bis zu 80% der ohnehin überbewerteten Grundstückspreise aufzunehmen. Diese Kredite wurden zur Spekulation an der Börse genutzt. Die daraus resultierenden wahnwitzigen Renditen dienten dann unter anderem der Schönung der Firmenbilanzen. Wie *David Asher* feststellt, hatten nur sehr wenige Menschen auch in den USA realisiert, daß der Ursprung des dem Plaza-Abkommen folgenden japanischen Hyperwachstums nicht auf die vermeintliche Andersartigkeit der japanischen Wirtschaft, sondern schlicht auf den überhitzten Finanzmarkt zurückzuführen war.[284] Dies galt nicht nur für jene Finanzanalysten, welche die Steigerung des japanischen Wachstums nicht in Prozentpunkten, sondern im Wert des Bruttosozialproduktes verschiedener Staaten prognostizierten.

Die Revisionisten sahen vor diesem Hintergrund nicht nur die Gefahr des Ausverkaufs der USA an Japan (besonders spektakulär zeigte sich dies im Kauf des Rockefeller Centers in New York durch Mitsubishi 1989). Von besonderer Bedeutung war auch die argumentative Verbindung der wirtschaftlichen Macht Japans mit dem Hinweis auf eine daraus resultierende Gefahr nicht nur für den amerikanischen ‚way of life', sondern für die nationale Sicherheit schlechthin.[285] Nach den Worten von *James Fallows*:

> „Unless Japan is contained, therefore, several things that matter to America will be jeopardized: America's own authority to carry out its foreign policy and advance its ideals, American citizens' future prospects within the worlds' most powerful business firms, and also the very system of free trade that America has helped sustain

---

[283] Vgl.: Ito, Takatoshi: Japan and the Asian Economies: A „Miracle" in Transition, in: Brainard, William/ Perry, George (Hrsg.): Brookings Papers on Economic Activity, 2. Washington 1996, S. 205-272 (213-220).

[284] Vgl. Ebda. S. 216.

[285] Vgl. etwa die folgenden aussagekräftigen Titel: Fallows, James: Containing Japan, in: The Atlantic Monthly, May 1989, S. 40-54; Freedman, George/ Lebard, Meredith: The Coming War With Japan. New York 1991.

since the Second World War. The major threat to the free-trade system does nor come from American protectionism. It comes from the example set by Japan. Japan and its acolytes, such as Taiwan and Korea, have demonstrated that in head-on industrial competition between free-trading societies and "capitalist developmental states", the free-traders will eventually loose."[286]

Unter dem Einfluß der Revisionisten wirkten sich die wirtschaftlichen Friktionen zwischen beiden Staaten in zunehmendem Maße auf die sicherheitspolitische Kooperation und die wechselseitige Wahrnehmung der beiden Staaten aus. Revisionisten wie Chalmers Johnson hatten nie einen Hehl daraus gemacht, daß sie die Allianz mit Japan ablehnten. Sie fördere nicht nur die Unselbständigkeit Japans und verlängere seinen Status als von den USA besetztes Land. Sie verhindere auch die Herausbildung echter demokratischer Strukturen oder die Übernahme einer angemessenen sicherheitspolitischen Rolle Japans in Asien-Pazifik.[287] Bis 1995 war die Unzufriedenheit auf beiden Seiten kontinuierlich gewachsen und beeinflußte die wechselseitigen Wahrnehmungen.[288] Japanische Manager und Politiker bezeichneten amerikanische Arbeiter als faul, schlecht ausgebildet und schlecht motiviert, amerikanische Manager als unfähig und überbezahlt.[289] Auf der anderen Seite hatte bereits 1991 eine CIA-Studie offen vor Japan gewarnt:

„They are going to defeat us, to lower our standard of living, and to threaten our national security."[290]

Auch in den Medien spiegelten sich die negativen Wahrnehmungen wider, die bis in die Bevölkerung hineinreichten.[291] So nannten 1992 bei einer Umfrage, von welchem Land die größte Bedrohung für Japan ausgehe, erstmals die meisten der Befragten die USA (25%) noch vor der Sowjetunion (24%) und China (11%).[292] Im April 1995 glaubten erstmals weniger als 50% aller Japaner in einer Umfrage, daß die USA ein verläßlicher Partner seien und Japan im Falle eines Angriffs zu Hilfe kämen, während 38% dies von

286 Fallows 1989, S. 54.
287 Vgl.: Johnson 1995, S. 103-114.
288 Vgl. auch: Mason, David/ Bellerud, Nana Goto: Japan Bashers and America Bashers: Public Opinion and US-Japan Relations in a Time of Transition, in: The Journal of East Asian Affairs, Vol. 10, No. 1 (Winter/ Spring 1996), S. 156-191.
289 Otte, Max/ Grimmes, William: Japans Beziehungen zu den Vereinigten Staaten, in: Maull, Hanns (Hrsg.): Japan und Europa: Getrennte Welten? Frankfurt/ New York 1993, S. 110-139 (117-122).
290 Zitiert in: Far Eastern Economic Review, 27.Juni 1991.
291 Mason/ Belerud 1996, S. 156-191.

vornherein nicht erwarteten.[293] Amerikaner wiederum kritisierten die sicherheitspolitische Freifahrt Japans im Rahmen der Allianz. Bereits 1988 hatte das *Burden-sharing Panel* des U.S. House of Representatives Committee on Armed Services eine unzureichende Beteiligung Japans an den gemeinsamen Verteidigungsanstrengungen festgestellt und eine stärkere Eigenbeteiligung gefordert:

> „Given the substantial limits of what Japan is willing to do for defense, the Panel believes it imperative that the Japanese Government, at a minimum, accelerate its ability to perform the self-defense, "1000-mile and "closing the straits" missions and prepare to carry-out those missions if needed without direct U.S. assistance."[294]

Bilaterale Konflikte innerhalb der Allianz bestehen zudem im Bereich des technologischen Wettbewerbs.[295] Zwar hat Japan in einigen Bereichen einen Vorsprung gegenüber den USA erringen können und sträubt sich vehement gegen amerikanische Versuche der Einflußnahme.[296] Zudem sind die USA an der gemeinsamen Entwicklung von Waffensystemen und an einer Teilhabe an der erfolgreichen japanischen *dual-use*-Technologie[297] interessiert. Dennoch ist insbesondere seit der amerikanischen Hochkonjunktur und vor dem Hintergrund des amerikanischen Vorsprungs im Bereich Software und Telekommunikation evident, daß etwa der japanische Satellitenbau auch von der technologischen Kooperation mit dem Allianzpartner abhängt. Ganz im Gegensatz zur allgemeinen sicherheitspolitischen Kooperation mit den USA hat sich Japan jedoch außergewöhnlich resistent gegen amerikanischen Druck hinsichtlich des Transfers von Waffentechnologie erwiesen. *Peter Katzenstein* sieht in dieser Politik technologischer Autonomie die zentrale japanische Norm wirtschaftlicher Sicherheit verwirklicht:

> „Japan's uncontested norm of economic security and the economic interests of Japanese corporations explain the strong resistance to technology transfer. For Japan, technology is desirable for two reasons. It opens up the prospect for long-term economic growth, and it helps to reduce a vulnerability rooted in dependence on imported raw materials. (...) In Japan, industries are valued for the knowledge they

---

[292] Daten aus Mochizuki 1995, S. 57 und 59.
[293] Daten von: Asher 1997, S. 348.
[294] Zitiert aus: Kato/ Leitch/ Weinstein 1995, S. 29.
[295] Für einen Überblick verweise ich auf den Abschnitt bei Drifte 1998b, S. 72-75.
[296] Vgl.: Katzenstein 1996, S. 138.
[297] Dual-use bezeichnet die zivile *und* militärische Nutzbarkeit von Technologien und Komponenten.

generate as much as for the products they make. This national consensus is so basic that it goes virtually unquestioned."[298]

Beispielhaft für die Konflikte im Bereich der Waffentechnologie ist die Kontroverse, die sich Ende der 80er Jahre zuerst an japanischen Plänen zur eigenen Entwicklung eines Kampfflugzeugs mit dem Kodenamen FS-X entzündet hat.[299] Die FS-X-Debatte[300] deckte die abnehmende technologische Vorrangstellung der USA auf und wies zudem auf eine fundamentale Verschiebung eines dreißig Jahre alten Beziehungsmusters hin, nach dem japanische Firmen durch lizensierte Produktionsprogramme technologisches Wissen aus den USA importierten und dies dann zur Entwicklung eigener Systeme verwendeten.[301] Die Diskussionen im Rahmen der seit 1993 geplanten gemeinsamen Entwicklung eines satellitengestützten Raketenabwehrsystems („Theater Missile Defense", TMD) und die widerstrebende Haltung Japans hierzu weisen erneut auf Japans Ziel der technologischen Unabhängigkeit und Überlegenheit hin. TMD stellt für Japan indes auch ein vielschichtiges finanzielles, rechtliches und außenpolitisches Problem dar. Denn nicht nur sind die geschätzten Kosten des Gesamtprojektes für Japan mit bis zu 10 Milliarden US$ enorm hoch und müßten von der japanischen Regierung auch innenpolitisch vermittelt werden. Es ist zudem unklar, ob die militärische Nutzung des Weltraumes und die faktische Ausweitung der Grenzen der individuellen Selbstverteidigung nicht geltenden japanischen Rechtsnormen widersprechen. Ebenso wird der militärische Nutzen des bislang wenig erfolgreich getesteten TMD-Systems von vielen Experten auch innerhalb der JDA angezweifelt.

---

[298] Ebda. S. 144-145.

[299] Japan hatte 1997 seine Absicht geäußert, ein neues Kampfflugzeug zu entwickeln. Nach anfänglicher Zustimmung aus dem Weißen Haus noch unter der Reagan-Administration war Präsident Bush aufgrund massiven innenpolitischen Drucks gezwungen, die Verträge neu zu verhandeln. Vorangegangen war die Behauptung von Clyde Prestowitz, die bestehende Arbeitsteilung bei der Produktion des Jets komme einem Ausverkauf der amerikanischen Flugzeugindustrie an Japan gleich. Der amerikanische Kongreß forderte daraufhin besseren Zugang zu japanischer Technologie und einen größeren Anteil amerikanischer Rüstungsfirmen an dem Projekt. Letztlich blieben 40% des Gesamtwerts des Projektes, in dessen Verlauf das Mißtrauen zwischen beiden Partnern anwuchs, in amerikanischer Hand.

[300] Vgl. hierzu insbesondere: Samuels, Richard: Rich Nation, Strong Army: National Security and the Technological Transformation of Japan. Ithaca/ New York 1994; Green, Michael: Arming Japan: Defense Production, Alliance Politics, and the Postwar Search for Autonomy. New York 1995 (besonders S. 86-107).

[301] Vgl.: Green 1998, S. 27.

Letztlich steht vor allem die mögliche Entfremdung von China, das sich durch TMD militärisch bedroht sieht, einer raschen Entwicklung entgegen.[302]

Dennoch, trotz der Kontroversen im Bereich der technologischen Kooperation oder der Handelskonflikte der späten 80er und frühen 90er Jahre kann die japanisch-amerikanische Sicherheitspartnerschaft nach einem absoluten Tiefpunkt, der mit der Vergewaltigung eines japanischen Mädchens durch amerikanische Truppenangehörige im September 1995 erreicht wurde, heute als robust bezeichnet werden.[303] Dazu beigetragen hat auf amerikanischer Seite der Versuch, künftig eine Trennung von Wirtschafts- und Sicherheitsfragen im bilateralen Verhältnis zu Japan vorzunehmen. Japan hingegen hat, wie weiter unten beschrieben, durch eine Reihe von Initiativen zum Erhalt der Allianz und zu ihrer Anpassung an die neuen sicherheitspolitischen Rahmenbedingungen in Asien-Pazifik wesentlich beigetragen. Diese Initiativen gipfelten 1997 in der Neuformulierung der gemeinsamen Verteidigungsrichtlinien von 1978, die eine ausgeglichenere Lasten- und Aufgabenverteilung innerhalb der Allianz sowie eine größere Rolle Japans bei der gemeinschaftlichen Sicherung der Großregion anstreben und damit zumindest den bilateralen Beziehungen im Sachbereich Sicherheit ihre lange Zeit bestehende Tendenz zur Desintegration nehmen. Ebenso dürften die neuesten Entwicklungen im Bereich der Außen- und der Handelspolitik eine ähnlich entkrampfende Wirkung auf das bilaterale Verhälnis der beiden Staaten entfalten. So schrumpft einerseits der jahrzehntelange chronische Handelsüberschuß Japans gegenüber dem Rest der Welt dramatisch.[304] Andererseits haben mit der neuen Bush-Administration, die nun wieder in Japan ihren wichtigsten strategischen Partner in Asien sieht, mit Richard Armitage (ehemaliger Vizie-Verteidigungsminister) und Robert Zoellick (Staatsminister im Außenministerium) ausgewiesene Japanexperten die bilateralen Kontakte für die amerikanische Regierung mit Japan aufgenommen,

---

[302] Vgl. hierzu die Gegenüberstellung der Argumente bei Green 1998, S. 32-34 sowie den Überblick von Bates 1997, S. 6-8. Für den neuesten – kritischen – Beitrag zu diesem Thema vgl.: Wilkening, Dean: Ballistic-Missile Defence and Strategic Stability (Adelphi Paper 334). Oxford, May 2000.

[303] Vgl. auch: Okamoto, Yukio: Japan and the United States: The Essential Alliance, in: The Washington Quarterly, Vol. 25, No. 1 (2002), S. 59-72.

[304] „Japans Handelsüberschuß sinkt im Herbst", in: Japan Aktuell, Jg. IX, Heft 1 (November/ Dezember 2000), S. 31; „Japans Handelsüberschuß sinkt weiter", in: Japan Aktuell, Jg. IX, Heft 4 (Mai/ Juni 2001), S. 333-334.

sodaß eine verbesserte Zusammenarbeit im Bereich der Sicherheitspolitik erwartet werden kann.[305]

7.3. China

Durch den Wegfall der Sowjetunion als Akteur aus dem bis dahin gemeinsam mit China und den USA gekennzeichneten tripolaren System in Asien-Pazifik hat *China* einen wachsenden Stellenwert erhalten.[306] Es weitet sein Interessengebiet zunehmend in den asiatisch-pazifischen Raum aus und betreibt mit der Modernisierung seiner Rüstungsbestände, der Ausdünnung und partiellen Neuordnung seiner Streitkräfte sowie dem Ausbau seiner Flotte in der Region eine auf ein gewachsenes Rollenverständnis hinweisende Politik. Zudem waren in China, ganz im Gegensatz zu den südostasiatischen Staaten, aufgrund der relativen ökonomischen Stabilität des Landes keine Budgetkürzungen im Verteidigungshaushalt zu erkennen.[307] Chinas regionales Engagement seit dem Ende des Ost-West-Konfliktes wird dabei äußerst kontrovers eingeschätzt, und es gibt ein Reihe von Argumenten, welche je nach dem theoretischen Standort des Betrachters für oder gegen eine Bedrohung durch China sprechen.[308]

Japans generelle Einstellung zu China ist durch ein hohes Maß an kultureller Affinität gekennzeichnet. Hinzu kommt, daß China überwiegend und in fast schon traditioneller Weise nicht als Bedrohung wahrgenommen wird.[309] Innerhalb japanischer Eliten herrscht die Überzeugung, daß sowohl Japan als auch China die zukünftigen Schlüsselakteure des asiatisch-pazifischen

---

[305] „Japan begrüßt Bush-Regierung mit vorsichtigem Optimismus", in: Japan Aktuell Jg. IX, Heft 1 (November/ Dezember 2000), S. 34-35.

[306] Vgl. auch: Drifte, Reinhard: Japan and Its Security Environment in Asia (Center For Pacific Asia Studies At Stockholm University. Occasional Paper 30) June 1997, S. 9-12 (1997c).

[307] Vgl.: Umbach, Frank: ASEAN and Major Powers: Japan and China – A Changing Balance of Power?, in: Dosch/ Mols 2000, S. 171-213.

[308] Vgl. hierzu zuletzt: Issues and Studies. A Journal of Chinese Studies and International Affairs, Vol. 36, No.1 (January/ February 2000): Special Issue: The "China Threat" Debate. Insbesondere: Marble, Andrew: The PRC at the Dawn of the Twenty-first Century: Why the "China Threat" Debate?, in: Ebda, S. 1-18; Roy, Denny: Restructuring foreign and defence policy. The People's Republic of China, in: McGrew/ Brook 1998, S. 137-155 (146-155).

[309] Vgl.: Soeya, Yoshihide: Japan: Normative Constraints versus Structural Imperatives, in: Alagappa 1998, S. 198-233 (203).

Raumes sein werden. Dabei bleibt die Wahrnehmung Chinas durch Japan ambivalent. So haben die chinesischen Raketentests in den internationalen Gewässern vor Taiwan vom 21. bis 26. Juli und vom 15. bis 25. August 1995 sowie das chinesische Großmanöver vom 8. bis 25. März 1996 im Vorfeld der ersten direkten Präsidentschaftswahlen Taiwans (23. März 1996) deutlich die Bestimmtheit und Aggressivität Chinas bei der Regelung von Angelegenheiten gezeigt, die den Bereich seiner nationalen Souveränität betreffen. Japan übt sich daher gerade in bezug auf die Taiwanfrage in besonderer Zurückhaltung gegenüber China. Dies gilt auch und insbesondere für die 1997 neu formulierten Verteidigungsrichtlinien mit den USA (die sogenannten „Guidelines"). Ihre bewußt vage definierte geographische Reichweite hat heftige Reaktionen in China ausgelöst, und japanische Verteidigungsexperten weigern sich aufgrund der möglichen explosiven Wirkung ihrer Aussagen, öffentlich über diesen Punkt zu sprechen. Japan hält daher weiterhin strikt an seiner „Ein China-Politik" fest. Entsprechend setzt das japanische Verteidigungsweißbuch bei seiner Darstellung der japanisch-taiwanesischen Beziehungen den Begriff des Präsidenten Taiwans in Klammern.[310]

Im Rahmen des 14. Nationalkongresses der Kommunistischen Partei Chinas am 12. Oktober 1992 wurde die „territorial waters law" verkündet und der Bereich des chinesischen Hoheitsgebietes definitorisch extensiv ausgelegt. Der zugleich schwelende Streit um die territoriale Zugehörigkeit der im ostchinesischen Meer gelegenen Tiaoyötai- (im japanischen Sprachgebrauch Sengaku-) Inseln sowie um die von China und einer Reihe von ASEAN-Staaten beanspruchten Paracel- und Spratly-Inseln hat in Japan zur Sorge geführt, China könnte versucht sein, seinen Einflußbereich nach dem Ost-West-Konflikt auszuweiten.[311] Zugleich hat China die Diskussion solcher territorialer Fragen in multilateralen Sicherheitsforen lange Zeit strikt abgelehnt und sich nur widerwillig in einen entsprechenden Dialog mit den asiatisch-pazifischen Staaten begeben.[312] Japan sieht daher Chinas Teilnahme

---

[310] Vgl.: Defense of Japan 1999, S. 47.

[311] Vgl.: Defense of Japan 1998, S. 50; Far Eastern Economic Review, 13. August 1992, Cover Story, S. 14-20: "Treacherous shoals. China's forward policy in the South China Sea has rattled Asean and alarmed the US. The Chinese say they want a peaceful settlement but their actions suggest otherwise."

[312] Hurtzig, Julia/ Sandschneider, Eberhard: National Interest and Multilateral Cooperation: The PRC and its Policies towards APEC and ARF, in: Dosch/ Mols 2000, S. 215-242.

am ARF-Prozeß seit 1995 als wichtiges Mittel der konstruktiven Einbindung des Landes in die Sicherheitsbelange der Großregion.

China und Japan scheinen sich seit 1997 in einer Phase der wechselseitigen Annäherung zu befinden. Auf ihren Gipfeltreffen im September 1997 in China und im November 1998 in Tokyo betonten Hashimoto und Jiang Zemin den Willen beider Staaten zum sicherheitspolitischen Dialog und zur Kooperation. Seit dieser Zeit finden auch regelmäßige militärische Kontakte auf unteren Ebenen zwischen Japan und China statt.[313] Die reibungslose Übergabe Hongkongs an China 1997, der schon auf dem 15. Parteitag der Kommunistischen Partei Chinas im September 1997 ausdrücklich formulierte Wunsch eines politischen Dialogs mit Taiwan sowie die Aufnahme Chinas in die WTO scheinen ebenso auf eine allgemeine Entspannung hinzudeuten. Dies gilt insbesondere für die in Kapitel 12.1. beschriebenen positiven Wirkungen auf das strategische Verhältnis zwischen China und Japan, die sich aus der faktischen wirtschaftlichen Abhängigkeit Chinas von Japan ergeben. Trotz der engen wirtschaftlichen Kontakte zwischen beiden Staaten bleibt auf Seiten Japans eine Restunsicherheit bestehen, die durch eine noch immer fehlende militärische Transparenz sowie die unverhohlene Aggressivität Chinas in Fragen seiner Souveränität und territorialen Integrität am Leben gehalten werden. In diesem Zusammenhang bleiben auch die immer wiederkehrenden Streifragen der japanischen Kriegsentschuldigung, der japanisch-amerikanischen Kooperation in der Entwicklung eines gemeinsamen Raketenabwehrsystems sowie die militärische Kooperation beider Staaten in Asien-Pazifik im Rahmen der zuletzt geänderten gemeinsamen Verteidigungsrichtlinien, die China als Versuch der Eindämmung und als Bedrohung seiner nationalen Interessen vor allem im Hinblick auf Taiwan erachtet, ungelöst.[314] Japans Haltung gegenüber China ist dabei ambivalent. So erhält China umfangreiche wirtschaftliche und finanzielle Unterstützung, während eine Politik des *balancing* gegen China offiziell rundweg abgelehnt wird. Bei aller Ungewißheit in der Frage, wie China seine künftige wirtschaftliche Stärke und militärische Schlagkraft nutzen wird, wenn sein reformbedingtes Aufholprogramm abgeschlossen ist, scheint eine Politik der

---

[313] Vgl.: East Asian Strategic Review 1998-1999, S. 146-151.

[314] Vgl. den Artikel: "Miles to Go", in: Far Eastern Economic Review, 26. November 1998.

ökonomischen Unterstützung und konstruktiven sicherheitspolitischen Einbindung Japans einzige Option. *Richard Grant* schreibt hierzu:

> „Japan's two greatest fears about China are either that it descends into chaos or it becomes so economically and militarily powerful that it is a belligerent hegemon."[315]

Zugleich hat Japan jedoch seit 1994 die klassische, gegen Rußland gerichtete „Nordpriorität" seiner Verteidigung aufgegeben[316] und Truppen zu größeren Teilen nach Süden verlegt. Nach Ansicht von *Yoshihide Soeya* ist zudem seit 1995 ein Perzeptionswandel auf Seiten Japans festzustellen, der Chinas Entwicklung langfristig mit Sorge betrachtet.[317] Ein Wandel der japanischen Chinapolitik weg von einer liberalen Strategie hin zur rhetorischen Konfrontation, wie ihn amerikanische Beobachter festgestellt haben,[318] würde Japan indes genau von dem einzigen Akteur entfremden, mit dem Kooperation nicht nur wirtschaftliche Vorteile nach sich ziehen, sondern von dem auch langfristig die größte potentielle Bedrohung ausgehen kann.[319]

7.4. Die Koreanische Halbinsel

Die strategische Situation auf der Koreanischen Halbinsel stellt den zur Zeit am stärksten wahrgenommenen Bedrohungsfaktor für Japans Sicherheit dar. Dies gilt trotz der Annäherung zwischen Nord- und Südkorea im Rahmen von Kim Dea-Jungs „Sonnenscheinpolitik", die eine beträchtliche Verbesserung der Beziehungen Japans zu Nordkorea zu ermöglichen scheint.[320]

---

[315] Grant, Richard: Japan and Northeast Asia, in: Ders. (Hrsg.): The Process of Japanese Foreign Policy. Focus on Asia. London 1997, S. 107-122 (114).

[316] Vgl.: Sase, Masamori: Japanische Sicherheitspolitik nach dem Kalten Krieg, in: Österreichische Militärische Zeitschrift, 34 3, Mai-Juni 1996, S. 293-300 (297-298).

[317] Vgl.: Soeya 1998b, S. 205.

[318] Vgl.: Green, Michael/ Self, Benjamin: Japan's Changing China Policy: From Commercial Liberalism to Reluctant Realism, in: Survival, Vol. 38, No. 2 (Summer 1996), S. 35-58 (insbesondere 42-50). Heginbotham/ Samuels 1998, S. 183-185.

[319] Gespräch mit Kiichi Fujiwara, Professor für Internationale Politik an der Tokyo Universität am 20.5.1999 und mit Yoshitaka Sasaki, Journalist der Asahi Shimbun am 1. Juni 1999 in Tokyo.

[320] Kim Dea-Jung hat auf dem Gipfeltreffen mit dem japanischen Premierminister Mori in Chong Wa Dae am 29. Mai 2000 seine Unterstützung bei der Verbesserung der japanischen Kontakte zu Nordkorea zugestimmt. Vgl.: Korea Now, June 3, 2000, S. 8-9.

Der Überblick des *National Institute for Defense Studies*[321] über die strategische Sicherheit in Ostasien widmet dem sogenannten „Koreaproblem" mit 46 Seiten den größten Teil seines Berichtes (China: 39 Seiten, Rußland: 29 Seiten). Neben der Frage der Vergangenheitsbewältigung und einer entsprechend negativen Wahrnehmung Japans durch Südkorea bei gleichzeitig positiven Effekten, die sich, wie in Kapitel 12.2 dargestellt, aus einer Vertiefung der bilateralen Wirtschaftsbeziehungen ergeben, betrifft das „Koreaproblem" im wesentlichen Nordkorea. Es zerfällt dabei mindestens in drei einander auch wechselseitig beeinflussende Sachbereiche, die durch ihre Intransparenz die japanische Bedrohungsperzeption noch verstärken: 1) die Gefahr eines eventuell existierenden nordkoreanischen Nuklearwaffenpotentials; 2) die destabilisierende Auswirkung des Exports nordkoreanischer Raketentechnologie und die Möglichkeit, Trägerraketen mit nuklearen Sprengköpfen zu bestücken; 3) die Frage der unbekannten wirtschaftlichen und sozialen Situation in Nordkorea sowie die gewaltsamen oder friedlichen Möglichkeiten einer koreanischen Wiedervereinigung und ihrer Auswirkungen auf Japan.

Trotz der vielfältigen Bedrohungsformen bestehen zwischen Japan und Nordkorea bislang keine offiziellen diplomatischen Beziehungen. Die Annäherung zwischen beiden Staaten ist lange Zeit nicht über inoffizielle Normalisierungsgespräche hinausgekommen. So wurden nach einer Unterbrechung von siebeneinhalb Jahren erst am 5. April 2000 wieder offizielle Verhandlungen zwischen Japan und Nordkorea aufgenommen.[322] Beziehungen bestanden ansonsten lediglich auf nicht-staatlicher Ebene, wie sie erstmals 1990 in einer Dreiparteien-Erklärung zwischen der LDP, der SDPJ und der Kommunistischen Arbeiterpartei Nordkoreas in die Wege geleitet wurden. Die Aufsplitterung der LDP 1993, der Tod der für diese Kontakte maßgeblichen japanischer Politiker sowie fehlende finanzielle Anreize für japanische Firmen haben indes, wenn auch nicht zum völligen Ende dieser persönlichen Diplomatie mit Nordkorea, so doch zu ihrer weitgehenden Unterordnung unter die offizielle Südkorea-Politik Japans und zu einem bestenfalls marginalen Handel geführt. Zugleich sind nach neueren

[321] The National Institute for Defense Studies, Japan: East Asian Strategic Review 1998-1999. Tokyo 1999. Vgl. insbesondere S. 64-76 und 92-110.

[322] Im Juli 2000 kam es dann erstmals zu einem Treffen zwischen dem nordkoreanischen Präsidenten und Premierminister Mori in Pjöngjang.

Schätzungen Finanztransfers in harter Währung zur Unterstützung Nordkoreas durch den *Chosen Soren*, die Vereinigung der pro-kommunistischen koreanischen Bevölkerung Japans, seit 1989 drastisch zurückgegangen und belaufen sich auf weniger als 100 Millionen US$ pro Jahr.[323] Zu den äußerst rudimentär ausgebildeten bilateralen Kontakten Japans zu Nordkorea schreibt *Christopher Hughes*:

> „Compared to neighbouring China with an abundance of cheap labour, advanced economic reforms, and hundreds of millions of consumers, the North Korean market of only 20 million people presents a poor business prospect."[324]

Seit dem Ende des Ost-West-Konfliktes hat sich die wirtschaftliche Situation Nordkoreas dramatisch verschlechtert. Der technologische Stand des Landes entspricht etwa dem der UdSSR der 50er und 60er Jahre. Nordkorea hat heute nicht nur mit Rußland und China seine beiden letzten Verbündeten eingebüßt. Seit 1992 hat Rußland seine Öllieferungen praktisch eingestellt, während China nur noch gegen harte Währung weiterhin zur Lieferung von Rohstoffen bereit ist. Die Flutkatastrophen haben dabei das wirtschaftliche Desaster des Landes zusätzlich verschlimmert. Nach Schätzungen der Vereinten Nationen leiden 20 Millionen Nordkoreaner Hunger.[325] Das Ausmaß der Hungersnöte durch Mißernten kann ebenso wie die Situation der nordkoreanischen Wirtschaft nur vage erahnt werden. Dies trifft gleichfalls auf die hiervon möglichen Auswirkungen auf die Sicherheit Japans zu. Zugleich ist es bislang ebenso wenig möglich gewesen festzustellen, ob die etwa im Zuge der Hungersnot nach der Flutkatastrophe 1995 erfolgten internationalen Hilfsmaßnahmen tatsächlich der Bevölkerung und nicht den Streitkräften zugute gekommen sind. Somit läßt sich nur erahnen, ob und wann eine gewaltsam ausgelöste Implosion des Nordens oder ein militärischer Ausbruchversuch seiner Streitkräfte bevorstehen könnte.[326] Eine mögliche Wiedervereinigung

---

[323] Vgl.: Eberstadt, Nicholas: Financial Transfers From Japan to North Korea. Estimating the Unreported Flows, in: Asian Survey, Vol. 36, No. 5 (May 1996), S. 523-542. Insgesamt leben in Japan etwa 700.000 Koreaner. Schätzungsweise bis zu 200.000 sind Mitglieder des Chosen Soren.

[324] Hughes, Christopher: Japanese policy and the North Korean 'soft landing', in: The Pacific Review, Vol. 11, No. 3 1998, S. 389-415 (407).

[325] Diese Informationen sind entnommen aus: Drifte, Reinhard: Development of the North Korean nuclear industry. (Dinner Debate, European Energy Foundation, Brussels, 22 April 1997) Masch. Man. des Autors (1997a).

[326] Richard Armitage sieht dies als eines der wahrscheinlichsten worst case-Szenarien an: „The second most probable military action is some variation on a suicide option. That is

könnte auf friedlichem Wege – der Süden absorbiert den Norden – oder eben ungeregelt infolge einer Implosion des Nordens erfolgen. In beiden Fällen könnte eine Flüchtlingswelle ungeahnten Ausmaßes nach Japan schwappen. Ein wiedervereinigtes und militärisch dann deutlich erstarktes Korea könnte sich zudem aufgrund der niemals ganz ausgeräumten Spannungen mit Japan zu einem militärisch potenten und aggressiven Nachbarn im Norden entwickeln und nicht nur wegen der gemeinsamen Grenze mit China zur Destabilisierung oder zumindest der völligen Neuordnung der politischen Verhältnisse in Nordostasien beitragen.[327] Aufgrund dieser Faktoren ziehen japanische Experten den gegenwärtigen Status quo eines geteilten Koreas einer – womöglich aus einem politischen Chaos resultierenden – Wiedervereinigung vor. Ein Experte am *Japan Institute of International Affairs* (JIIA) drückte dies so aus: „We hope that the North Korean regime will survive."[328]

Letztlich sind auch Anschläge auf die sich an der gesamten Küstenlinie der Japanischen See befindenden Kernkraftwerke oder terroristische Aktivitäten durch die in Japan lebende nordkoreanische Gemeinschaft unter Führung des Chosen Soren mögliche Gefahren für die Sicherheit und Stabilität Japans. Praktisch seit dem Jahr 1991 sprechen japanische Sicherheitseinrichtungen von einer gegebenen unmittelbaren Bedrohung Japans durch das Nuklearprogramm Nordkoreas. Im Frühjahr 1991 stellte der japanische Nachrichtendienst fest, daß Nordkorea möglicherweise mit der Entwicklung eines nicht-zivilen Nuklearprogramms begonnen haben könnte.[329] 1994 schließlich schienen sich die Ängste Japans zu bewahrheiten, als der Botschafter Nordkoreas in Indien auf Anfrage feststellte: „Our nuclear arms, if developed, would be primarily designed to contain Japan."[330]

---

to say, if it fears impending disintegration and absorption by the ROK, Pyongyang may try to use military force as a bargaining chip to improve the terms of reunification." Ders. in: The Research Institute for International Affairs, Korea (RIIA International Forum Proceedings): New Discourses on a Peace Regime in Northeast Asia and Korea: Contending Views and New Alternatives. Conference held November 22-23, 1996 at the Intercontinental Hotel, Seoul, Korea, S. 1-16 (11).

[327] Vgl.: Mochizuki, Michael: Japan as an Asia-Pacific Power, in: Ross, Robert (Hrsg.): East Asia in Transition. Toward a New Regional Order. Armonk/ New York 1995, S. 124-159 (144).

[328] Interview im JIIA, Tokyo, 24.5.1999.

[329] Vgl.: Katzenstein 1996, S. 137.

[330] Mainichi Daily News, 31. Mai 1994, S. 1.

Bereits im Mai 1993 führte Nordkorea den ersten Test einer ballistischen Rakete des Typs No Dong 1 mit einer Reichweite von etwa 1300 Meilen durch. Auch wenn der Test noch bewies, daß die Rakete nicht in der Lage war, ein spezifisches Ziel punktgenau zu treffen, so war doch ihre Reichweite groß genug, um japanisches Territorium zu erfassen. Das japanische Verteidigungsamt stellte daher 1998 fest:

> „If North Korea actually deploys the Nodong 1, a greater part of Japan would come within its range, depending on the location of deployment in North Korea. Moreover, North Korea seems to be trying to develop missiles with a greater range than the Nodong 1's. North Korea's missile development and its suspected nuclear weapons constitute a factor that could bring instability not only to the Asia-Pacific region but also to the entire international community. Japan, therefore, has a serious concern about the state of the development."[331]

Das Gefühl der Bedrohung innerhalb der japanischen Öffentlichkeit ergibt sich aus einer Verknüpfung von mehreren unbekannten Variablen: Besitzt Nordkorea genug waffenfähiges Plutonium für den Bau mindestens einer Atombombe? Sind seine Trägersysteme ausgereift, so daß sie einen nuklearen Sprengkopf transportieren könnten? Würde Nordkorea tatsächlich das Risiko eines nuklearen Krieges eingehen? Die öffentliche Wirkung des Raketentests vom Mai 1993 wurde durch Entwicklungen der Vormonate weiter verstärkt. Im Februar hatte Nordkorea eine Inspektion durch die Internationale Atomenergiebehörde (*International Atomic Energy Agency*, IAEA) abgelehnt, am 12. März gab das Land vorübergehend seinen Austritt aus dem Atomwaffensperrvertrag (*Nonproliferation Treaty*, NPT) und am 14. Juni 1994 aus der IAEA bekannt.[332] Ein regelrechter Schock für die japanische Bevölkerung war dann schließlich der Abschuß einer zweistufigen Taepo Dong 1-Rakete am 31. August 1998, die über japanisches Gebiet hinweg flog und im Pazifik niederging. Der Abschuß der Rakete, die mit einer geschätzten Reichweite von 2000 Kilometern nach Angabe japanischer Verteidigungsexperten jedes Ziel in Japan erreichen kann und sowohl chemische als auch nukleare Sprengköpfe zu tragen in der Lage ist, stelle einen weiteren Hinweis auf die von Nordkorea ausgehende nukleare Bedrohung für Japan dar.

In einer spontanen Reaktion auf den Zwischenfall setzte Japan vorübergehend seine finanzielle Unterstützung für das KEDO- (*Korean Peninsula Energy*

---

[331] Defense of Japan 1998, S. 37-38.

[332] Nordkorea war erst am 24. August 1992 der IAEA beigetreten.

Development Organization) Projekt aus, mit dem der Austausch von nordkoreanischen Nuklearanlagen, in denen die Anreicherung waffenfähigen Plutoniums vermutet wurde, gegen zwei moderne Leichtwasserreaktoren (LWR) überwacht wird. Die Aussetzung der Zahlungen für KEDO, die erst durch massiven Druck der USA auf Japan am 21. Oktober 1998 wieder aufgenommen wurden, spiegelt die Emotionen auf japanischer Seite wider. Angesichts der Unsicherheit japanischer und internationaler Beobachter hinsichtlich der tatsächlichen, von Nordkorea ausgehenden nuklearen Bedrohung sowie der fortwährenden nuklearen Rhetorik seitens der nordkoreanischen Führung und ihrer Ablehnung internationaler Inspektionen durch die IAEA bleibt das kommunistische und international isolierte Land der Gefahrenherd Nummer Eins in der Wahrnehmung Japans. Dies hat dazu beigetragen, daß sämtliche Zwischenfälle, die durch Nordkorea ausgelöst werden, letztlich mit der nuklearen Bedrohung in Verbindung gebracht werden. Einer leidenschaftslosen Strategie zum Umgang mit voneinander eigentlich getrennten Problembereichen (Verhinderung der Produktion waffenfähigen Plutoniums; Eindämmung des Exports von Raketentechnologie; Handhabung des Prozesses der koreanischen Wiedervereinigung) ist dies sicherlich nicht dienlich. Wie emotionsgeladen die Frage einer möglichen nordkoreanischen Bedrohung in Japan wahrgenommen wird, hat der sogenannte „Fischerbootzwischenfall" vom 23. März 1999 anschaulich demonstriert: Als zwei als Fischkutter getarnte nordkoreanische Schiffe in japanisches Hoheitsgewässer eindrangen und von Patroullienbooten der Behörde für Maritime Sicherheit trotz einer spektakulären Verfolgungsjagd nicht gestellt werden konnten, löste dies eine heftige Reaktion der japanischen Öffentlichkeit und eine Diskussion der rechtlichen Grundlagen der japanischen Vereidigungsfähigkeit aus.[333]

Der letzte, hier zu erwähnende Faktor einer von Nordkorea ausgehenden Instabilität für Japan und die Region ist der Export seiner Raketentechnologie auch in den Mittleren Osten und nach Pakistan. Bislang ist es nicht gelungen, Nordkorea von einer Aussetzung dieser Exporte zu überzeugen, die nicht nur

---

[333] Vgl.: Soeya, Yoshihide: The Correct Use Of Force, in: Look Japan April 1999 (1999b), S. 23; Ders. 1999a, S. 23. Am 22.12.2001 beschossen und versenkten Einheiten der MSDF ein vermutlich nordkoreanisches Schiff, das sich zuvor in der EEZ Japans aufgehalten hatte. Erstmals kamen durch den Einsatz von Waffengewalt des japanischen Militärs nach dem Ende des Zweiten Weltkrieges Menschen ums Leben.

ein einträgliches Geschäft in harter Währung darstellen, sondern zugleich den nationalen Status aufwerten und ein wichtiges Druckmittel in diplomatischen Verhandlungen sind:

> „North Korea is the country with the greatest proliferation of ballistic missiles worldwide. It earns considerable amounts of foreign exchange by selling missiles and the know-how for their production. (...) North Korea is willing to sell to any country that has the necessary cash".[334]

Von besonderer Bedeutung ist hier die militärische Verbindung zwischen Pakistan und Nordkorea. Es wird vermutet, daß Nordkorea, welches Teile seiner Raketentechnologie nach Pakistan exportiert, seinerseits Zugang zu nuklearer Technologie oder entsprechenden Daten aus Pakistan erhalten könnte.[335] Das Problem wird verschärft durch den Konflikt zwischen *Pakistan und Indien* um die Provinz Kaschmir. Beide Staaten, die ihre militärischen Auseinandersetzungen mit zunehmender Schärfe führen, haben 1998 je zwei erfolgreiche Atomtests durchgeführt und einander unverhohlen gedroht. Da die gesamte Technologie einschließlich der Trägersysteme und der Kontrolle bislang nicht ausgereift ist und zudem jegliche Mechanismen der Konfliktprävention oder -eindämmung zwischen beiden Staaten fehlen, zeichnen japanische Experten ein äußerst negatives Bild der Situation:

> „First, unlike the United States and the Soviet Union during the Cold War, India and Pakistan fought wars against each other three times, and even now they routinely exchange sporadic rifle fire across the line of control of Kashmir. Second, both the United States and the Soviet Union have developed and maintain a highly advanced C^3I (communication; command; control; intelligence, C.O.) system to control and operate their nuclear weapons. In addition they are geographically remote from each other. However, as neither India nor Pakistan has the reliable and well developed C^3I systems, and as they are contiguous to each other, the danger of accidental use of their nuclear weapons is high. (...) Especially, if these countries mount nuclear warheads on vulnerable ballistic missiles and the situation, already volatile as it is, deteriorates, chances of triggering the missiles are high."[336]

7.5. Rußland

Die Selbstauflösung des Warschauer Paktes am 31. März 1991 und das Ende der Sowjetunion am Ende des selben Jahres, lösten zunächst keine erkennbare

[334] Zitiert in: Herrmann, Wilfried: Missile Proliferation in Asia, in: Military Technology MILTECH, 3/ 2000, S. 50-54.
[335] Vgl.: East Asian Strategic Review 1998-1999, S. 63.
[336] Ebda. S. 51-52.

Reaktion der japanischen Sicherheitspolitik aus. Obwohl die Sowjetunion der einzige Staat war, der laut japanischer Diktion offiziell eine Bedrohung darstellte, wurde doch diese Bedrohung tatsächlich weit weniger deutlich als in Europa wahrgenommen:[337]

> „Russia is facing Asia with its economically and demographically least developed region. It is for this economic weakness and geographic remoteness - as well as America's security protection - that the Japanese never took the Soviet Union as seriously as the Europeans. For Japanese observers the Soviet Union was a giant on clay feet."[338]

In der Tat bedarf Rußland heute dringend der Wirtschafts- und Finanzhilfe Japans zur Entwicklung der Infrastruktur sowie der Industrie vor allem in seinen östlichen Küstengebieten und in Sibirien. Dennoch, trotz des potentiellen Nutzens, der auch für Japan aufgrund der russischen Bodenschätze und aufgrund der geographischen Nähe besteht, ist das Interesse am Ausbau wirtschaftlicher Kontakte mit Rußland äußerst begrenzt. *Tsuneo Akaha* schreibt zu diesem Umstand:

> „Even more conspicuous are the distant economic relations between two neighboring countries which would seem to gain much from closer economic cooperation: Japan and Russia."[339]

Jede wirtschaftliche Kooperation, wie im übrigen auch der Abschluß eines Friedensvertrages, wird zudem von japanischer Seite mehr oder weniger offen von einer Rückgabe seiner „nördlichen Territorien" abhängig gemacht. Der Streit um die von beiden Staaten beanspruchten südlichen Kurilen, bestehend aus den Inseln Kunashiri, Etorofu, Shikotan und den Habomais, belastet das wechselseitige Verhältnis seit 1945.[340] Japan betrachtet diese Inselgruppe östlich von Hokkaido, die seit Ende des Zweiten Weltkrieges von Rußland besetzt ist, als Annexion seines Staatsgebietes[341] und besteht bis heute auf der Feststellung, daß aufgrund völkerrechtlicher Verträge mit der UdSSR eine klare Trennung seiner nördlichen Territorien von den „echten" Kurilen-Inseln

---

[337] Vgl. auch Soeya 1998b, S. 201.
[338] Drifte 1998b, S. 52.
[339] Akaha, in: Shirk/ Twomey 1996, S. 198.
[340] Vgl. hierzu: Mendl, Wolf: Japan's Asia Policy. Regional security and global interests. London/ New York 1995, S. 52-61.
[341] Vgl. auch: "Diskussion über 'nördliche Gebiete' geht weiter", in: Japan Aktuell, Jg. IX, Heft 4 (Mai/ Juni 2001), S. 344-345; deVillafranca, Richard: Japan and the Northern Territories Dispute. Past, Present, Future, in: Asian Survey, Vol. 33, No. 6 (June 1993), S. 610-624.

existiere, welche von der Insel Uruppu als südlichstem Punkt der Kurilen bis nach Kamtschatka reichen.[342]

Der Wegfall des sowjetischen Einflusses in Asien-Pazifik und das zu erwartende Ende des regionalen Status quo im Sachbereich Sicherheit hatten in Japan ein Gefühl der Unsicherheit ausgelöst. So stellte Außenminister *Michio Watanabe* 1991 in seinem Vorwort zur Ausgabe des außenpolitischen Blaubuchs der japanischen Regierung fest:

> „The movement toward democracy that started in Central and Eastern Europe in 1989 has permeated among many countries, leading to the historical change of the collapse of the Communist domination in the Soviet Union. While the Cold War structure which regulated the post-war international community has come to an end, a new international order has not been clearly identified as yet. Moreover, the international community is still faced with unpredictable problems including disputes and confrontations among countries and nations, poverty, suppression as well as deterioration of the global environment."[343]

In bezug auf Asien-Pazifik vermerkte das verteidigungspolitische Weißbuch Japans noch in seiner englischen Ausgabe von 1998:

> „There have been changes in the military situation in the region surrounding Japan, including a reduction of the Russian forces in the Far East. Nevertheless, large-scale military forces, including those equipped with nuclear weapons, still exist and a number of countries have been expanding and modernizing their military forces. Uncertainty and unpredictability, such as the continuing tension on the Korean Peninsula, remain."[344]

Auffällig ist, daß in der zitierten Passage nicht von einer direkten Bedrohung für die Sicherheit Japans, sondern lediglich von einer durch die Politik bestimmter Staaten induzierten Instabilität für Asien-Pazifik im allgemeinen gesprochen wird (Ausnahme: nördliche Territorien). Die äußerst komplexe sicherheitspolitische Situation in Asien-Pazifik ist selbstverständlich nicht erst nach der Auflösung der Sowjetunion entstanden. Sie wirkt sich jedoch durch den Wegfall der disziplinierenden Klammer der Supermachtbeziehungen, durch neue Kooperations- und Konfrontationsformen sowie durch veränderte rüstungspolitische Verhaltensweisen viel direkter auf das japanische Sicher-

---

[342] Vgl. hierzu die entsprechende offizielle Haltung der japanischen Regierung im Internet unter: http://www.mofa.go.jp/region/europe/russia/territory/index.html.

[343] Ministry of Foreign Affairs, Japan: Diplomatic Bluebook 1991. Japan's Diplomatic Initiatives. Tokyo, December 1991.

[344] Japan Defense Agency: Defense of Japan 1998, S. 83-84.

heitsgefühl aus. Trotz der notorischen Hinweise Japans auf die Besetzung der „nördlichen Territorien“ und des hohen politischen Symbolgehaltes dieser an sich unbedeutenden Inseln[345] stellt Rußland für Japan keine unmittelbare Bedrohung dar. Seit der Auflösung der Sowjetunion sind Truppen und Rüstungen des Rechtsnachfolgers Rußland in großem Umfang aus Ostasien abgezogen worden. Die Ursachen hierfür liegen im problematischen Zustand der russischen Wirtschaft, aber auch in der Verbesserung der Beziehungen zur USA und insbesondere zu China.[346] Doch trotz der Anerkennung reduzierter Manöver in der Umgebung Japans und der weitgehenden Passivität der russischen Pazifikflotte haben noch stets Fragen der Kontrolle der ehemaligen sowjetischen Waffenarsenale sowie das Problem der Demontage der nuklearen Waffen bzw. deren Proliferation einen großen Einfluß auf das japanische Sicherheitsgefühl.[347]

Während durch die sehr persönlich geführte Gipfeldiplomatie zwischen Hashimoto und Jelzin eine Lösung des Konfliktes durch dessen Einbindung in den bis 2000 angestrebten Friedensvertrag zwischen beiden Staaten möglich zu sein schien,[348] ist eine für beide Seiten zufriedenstellende Lösung seither nicht mehr in Sicht. Die Ankündigung des russischen Präsidenten Putin vom

---

[345] In Japan findet das Thema noch stets ein unverändert großes Interesse. Vgl.: Kikuo, Sato: Why Haven't the Northern Territories Reverted to Japan?, in: Journal of Japanese Trade and Industry, No. 2 1996, S. 14-19; Hasegawa, Tsuyoshi: Rethinking the Russo-Japanese Territorial Dispute, in: Japan Echo, Winter 1995, S. 23-31. Interessant ist die durchweg negative Wahrnehmung Rußlands durch die japanische Öffentlichkeit. In einer Umfrage des Public Relations Office 1994 gaben weit über 80% der Befragten an, überwiegend negative oder völlig negative Gefühle gegenüber Rußland zu haben. Über 70% der Befragten bezeichneten die Beziehungen zu Rußland als nicht gut.

[346] Rußland und China haben im April 1996 ein Grenzabkommen (Schanghai-Abkommen) unterzeichnet, welches sich an das auf dem KSZE-Gipfel in Budapest 1994 verabschiedete Wiener Abkommen zu gemeinsamen Sicherheits- und Vertrauensbildenden Maßnahmen anlehnt. Vgl.: Acharya, Amitav: Confidence-Building Measures in the Asia-Pacific: Their Relevance to the UN Conventional Arms Register, in: Chalmers, Malcolm/ Donowaki, Mitsuro/ Greene, Owen (Hrsg.): Developing Arms Transparency: The Future of the UN Register. (Bradford Arms Register Studies, No. 7) Bradford 1997, S. 163-176 (186-171).

[347] Vgl.: Defense of Japan 1998, S. 40-46. Das Verteidigungsweißbuch von 1995 sah in Rußland noch eine Bedrohung der regionalen Stabilität: „The existence of Russian forces in the Far East still constitutes a destabilizing factor for the security of this region.“

[348] Vgl.: “Warmth in Siberia. Hashimoto and Yeltsin hope to thaw relations”, in: Far Eastern Economic Review, 30. October 1997, S. 30-31.

27. Januar 2000, die Militärausgaben Rußlands auf Dauer wieder um die Hälfte erhöhen, wird mit Sicherheit nicht zu einer weiteren Entspannung der bilateralen Beziehungen beitragen. Dies um so mehr, als die problematische wirtschaftliche Situation in Rußland sowie ihre eventuelle Auswirkung auf die innere Stabilität und die Außenpolitik des Landes aufmerksam beobachtet wird. Zuletzt werden Rußlands Waffenexporte in die Region im Zuge der Umgestaltung seiner Rüstungsindustrie als wesentliche Triebfeder einer Rüstungsspirale angesehen.[349]

7.6. Die Auswirkungen des Zweiten Golfkrieges

Wohl kaum ein anderes internationales Ereignis hat sich in solch fundamentaler Weise auf die Eigenwahrnehmung Japans, sein Rollenverständnis und die Grundkonzeption seiner Außenbeziehungen ausgewirkt wie der Zweite Golfkrieg.[350] Er schuf einen „Präzedenzfall für die out-of-area-Problematik"[351], konfrontierte Japan erstmals mit „echter und unmittelbarer internationaler Politik"[352] und trug mithin die bis dato akademisch-theoretischen Debatten in Japan über die sicherheitspolitische Rolle des Landes aus dem ‚Glashaus' hinaus in die reale Welt. Japans Entscheidungsangst und Unentschlossenheit während des Konfliktes und die lediglich finanzielle Aufgabenteilung „won the government no friends at

---

[349] Vgl.: „Russia Returns", in: Far Eastern Economic Review, 13. Januar 2000, S. 21.

[350] Dies ist der allgemeine Tenor der Literatur. Ezra Vogel sieht in der Golfkrise den Auslöser für eine international engagiertere Sicherheitspolitik Japans. Vgl.: Vogel, Ezra: Japanese-American Relations After the Cold War, in: Deadalus, Vol. 21, No. 4 (Fall 1992), S. 35-60 (38-43). Johnstone hat den Zweiten Golfkrieg als „Watershed event in Japan's post-war political development" bezeichnet. Johnstone, Christopher: Strained Alliance: US-Japan Diplomacy in the Asian Financial Crisis, in: Survival, Vol. 41, No. 2 (Summer 1999), S. 121-138 (122) (1999b). Peter Polomka sieht im Zweiten Golfkrieg das Ende einer Ära für Japan. Vgl. Ders. 1992b: Japan as peacekeeper: Samurai state, or new international civilian power? (Canberra Papers on Strategy and Defence, No. 97) Canberra 1992, S. 30 und Sukhumbhand Paribatra folgert, der Zweite Golfkrieg „demonstrated the need for Japan's increased political and diplomatic role and accelerated what I call the process of soul-searching to find the most appropriate role for herself." Ders.: The Gulf crisis and its impact on the Asia-Pacific region's political and security developments, in: Hassan, Jawahr/ Mahmood, Rohana (Hrsg.): Towards a New Pacific Order. Proceedings of the Fifth Asia-Pacific Roundtable Kuala Lumpur, June 10-14, 1991. ISIS Malaysia 1991, S. 123-127 (127).

[351] May, Bernhard: Japan in der Krise? Ökonomische und politische Umwälzungen in Japan als Herausforderung für die Triade. Arbeitspapiere zur Internationalen Politik, 95) Forschungsinstitut der Deutschen Gesellschaft für Auswärtige Politik, Bonn 1996.

[352] Interview mit Botschafter Mitsuro Donowaki, Tokyo 27. April 1999.

home and Japan no friends abroad."[353] Die daraus resultierenden massiven Spannungen mit den USA führten erstmals zu einer strategischen Debatte in Japan, was zu tun sei, damit die Sicherheitspartnerschaft mit den USA einen „dritten" Golfkrieg überstehen könne. In einer im Auflösen begriffenen bipolaren Weltordnung machte der Krieg am Golf deutlich, daß eine Sicherheitspolitik nach dem Motto ‚Bezahlen und Zusehen' nicht länger zeitgemäß war und löste eine offene Diskussion in Japan über die zukünftige internationale Rolle des Landes aus. Schon aufgrund des völligen Fehlens einer rechtlichen Basis war es Japan nicht möglich gewesen, eigene Truppen zur multinationalen Streitmacht am Golf zu entsenden. Ebenso negativ wirkte sich jedoch aus, daß dem traditionell pro-amerikanisch eingestellten Außenministerium und einem schwachen Premierminister einflußreiche wirtschaftliche Interessen anderer Ministerien entgegenstanden. Das Finanzministerium war bestrebt, die Ausgaben der Regierung niedrig zu halten. Das MITI wollte die ausstehende Rückzahlung von Krediten an Irak in Höhe von 2,5 Milliarden US$ nicht durch eine Kriegsteilnahme gefährden. Da Japan 12% seines Öls von Irak erhielt, hätte Krieg nicht nur den Handel mit Irak geschädigt, sondern auch zu steigenden Ölpreisen geführt.[354]

Nachdem ein erster Gesetzesentwurf zur Entsendung japanischer Streitkräfte zu Friedenserhaltenden Maßnahmen der Vereinten Nationen Ende 1990 gescheitert war, brachte die japanische Regierung nach anfänglichem Zögern und aufgrund politischen Drucks der USA mit 13 Milliarden US$ neben Saudi-Arabien und Kuwait den größten finanziellen Beitrag zur Lösung der Krise auf. Japan hatte bereits vor Beginn der Operation „desert storm" ausdrücklich klargestellt, aufgrund der Verfassungslage keine eigene Truppen zu out-of-area-Einsätzen entsenden zu können. Dennoch wurden nach Ende der Kampfhandlungen Minensuchboote in den Golf geschickt.[355] Um den enormen Finanzbeitrag, der im übrigen größer war als der amerikanische, aufbringen zu können, war Japan unter anderem zu einer Erhöhung der Steuern, zu einer allgemeinen Kürzung des Verteidigungs- sowie des

---

[353] Dore, Ronald: Japan, Internationalism and the UN. London/ New York 1997, S. XIII.

[354] Vgl. den Überblick von: Inoguchi, Takashi: Japan's response to the Gulf Crisis: an analytic overview, in: Ders.: Japan's Foreign Policy in an Era of Global Change. London 1993, S. 98-114.

[355] Vgl.: Woolley, Peter: Japan's 1991 Minesweeping Decision. An Organizational Response, in: Asian Survey, Vol. 36, No. 8 (August 1996), S. 804-817.

Universitätsbudgets gezwungen.[356] Ungeachtet der Frage, ob die japanische Regierung mit diesen Maßnahmen letztlich doch einen Vorteil erzielen konnte, mußten die Entscheidungsträger feststellen, daß es ihnen unmöglich war, sogar dort aktiv an der Lösung eines Konfliktes mitzuwirken, wo vitale Interessen Japans bedroht waren. Gleichfalls war deutlich geworden, daß eine nochmalige Nichtteilnahme Japans bei der militärischen Beilegung eines ähnlichen Konfliktes genug Sprengkraft in sich bergen würde, um die Allianz mit den USA vollends zu zerstören.[357]

Trotz des finanziellen Kraftaktes resultierte Japans Verhalten während des Zweiten Golfkrieges in einem diplomatischen „Supergau", dessen Wiederholung nach Ansicht japanischer Entscheidungsträger unter allen Umständen vermieden werden mußte. In diesem Kontext bezeichneten *sämtliche* befragten Personen im Außenministerium und im Verteidigungsamt die folgenden Faktoren als besonders frustrierend:[358] 1) massive Vorwürfe seitens der USA an einer vermeintlichen Freifahrt Japans im Zweiten Golfkrieg; 2) Nichtbeachtung der verfassungsrechtlichen Zwänge insbesondere seitens der USA, welche die Entsendung von Truppen zu diesem Zeitpunkt unmöglich machte; 3) völliges Ignorieren der besonderen Position Japans in der Wahrnehmung durch die asiatischen Staaten und der politischen Gefahren, die durch die Entsendung von japanischen Streitkräften entstanden wären; 4) fehlende Anerkennung seitens der Staatengemeinschaft, daß Japan im Rahmen seiner Möglichkeiten versucht hatte, die Aktion am Golf zu unterstützen; 5) obwohl sich die USA als ein jahrzehntelanger Verbündeter Japans der besonderen rechtlichen und politischen Situation bewußt waren, standen sie in der ersten Reihe der Kritiker Japans; 6) die als äußerst peinlich wahrgenommene Tatsache, daß die Regierung Kuwaits eine ganzseitige Dankesanzeige in der New York Times geschaltet hatte, in der die Flaggen aller Staaten abgedruckt waren, die bei der Befreiung Kuwaits mitgewirkt hatten – nicht jedoch die japanische.

---

[356] Vgl.: Hummel 1996, S. 148-149.

[357] Nur ein Artikel in der sehr polemisch geführten Debatte um Japans Engagement im Zweiten Golfkrieg sei hier stellvertretend genannt: Judis, John: A free ride for the Japanese in the Gulf. Burden Shirking, in: The New Republic, March 4, 1991, S. 21-22.

[358] Für die psychologische Auswirkung des Golfkrieges ist die folgende spontane Antwort eines Angehörigen des Außenministeriums besonders aufschlußreich: „We lost the Gulf War!"

Japans ausschließlich nicht-militärischer Beitrag zur Lösung des Konfliktes und das vermeintlich inadäquate Krisenmanagement führte nicht nur zu einer internationalen Kritik ungeahnten Ausmaßes, die sich im wesentlichen an der Ablehnung Japans entzündete, nach dem Ende des Ost-West-Konfliktes nun endlich die erwartete größere weltpolitische Rolle einzunehmen.[359] Für die Entscheidungsträger in Japan war der Golfkrieg eine einschneidende Zäsur, das faktische Ende der ideellen Grundlagen seiner Sicherheitspolitik und der Beginn einer Zeitrechnung, in der unter neuen weltpolitischen Rahmenbedingungen auch Japan gezwungen war, nicht nur sein Außenverhalten grundlegend zu überprüfen, sondern in der auch deutlich wurde, daß die Allianz mit den USA nicht in der Lage war, den neuen Realitäten gerecht zu werden. Die wohl umfassendste öffentliche Rechtfertigung und Dokumentation des Verhaltens im Golfkrieg seitens der japanischen Regierung erfolgte dann noch 1991 im diplomatischen Blaubuch des Außenministeriums.[360] Sie stellte nicht nur aufs genaueste den Verlauf der Krise dar, sondern widmete sich ausführlich sämtlichen Aktivitäten der japanischen Regierung während und nach Beendigung der Kampfhandlungen sowie die Reaktion auf das bis dahin unbekannte Problem, daß Angehörige der japanischen Botschaft in Kuwait als Geiseln genommen wurden.[361]

7.7. Zusammenfassung

Die geschilderten Rahmenbedingungen ergeben ein sehr heterogenes Bild hinsichtlich der auf Japan wirkenden Bedrohungsformen. So stellt sich das strategische Umfeld in der Nachbarschaft Japans zwar nicht als völlig neu dar. Es kommt jedoch nach dem Ende der Systemkonfrontation gleichsam unvermittelt – ohne Einhegung durch die Supermächte – zum Vorschein und verstärkt den Bedarf nach einer erneuten Regelung. Die vielfältigen Bedrohungswahrnehmungen, mögliche, in ihrer tatsächlichen Dimension kaum erkennbare aggressive Tendenzen, welche etwa den territorialen Konflikten zugrunde liegen, der Waffenhandel, die Auswirkungen von Umweltkatastro-

---

[359] Während der Auflösung der Strukturen des Kalten Krieges hatte Richard Leaver die mögliche neue Rolle Japans diskutiert: Ders.: Restructuring in the Global Economy: From Pax Americana to Pax Nipponica?, in: Alternatives 14 (1989), S. 429-462.

[360] Ministry of Foreign Affairs, Japan: Diplomatic Bluebook 1991. Tokyo 1991, S. 37-62.

[361] Trotz des Ernstes der Lage entbehrt die Darstellung nicht einer gewissen Komik, wenn etwa die japanische Regierung darauf verweist, sie habe beim Versuch, die Sicherheit der Geiseln zu schützen, unter anderem darum gebeten, die japanischen Geiseln mit japanischem Essen zu versorgen. Vgl.: Ebda. S. 60.

phen sowie die Gefahr der wirtschaftlichen oder politischen Destabilisierung von Staaten der Großregion sind in ihrer Gesamtheit nicht zu unterschätzende Faktoren von Instabilität und somit eine potentielle Bedrohung der Sicherheitsinteressen Japans.[362] Im Rahmen seines Konzeptes der Comprehensive Security nutzt Japan konsequent seine ökonomischen Ressourcen zur Gestaltung eines möglichst konfliktfreien strategischen Umfeldes. Dies gilt besonders ausgeprägt für Südostasien, aber auch für die übrigen Schlüsselakteure der Großregion.

Während sich China und Japan in einer fragilen Phase wechselseitiger Annäherung befinden, die Beziehungen zu Rußland in einen Zustand der Stagnation überzugehen scheinen und von Nordkorea das größte unmittelbare Gefahrenpotential für Japan auszugehen scheint, sind die japanischen Beziehungen zu den USA nach einer absoluten Tiefphase Mitte der 90er Jahre heute als positiv stabil zu bewerten. Dies spiegelt sich nicht zuletzt in einer stark verbesserten sicherheitspolitischen Partnerschaft wider. Insbesondere die weitere gemeinsame Entwicklung eines Raketenabwehrsystems würde – trotz aller Kontroversen und der Gefahr der möglichen Entfremdung von China – schon aufgrund der operationellen Notwendigkeiten eine in dieser Form und Dichte noch nicht dagewesene verteidigungspolitische Zusammenarbeit zwischen Japan und den USA herbeiführen.

8. Innerstaatliche Determinanten japanischer Sicherheitspolitik

Das Ende der Bipolarität und die Auflösung der UdSSR markierten nicht nur das Ende eines jahrzehntelangen ideologischen Gegensatzes zwischen den konservativen und progressiven Kräften in Japan und erleichterte Koalitionen zwischen vormals sich unversöhnlich gegenüberstehenden Parteien und Gruppen. Im Verbund mit den strukturellen Änderungen seit Ende des Ost-West-Konfliktes, dem Einfluß des Verhaltens und der Wahrnehmung regionaler Schlüsselakteure sowie den bitteren Erfahrungen Japans im Zuge des Zweiten Golfkrieges lösten diese sich wandelnden inneren Faktoren eine fokussierte Debatte in Japan um die Parameter der künftigen japanischen Sicherheitspolitik aus.[363] Diese Debatte vollzieht sich bis heute im

---

[362] Vgl. hierzu auch: Tanaka, Akihito: Japan's Security Policy in the 1990's, in: Funabashi, Yoichi (Hrsg.): Japan's International Agenda. New York/ London 1994, S. 28-56.

[363] Vgl. hierzu zwei frühe Arbeiten zur internen Debatte über die japanische Sicherheitspolitik: Romana, Elpidio: Security, Politicians and the Public in Japan, in: Kendall,

wesentlichen vor dem Hintergrund einander sich beeinflussender und verstärkender Faktoren: 1) aus der Neuordnung des Parteiensystems seit 1993 sowie einer sich wandelnden Haltung der Öffentlichkeit und der Eliten; 2) aus langfristigen demographischen Veränderungen; 3) aus den Erfahrungen des Katastrophenjahres 1995. Die Auswirkungen dieser innerstaatlichen Determinanten auf die japanische Sicherheitspolitik sollen im folgenden untersucht werden. Abschließend ist zu fragen, ob und welchen erkennbaren Einfluß binnenwirtschaftliche Faktoren auf das sicherheitspolitische Außenverhalten Japans gezeitigt haben.

8.1. Die Neuordnung des Parteiensystems

Im August 1993 nahm erstmals seit 1955 eine japanische Koalitionsregierung aus sieben Parteien die Amtsgeschäfte auf, der nicht die LDP angehörte. Das Ende der über 38 Jahre hinweg ununterbrochen allein regierenden LDP – und damit des sogenannten *55er-Systems*[364] – war zuvor im Oktober 1992 durch die innere Zersplitterung ihrer größten und einflußreichsten Faktion unter der Führung von Takeshita eingeleitet worden.[365] Bereits 1988 hatte der sogenannte *Recruit-Skandal* die Glaubwürdigkeit der LDP erschüttert,[366] als bekanntgeworden war, daß sowohl führende Politiker der Partei als auch Beamte der bis zu diesem Zeitpunkt als völlig unbestechlich geltenden Ministerialbürokratie über Jahre hinweg Bestechungsgelder der einflußreichen, mit

---

Harry/ Joewono, Clara (Hrsg.): Japan, ASEAN, and the United States. (Institute of East Asian Studies, University of California at Berkeley. Research Papers and Policy Studies, 35) Berkeley 1991, S. 49-74; Levin, Norman: Japan's Defense Policy: The Internal Debate, in: Ebda, S. 75-91.

364 Der Begriff wurde 1962 geprägt und bezeichnet das japanische Parteiensystem von 1955 bis 1993. Während dieser Zeit war das japanische Parteiensystem durch die ununterbrochene Regierungsmacht der LDP gekennzeichnet. Andere Parteien existierten zwar, waren jedoch nicht in der Lage, Regierungsverantwortung zu übernehmen. Vgl.: Bruns 1999, S. 79.

365 Vgl. zum folgenden Abschnitt insbesondere: Narita, Norihiko: Changing Japanese Politics. (About Japan Series, 24) Foreign Press Center, Japan 1999, S 7-17; Pyle 1998, S. 131-133; Mochizuki, Mike: Japan. Domestic Change and Foreign Policy. (RAND National Defense Research Institute) Santa Monica 1995, insbesondere S. 3-24; Tadokoro, Masayuki: The End of Japan's „Non Decision" Politics, in: Asian Survey, Vol. 34, No. 11 (November 1994), S. 1002-1015.

366 Vgl. hierzu: Yayama, Taro: The Recruit Scandal. Learning from the Causes of Corruption, in: Journal of Japanese Studies, Vol. 16, No. 1 (1990), S. 93-114; Richardson 1997, S. 11 sowie Pohl, Manfred: Die innenpolitische Entwicklung von Nakasone bis Miyazawa, in: Maull 1993, S. 185-109 (insbesondere 88-96).

Informationen über Arbeitsplätze, Berufschancen und Ausbildungsplätze handelnden Recruit-Firma angenommen hatten. Der Skandal erschütterte massiv wie nie zuvor das Vertrauen der japanischen Wählerschaft in die Arbeit der Regierungspartei und der mit ihr eng verbundenen Bürokratie und Interessengruppen und zwang schließlich auch den damaligen Premierminister Takeshita zum Rücktritt. Eine Reihe weiterer kleiner Skandale hatte dessen Nachfolger, Sosuke Uno, nach kurzer Amtszeit 1989 ebenso zur Demission veranlaßt.[367]

Als im Oktober 1992 bekannt wurde, daß der „Königsmacher" der LDP und Vorsitzende der einflußreichen Takeshita Faktion, *Shin Kanemaru*, ebenfalls Schmiergelder erhalten hatte, untergrub dies ein weiteres Mal die Glaubwürdigkeit der LDP. Kanemaru wurde 1992 und 1993 wegen des Verstoßen gegen das Gesetz zur Regulierung politischer Spenden sowie gegen das Einkommensteuergesetz angeklagt und verurteilt[368] und zog sich danach vollständig aus der Politik zurück. Zugleich wurden auch innerhalb der LDP Forderungen nach einer Reform des Wahlrechts und der Parteienfinanzierung immer lauter artikuliert. Mit dem Rückzug des Königsmachers hatte dessen Faktion ihren wesentlichen Zusammenhalt verloren.[369] In der Folgezeit stand Kanemarus Stellvertreter, *Ichiro Ozawa*, im Mittelpunkt weitreichender Kritik. Nachdem Ozawas Kritiker die Ernennung von *Keizo Obuchi* zum neuen Faktionsvorsitzenden durchgesetzt hatten, gründete Ozawa seine eigene Faktion mit dem Namen *Reformforum 21*.

Ozawas Ziel bestand darin, das politische System Japans zu reformieren. Als Generalsekretär der LDP während des Zweiten Golfkrieges hatte Ozawa gesehen, wie Japans Verhalten im Verlauf der Krise zu einer internationalen Isolierung und Marginalisierung sowie zu einem Respektverlust geführt hatte. Unter dem Slogan, Japan wieder zu einem ‚normalen Staat' zu machen, zielte Ozawa seitdem darauf ab, Japan von seinen konstitutionellen Zwängen zu befreien, die Teilnahme der SDF an Einsätzen der Friedenstruppen zu ermöglichen und eine Neuordnung des Parteiensystems durch eine Reform

---

367 Vgl. zu den Korruptionsskandalen im sogenannten 55er System: Bruns 1999, S. 155-158.

368 Nach einer Hausdurchsuchung wurde bei ihm ein Vermögen in Goldbarren sichergestellt.

369 Vgl.: Stockwin, J.A.A.: New Directions in Japanese Politics, in: Neary, Ian (Hrsg.): Leaders and Leadership in Japan. Richmond 1996, S. 265-275 (266-267).

des Wahlrechts zu erreichen. Premierminister Takeshita war 1988 mit dem erklärten Ziel angetreten, eine Reform des Wahlrechtes durchzusetzen und die Parteienkorruption zu bekämpfen. Die nachfolgenden LDP-Kabinette Uno, Kaifu und Miyazawa hatten sich das selbe Ziel gesetzt. In einer Reihe von Bestechungsskandalen war die öffentliche Unterstützung für die LDP bereits kontinuierlich zurückgegangen. Als das Miyazawa-Kabinett im Frühsommer schließlich beschloß, den Plan einer Wahlrechtsreform für das Unterhaus nicht weiterzuverfolgen, stimmten die Mitglieder der Ozawa-Faktion im Juni 1993 einem Mißtrauensantrag gegen Miyazawa zu.[370] Vor den anschließenden Neuwahlen verließ die Ozawa-Faktion die LDP und gründete mit einer Reihe weiterer Abgeordneter die „Japanische Erneuerungspartei" (*Japan Renewal Party*, JRP). Kurz zuvor waren bereits 10 Mitglieder aus der LDP ausgetreten und hatten mit der „Neuen Partei" (*New Party*, Sakigake) eine weitere politische Reformgruppe gebildet. Mit dem Austritt der beiden Gruppen hatte die LDP ihre Mehrheit im Unterhaus verloren. In den folgenden Wahlen im Juli 1993 konnte die LDP nicht mehr die absolute Mehrheit im Unterhaus gewinnen. Miyazawa trat zurück. Bereits 1992 hatte ein ehemaliges LDP-Mitglied des Reichstags, *Morihiro Hosokawa*, die „Neue Partei Japans" (*Japan New Party*, JNP) gegründet. Ebenfalls als Reformpartei auftretend, hatte die JNP 8% der Stimmen und 4 Sitze in den Wahlen zum Oberhaus von 1992 gewonnen. Nach dem Rücktritt Miyazawas einigten sich die aus der LDP hervorgegangenen drei Splitterparteien mit vier weiteren Oppositionsparteien auf die Bildung einer „Nicht-LDP-Regierung" unter der Präsidentschaft Hosokawas. Das Ende der 38-jährigen Alleinherrschaft der LDP war perfekt.

Das Aufbrechen der LDP-Herrschaft hatte nicht nur sich in rascher Reihenfolge abwechselnde Koalitionsregierungen zur Folge. Wichtiger war insbesondere das Aufweichen traditioneller Maximalpositionen auf Seiten der

---

[370] Sowohl Miyazawas als auch Kanemarus Scheitern hängt maßgeblich mit der Berichterstattung der japanischen Medien zusammen. So wurde Kanemarus Praxis der Annahme von Bestechungsgeldern zum Gegenstand abendlicher Live-Sendungen einer japanischen Nachrichtenstation und erst so zu einem von der Öffentlichkeit nicht länger tolerierten Ereignis. Miyazawa scheiterte in letzter Konsequenz am nicht eingelösten Versprechen politischer Reformen, welches er in einer live gesendeten Talkshow gegeben hatte. Vgl. hierzu: Altman, Kristin: Television and Political Turmoil: Japan's Summer of 1993, in: Pharr, Susan/ Krauss, Ellis (Hrsg.): Media and Politics in Japan. Honolulu 1996, S. 133-163.

Sozialdemokratischen Partei Japans, der SDP (bis 1996: Japan Socialist Party, JSP), die lange Zeit einen unbewaffneten Pazifismus Japans gefordert hatte und die Existenz der SDF strikt ablehnte. Ihr Hauptargument während des Ost-West-Konfliktes war, daß sich die Bedrohung der Sowjetunion allein gegen die USA richte. Japan wäre folglich dann sicher, wenn es sich neutral verhalten und seine Allianz mit den USA beenden würde.[371] Nach dem Ende der Bipolarität und durch ihre Teilnahme an verschiedenen Koalitionsregierungen änderte die SDP ihre Haltung. Unter der ersten sozialdemokratischen Regierung unter *Tomiichi Murayama* erkannte die SDP schließlich die Verfassungskonformität der Selbstverteidigungsstreitkräfte an, akzeptierte die japanische Allianz mit den USA und unterstützte die Teilnahme der SDF an Friedenserhaltenden Einsätzen der UNO.[372] Das Ende der ideologischen Frontstellung zwischen konservativen und progressiven Kräften war damit die Grundlage für eine erste konstruktive Diskussion über die Möglichkeiten und Voraussetzungen einer Teilnahme Japans an der Beilegung internationaler Konflikte sowie – hiermit eng verknüpft – für ein sukzessives Abgehen von der *economics first*-Politik.[373] Mithin war deutlich geworden, daß der Pazifismus der Verfassung spätestens seit dem Zweiten Golfkrieg weniger als ein ehrenvolles Prinzip, sondern vielmehr als eigennützige Ausrede für Passivität wahrgenommen wurde. In der durch das Ende des 55er-Systems verstärkten Debatte über Japans grundlegendes Außenverhalten haben sich vor allem zwei Denkrichtungen durchgesetzt, welche Japan jeweils unterschiedliche internationale Rollen[374] zuschreiben: Im Gegensatz zu pazifistischen Maximalpositionen[375] fordern die Befürworter eines *normalen japanischen Staates* einen international aktiven, auch militärischen, Beitrag Japans zu Frieden und Sicherheit, während die Befürworter eines *zivilen Internationalismus* vor allem eine von Japan ausgehende Zivilisierung der internationalen Beziehungen durch die Anwendung nicht-militärischer Mittel betonen.

---

[371] Vgl.: Soeya 1998c, S. 201.

[372] Vgl.: Nihon Keizai Shimbun, 19. Juli 1994, S. 2.

[373] Vgl.: Finn, Richard: Japan's Search for a Global Role: Politics and Security, in: Hunsbersger 1997, S. 113-130; Takodoro, Masayuki: The End of Japan's "Non-Decision" Politics, in: Asian Survey, Vol. 34, No. 11 (November 1994), S. 1001-1015 (1010-1014).

[374] Kenneth Pyle hat dazu treffend bemerkt: „To be a Japanese nationalist is to be an internationalist." Pyle, Kenneth: Can Japan Lead in the International System?, in: Mason, David/ Turay, Abdul (Hrsg.): Japan, NAFTA and Europe. Trilateral Cooperation or Confrontation? New York 1993, S. 219-241 (220).

[375] Vgl.: Ebda. S. 124-126.

Der Ansatz eines normalen japanischen Staates geht auf den Bericht einer Untersuchungskommission der LDP zur Rolle Japans in der internationalen Gemeinschaft zurück, die von Ichiro Ozawa geleitet wurde.[376] In seinem Buch „Blueprint for a New Japan," das zuerst 1993 erschien, entwickelte er das Konzept des normalen Staates weiter.[377] Ozawa forderte hierin eine aktivere Außen- und Sicherheitspolitik Japans, die sich stärker in UN-Friedensmissionen engagieren und das Recht zur kollektiven Selbstverteidigung anerkennen sollte. Um eine solche Politik zu ermöglichen, schlug Ozawa unter anderem ein neues Wahlsystem, eine Stärkung der Rolle des Premierministers, eine Revision der Verfassung, eine Aufwertung der Allianz mit den USA, in der Japan eine gleichberechtigtere Funktion einnehmen solle, und die Bildung einer asiatisch-pazifischen Ministerkonferenz für Sicherheitsfragen vor. Ausgehend von der negativen Erfahrung Japans im Zweiten Golfkrieg warnte Ozawa vor den Auswirkungen einer weitergehenden Politik der Entscheidungslosigkeit, die den nationalen Interessen entgegenstehen würde. Japan solle damit beginnen, in einer sich wandelnden Welt und vor dem Hintergrund einer positiveren Einschätzung durch die asiatischen Nachbarn seine nationalen Interessen offen zu artikulieren und entschiedener zu verfolgen. Es solle sich mit seiner problematischen Vergangenheit auseinandersetzen und sich an den Kosten von Frieden und Wohlstand in der Welt, an dem es nicht zuletzt als Handelsstaat partizipiere, angemessen beteiligen. Die Stärkung der Entscheidungskompetenzen des Premierministers, eine Wahlrechtsreform und ein Aufbrechen der alten bürokratischen Strukturen sei die innere Voraussetzung für einen solchen normalen Staat, der wie folgt beschrieben wird:

> „What is a „normal nation"? First, it is a nation that willingly shoulders those responsibilities regarded as natural in the international community. It does not refuse such burdens on account of domestic political difficulties. Nor does it take action unwillingly as a result of "international pressure". This is especially relevant where national security is concerned. We don't need to return to the Gulf War or PKO bill debates to see how suddenly eloquent we become in self-righteous arguments about the constitution and other laws whenever security issues arise. We look for ways, however fallacious, to avoid a responsible role.

---

[376] Japan's Role in the International Community: Special Study Report on Japan's Role in the International Community, LDP. Auszüge in: Japan Echo, Vol. 19, No. 2 (Summer 1992), S. 49-58.

[377] Vgl. hierzu im folgenden: Ozawa, Ichiro: Blueprint for a New Japan. The Rethinking of a Nation. Englische Übersetzung. Tokyo/ New York/ London 1994.

> A second requirement of a "normal nation" is that it cooperate fully with other nations in their efforts to build prosperous and stable lives for their people. It must do so on issues that that affect all nations, such as environmental preservation."[378]

Das Für und Wider der Grundlagen und der Ausprägungen einer größeren Rolle Japans wurde auch intensiv in der Öffentlichkeit diskutiert. Ende 1992 hatte die größte Tageszeitung Japans, die konservative *Yomiuri Shimbun*,[379] eine Studie für eine Änderung der Verfassung in Auftrag gegeben. Die gesellschaftlichen Voraussetzungen für eine öffentliche Debatte über eine Verfassungsänderung waren erstmals gegeben. In Umfragen der *Yomiuri* hatten sich bis April 1995 50% der Japaner für eine Revision der Verfassung ausgesprochen (1986: 23%), während nur noch 33% dagegen waren (1986: 57%).[380] Am 3. November 1994 – dem Jahrestag der Verabschiedung der japanischen Verfassung – veröffentlichte die *Yomiuri* dann ihren Vorschlag eines vollkommenen Neuentwurfs der Verfassung,[381] welcher zwar weiterhin eine Absage an den Krieg als Mittel der Politik enthielt, Japan zugleich jedoch das Recht der individuellen und kollektiven Selbstverteidigung zugestand. Überdies räumte er Japan ausdrücklich das Recht ein, eine „Organisation" zur Selbstverteidigung und zum Schutz der nationalen Sicherheit einzurichten, sich an „internationalen" Kooperation[382] zu beteiligen und

---

[378] Ebda. S. 94-95.

[379] Tagesauflage von über 10 Millionen Exemplaren. Die linksgerichtete Asahi Shimbun, die zweitgrößte japanische Tageszeitung, kommt auf etwa 8,4 Millionen Exemplare. Daten entnommen aus: Foreign Press Center, Japan: Fact and Figures of Japan. Tokyo 1999, S. 98.

[380] Daten aus: Japan Echo, Vol. 20, No. 2 (Summer 1993), S. 6.

[381] Vgl. hierzu im folgenden: Yomiuri Shimbun Constitutional Studies Group: A Proposal for a Sweeping Revision of the Constitution, in: Japan Echo, Vol. 22, No. 1 (Spring 1995), 26-29.

[382] An dieser Stelle sei auf die mögliche Doppeldeutigkeit des Textes, vor allem in der japanischen Originalfassung verwiesen. Dore 1997, S. XXIX bemerkt, daß Artikel 13 des Yomiuri-Entwurfs im englischen Text erwähnt, „Japan shall lead active cooperation to the activities of the relevant well-established and internationally recognized organizations." Dies könne zwar verstanden werden als Aufforderung eines japanischen Beitrags zu Friedenserhaltenden Maßnahmen der UNO. Der japanische Text lasse indes offen, ob damit nicht auch ein Beitrag zu militärischen und völkerrechtlich umstrittenen ad hoc-Einsätzen nach Vorbild des Zweiten Golfkrieges gemeint sein könnten. „Whether the translation was a deliberate ploy to give foreigners and Japanese a different impression, there is no way of knowing."

rwies auf die Notwendigkeit der Anerkennung der völkerrechtlichen Pflichten Japans.[383]

Der Yomiuri-Entwurf löste eine engagierte Debatte in Japan aus, an der immer wieder verschiedene große Zeitungen und Persönlichkeiten aus Regierung und Wirtschaft teilnehmen.[384] Exakt sechs Monate nach der *Yomiuri* veröffentlichte die *Asahi Shimbun* einen Gegenentwurf, in dem sie sich insbesondere gegen eine vorschnelle Änderung der Verfassung aussprach.[385] Auch dieser Beitrag zur öffentlichen Meinung, der 3. Mai 1995, war zeitlich gut gelegt, da an diesem Tag im Jahr 1947 die japanische Verfassung in Kraft trat. Der Asahi-Entwurf betonte die Notwendigkeit einer internationalen Rolle Japans auf nicht-militärischem Gebiet und nahm dabei sowohl pazifistische Ideen, wie den Vorschlag der langfristigen Auflösung der Allianz und ihr Aufgehen in einer asiatischen Sicherheitsorganisation nach Vorbild der OSZE als auch den Vorschlag Ozawas auf, SDF zu einer ständigen UN-Reservetruppe zu entsenden.[386] Der Entwurf der *Asahi Shimbun* entspringt einer liberal-pazifistischen Denkrichtung, die indes unterschiedliche Ausprägungen vorweist.[387] Der wichtigste Vertreter des einer eher neo-pazifistischen Grundhaltung zuzuordnenden Konzeptes der *japanischen Zivilmacht*[388] ist der Asahi Shimbun-Journalist *Yoichi Funabashi*. Im Gegensatz zur von Ozawa geforderten ‚Normalisierung' solle Japan danach streben, seine historische Erfahrung mit dem Militarismus sowie seine sich darauf gründenden innerstaatlichen Normen zu internationalisieren. In einem Artikel für die Zeitschrift *Foreign Affairs* hatte Funabashi 1991 erstmals argumentiert, Japan solle einer zweigleisigen Strategie folgen, die sich einerseits aktiv an der

---

[383] Prominente und eloquente Vertreter dieser Denkrichtung meiner Interviewpartner sind etwa Masashi Nishihara, der im Dezember 1999 nach langer Krankheit verstorbene Seizaburo Sato sowie Hisahiko Okazaki, ehemaliger japanischer Botschafter in Thailand und Ken Moroi, Vorsitzender der Chichibu Zement Gesellschaft.

[384] Zu den Argumenten der Befürworter und Gegner einer Verfassungsänderung vgl. auch die Debatte zwischen den beiden früheren Premierministern Nakasone (pro) und Miyazawa (contra) in: Japan Quarterly, Vol. 44, No. 3 (July-September 1997), S. 4-14.

[385] Vgl. auch: The Constitution: Four Newspapers Speak Out. Asahi Shimbun: Beware of Hasty Constitutional Revisionists, in: Japan Echo. Spring 1995, S. 35-39 (38-39).

[386] Vgl.: Asahi Shimbun, 3. Mai 1995, S. 1 und 13-15; Ozawa 1994, S. 119-121.

[387] Vgl. hierzu insbesondere Mochizuki 1997, S. 64-68.

[388] Das hier beschriebene präskriptive Konzept Funabashis hat keine wissenschaftstheoretischen Gemeinsamkeiten mit dem zu Beginn dieser Arbeit referierten Rollenkonzept der Zivilmacht, wie es durch Maull entwickelt worden ist und in der theoriegeleiteten neuen Außenpolitikforschung angewendet wird.

Erhaltung des Weltfriedens beteiligen, sich jedoch anderseits in militärischer Zurückhaltung üben solle. Die eindimensionale, allein auf ökonomische und finanzielle Instrumente rekurrierende Strategie müsse durch eine facettenreiche und an klar definierten Werten orientierte Politik ersetzt werden.[389] Japan solle seine Partnerschaft mit den USA ausbauen und dabei „supportive leadership"[390] demonstrieren.

Obwohl Vertreter dieses Zivilmachtkonzeptes vor allem angesichts der gegenwärtigen Sicherheitssituation in Asien-Pazifik prinzipiell den Erhalt der Allianz wünschen, herrscht kein Einvernehmen darüber, wie sich die bilaterale Partnerschaft weiterentwickeln und ob sie eventuell in einer oder mehreren multilateralen Sicherheitsforen aufgehen soll.[391] Funabashi lehnt die Ersetzung der Allianz durch ein multilaterales Forum ab, sieht aber im parallelen Aufbau multilateraler Sicherheitsstrukturen eine notwendige vertrauensbildende Komponente zur bestehenden Allianz und ihrer Konfliktlösungskompetenz,[392] während auch bestehende Wirtschaftsforen wie etwa die APEC bestens dazu geeignet seien, Japans Entwicklung zur ersten wirklichen Zivilmacht zu fördern:

> „Japan should adhere to its unique power portfolio and seek ways to use its economic strength to gain global political power. Japan must accordingly actively engage in promoting world peace while exercising military restraint. In the old world order, these two goals were assumed to be in conflict. By successfully pursuing both of them to become a new type of global civilian power, Japan can contribute to building the "civilianization" of the international community, thereby fostering an environment that favors Japan's own national interests."[393]

Die negativen Erfahrungen Japans während des Zweiten Golfkrieges und die Verbreiterung der politischen Mitte im Zuge der Ablösung der LDP-Alleinherrschaft 1993 haben insgesamt zur Formulierung eines aktiveren Außenverhaltens geführt. Trotz inhaltlicher Unterschiede, aber auch eben wegen inhaltlicher Gemeinsamkeiten gehören beide referierten Denkrichtungen zum *mainstream* der japanischen Debatte zur Sicherheitspolitik Japans (Vgl.

---

[389] Vgl.: Funabashi, Yoichi: Japan and the New World Order, in: Foreign Affairs, Vol. 70, No. (Winter 1991-1992), S. 58-74 (59, 66-67).
[390] Ebda. S. 67.
[391] Darauf weist Mochizuki 1997, S. 65 hin.
[392] Interview mit Yoichi Funabashi, Tokyo 24. Juni 1999.
[393] Funabashi, Yoichi: Asia Pacific Fusion. Japan's Role in APEC. Washington, DC 1995, S. 246.

Tabelle 3). Weder traditionelle Pazifisten[394] noch populistische Verfechter eines asiatischen Nationalismus[395] haben einen Einfluß auf die Gestaltung der japanischen Außenbeziehungen.

Tab. 3: Gegenüberstellung der beiden wichtigsten Grundhaltungen zum japanischen Außenverhalten[396]

Befürworter eines „normalen Staates“	**Befürworter des Zivilmacht-Konzeptes**
Hintergrund: bisheriges Außenverhalten inadäquat und dysfunktional	Hintergrund: bisheriges Außenverhalten inadäquat und dysfunktional
Reichweite: international	Reichweite: international
Stärkere Betonung *militärischer* Funktionen bei internationaler Kooperation	Stärkere Betonung *nicht-militärischer* Funktionen bei internationaler Kooperation
Ziel: *aktiver japanischer Staat*	Ziel: *aktiver japanischer Staat*
Allianz: beibehalten, eventuell multilaterale Foren für Asien-Pazifik aufbauen	Allianz: beibehalten, aber stärkere Betonung eines unterstützenden Multilateralismus
Militärische Kooperation mit den USA auch *jenseits der Grenzen Japans*	Militärische Kooperation *nur bei der Verteidigung Japans*
Nukleare Abschreckungspolitik	Festhalten an den nicht-nuklearen Prinzipien
Unterstützung der Vereinten Nationen	Unterstützung der Vereinten Nationen
Aktive Teilnahme an Friedenserhaltenden Maßnahmen der UNO ohne Einschränkung und *auch* an Kampfeinsätzen	Aktive Teilname an Friedenserhaltenden Maßnahmen der UNO mit Einschränkungen; *kein* Kampfauftrag
Anerkennung des Rechts auf individuelle und kollektive Selbstverteidigung	Anerkennung lediglich des individuellen Selbstverteidigungsrechts unter dem Prinzip „keine Waffengewalt außerhalb Japans“
Verfassungstext *ändern*	Verfassung *interpretieren*, nicht ändern
Kriegsentschuldigung: nicht notwendige Voraussetzung für Anerkennung in Asien	Umfassende Kriegsentschuldigung notwendig
Förderung wirtschaftlicher Integration in Asien-Pazifik, Handelsliberalisierung	Förderung wirtschaftlicher Integration in Asien-Pazifik, Handelsliberalisierung
Förderung der Menschenrechte und Prävention der Umweltdegradierung	Förderung der Menschenrechte und Prävention der Umweltdegradierung

---

394 Vgl.: Iwanaga, Kenkichiro: *Sengo Nihon no Seito to Gaiko* (Political party and diplomacy in postwar Japan). Tokyo 1985.

395 Ishihara, Shintaro/ Morita, Akio: The Japan That Can Say No. The new U.S.-Japan relations Card. Washington, D.C. 1991. Ishihara, Shintaro/ Mahathir, Mohamad: The Voice of Asia. Two Leaders Discuss the Coming Century. Tokyo 1995.

396 Eigene Zusammenstellung aus der angegeben Literatur.

8.2. Demographische Veränderungen und das Katastrophenjahr 1995

Neben der Neuordnung der Parteienlandschaft und dem Aufbrechen traditioneller Maximalpositionen haben sowohl langfristige demographische Verschiebungen als auch die Erfahrungen während des Katastrophenjahres 1995 auf das bisherige Außenverhalten Japans.

Zwischen 1977 und 1998 hat sich die Rate der über 65-jährigen Japaner von 7,07% auf 16% mehr als verdoppelt. Zugleich fiel der Anteil der unter 15-jährigen bis April 1998 auf 15,2% und lag damit erstmals niedriger als die Zahl der über 65-jährigen.[397] Bevölkerungsstatistiken gehen darüber hinaus von einem Rückgang der japanischen Gesamtbevölkerung von etwa 125 Millionen im Jahr 1995 auf etwa 100 Millionen bis zum Jahr 2050 aus.[398] Aufgrund der niedrigen Geburtenrate und der weltweit höchsten Lebenserwartung wird sich der Anteil der über 65-jährigen an der Gesamtbevölkerung bis 2050 laut amtlichen Schätzungen auf über 32% erhöhen (1995: 14,56%), während der Anteil der unter 15-jährigen auf 13% sinken wird (1995: 16%).[399] Das japanische Verteidigungsamt schätzt, daß die Zahl der männlichen Japaner zwischen 18 und 27 von einem Hoch von 9 Millionen im Jahr 1994 auf 5,7 Millionen im Jahr 2013 zurückgehen wird.[400] Vor dem Hintergrund eines äußerst kompetetiven Arbeitsmarkts werden oft schon frühzeitig die gesamte Schul- und Hochschulausbildung auf dessen Anforderungen ausgerichtet. Die steigende Absolventenzahl der Universitäten und die noch stets mangelnde Attraktivität der SDF in der Bevölkerung stellen gemeinsam mit einer stetig sinkenden Geburtenrate und einem immer größer werdenden Bevölkerungsteil der über 65-jährigen nicht nur ein ökonomisches Problem für Japan dar. Sie untergraben auch mittelfristig den Prozeß der Rekrutierung junger Soldaten und gefährden damit die Grundlagen für die Verteidigungsfähigkeit und den internationalen Einsatz japanischer Truppen.[401]

---

[397] Daten aus: National Institute of Population and Social Security Research, Ministry of Health and Welfare, Tokyo 1998. Abgedruckt in: Facts and Figures of Japan 1999, S. 5-9.

[398] Vgl. ebda. S. 9.

[399] Vgl. ebda.

[400] Vgl.: Defense of Japan 1998, S. 258.

[401] Vgl. „Arthritic Nation“, in: Far Eastern Economic Review, 16. Juli 1998: S. 10-14.

Die sinkende Geburtenrate ist nach Meinung von *Seizaburo Sato* indes auch Bestandteil einer „stillen Revolution“, welche sich momentan in Japan vollziehe. Die sprunghafte Zunahme der Einpersonenhaushalte, die gleichzeitig dramatisch zurückgehende Zahl der traditionellen Dreigenerationen-Familien,[402] der Wegfall der lokalen Gemeinschaften, sinkende Loyalität zum Arbeitsplatz, das Ende der lebenslangen Beschäftigungsgarantie oder auch die Verbesserung der Stellung der Frau werden nach Ansicht Satos langfristige Wirkungen auf die Sozialisation und das Selbstverständnis der Bevölkerung sowie letztlich auf das internationale Auftreten Japans haben:

> „What we see is the end of Japan's homogeneous society something which even the Second World War didn't achieve. These developments will change our culture of pacifism and will trigger changes in Japan's international attitude.“[403]

Das Jahr 1995 geriet im wahren Wortsinne zu einem japanischen *annum horibile*. Am 17. Januar wurde die Stadt Kobe von einem Erdbeben der Stärke 7,2 erschüttert, das 6.433 Tote forderte. Am 20. März wurden bei einem Giftgasanschlag auf U-Bahn-Strecken im Zentrum Tokyos 12 Menschen getötet und über 5000 verletzt. Meldungen über Quälereien unter Schülern, die im April desselben Jahres zu drei Selbstmorden führten, ließen endgültig den Mythos des sicheren Japan verblassen.[404] Die politische Aufbruchstimmung von 1993 war im Reformstau der Hosokawa-Koalition verpufft. Die durch das Ende der Bubble ausgelöste Rezession war in vollem Schwung und eine wirtschaftliche Erholung konnte aufgrund der durch das Kobe-Erdbeben entstandenen ökonomischen Belastungen nicht erwartet werden. Zugleich schien sich der japanisch-amerikanische Handelskonflikt im Mai zu einem echten Handelskrieg auszuweiten, als die seit langem stagnierenden und frustrierenden Automobilverhandlungen zwischen den USA und Japan ergebnislos abgebrochen wurden. Beide Staaten reichten daraufhin eine Beschwerde bei der aus dem GATT hervorgegangenen WTO ein. Im selben Monat verschärften sich die Spannungen weiter, als drei amerikanische Truppenangehörige ein japanisches Mädchen vergewaltigten. 1995 waren nicht

[402] Die Zahl der Einpersonenhaushalte stieg zwischen 1980 und 1997 von 18% auf 25% an, während die Zahl der Dreigenerationen-Familien zwischen 1970 und 1997 von 19,2% auf 11,2% fiel. Vgl.: Facts and Figures of Japan 1999, S. 13.

[403] Interview mit Sato Seizaburo, Tokyo, 10. Mai 1999. Vgl. auch: Bosse, Frederike: Leidet Japans Moral unter seinen eigenen Tugenden? Anmerkungen zur „japanischen Krankheit“, in: APuZ, B50/94, 16. Dezember 1994, S. 19-26.

[404] Vgl.: May 1996, S. 5.

nur 68% aller Japaner mit der Politik ihrer Regierung unzufrieden, auch die japanisch-amerikanischen Beziehungen waren nach Ansicht von Experten nie schlechter gewesen. *Michael Blaker* hatte daher in seinem Jahresüberblick den ironischen Schluß gezogen:

> „Except for Los Angeles Dodgers' Japanese pitcher Hideo Nomo taking National League Rookie of the Year honors, perhaps the only good news for most Japanese is that 1995 is finally over."[405]

Die Katastrophen wiesen auf die unzureichende Vorsorge für solche Fälle und vor allem auf ein vollkommen fehlendes Krisenmanagement seitens der japanischen Regierung und Bürokratie hin. Im Falle des Kobe-Erdbebens wurde mit großer Verspätung und einer schlechten Koordination reagiert. Erst 40 Stunden nach Ausbruch des Bebens trafen SDF am Ort der Katastrophe ein.[406] *Frank Umbach* erwähnt die fatale Auswirkung eines politischen Entscheidungsprozesses, der sich trotz aller situationsbedingten Besonderheiten massiv gegen eine Einbindung des Militärs zur schnellen Hilfe nach der Erdbebenkatastrophe zur Wehr setzte. So war es den SDF verwehrt, den Hilfskräften technisches Material zur Verfügung zu stellen. Ein Angebot der U.S.-Marine, einen Flugzeugträger als schwimmendes Hospital zur Versorgung von Verletzten zu nutzen, wurde über Wochen verschleppt.[407] Im Falle des Saringas-Anschlages stellte sich heraus, daß den Behörden detaillierte Informationen zu den Plänen und Fähigkeiten der Aum-Sekte vorgelegen hatten, und die Gefahr für die Bevölkerung hätte vermieden werden können.[408] Das bislang unbekannte Gefühl der Verletzlichkeit wurde noch zusätzlich durch die Tatsache verstärkt, daß eine Gefahr für die Bevölkerung nicht nur erstmals von *innen* ausgegangen war, sondern daß die Terroranschläge von Angehörigen der gesellschaftlichen Mittel- und Oberschicht verübt worden waren, also dem am stärksten Stabilität und Solidität vermittelnden Teil der japanischen Bevölkerung.[409]

---

[405] Blaker, Michael: Japan in 1995. A Year of Natural and Other Disasters, in: Asian Survey, Vol. 36, No. 1 (January 1996), S. 41-52 (41).

[406] Vgl.: Ebda. S. 43.

[407] Umbach, Frank: The Future of the U.S.-Japan Security Alliance, in: Dosch/ Mols 2000, S. 111-154.

[408] Ebda.

[409] Gibney, Frank: Politics and Government in Japan, in: Maidment, Richard/ Goldblatt, David/ Mitchell, Jeremy (Hrsg.): Governance in the Asia-Pacific. London/ New York 1998, S.51-78 (77).

Die beiden Katastrophen haben in der japanischen Bevölkerung erstmals das Bewußtsein für die Notwendigkeit der Gewährleistung innerstaatlicher Sicherheit geschärft, das bereits in dem Bericht der Comprehensive Study Group von 1980 angemahnt worden war. Sie haben ebenso zur Erkenntnis der Bedeutung einer besseren und effektiveren Kooperation mit dem Militär im Falle nationaler Katastrophen sowie zu einer positiveren Wahrnehmung der SDF und zu der Anerkennung ihres Beitrags zur öffentlichen Sicherheit beigetragen. Während sich die Regierung der Hyogo-Präfektur im Vorfeld des Kobe-Erdbebens aufgrund pazifistischer Argumentation noch geweigert hatte, die SDF in einen gemeinsamen Plan zur Katastrophenhilfe einzubinden[410] und dadurch die Situation verschlimmerte, haben sich die japanischen Streitkräfte durch ihre Hilfeleistung eine größere Akzeptanz in der Gesellschaft erworben. Die erfolgreiche Entsendung japanischer Truppen zu UN-Friedensmissionen nach Kambodscha,[411] Mosambik und Zaire haben ebenfalls dazu beigetragen, daß die japanische Öffentlichkeit dem nationalen und internationalen Einsatz ihrer Streitkräfte heute insgesamt offener gegenübersteht.

8.3. Zur Wirkung binnenwirtschaftlicher Faktoren auf die Sicherheitspolitik Japans

Diese Arbeit hat in früheren Kapiteln bereits mehrfach die Bedeutung des Einsatzes ökonomischer Mittel in der japanischen Sicherheitspolitik zur Gestaltung eines günstigen strategischen Umfeldes gemäß dem Konzept der *Comprehensive Security* hervorgehoben. Die sich hieraus ergebende Frage, ob die ökonomischen Veränderungen, denen Japan im Verlauf und als Folge des Zerplatzens der Spekulationsblase und der Asienkrise ausgesetzt ist, sich nicht gleichfalls auf das sicherheitspolitische Außenverhalten des Landes auswirken, kann bislang mit einem klaren Nein beantwortet werden. Aufgrund der Rezession war zwar, wie in Kapitel 13 gezeigt wird, eine Kürzung des Verteidigungsetats beschlossen worden. Die beschriebenen sicherheitspolitischen Strategien im Rahmen von Japans ARF- und KEDO-Politik wurden indes nicht verändert. Dies gilt ebenso für den Bereich der Verteidigungspolitik im Rahmen der Allianz. So wurden die neuen

---

[410] Vgl.: Soeya 1998b, S. 225.

[411] Nach Meinung von Akio Watanabe war vor allem der Einfluß der positiven Erfahrungen aus der ersten Teilnahme japanischer Truppen an UNO-Blauhelmeinsätzen in Kambodscha psychologisch von großer Bedeutung und ein Wegbereiter für eine günstigere öffentliche Einstellung. Interview in Tokyo, 22. Juni 1999.

Guidelines 1997 zur Vertiefung der japanisch-amerikanischen Allianz gerade in einer Phase wirtschaftlicher Turbulenzen verabschiedet. Japans finanzielle Unterstützung der amerikanischen Truppen vor Ort war zudem bis 1999 kontinuierlich angestiegen.[412] Eine sich aus der Asienkrise oder aus der eigenen Bankenkrise und Rezession ableitende aggressivere außenpolitische Haltung, etwa im bilateralen Verhältnis zu den regionalen Schlüsselakteuren, war bislang ebenfalls so wenig zu erkennen wie ein Rückzug auf unilaterale Politikkonzepte.

Obwohl Japan seit 1997 dramatischen Veränderungen ausgesetzt ist, wirken sich diese zunächst im nationalen und binnenwirtschaftlichen Rahmen aus. So hat die letzte Rezession zu einer in der japanischen Nachkriegsgeschichte bislang unbekannten Arbeitslosigkeit geführt.[413] Im Zuge des am 1. April 1998 gestarteten „Big Bang“ zur Liberalisierung der japanischen Wirtschaft und durch die Zuspitzung der Wirtschaftslage ist zudem ein Aufbrechen der traditionellen japanischen Unternehmensstrukturen, der *Keiretsu*, erkennbar.[414] Keiretsu sind Verbundgruppen von Industrie- und Unternehmenskonglomeraten, in deren Zentrum eine Hausbank steht. Sie haben die japanische Wirtschaft bis heute geprägt und durch gegenseitige Aktienbeteiligungen, Aufsichtsratsmitgliedschaften und Geschäftsverbindungen den Begriff der für ausländische Unternehmen undurchdringlichen „Japan-AG“ entscheidend mitgeprägt. Somit findet heute nicht nur eine allmähliche Entflechtung der Industrie- und Unternehmensstruktur statt. Bankenzusammenschlüsse über alte Keiretsu-Grenzen hinweg weisen darüber hinaus auf einen radikalen Bruch mit der Vergangenheit hin, der zudem ausländischen Unternehmen den Marktzugang deutlich erleichtert.[415]

Dennoch, auch in der aktuellen Umbruchsphase bleiben die Muster japanischen Außenverhaltens bislang unverändert oder ist sogar eine verstärkte Einbindung Japans erkennbar: Südostasien bleibt die wichtigste Zielregion für Japans Außenwirtschaft, während die Direktinvestitionen japanischer Firmen

---

[412] Sie betrug im Jahr 1999 275,6 Milliarden Yen und entsprach damit 47,4% des gesamten japanischen Verteidigungshaushaltes. Vgl. hierzu die Homepage des Foreign Press Center Japan unter: http://www.nttls.co.jp/fpc/e/shiryo/pocket/defense/defense.html.

[413] Im Februar 2000 lag die Arbeitslosenquote bei 4,9 %.

[414] Vgl.: Eli, Max: Japans Wirtschaft im Griff der Konglomerate. Frankfurt 1988.

[415] Vgl.: F.A.Z.-Institut: Länderanalyse Japan, Dezember 1999, S. 17, 24-26.

nach einem vorübergehenden Tief wieder stark angestiegen sind.[416] Dies gilt gleichfalls für den Anteil japanischer ODA, deren Anteil an den Staatsausgaben nach einem kurzen Rückgang 1998 ebenfalls wieder deutlich zunimmt. Gemeinsam mit den finanziellen Hilfsmaßnahmen Japans zur Unterstützung der von der Asienkrise betroffenen Staaten weisen sie auf die weiterhin bestehende enge Verflechtung Japans mit der Großregion sowie auf die gleichbleibend wichtige Rolle Japans hin. So hat Japan trotz eigener notleidender Kredite, die bis zu einem Betrag von 2000 Milliarden US$ geschätzt werden,[417] bereits 1997 mit dem sogenannten *Miyazawa-Plan* ein Kreditprogramm in Höhe von 30 Milliarden US$ zur Unterstützung der von der Asienkrise betroffenen Länder beschlossen und damit massiv zur Stabilisierung der ASEAN-Volkswirtschaften beigetragen. Die langfristigen Kredite des japanischen Finanzministeriums wurden erfolgreich zur Unterstützung Südkoreas, Thailands, Malaysias, Indonesiens sowie der Philippinen eingesetzt und haben neben der Stabilisierung der wirtschaftlichen Lage in den betroffenen Ländern auch eine vertrauensbildende Wirkung gezeigt.[418]

8.4. Zusammenfassung

So wie die externen Rahmenbedingungen haben sich auch die referierten internen Faktoren zu einer heftigen Debatte innerhalb der japanischen Öffentlichkeit bezüglich des japanischen Außenverhaltens im besonderen und zu einer gewandelten Sichtweise auf das internationale Systems im allgemeinen beigetragen. Das Ende der parteipolitischen Frontstellung und die offene Debatte der Grundlagen der japanischen Sicherheitspolitik in der japanischen Öffentlichkeit haben eine prinzipielle Bereitschaft zur Änderung tradierter Normen und zu einer Beendigung der wie auch immer definierten japanischen Sonderrolle erkennen lassen bzw. gefördert. Während sich die Akzeptanz der SDF seit ihrem ersten Einsatz in Kambodscha und durch ihre Rolle während der Katastrophen des Jahres 1995 innerhalb der japanischen Gesellschaft erhöhte, haben sich traditionelle pazifistische Maximalpositionen sowie Forderungen nach einem Ende der Allianz mit den USA vor dem Hintergrund veränderter struktureller Rahmenbedingungen und einer gewandelten

---

[416] Vgl. Ebda. S. 17.

[417] Vgl.: Dieter, Heribert: Die globalen Währungs- und Finanzmärkte nach der Asienkrise: Reformbedarf und politische Hemmnisse. (INEF Report, Heft 41/1999) Duisburg 1999, S. 23.

[418] Vgl.: „Miyazawa-Initiative läuft aus", Japan aktuell 3/00 (Juni 2000), S. 205-206.

öffentlichen Meinung zum Großteil diskreditiert. Insgesamt sind diese Vorbehalte einem ‚strategischen Denken‘ gewichen, welches darauf abzielt, Japan eine aktivere Rolle bei der Gestaltung der internationalen Beziehungen in Asien-Pazifik zukommen zu lassen und möglichst mitgestaltend zur Sicherheit und Stabilität in der Großregion beizutragen. Dieser Trend hat sich auch durch die beschriebenen wirtschaftlichen Herausforderungen nicht erkennbar verändert. Im Gegenteil, Japan scheint durch sie in verstärktem Maße in die Geschicke der Großregion eingebunden.

Die potentielle Instabilität auf der Koreanischen Halbinsel, aber auch der indisch-pakistanische Grenzkonflikt oder der Aufstieg Chinas und Indiens zu regional immer wichtiger werdenden Einflußgrößen der künftigen strategischen Landkarte in Asien-Pazifik erschweren jede sicherheitspolitische Prognose für die Großregion. Als sicher kann in diesem Zusammenhang jedoch gelten, daß schon vor diesem Hintergrund sowohl Japan als auch die USA weiterhin ihre Aufgaben im Rahmen ihrer Allianz wahrnehmen werden. Überdies hat der neue amerikanische Präsident Bush bereits angekündigt, das unter Präsident Clinton begonnene TMD-Projekt weiter zu fördern. Dies bedeutet zugleich eine weiter anwachsende Rolle Japans im Rahmen der strategischen Abschreckung in der Großregion und weist damit mittelfristig auf eine weitere Aufwertung der Allianz hin.

TEIL IV: DIE MULTILATERALEN UND BILATERALEN STRATEGIEN JAPANS SEIT DEM ENDE DES OST-WEST-KONFLIKTES

Die bislang beschriebenen inneren und äußeren politisch-militärischen Rahmenbedingungen haben eine aktivere und engagierte Sicherheitspolitik Japans in Asien-Pazifik ausgelöst. Japans Entscheidungsträger haben sich dabei unterschiedlichen Herausforderungen ausgesetzt gesehen, denen seither vor dem Hintergrund der spezifischen Interessenlagen und Bedrohungsperzeptionen mit unterschiedlichen Strategien begegnet wird. Während aufgrund der nach dem Ende des Ost-West-Konfliktes veränderten externen und internen Rahmenbedingungen ein Handlungsbedarf aufgrund vielfältiger Herausforderungen gegeben ist, kann Japan diesen dennoch nicht ohne weiteres umsetzen. Denn bei der in Asien-Pazifik geführten Diskussion um die sicherheitspolitische Rolle Japans steht wegen seiner militaristischen Vergangenheit auch immer die Frage nach einer Führung Japans und dem möglichen Mißbrauch einer solchen Position im Raum.

Unter diesen Voraussetzungen war daher eine unmittelbar nach dem Ende des Ost-West-Konfliktes einsetzende ambitionierte und eigenständige Sicherheitspolitik, die Japans wirtschaftlichen Status in ein entsprechendes militärisches Machtpotential hätte übersetzen können, nicht zu erwarten. Im Gegenteil, Japan mußte darauf bedacht sein, in enger Anlehnung an die ASEAN durch den Auf- und Ausbau vielschichtiger Kooperation zur allmählichen Neubildung des internationalen Systems und zum günstigen Status quo in Asien-Pazifik beizutragen.[1] Im Blaubuch des Außenministeriums von 1996 wird der Kooperationsgedanke genauer ausgeführt und in drei Ebenen unterteilt: 1) in eine *globale*, im Bereich der UNO beziehungsweise zwischen Japan, Europa und den USA wirksame; 2) in eine *regionale* asiatisch-pazifische, wirksam im Bereich der APEC und des ARF sowie 3) in eine *bilaterale*, insbesondere das japanisch-amerikanische Verhältnis betreffende beziehungsweise die Kontakte Japans zu anderen Staaten der Großregion umfassende. *Yukio Satoh*, einer der im angelsächsischen Bereich bekanntesten Vordenker japanischer Außen- und Sicherheitspolitik, hat sich nach dem Ost-West-Konflikt und insbesondere nach den Erfahrungen

---

[1] Vgl.: Ministry of Foreign Affairs, Japan: Diplomatic Bluebook 1991. Japan's Diplomatic Initiatives. Tokyo, December 1991.

des Zweiten Golfkrieges in einer Reihe von Aufsätzen für eine *vielschichtige* Sicherheitspolitik Japans in Asien-Pazifik ausgesprochen. Eine solche Politik solle, so Satoh, zuvorderst den Erhalt der japanisch-amerikanischen Sicherheitsallianz umfassen, da sie für die Stabilität der gesamten Großregion unabdingbar sei. Daneben forderte Satoh den Aufbau eines institutionellen Rahmens für die Sicherheit in Nord- und Südostasien sowie einen pazifikweiten multilateralen Dialog zur Verbesserung wechselseitigen Vertrauens zwischen den Staaten. Letztendlich sei eine Vertiefung der wirtschaftlichen Kooperation durch die APEC ebenfalls wichtig für die Konsolidierung der Sicherheitsbeziehungen in Asien-Pazifik.[2]

Wie oben gezeigt werden konnte, waren Japans sicherheitspolitische Außenbeziehungen in Asien-Pazifik jenseits seiner Comprehensive Security-Strategie fast ausschließlich bilateral organisiert und von der Allianz mit den USA eingerahmt. Dies war während des Ost-West-Konfliktes nichts außergewöhnliches. Zwar war die Großregion keine ‚institutional desert'. Internationale Sicherheitspolitik in Asien-Pazifik wurde jedoch ganz überwiegend bi- und nicht multilateral organisiert. *Richard Solomon* hat daher geschlossen:

> "Asia has proven remarkably resistant to efforts to fashion al-encompassing security regimes" zugunsten eines "array of sometimes overlapping alliances and political alignments".[3]

Die in dieser Zeit entstandenen Organisationen spiegeln dies deutlich wider: So errichteten die USA bereits in der Frühphase des Ost-West-Konfliktes ein ganzes Netzwerk militärischer Allianzen, das sogenannte *San Francisco-System*. Es bezeichnet jene bilateralen Sicherheitsabkommen, welche die USA während der Friedensverhandlungen mit Japan 1951 mit dem ehemaligen Kriegsgegner sowie mit Australien/ Neuseeland[4] und den Philippinen geschlossen hat. Sie wurden in der Folgezeit durch ähnliche Abkommen mit

---

[2] Asian-Pacific Processes for stability and security': Japan's post Gulf international initiatives. Japanisches Außenministerium, Masch. Man., August 1991; Emerging Trends in Asia-Pacific Security: the role of Japan, in: The Pacific Review, Vol. 8, No. 2, 1995, 267-281.

[3] Ders.: Asian Security in the 1990s: Integration Economics: Diversity in Defense. Zitiert in: Evans, Paul: Emerging patterns in Asia-Pacific security: The search for a regional framework, in: Hassan/ Mahmood 1991, S. 51-68 (63).

[4] „ANZUS" („Australian, New Zealand, and United States Security Treaty").

Südkorea (1953), Taiwan (1954)[5] und mit Thailand (1961) ergänzt.[6] Entsprechend dieser Allianzpolitik der USA war auch die im Februar 1955 errichtete SEATO (South East Asia Treaty Organization), die auf dem ein Jahr zuvor zwischen Großbritannien, den USA, Frankreich, Australien, Neuseeland, Thailand, den Philippinen und Pakistan geschlossenen South-East Asia Collective Defense Treaty (SEACTD) basierte, alles andere als eine multilaterale Sicherheitsinstitution gemäß der Definition in dieser Arbeit. Zwar löste sich die SEATO am 20. Juni 1977 auf. Die ,Naben-und-Speichen-Architektur' bilateraler Sicherheit in Asien-Pazifik, in deren Zentrum die USA standen, blieb jedoch auch weiterhin erhalten. Die Ursachen für diese Resistenz gegenüber dem Multilateralismus in Asien-Pazifik sind vielfältig und sollen hier nur kurz genannt werden.[7]

Einen nachgerade idealistischen Einfluß in Südostasien scheint nach den vielen Jahren unter fremder Kolonialherrschaft insbesondere die Rechtsfigur der staatlichen Souveränität auszuüben. Ein solches Ideal kann sicherheitspolitische Kooperation als entweder unnötig im Prozeß des *Nation-building* oder gar als Schwäche der Führung eines Staates erachten. Zugleich haben ethnische, kulturelle, historische und religiöse Unterschiede sicherheitspolitische Kooperation jenseits der vorzufindenden Bündnissysteme zusätzlich erschwert. Während in Südostasien zwar durchaus unterschiedliche Bedrohungsperzeptionen gegeben waren, konnten diese doch durch einen impliziten Konsens innerhalb der ASEAN eingehegt werden. Entscheidend wirkte sich jedoch aus, daß die Konstellation eines Netzwerkes von Allianzen in ihrer Gesamtheit letztlich gegen China und die Sowjetunion gerichtet war und so

---

5 Die USA beendeten zwar 1978 ihre Allianz mit Taiwan. Der 1979 geschlossene *Taiwan Relations Act* sichert Taiwan jedoch auch weiterhin militärischen Schutz der USA gegen eine Absorption durch China zu.

6 Siehe hierzu: Gaddis, John: Strategies of Containment. New York 1982; Polomka, Peter: East Asian Security in a Changing World, in: Korean Journal of Defense Analysis, Vol. 4, No. 2 (Winter 1992), S. 75-77 (1992a). Auf der Basis eines entsprechenden Memorandum Of Understanding von 1990 unterhalten die USA darüber hinaus auch Basen und maritime Streitkräfte in Singapur.

7 Vgl. zum folgenden Abschnitt: Mak, Joon Num: The Asia-Pacific security order, in: McGrew/ Brook 1998, S. 88-120 (113-114). Dao Huy Ngoc schreibt: „From our ASEAN friends' thinking, the most probable and therefore most serious threat for each country is internal turmoil, political as well as economic." Ders.: Asia-Pacific and Regional Security Cooperation, in: Everett, Michael/ Sommerville, Mary (Hrsg.): Multilateral Activities in South East Asia (Pacific Symposium 1995) Washington 1995, S. 195-207 (198).

der ASEAN politisch gelegen kam. Die Bipolarität hielt quasi die USA – und damit ihre Allianzen – in der Region als Garantiemacht für ein günstiges Sicherheitsumfeld und zugunsten eines stabilen Status quo. Die innerhalb der ASEAN herrschende Ansicht, internationale Politik sei bestimmt durch die Suche nach einer *Balance of Power*, verhinderte zusätzlich die Bildung multilateraler Sicherheitsinstitutionen jenseits traditioneller Allianzen. Die einzig mögliche externe Bedrohung durch den Kommunismus wurde durch das San Francisco-System sowie weitere Pakte der USA mit südostasiatischen Staaten eingedämmt.[8] Ebenso wurde ein mögliches Wiederaufflammen des japanischen Militarismus nach Ansicht der ASEAN durch die Allianz des ehemaligen Aggressors mit den USA wirkungsvoll verhindert.

Da eine solche Sichtweise Japan eben nicht eine seiner wirtschaftlichen Stellung entsprechende legitime politische Rolle ohne weiteres zugestand und da darüber hinaus Sicherheit ohnehin an bilateralen Konzepten orientiert war, erscheint eine genauere Betrachtung der Durchsetzung japanischer Initiativen im Bereich multilateraler Sicherheitsdialoge besonders aufschlußreich. Bevor daher in Kapitel 10 Japans das Konzept und die Durchsetzung der Strategie des weichen Multilateralismus durch Japan diskutiert wird, ist zunächst der Entstehungsprozeß dieser sich im ARF-Prozeß ausdrückenden, relativ neuen multilateralen und schwach institutionalisierten Dialogdiplomatie in Asien-Pazifik in einem Exkurs zu beschreiben.

9. Exkurs: Der ARF-Prozeß – Entstehung, Struktur und Funktion multilateraler Sicherheitsdialoge in Asien-Pazifik

Mit der Gründung der ASEAN 1967 war in Südostasien eine regionale Organisation entstanden, die zum Ziel hatte, den internationalen Beziehungen in Asien-Pazifik durch zwischenstaatliche Kooperation in unterschiedlichen Sachbereichen eine stabile Basis zu verschaffen.[9] Obwohl vom Gründungsdokument der Assoziation nicht ausdrücklich genannt, lag das Hauptaugenmerk

---

[8] Dies sind das „Five Power Defense Arrangement“ (FPDA), ein Konsultationsabkommen zwischen Großbritannien, Australien, Neuseeland, Malaysia und Singapur sowie das Sicherheitsabkommen zwischen Australien und Indonesien von 1995. Vgl. hierzu zuletzt: Tow, William: Assessing U.S. Bilateral Security Alliances in the Asia Pacific's „Southern Rim“: Why the San Francisco System Endures. (Institute for International Studies, Stanford University. Asia/Pacific Research Center) Stanford, Oktober 1999.

[9] Vgl.: Dosch, Jörn: Erstfassung der Habilitationsschrift, Juli 1999, S. 82.

der ASEAN eindeutig auf dem Bereich der Sicherheit.[10] Gemeinsam war ihren Mitgliedern ein Mißtrauen gegenüber dem Kommunismus, die explizite Befürwortung einer Politik der Neutralität sowie das implizite Favorisieren der USA als pazifische Ordnungsmacht.[11] Nicht zuletzt, um sich in der brisanten Indochinafrage neutral zu verhalten, spielte die ASEAN ihre sicherheitspolitischen Funktionen bewußt herunter. Bis zum Ende des Ost-West-Konfliktes blieb sie weitgehend ein exklusiver regionaler Staatenverbund, dessen Mitglieder trotz ihrer jeweiligen bilateralen Militärabkommen mit westlichen Staaten einem inklusiven Sicherheitsmechanismus mit äußeren Mächten prinzipiell ablehnend gegenüber standen. Generell nutzte der Ost-West-Konflikt den politischen Zielen der ASEAN: Er band die USA als Schutzmacht gegen den Kommunismus wirksam an den asiatisch-pazifischen Raum und spielte sowohl die Machtinteressen der westlichen Supermacht als auch die der UdSSR und Chinas gegeneinander aus.

Das Ende des Ost-West-Konfliktes führte aus mehreren Gründen zu einer Neubewertung der sicherheitspolitischen Möglichkeiten, die sich aus dem Multilateralismus für die ASEAN ergaben: Erstens war die übergreifende globale Konfliktlinie verschwunden, die bis dahin jene Sicherheitsstrategien zum Mittel der Wahl machte, welche auf einer Politik der Abschreckung basierten. Zweitens schien Multilateralismus ein geeignetes alternatives Sicherheitsinstrument zu sein, um die Folgen des wahrgenommenen Hegemonieverlustes der USA und des möglichen amerikanischen Truppenabzugs aus Asien-Pazifik abzumildern. *Kusuma Snitwongse* nennt darüber hinaus noch einen weiteren Grund für die Schaffung einer multilateralen Institution: Die Sorge der ASEAN, daß ein Auseinanderbrechen der amerikanisch-japanischen Allianz, sei es aufgrund des Rückzugs der USA oder der Handelskonflikte zwischen beiden Staaten, Japan zur militärischen Aufrüstung verleiten könnte.[12] Tatsächlich war es ja trotz der ostentativen Neutralitätspolitik der Assoziation unumstritten, daß Japan die Region nicht politisch und schon gar nicht militärisch dominieren sollte. Drittens konnte ein wichtiger Einfluß des europäischen KSZE-Prozesses auf den asiatisch-pazifischen Multilateralismus auch trotz der Skepsis bezüglich der Anwend-

---

[10] Vgl.: Dosch 1997a, S. 1.

[11] Vgl.: Dosch 1999, S. 83.

[12] Snitwongse, Kusuma: ASEAN's Security Cooperation: Searching for a Regional Order, in: The Pacific Review, Vol. 8, No. 3 (1995), S. 518-530.

barkeit auf eine vollkommen andere Sicherheitssituation nicht übersehen werden. Viertens konnte der Einfluß Nordostasiens auf die Sicherheit der ASEAN ebenso wenig länger ignoriert werden wie die zunehmende wirtschaftliche und sicherheitspolitische Interdependenz der Großregion, welche die regionalen Dimensionen längst durchdrungen hatte. *Amitav Acharya* schreibt hierzu:

> „Regional security has become more indivisible as ever before since developments in one segment of the region can seriously affect the security of the other. In this context, bilateral and subregional approaches are deemed inadequate for ensuring regional stability."[13]

Letztlich war es der ASEAN auch nicht länger möglich, den wachsenden Einfluß Chinas zu übersehen. Eine Neupositionierung der eigenen Rolle war also nötig geworden, um weiterhin als relevanter Akteur in einer sich globalisierenden und zunehmend multipolaren Welt aufzutreten und um den Status quo in Asien-Pazifik zu erhalten.[14] Aufgrund der traditionell engen Beziehungen zu Japan konnte die wirtschaftliche Supermacht in diesem Zusammenhang ein wichtiger Partner für die Assoziation sein.

9.1. Entstehung

Der heute vorzufindende asiatisch-pazifische sicherheitspolitische Dialogmechanismus,[15] in dessen Zentrum das ASEAN Regional Forum (ARF) steht, reicht in seiner Entstehungsgeschichte bis in die 70er Jahre zurück. Durch die Gründung der ASEAN *Post Ministerial Conferences* (PMC) hatte die Assoziation früh einen institutionalisierten Dialog mit externen Mächten begonnen.[16] Durch die PMC hatte es die ASEAN verstanden, die Aufmerksamkeit weiterer pazifischer und europäischer Staaten auf die Problemfelder und Potentiale Südostasiens zu lenken und damit ihr eigenes Profil

[13] Acharya, Amitav: Making Multilateralism Work: ARF and Security in the Asia-Pacific, in: Everett/ Sommerville 1995, S. 179-193 (183).

[14] Vgl. hierzu auch: Mak 1998, S. 115.

[15] Vgl.: Evans, Paul: Regional Institutions, Regional Identities, in: Mackerras, Colin (Hrsg.): Eastern Asia: An Introductory History. London 1995², S. 564-574.

[16] Vgl. Dosch 1999, S. 86, Anm. 299. Die EG verfügte seit 1972 durch das *Special Coordinating Committee of ASEAN* über informelle Kontakte zum südostasiatischen Regionalverbund. Im Februar 1977 schlug dann ein *Special Meeting of ASEAN Foreign Ministers* vor, unter anderem offizielle Beziehungen zum Ministerrat der Europäischen Gemeinschaft aufzunehmen. Vgl.: http://www.aseansec.org/dialog/meu.htm.

als zentraler Akteur zu schärfen.[17] Eine sicherheitspolitisch relevante Funktion erhielten die PMC jedoch erst durch die *Institutes of Strategic and International Studies* der ASEAN, den ASEAN-ISIS, einem Verband der wichtigsten Think Tanks der Region, der über einen nicht zu unterschätzenden Einfluß auf die Regierungen verfügt. Auf ihrem Treffen in Jakarta vom 2. bis 4. Juni 1991, das Themenvorschläge für den vierten ASEAN-Gipfel in Singapur 1992 ausarbeiten sollte, befürworteten die Mitglieder der ISIS zum ersten Mal die Förderung eines *„Asia Pacific Political Dialogue*“ als eine von insgesamt vier Initiativen der ASEAN. Zunächst wurde die Notwendigkeit einer auch weiterhin zentralen Rolle der ASEAN in jedem möglichen pazifikweiten multilateralen Mechanismus festgestellt und jeder äußeren Einflußnahme auf den multilateralen Sicherheitsprozeß eine deutliche Absage erteilt:

> „ASEAN must play a central role in whatever processes and mechanisms arise. It must do more. It should be creative initiator as well as active participant.
>
> The Asia-Pacific must certainly learn from the experience of other regions. But in the process of establishing the appropriate processes for regional political dialogue for cooperative peace and stability in our region, we should not be encumbered by unnecessary intellectual baggage, terminologies, preoccupations and fixed notions that are either inappropriate, irrelevant, or counter-productive."[18]

Nach Ansicht der ASEAN-ISIS sollte der künftige politische Dialog in Asien-Pazifik auf bereits existierenden Institutionen und Prozessen aufbauen und den folgenden Zielen dienen:

> „1. To contribute to the process of reducing conflict and resolving contentious problems;
>
> 2. To contribute to the enhancement and enrichment of understanding, trust, goodwill and cooperation;

---

[17] Vgl.: Mols, Manfred: Integration und Kooperation in zwei Kontinenten: das Streben nach Einheit in Lateinamerika und Südostasien. Stuttgart 1996, S. 210 (1996b).

[18] ASEAN Institutes of Strategic and International Studies (ASEAN-ISIS): A Time For Initiative. Proposals for the Consideration of the Fourth ASEAN Summit (ASEAN-ISIS Memorandum, No. 1) Juni 1991, S. 4. Diese und die weiteren Dokumente der ASEAN-ISIS wurden mir freundlicherweise von Professor Yoshihide Soeya, Keio-University, Tokyo, zur Verfügung gestellt.

3. To contribute to the constructive management of the emerging international processes in the region, with a view to the establishment of a multilateral framework for cooperative peace."[19]

Zur Verwirklichung dieser Ziele wurde die Ausweitung der ASEAN-PMC zu einem sicherheitspolitischen Diskussionsforum vorgeschlagen:[20]

> „We propose that at the end of each PMC an "ASEAN-PMC initiated conference" be held at a suitable retreat which will allow the appropriate ambiance for the constructive discussion of Asia Pacific stability and peace. It is suggested that the agenda and arrangements for each ASEAN PMC-initiated „Conference on Stability, and Peace in the Asia Pacific" be prepared by a senior officials meeting made up of senior officials of the ASEAN states and the dialogue partners."[21]

Auf dem Juli-Treffen der PMC wurde der Vorschlag der ISIS positiv aufgenommen und beschlossen, daß die ASEAN ein geeigneter Ort der Diskussion regionaler Sicherheitsfragen sei.[22] Entsprechend dieses Beschlusses wurde dann auf dem Singapur-Gipfeltreffen[23] der ASEAN im darauffolgenden Jahr festgestellt:

> „ASEAN could establish fora to promote external dialogues on enhancing security in the region as well as intra-ASEAN dialogues on ASEAN security cooperation (...) taking full cognizance of the Declaration of ASEAN Concord. To enhance this effort, ASEAN should intensify its external dialogues in political and security matters by using the ASEAN Post Ministerial Conferences (PMC)."[24]

Ein weiterer ASEAN-ISIS Workshop in Jakarta am 4. und 5. Juni 1993 hatte die Empfehlung des Singapurgipfels von 1992 aufgenommen. Nachdem das Treffen der ASEAN PMC Senior Officials am 20. und 21. Mai sich erstmals mit Sicherheitsfragen beschäftigt hatte, wurde die ASEAN nun auch offiziell als eine *„community of security interests"* bezeichnet. Erstmals nahmen die

---

[19] Ebda. S. 4-5.

[20] Es sei hier angemerkt, daß auf den ASEAN-PMC bereits seit 1979 politische Themen neben den wirtschaftlichen besprochen wurden. Vgl. hierzu: ASEAN Institutes of Strategic and International Studies: Enhancing ASEAN Security Cooperation. An ASEAN-ISIS Memorandum. ASEAN-ISIS, 5. Juni 1993, S. 11.

[21] Ebda. S. 5.

[22] Vgl.: ASEAN Secretariat Jakarta: The Twenty-Fourth ASEAN Ministerial Meeting and Post Ministerial Conference with the Dialogue Partners. Kuala Lumpur, 19-24 July 1991, S. 47.

[23] Association of Southeast Asian Nations: Background Notes. ASEAN-PMC, Senior Officials Meeting, 18. March 1993., S. 1; „ASEAN Summit Opens with Call for Hard Decisions", Daily Yomiuri, 28 January 1992, S. 1.

[24] ASEAN Secretariat Jakarta 1992, S. 53.

ASEAN-ISIS den Begriff der multilateralen Sicherheitskooperation in das Vokabular der Assoziation auf. Um den inneren und äußeren Herausforderungen auf die Gemeinschaft seit dem Ende des Ost-West-Konfliktes wirkungsvoll zu begegnen, stellten die ISIS fest:

> „In the view of the various challenges above, ASEAN should enhance **multilateral security cooperation**."[25]

Nachdem insbesondere China und die USA ihre ablehnende Haltung gegenüber einem von der ASEAN geführten multilateralen Kooperationsmechanismus aufgegeben hatten, wurde auf dem 26. ASEAN Ministerial Meeting in Singapur am 23. und 24. Juli 1993 das ASEAN Regional Forum als eine Erweiterung der PMC ins Leben gerufen.[26] Wie die Außenminister der ASEAN auf ihrem Singapurgipfel nochmals betont hatten, war der Einfluß der ISIS auf die Gründung des ARF letztlich entscheidend. *Pauline Kerr* erklärt dies mit den engen Verbindungen der ISIS zu den jeweiligen Regierungen und den zum Teil sehr persönlichen Netzwerken zwischen den Gründungsmitgliedern und den Außen- und Verteidigungsministern der ASEAN.[27] Das ARF übernimmt den sogenannten *ASEAN Way*[28], ist also weniger durch einen legalistischen Ansatz und die möglichst rasche Schaffung verbindlicher Regeln und Verfahren gekennzeichnet als durch informelle Dialoge, den allmählichen Auf- und Ausbau persönlicher Kontakte, eine möglichst minimale Institutionalisierung, die Vermeidung offener Gegensätze sowie der Betonung von Gemeinsamkeiten und des Konsenses. Der *Prozeß* des Sicherheitsdialoges ist also wichtiger als die formelle *Struktur* der Institution, innerhalb derer er sich vollzieht. Es überrascht daher nicht, daß die ASEAN entsprechende Vorschläge der UdSSR und Australiens zur Schaffung verbindlicher Vertrauensbildender Maßnahmen (VBM) und der Konfliktlösung ebenso abgelehnt hatte wie wiederholte Initiativen Kanadas zur Errichtung einer asiatisch-pazifischen KSZE.[29]

---

25 ASEAN-ISIS Memorandum 1993, S. 5. Hervorhebung im Original.

26 Vgl. hierzu insbesondere: Leifer, Michael: The ASEAN Regional Forum. (Adelphi Paper 302) Oxford 1996; Ball, Desmond: Maritime Cooperation, CSCAP and ARF, in: Bateman/ Bates 1996, S. 1-22 (9-10).

27 Kerr, Pauline: The Security Dialogue in the Asia-Pacific, in: The Pacific Review, Vol. 7, No. 4 (1994), S. 397-409 (403).

28 Vgl.: Leifer 1996, S. 25-27.

29 Vgl. hierzu: Dosch 2000, S. 87-92, Kerr 1994, S. 401-404, Acharya 1995, S. 183-184, Fukushima 1999, S. 138-147.

Der sicherheitspolitische Dialogprozeß in Asien-Pazifik übernimmt im Ganzen das erfolgreiche Muster des wirtschaftlichen Multilateralismus. Japanische Wissenschaftler, Geschäftsleute und Politiker hatten bereits in den frühen 60er Jahren mit der Förderung multilateraler wirtschaftlicher Kooperationsforen für die gesamte Region begonnen. 1962 führte eine japanische Initiative gemeinsam mit Australien zur Gründung des *Japan-Australia Economic Committee*, in dem 1963 erstmals die Idee eines pazifikweiten wirtschaftlichen Kooperationsforums diskutiert wurde. Das Komitee wurde 1967 durch den *Pacific Economic Cooperation Council* (PBEC) ersetzt. PBEC besteht aus Vertretern von Handel, Industrie und Finanzwesen sowie aus Firmen der gesamten pazifischen Anrainerstaaten. Bis heute sind mehr als 1000 Firmen aus 20 Staaten des asiatisch-pazifischen Raumes Mitglied des nicht-regierungsamtlichen Rates, dessen Ziel in der Vertiefung regionaler wirtschaftlicher Kooperation durch die Einbindung transnationaler Akteure in staatliche Entscheidungsprozesse und der Förderung eines für Handel und Investitionen günstigen Umfeldes besteht.[30] 1965 entwickelte der japanische Ökonom *Kiyoshi Kojima* sein wirtschaftliches Integrationskonzept im Rahmen einer *Pacific Free Trade Area* (PAFTA), welches 1968 mit der Unterstützung des japanischen Außenministers Takeo Miki in die Gründung der *Pacific Trade and Development Conference* (PAFTAD) mündete.[31] Sowohl Miki (während seiner Amtszeit zwischen 1966 und 1968)[32] als auch zehn Jahre später Premierminister Masayoshi Ohira unterstützten massiv den Gedanken einer pazifischen Wirtschaftsgemeinschaft. Ohira hatte 1978 eine Beratergruppe mit dem Namen *Pacific Basin Cooperation Study Group* eingesetzt, die unter der Leitung von Saburo Okita die Möglichkeiten der wirtschaftlichen Kooperation unter den pazifischen Staaten erforschte. Die Vorschläge der Beratergruppe führten dann 1980 mit der Unterstützung Australiens zur Gründung des *Pacific Economic Cooperation Council* (PECC). Mit seinen 22 Mitgliedsstaaten und seiner besonderen Teilnehmerstruktur – er setzt sich zusammen aus in privater Funktion teilnehmenden Regierungsvertretern sowie aus Geschäftsleuten, Akademikern und

---

30 Vgl.: Yamaoka, Michio: PBEC, PECC and APEC (Waseda University Discussion Paper Series, No. 5) Tokyo 1996, S. 7 und 8.

31 Vgl.: Kojima, Kiyoshi: Japan and a Pacific Free Trade Area. Tokyo 1971 (insbesondere S. 71-104, 121-141).

32 Vgl.: Terada, Takashi: The origins of Japan's APEC policy: Foreign Minister Takeo Miki's Asia-Pacific policy and current implications, in: The Pacific Review, Vol. 11, No. 3 (1998), S. 337-368.

Journalisten – fördert PECC die wirtschaftliche Kooperation in der Region und ist das erste transpazifische Forum, welches offen die Errichtung einer formalen internationalen Organisation für ganz Asien-Pazifik im Sachbereich Wirtschaft gefordert hat. Seine besondere Struktur, die es den Mitgliedern erlaubt, auf privater oder „halbstaatlicher“ Ebene Informationen auszutauschen, Ideen zu diskutieren, Handel und Investitionen zu fördern und mithin ein Gefühl der Zusammengehörigkeit zu entwickeln sowie letztlich diese Vielfalt an Erfahrung in den regierungsamtlichen Bereich zu leiten, macht den Rat zu einem der wichtigsten *second-track*-Foren in Asien-Pazifik. Mit der Gründung der APEC im November 1989 war letztendlich die seit den 60er Jahren von vielen Seiten geforderte pazifikweite wirtschaftliche Organisation entstanden. Getragen von ihren heute 20 Mitgliedsstaaten will die APEC insbesondere die Liberalisierung von Handel und Investitionen erreichen sowie umfangreiche wirtschaftliche und technische Kooperation unter ihren Mitgliedern fördern.[33]

9.2. Struktur und Funktionsleistung des ARF-Prozesses

Das erste der bislang acht ARF-Treffen[34] fand am 25. Juli 1994 in Bangkok statt. Teilnehmer der auf drei (!) Stunden angesetzten Zusammenkunft waren die Außenminister der damals sechs ASEAN-Staaten, deren sieben Dialogpartner (Australien, Neuseeland, Japan, Südkorea, Kanada, die USA und die EG) sowie die fünf ‚Gäste‘ und ‚Beobachter‘ Rußland, China, Vietnam, Laos und Papua Neuguinea. Mit Aufnahme der Mongolei (1999) und Nordkoreas (2000) umfaßt das Forum heute insgesamt 23 Staaten.[35] Im Rahmen des ARF kommen die Außenminister der Mitgliedsstaaten einmal pro Jahr zusammen, um in einem informellen Rahmen solche Themen zu besprechen, welche eine negative Wirkung auf die gemeinsame Sicherheit in Asien-

---

[33] Vgl. hierzu: Otto, Carsten: „International Regimes“ in the Asia-Pacific? The Case of APEC, in: Dosch/ Mols 2000, S. 39-66; Soesastro, Hadi: Open Regionalism, in: Maull, Hanns/ Segal, Gerald/ Wanandi, Jusuf (Hrsg.): Europe and the Asia-Pacific. Ithaca/ London 1998, S. 84-96.

[34] Vgl. auch: Rüland, Jürgen: Neue Wege der Zusammenarbeit in Südostasien. Die Gemeinschaft Südostasiatischer Staaten (ASEAN) nach dem 27. Ministertreffen in Bangkok (22.-28. Juli 1994). (Rostocker Informationen zu Politik und Verwaltung, Heft 1) Rostock 1994.

[35] Dies sind: Australien, Brunei, Burma, Kanada, China, die EU, Indien, Indonesien, Japan, Kambodscha, Laos, Malaysia, Mongolei, Neuseeland, Papua Neuguinea, Südkorea, Nordkorea, Philippinen, Rußland, Singapur, Thailand, die USA und Vietnam.

Pazifik haben können und um in dieser Hinsicht regelmäßige konstruktive Dialoge und Konsultationen zu etablieren.[36] Die Zusammenkünfte des ARF finden zwischen den Außenministertreffen der ASEAN (*ASEAN Ministerial Meetings*, AMM) und den ASEAN-PMC statt. Die Sitzungen der ARF-Außenminister werden vorbereitend unterstützt durch ein *ARF Senior Officials Meeting* (SOM), das jährlich im Mai zusammenkommt. Der Vorsitz rotiert jährlich unter den ASEAN-Staaten. Während das 1. ARF lediglich Zeit zu allgemeinen Stellungnahmen ließ, legte ein *Concept Paper* im darauffolgenden Jahr die Aufgaben, Ziele und die Organisation des Forums fest.[37] Die Aufgaben des ARF bestehen demnach darin, Frieden und Sicherheit aufrecht zu erhalten und den Wohlstand der Staaten in Asien-Pazifik zu fördern. Daraus ergibt sich ein dreistufiges Regelungsziel: Zunächst sollen durch das Forum VBM durchgeführt werden. Als zweites wird die Entwicklung von Mechanismen präventiver Diplomatie angestrebt, denen als dritter Schritt die Ausarbeitung von Konfliktlösungsmechanismen folgen kann.[38] Die anvisierten kurz- und mittelfristigen VBM sind die Basis, auf der dann die mittel- bis langfristigen Ziele präventiver Diplomatie und der Konfliktlösung erreicht werden sollen.[39]

Seit dem sechsten ARF 1999 wurden einige Neuerungen eingefürt. So wurde unter anderem beschlossen, die Bereiche Vertrauensbildung und präventive Diplomatie nicht länger getrennt voneinander zu behandeln, sondern diese als ein sich wechselseitig ergänzendes sicherheitspolitisches Instrument zu begreifen und zu nutzen. 2000 wurde zudem die Rolle des ARF-Vorsitzenden gestärkt, was zu einer deutlichen Ausweitung der informellen Kontakte des Forums zu internationalen Organisationen wie etwa den Vereinten Nationen oder der Arabischen Liga geführt hat.[40]

Ein Schlüssel zum Verständnis des ARF-Prozesses ist der *Treaty of Amity and Cooperation in Southeast Asia* (TAC) vom 24. Februar 1976, der die norma-

---

[36] Vgl.: Chairman's Statement: First Meeting of the ASEAN Regional Forum (ARF) Bangkok, Thailand, 25 July 1994, Ziff. 4.

[37] ASEAN Regional Forum Concept Paper 1995.

[38] Der ursprüngliche Wortlaut „conflict resolution mechanism“ wurde auf dem 4. ARF auf Wunsch Chinas umgewandelt in „approaches to conflict“.

[39] Vgl.: Concept Paper, Ziff. 13-15.

[40] Vgl.: Chairman's Statement. The Eight Meeting of the ASEAN Regional Forum Hanoi, 25 July 2001.

tiven Grundlagen der ASEAN auf das Forum überträgt: die Anerkennung der Unabhängigkeit, der Souveränität und Gleichheit der Staaten, ihrer territorialen Integrität und nationalen Identität sowie das Verbot der Einflußnahme oder Einmischung in die inneren Angelegenheiten anderer und die Verpflichtung zur friedlichen Beilegung von Streitigkeiten.[41] Zentrale Bedeutung kommt im ARF-Prozeß der Kooperations-, Informations- und Dialognorm zu. Das ARF versteht sich ausdrücklich als sicherheitspolitisches Dialogforum und *nicht* als eine Organisation zur gemeinsamen Verteidigung. Sämtliche Mitglieder des Forums sind daher angehalten,[42] auf Basis der Freiwilligkeit eine jährliche schriftliche Stellungnahme zu ihrer Verteidigungspolitik zu veröffentlichen, sich um Kontakte zwischen ihren Militärakademien und den Austausch von militärischem Personal zu bemühen und am Waffenregister der Vereinten Nationen teilzunehmen.[43] Weiterhin sollen, ebenfalls auf freiwilliger Basis, wechselseitige Manöverbeobachtungen möglich sein und Seminare zu Themen internationaler Sicherheit veranstaltet werden.[44]

Der ARF-Prozeß vollzieht sich bei nur minimaler Institutionalisierung[45] auf der Grundlage des Konsenses seiner Teilnehmer und lebt ganz wesentlich von Personen-zu-Personen-Kontakten, bei denen zentrale Entscheidungen auf informellem Wege herbeigeführt werden. Dieses Verfahren entspricht dem indonesischen *musyawarah* (Konsultation), *mufakat* (Konsens) und *gotong-royong* (Gemeinschaftssinn) Grundsätzen. Verhandlungen sollen demnach nicht zwischen Gegnern, sondern zwischen Freunden stattfinden, deren Ziel darin besteht, ein für alle Seiten akzeptables Ergebnis zu erzielen. Offene Abstimmungen werden vor einem solchen Hintergrund abgelehnt.[46] Wie

---

41 Vgl.: ASEAN Regional Forum 1994, Ziff. 6. Der TAC ist abgedruckt in: ASEAN Secretariat Jakarta: ASEAN Documents Series 1967-1988. Jakarta 1988^3, S. 39-42.

42 Vgl. zum folgenden: Concept Paper 1995, Annex A, Ziff. 3-9.

43 Vgl. hierzu sowie zum Bereich der Transparenz im internationalen Waffenhandel und der VBM: Otto, Carsten: Das Waffenregister der Vereinten Nationen. Ziele und Probleme der internationalen Rüstungssteuerung. (Studien zur Internationalen Politik, Bd. 1) Wiesbaden 1997.

44 Vgl.: Ebda. Annex B, Ziff. 1-8.

45 Das Concept Paper schreibt: „The ARF should not move to fast for those who want to go slow and not to sow for those who want to go fast". Ebda. Ziff. 21. Ebenso wird bislang die Errichtung eines ARF-Sekretariates als unnötig erachtet. Diese Funktionen werden von der ASEAN wahrgenommen.

46 „No voting will take place". ASEAN Regional Forum Concept Paper, Ziff. 20.

Abbildung 1 verdeutlicht, vollzieht sich der ARF-Prozeß zudem auf verschiedenen Ebenen. Während die jährlichen Außenministertreffen (ARF-MM) von den ebenfalls jährlichen Arbeitstreffen höherer Beamten (ARF-SOM) vorbereitet werden, finden in der Zwischenzeit eine Vielzahl von Aktivitäten statt, bei denen die eigentlichen Ziele des ARF umgesetzt werden (Tabelle 4): Seminare, Arbeitsgruppen, Konferenzen und Symposien sowie regelmäßig stattfindende Treffen der *Intersessional Support Group* (ISG) zu Vertrauensbildenden Maßnahmen sowie *Intersessional Meetings* (ISM) dienen der Erarbeitung wichtiger Konzepte. Die Seminare sowie die ISM berichten den SOM die Ergebnisse ihrer Studien. Wie die Berichte der ISG werden auch sie den SOM vorgelegt, die dann über die Eingaben entscheiden und sie als Vorschlag an die Ministertreffen weiterleiten.

Abb. 1: Aufbau und Struktur des ARF[47]

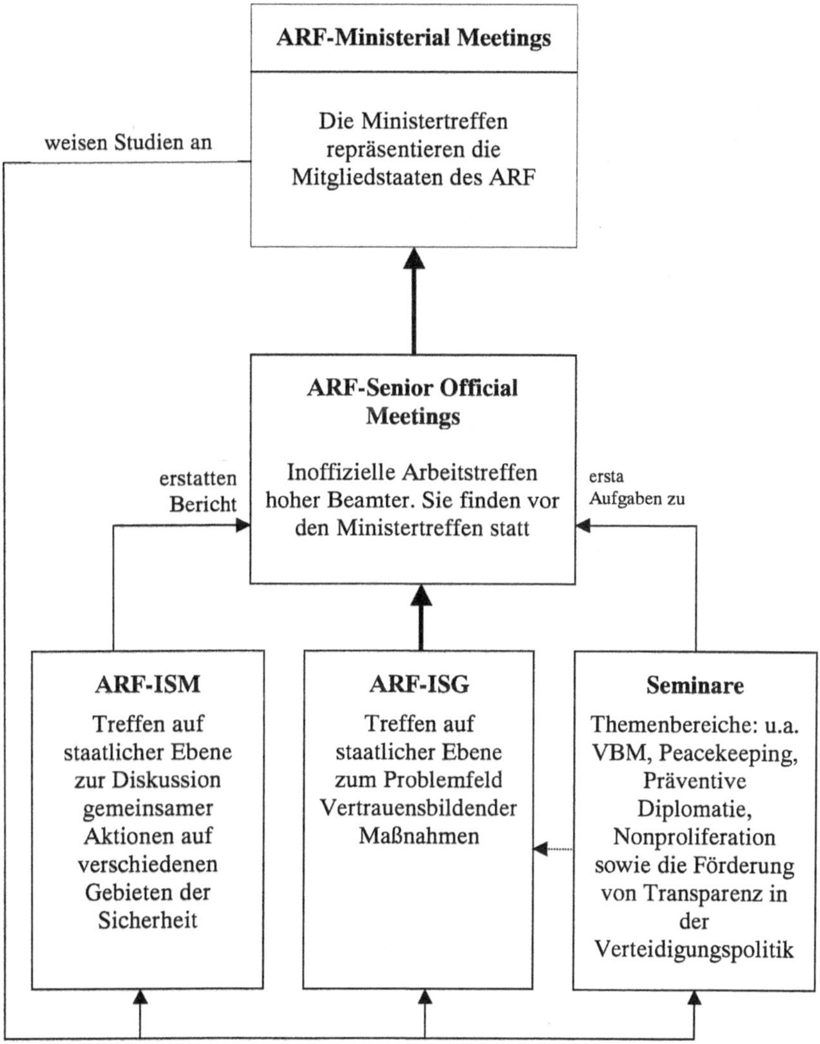

[47] Daten: Defense of Japan 1998, S. 172.

Tab. 4: Übersicht über den ARF-Prozeß 1994-2000 (Auswahl)[48]

Jahr	MM	SOM	Seminare und weitere Veranstaltungen
1994	1. ARF (25.7.)	1. SOM (23.-25.5.)	"Seminar on the Building of Confidence and Trust in the Asia-Pacific" (Australien, 24.-25.11.)
1995	2. ARF (1.8.)	2. SOM (22.-24.5.)	"Seminar on Peacekeeping" (Brunei, 7.-9.3.) "Seminar on Preventive Diplomacy" (Südkorea, 8.-10.5.)
1996	3. ARF (22.7.)	3. SOM (10.-11.5.)	„Seminar on Principles of Security and Stability in the Asia-Pacific" (23.-24.4.) „Seminar on Preventive Diplomacy" (Paris, 7.-8.11.) „Seminar on Non-Proliferation" (Jakarta, 6.-7.12.)
1997	4. ARF (27.7.)	4. SOM (18.-20.5.)	„Train the Trainers" Workshop (Kuala Lumpur, 10.-14.3.), „Demining Course" (Palmerston, 7.-11.4.) „Seminar on Preventive Diplomacy" (Singapore, 9.-11.9.) „First Meeting of Heads of National Defense Colleges" (Manila, 7.-8.10.) „SAR Planners and Officials Conference" (15.-17.12.)
1998	5. ARF (26.7.)	5. SOM (20.-22.5.)	„Seminar on the Production of Defense Policy Documents" (Canberra, 31.8.-3.9.) „Second Meeting of Heads of National Defense Colleges and Institutions" (Südkorea, 8.-10.9.) „Workshop on Approaches to Training for Peacekeeping" (Dublin, 19.-23.10.) „Meeting of Specialist Officials on Maritime Issues" (Honolulu, November)
1999	6. ARF (26.7.)	6. SOM (20.-22.5.)	„Disaster Relief Experts Group" (Bangkok, 25.-28.1.) „Conference Towards Comprehensive Security and Cooperation in the Asia-Pacific" (Wladiwostock, 24.-27.4.) „Peacekeeping Training Course" (Tokyo, 22.-26.3.) „Regional Security Training Seminar for Foreign Affairs and Defense Officials" (USA, Frühjahr 1999) „Professional Program on China's Security Policy" (Peking, 10.-19.10.) „Seminar on the Law of Armed Conflict" (13.-16.12.)
2000	7. ARF (27.7.)	7. SOM (17.-18.5.)	"Combined Humanitarian Assistance Response Training Course – USA & Singapore" (Singapur, 21.-25.8.) "Seminar on Defence Conversion Cooperation (Peking, 20.-22.9.) "Fourth Meeting of Heads of Defence Universities, Colleges and Institutions" (Peking, September) "Conference on Enhancing Capabilities of Early Warning Systems" (Philippinen, September) "Seminar on Approaches to Confidence Building" (2.-4.10.) "Workshop on Anti-Piracy" (Mumbai, 18.-20.10.)

[48] Eigene Zusammenstellung Die Daten sind der Homepage der australischen Regierung entnommen. Zu finden unter: http://www.dfat.gov.au/arf/arf_meet.html.

Der ARF-Prozeß erhält seine eigentliche Bedeutung erst in der Verbindung der gouvernementalen Zusammenarbeit mit Kooperationen auf gesellschaftlicher Ebene. Diese Vernetzung mit dem sogenannten *track-two*-Bereich stellt die eigentliche Stärke des Gesamtprozesses dar.[49] Hier diskutieren Wissenschaftler, Diplomaten, Militärs und Regierungsvertreter kontroverse Themen aus dem Sicherheitsbereich, bevor diese auf der offiziellen Ebene behandelt werden. Indem auch Regierungsvertreter an den betont familiär und informell gehaltenen Treffen in ihrer privaten und nicht der offiziellen Funktion teilnehmen, ist es möglich, kontroverse Standpunkte offener zu diskutieren, ohne dabei einen Gesichtsverlust befürchten zu müssen. Über diese Personen können auch die gewonnenen Erkenntnisse leichter Zugang zu den politischen Entscheidungsfindungsprozessen finden. Wie *Jörn Dosch* betont, dient der sicherheitspolitische track-two-Prozeß ebenso der

> „Generierung von Normen und Prinzipien sowie der Erprobung von Verfahren, die anschließend auf intergouvernementaler Ebene Anwendung finden können."[50]

Von den rund 100 Dialogmechanismen auf der nicht-staatlichen Ebene[51] in Asien-Pazifik stellt der *Council for Security Cooperation in the Asia Pacific* (CSCAP) sicherlich den bedeutendsten dar.[52] CSCAP hat heute insgesamt 18 Vollmitglieder.[53] Indien und die EU sind assoziierte Teilnehmer. Das CSCAP-

---

49 Vgl. auch: Woods, Lawrence: Learning from NGO Proponents of Asia-Pacific Regionalism, in: Asian Survey, Vol. 35, No. 9 (September 1995), S. 812-827.

50 Dosch 1999, S. 98.

51 Vgl.: University of Toronto-York. University Joint Center for Asia-Pacific Studies: Dialogue Monitor, May 1997.

52 Vgl.: Evans, Paul: Building Security: The Council for Security Cooperation in the Asia-Pacific (CSCAP), in: The Pacific Review, Vol. 7, No. 2 (1994), S. 125-139 (1994a); Ders.: Managing Security Relations After the Cold War: Prospects for the Council for Security Cooperation in Asia Pacific, in Indonesian Quarterly, Vol. 22, No. 1994, S. 62-70 (1994b); Ball, Desmond: The Council for Security Cooperation in the Asia Pacific (CSCAP), in: Indonesian Quarterly, Vol. 21, No. 4 1993, S. 495-505; Ders.: CSCAP: Its future place in the regional security architecture, in: Nagara, Bunn/ Ean, Cheah Siew (Hrsg.): Managing Peace and Security in the Asia-Pacific. Papers presented at the Eighth Asia-Pacific Roundtable, June 5-8, 1994, Kuala-Lumpur). Kuala-Lumpur 1996, S. 289-325.

53 Die Mitgliedskomitees setzen sich zusammen aus Wissenschaftlern, Persönlichkeiten der Privatwirtschaft, Beamten der Außenministerien und aus dem Verteidigungsbereich. Sie existieren in den folgenden Staaten: Australien, Kanada, Neuseeland, China, Japan, Südkorea, Nordkorea, Malaysia, Mongolei, Philippinen, Rußland, Indonesien, Singapur, den USA, Thailand, Vietnam und Europa (die EU ist seit Dezember 1998 Vollmitglied, der Sitz von CSCAP Europa ist Frankreich). Taiwan stellt aufgrund chinesischen

Konzept wurde entwickelt auf einem Treffen von Think Tanks des asiatisch-pazifischen Raumes in Seoul im November 1992. Das Treffen war das vierte zum Thema der Sicherheitskooperation in Asien-Pazifik und wurde gemeinsam von Pacific Forum/ CSIS, dem Japan Institute of International Affairs (JIIA), dem Seoul Forum for International Affairs und den ASEAN-ISIS durchgeführt. Bei der Diskussion künftiger Dialogaktivitäten in Asien-Pazifik erkannten deren Mitglieder, wie *Paul Evans* beschreibt,

> „to their surprise, that they were in agreement that conditions were ripe for the creation of a PECC-like institutional process focussing on security issues."[54]

Am Ende des Treffens wurde das Seoul-Statement[55] verabschiedet, welches den Namen CSCAP erstmals vorgab und ein *Steering Committee* gebildet, dem alle Gründungsmitglieder angehörten.[56] Das Komitee traf sich im darauffolgenden Jahr in Kuala Lumpur, um die offizielle Gründung von CSCAP anzukündigen.[57] Im Dezember 1993 wurde eine CSCAP-Charta[58] verabschiedet, welche die Aufgaben, Zusammensetzung, Ziele und Organisationsweise des Forums festlegt. CSCAP soll demnach ein informeller Mechanismus sein, in dem sicherheitspolitisch relevante Themen zwischen gesellschaftlichen und regierungsamtlichen Akteuren diskutiert werden und als Empfehlungen an Regierungsinstanzen weitergegeben werden können. Obwohl als unabhängige Institution konzipiert, ist CSCAP dennoch Bestandteil des ARF-Prozesses. Durch seine fünf Arbeitsgruppen, die den Kern der Arbeit des Rates darstellen, ist CSCAP ein wichtiger Gradmesser für die sicherheitspolitischen Entwicklungen in Asien-Pazifik, der seine Erfahrungen an die Regierungen weitergibt. Abbildung 2 verdeutlicht die Struktur von CSCAP.

Drucks kein eigenes Komitee. Seine Mitglieder nehmen jedoch in privater Funktion an CSCAP teil.

54 Evans 1994a, S. 129.

55 The Seoul Statement on Security Cooperation in the Asia-Pacific. Seoul, November 3, 1992.

56 Dies sind neben den oben genannten: Strategic and Defence Studies Centre, Australian National University, Australia; University of Toronto-York University Joint Center for Asia Pacific Studies, Canada; Institute of Strategic and International Studies, Malaysia; Institute for Strategic and International Studies, Philippines; Singapore Institute for International Affairs; Institute for Security and International Studies, Thailand.

57 Announcement: Establishment of the Council for Security Cooperation in the Asia-Pacific, Kuala Lumpur, 8 June 1993.

58 The Charter of the Council for Security Cooperation in the Asia-Pacific (CSCAP). Lombok, Indonesia, December 16, 1993. Abgedruckt in: CSCAP Newsletter, No. 1, May 1994.

Abb. 2: Die CSCAP-Struktur

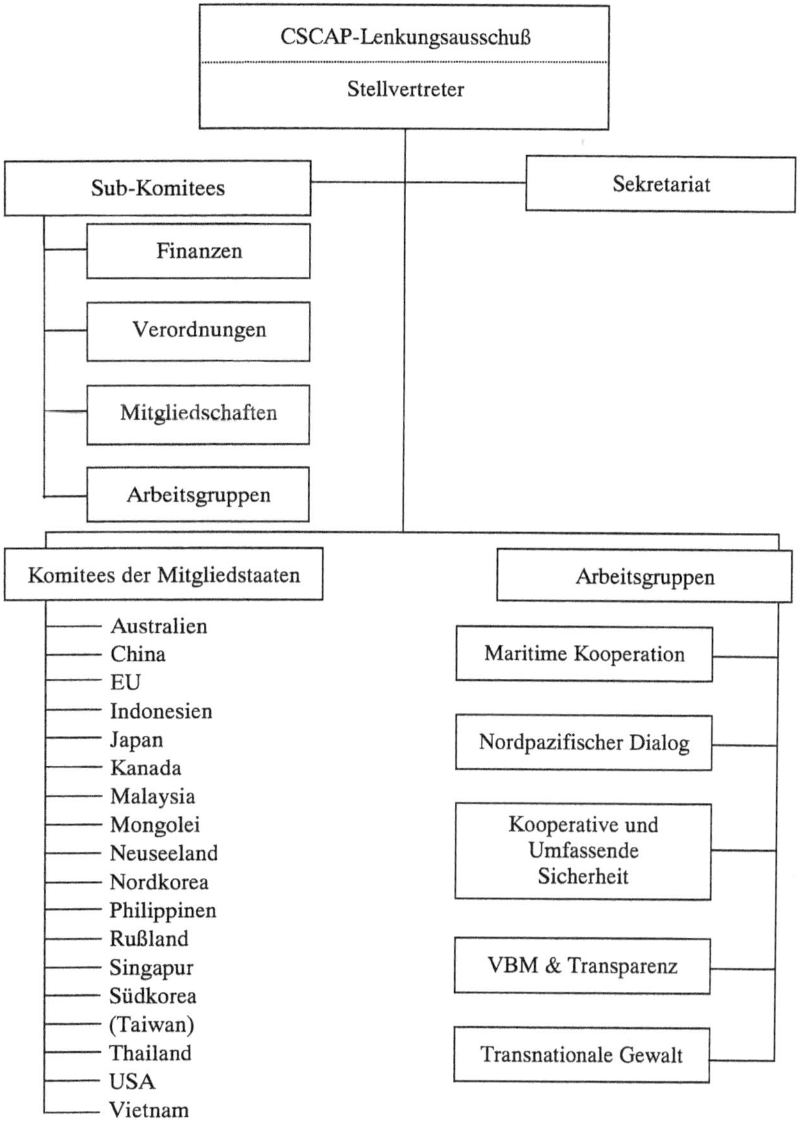

Neben CSCAP sind noch eine Reihe weiterer sicherheitspolitischer Dialogforen der second-track-Ebene in den ARF-Prozeß integriert. So hatte die Regierung Südkoreas schon auf dem 2. ARF-SOM vom 23. bis 25 Mai 1994 die Gründung eines spezifischen Sicherheitsdialoges für Nordostasien auf intergouvernementaler Ebene vorgeschlagen. Er soll den auf transnationaler Ebene arbeitenden *Northeast Asia Cooperation Dialogue* (NEACD), der seit Oktober 1993 existiert und heute von *Stephen Haggard* an der University of California-San Diego geleitet wird, zu einem intergouvernementalen Sicherheitsforum mit dem Namen *Northeast Asia Security Dialogue* (NAESED) ausweiten.[59] Teilnehmer dieses Sicherheitsdialoges zur Förderung von Vertrauensbildenden Maßnahmen für Nordostasien sind neben Wissenschaftlern vor allem Angehörige der Außen- und Verteidigungsministerien sowie hohe Militärs aus sechs Staaten: Rußland, USA, China, Japan, Südkorea und Nordkorea. Ein Botschafter Nordkoreas hat 1993 am Vorbereitungstreffen des NEACD teilgenommen. Seither hat das kommunistische Land jedoch keine Vertreter mehr zu den Treffen entsandt, die alle acht Monate von den verschiedenen Mitgliedsstaaten alternierend ausgerichtet werden. Auch der NEACD erfährt seit einigen Jahren eine vorsichtige thematische Ausweitung:[60] So wurden 1995 zwei Projekte zu Maßnahmen wechselseitiger Rückversicherung (*mutual reassurance measures*) und zu Prinzipien zwischenstaatlicher Beziehungen in Nordostasien ins Leben gerufen. Diese Prinzipien wurden 1997 von den Mitgliedern des NEACD offiziell anerkannt. Im selben Jahr wurde mit einem dritten Projekt begonnen, das die Ausarbeitung von transparenzfördernden Maßnahmen in Nordostasien zum Ziel hat. Seit dem Seoul-Treffen des NEACD im September 1996 finden zudem informelle Mittagessen statt, an den die Regierungsvertreter der Mitgliedsstaaten die Möglichkeit der Bildung eines gouvernementalen nordostasiatischen Dialogforums erörtern.[61]

---

[59] Vgl. hierzu: Fukushima, Akiko: Japanese Foreign Policy. The Emerging Logic of Multilateralism. London 1999, S. 144-159. Bislang existieren mit dem NEACD, der North Pacific Working Group von CSCAP sowie dem *Tripartite Forum on Northern Pacific Security* (TPFNPS, Mitglieder sind Rußland, Japan und die USA) drei semistaatliche Dialogmechanismen.

[60] Vgl. zum folgenden: Fukushima 1999, S. 154-157.

[61] Vgl.: Mochizuki, Mike: Security and Economic Interdependence in Northeast Asia. (Institute for International Studies. Asia/ Pacific Research Center, Stanford University) Mai 1998, S. 14-15.

Der asiatisch-pazifische Raum ist durchsetzt mit einer solchen Anzahl privater, semi-staatlicher und staatlicher Dialogmechanismen, Konferenzen, Foren, Workshops, Meetings etc., daß ihre Nennung und Darstellung den Rahmen dieser Arbeit sprengen würde.[62] Die ganz ausgezeichnete Homepage der australischen Regierung weist zum Beispiel für das Jahr 2000 über 50 ein- bis mehrtägige sicherheitspolitische Veranstaltungen und Treffen aus. Somit findet im Schnitt etwa jede Woche mindestens ein fokussierter Dialog zu Sicherheitsfragen in der Großregion statt.[63] Was jedoch sind die potentiellen Leistungen dieses asiatisch-pazifischen Multilateralismus, der sich unter dem Überbau des ARF entfaltet hat? *Michael Green* stellt hierzu fest:

> „At this point multilateral dialogue exists in Asia, but multilateral *security* is still an illusion."[64]

Zwar sind sowohl das ARF als auch die track-two-Foren zunächst rein politische Instrumente, die keinerlei Bindungswirkung entfalten. Sie haben jedoch gleichfalls zur Sicherheit in Asien-Pazifik beigetragen. Die größte Leistung ist in diesem Zusammenhang sicherlich die Einbindung Chinas in den multilateralen Dialog. Das bloße Zustandekommen des ARF trotz der prinzipiellen Aversion Chinas, sich in einen multilateralen Mechanismus einzuordnen, rechtfertigt bislang den diplomatischen Aufwand. Dies gilt ebenso für die Teilnahme Chinas an CSCAP, auch wenn China darauf besteht, daß das Thema seiner Beziehungen zu Taiwan in diesem Forum nicht behandelt wird.[65] Seit 1996 ist China darüber hinaus Mitorganisator der ARF-ISG über Vertrauensbildende Maßnahmen und hat 1997 erstmals an Workshops zur Spratlys-Frage teilgenommen.[66] Zudem hat Nordkorea im Jahr 2000 erstmals eine Delegation zum ARF-Prozeß entsandt. Das siebte ARF verzeichnet daher das historische Gespräch zwischen der amerikanischen Außenministerin Allbright mit ihrem nordkoreanischen Amtskollegen Peak Nam-sun.

---

[62] Vgl. noch immer als guten Überblick: Woods, Lawrence: Asia Pacific Diplomacy: Nongovernmental Organizations and Pacific Cooperation. Vancouver 1993.

[63] Daten unter: http://aus-cscap.anu.edu.au/Calendar1.html.

[64] Green 1998, S. 12 (Hervorhebung im Original).

[65] Vgl.: Cossa, Ralph: Track Two Diplomacy: Promoting Regional Peace, Stability, in: U.S. Foreign Policy Agenda, Vol. 3, No. 3 (January 1998), S. 26

[66] Zuletzt hat Nordkorea zugesagt, künftig am ARF-Prozeß teilzunehmen. Vgl.: FAZ, Dienstag 25.7.2000, S. 1: „Nordkorea kommt zum ASEAN-Sicherheitsforum."

Letztlich kann erwartet werden, daß die vielfältigen Vorschläge zur Verfestigung der Kooperationsgebilde und die immer engere Institutionalisierung der zwischenstaatlichen Beziehungen in Asien-Pazifik die Möglichkeit des ungewollten Ausbruchs militärischer Konflikte reduzieren. Die bislang wohl größte Bedeutung entfaltet der ARF-Prozeß jedoch wohl auf dem Gebiet der maritimen Vertrauensbildung und den darauf bezogenen Kooperationsanstrengungen. Wie in Kapitel 7 bereits angesprochen, herrscht hier das bei weitem größte Konfliktpotential, da die meisten Bedrohungsformen wie Piraterie, Umweltverschmutzung, der Schutz der Seewege, illegale Fischerei, die Ausbeutung des Meeresbodens oder Elemente wirtschaftlicher Sicherheit im wesentlichen maritimer Natur sind. Maritime Kooperation in den unterschiedlichsten Teilbereichen ist daher geboten und wird, ausgehend durch Vorschläge von CSCAP und der ARF-ISG, engagiert vorangetrieben.[67] Das ARF kann hier in dreifacher Weise zur Stabilisierung der Sicherheitsbeziehungen in der Großregion beitragen: Durch die Förderung von militärischer Transparenz und die Reduzierung von Bedrohungsperzeptionen, durch den Aufbau von wechselseitigem Vertrauen sowie durch die Förderung eines „gewohnheitsmäßigen" kooperativen Verhaltens der Mitglieder, welches die friedliche Beilegung von Konflikten ermöglicht.[68]

Der ARF-Prozeß ist bislang nicht über die Durchführung von Vertrauensbildenden Maßnahmen hinausgekommen. Dies wurde auch im Protokoll des Treffens der ARF-Außenminister am 27. Juli 2000 in Bangkok in Punkt 35 deutlich:

> „The Ministers underscored the significance of confidence-building as a foundation and the primary focus of the ARF process. They agreed that while moving towards PD (Preventive Diplomacy, C.O.), the ARF continue to strengthen its confidenc-building processso as to ensure affective (sic) implementation of CBMs which would meaningfully augment the comfort level, trust, confidence and understanding as well as cooperation among ARF participants."[69]

---

[67] Den besten Überblick hierzu liefern Bateman/ Bates 1996; Dies. (Hrsg.): Calming the Waters. Initiatives for Asia-Pacific Maritime Cooperation. (Canberra Papers on Strategy and Defence, No. 114) Canberra 1996.

[68] Vgl. hierzu: Acharya 1995, S. 184-186.

[69] Chairman's Statement: The Seventh Meeting of the ASEAN Regional Forum. Bangkok, 27 July 2000, Ziff. 35. Das Dokument ist im Internet zugänglich unter der Adresse: http://www.aseansec.org/politics/pol_arf7.htm.

Hier setzt die Kritik eines japanischen Diplomaten an. Seit 1997 habe das ARF an Schwung eingebüßt, da insbesondere viele asiatische Teilnehmer rasche und greifbare Ergebnisse bei der Konzeption und Durchführung Vertrauensbildender Maßnahmen erwartet hätten. Sie seien enttäuscht darüber gewesen, daß sich nicht bereits nach kurzer Zeit sichtbare Veränderungen eingestellt hätten. Da sich gerade im Bereich der Vertrauensbildung traditionell erst langfristig Wirkungen einstellten, habe die allgemeine Ungeduld mögliche Stärken des ARF in diesem Bereich bereits frühzeitig konterkariert.[70]

Das ARF ist zwar das einzige Sicherheitsforum, das für den gesamten asiatisch-pazifischen Raum Geltung beanspruchen kann und in dem seit 2000 alle wichtigen Staaten vertreten sind. Es fußt auch auf Prinzipien und Normen, die unter anderem durch den TAC völkerrechtlich kodifiziert wurden. Es existieren jedoch bislang keine verbindlichen Mechanismen, welche die Kooperationszusagen der Staaten oder das Prinzip der friedlichen Beilegung von Streitigkeiten in entsprechende Regeln oder Verfahren umsetzen können. Dies ist um so problematischer, als bis heute kein entsprechendes Dokument existiert, das einen eindeutigen Verzicht der Staaten auf die gewaltsame Selbsthilfe erkennen läßt. Eine unzureichende Wirksamkeit des ARF, gemessen am Anspruch des Forums, für Asien-Pazifik Geltung zu besitzen, kann sich jedoch aus dem Willen der ASEAN ergeben, im Zentrum des Prozesses stehen zu wollen. Bislang rotiert der Vorsitz der Treffen allein unter den ASEAN-Staaten, die ebenfalls verantwortlich für die jeweilige Agenda zeichnen. Hieraus ergeben sich mindestens zwei Probleme: Zum einen läuft der Gesamtprozeß Gefahr, zu sehr auf die Belange der ASEAN Rücksicht zu nehmen, übergeordnete Probleme der Großregion zu vernachlässigen und sich womöglich selbst zu isolieren. In diesem Zusammenhang sind nicht nur Frustrationen der nicht-südostasiatischen Mitglieder im ARF zu erwarten. Es ist obendrein fraglich, ob die ASEAN auf Dauer die Bedürfnisse Nordostasiens erfüllen kann, das über kein vergleichbares

---

[70] Gespräch mit Botschafter Mitsuro Donowaki am 26.9.1997 in Tokyo. Zum Problem der Durchführung spezifischer VBM in Asien-Pazifik vgl.: Dibb, Paul: How to Begin Implementing Specific Trust-Building Measures in the Asia-Pacific Region. (Strategic and Defence Studies Centre, Australia National University. Working Paper No. 288) Canberra July 1995.

Dialogforum auf gouvernementaler Ebene verfügt.[71] Zum anderen wird es der ASEAN kaum möglich sein, bei der sehr heterogenen Mitgliederschaft des ARF und deren regional spezifischen Erwartungen an die Leistungen des Forums weiterhin die Prinzipien des *ASEAN Way* beizubehalten, also Informalität und Konsultation zum Ausgleich divergierenden Interessen, die Absage an jede Institutionalisierung des ARF und die Vermeidung verbindlicher Ansätze in wichtigen Bereichen wie der Rüstungskontrolle, der Konfliktlösung oder der Streitschlichtung. Zuletzt stellt sich die Frage, ob sich der Trend in Asien-Pazifik, die Bedeutung multilateraler Sicherheitsdialoge wieder zurückzustufen und auf traditionell bilaterale Sicherheitskonzepte zurückzugreifen, als so robust erweist, daß dem zuletzt heftig kritisierten ARF ohnehin die Funktionsfähigkeit entzogen wird.[72]

In erkennbarer Weise teilt die japanische Regierung diese Kritik jedoch entweder nicht oder verfolgt durch ihre ARF-Politik Ziele, welche die genannten Kritikpunkte aufwiegen. Daher sollen im folgenden Kapitel der Prozeß der Durchsetzung der in der ARF-Politik kulminierenden Strategie des weichen Multilateralismus in Japan sowie die japanischen Erwartungen an die vom ARF-Prozeß ausgehenden Effekte herausgearbeitet werden.

10. Japans weicher Multilateralismus in Asien-Pazifik

Die Herausbildung der sicherheitspolitischen Dialogstrukturen in Asien-Pazifik wird gemeinhin als ein Ergebnis diplomatischer Bemühungen angesehen, in deren Zentrum der südostasiatische Regionalverbund steht. Und tatsächlich stellt die Gründung des ARF als bis dato einziges pazifikweites

---

[71] Wie der Fall des von Südkorea vorgeschlagenen NEASED zeigt, erweist es sich als äußerst schwierig, erfolgreiche Dialogstrukturen auf der gesellschaftlichen bzw. semistaatlichen Ebene auf eine gouvernementale zu übertragen.

[72] Für eine Auswahl vgl.: Leifer, Michael: The ASEAN peace process: a category mistake, in: The Pacific Review, Vol. 12, No. 1 (1999), S. 25-38; Garofano, John: Flexibility or Irrelevance: Ways Forward for the ARF, in: Contemporary Southeast Asia, Vol. 21, No. 1 (April 1999), S. 74-94; Lim, Robert: The ASEAN Regional Forum: Building on Sand, in: Contemporary Southeast Asia, Vol. 20, No. 2 (August 1998), S. 115-136; Simon, Sheldon: Security prospects in Southeast Asia: collaborative efforts and the ASEAN Regional Forum, in: The Pacific Review, Vol. 11, No. 2 (1998), S. 195-213; Cheeseman, Chris: Asian-Pacific security discourse in the wake of the Asian economic crisis, in: The Pacific Review, Vol. 12, No. 3 (1999), S. 333-356; Ball, Desmond: Implications of the East Asian economic recession for regional security cooperation. (Strategic and Defence Studies Centre, Australian National University. Working Paper No. 331) Canberra 1999.

gouvernementales Dialogforum einen einzigartigen Erfolg regionaler Klein- und Mittelmächte dar, sich an der Spitze einer neuen Sicherheitsinitiative mit weitreichender Geltung zu behaupten.[73] Zwar kann die ASEAN zu Recht als *„drafter“*[74] des ARF bezeichnet werden, der sich letztlich gegen Widerstände der *„Vetomächte“* USA und China durchgesetzt hat. Diese Sichtweise verdeckt jedoch insbesondere den ideellen und konzeptionellen Einfluß Japans bei der Herausbildung des ARF. Wie im folgenden dargestellt wird, ist Japan – neben Australien und Kanada – einer der *„founders“* des Forums, hat sich aufgrund seiner besonderen Position in Asien-Pazifik stets dazu gezwungen gesehen, vor allem im Hintergrund für die Verwirklichung seiner Sicherheitskonzepte einzutreten. Das tiefsitzende Mißtrauen und die ambivalente Haltung der ASEAN gegenüber jeder erneuten sicherheitspolitischen Rolle Japans sowie die Angst ihrer Mitglieder vor einem möglichen Mißbrauch erweiterter Kompetenzen haben Japans multilaterale Initiativen ebenso lange Zeit verhindert wie die ausschließlich bilateral fixierte Asien-Pazifik-Politik seines Allianzpartners USA.

10.1. Die Durchsetzung der japanischen Strategie des weichen Multilateralismus

Japan hatte in Zeit des Ost-West-Konfliktes Sicherheitspolitik im wesentlichen indirekt durch sein Konzept der Comprehensive Security betrieben oder war lediglich im Verbund mit dem Allianzpartner USA aktiv. Sein schlechter Ruf in Asien-Pazifik und die ohnehin bilateral ausgerichtete Politik der USA ließen überdies eigene multilaterale Initiativen politisch erst gar nicht opportun erscheinen. Da sich die amerikanischen Sicherheitsvorstellungen ausschließlich auf die Eindämmung des Kommunismus bezogen, beinhaltete dies die Errichtung exklusiver Verteidigungsbündnisse und eben nicht die Schaffung von multilateralen Foren zur Diskussion sicherheitspolitisch relevanter Fragen oder der Vertrauensbildung. Zudem schien es für Japan nicht ratsam, auf die in dieser Zeit durchweg positiven Effekte dieser Politik für die Sicherheit und die Wirtschaft des Landes zu verzichten, indem

---

[73] Vgl.: Dosch 1999, S. 96-97; Mak 1998, S. 116.

[74] Vgl. zu diesen Begriffen: Dosch, Jörn: Emerging Multilateralization of Security Cooperation in the Asia-Pacific Region – Following European Experiences and Models or driven by an Indigenous Approach?, in: Krause, Joachim/ Umbach, Frank (Hrsg.): Perspectives of Regional Security Cooperation in Asia-Pacific: Learning from Europe

man dem einzigen militärischen Partner das Gefühl gab, sein Schutz wäre nicht mehr erwünscht oder überflüssig.

Dennoch, die Unsicherheit, welche Japans Wahrnehmung der internationalen Beziehungen noch 1989 charakterisiert hatte, wich seit dem Frühjahr 1990 einer „stillen" interministeriellen Suche in Kreisen des MOFA nach Ansätzen, wie Sicherheit in Asien-Pazifik zu organisieren sei und welche Rolle Japan unter Beibehaltung seiner Allianz mit den USA in einem sich wandelnden, weniger überschaubaren und im wesentlich als instabil perzipierten asiatisch-pazifischen Raum spielen könne. Mit dem absehbaren Ende des Ost-West-Konfliktes gingen mit Ausnahme der Allianz mit den USA eben jene Strukturfaktoren der internationalen Politik in einen wahrgenommenen Prozeß langfristiger Unkalkulierbarkeit in Asien-Pazifik über, auf die sich Japans Diplomatie in den vergangenen Jahrzehnten so gut eingestellt hatte. Die Allianz wurde zwar weder jetzt noch später in Frage gestellt. Dennoch kam bereits zu diesem frühen Zeitpunkt der Wunsch zum Vorschein, sich von den USA zu emanzipieren und künftig eine größere Rolle in der internationalen Politik einzunehmen. Eine Rolle, die sich auch durch selbständige japanische Ansätze auszeichnen sollte, wie Sicherheit in Asien parallel zur Allianz mit den USA zu verwirklichen sei und die mithin zwei Funktionen erfüllen sollte: Erstens, den Grundstein zu legen für die Legitimation einer mittelfristig politisch-militärischen Rolle in Asien Pazifik sowie zweitens eine Marginalisierung als *animale economica* und sicherheitspolitischer Trittbrettfahrer[75] zu vermeiden. Ein Diplomat im japanischen Außenministerium drückte dies so aus:

> „Wir müssen heute das tun, was schon Yoshida in den 50er Jahren versäumt hat, und was wir später in den Jahren des Kalten Krieges sträflich vernachlässigt haben: eine Idee, eine Vision, eine Philosophie entwickeln, die uns auch eine sicherheitspolitische Rolle in Asien zukommen läßt. Natürlich denken hier nicht alle so, mein Eindruck ist aber, daß sich mit der neuen Generation eine neue, aktivere Form von Außenpolitik erreichen läßt."[76]

---

or Developing Indigenous Models? (Arbeitspapiere zur Internationalen Politik, Nr. 100) Bonn, September 1998, S. 143-164 (150).

[75] Vgl. insbesondere die Dissertation von: Tiedtke, Alexander: Japan und der Vorwurf des Trittbrettfahrerverhaltens in der US-amerikanisch-japanischen Allianz. (Schriften zur Wirtschaftstheorie und Wirtschaftspolitik, Band 5) Frankfurt/M./ Berlin/ Bern/ New York/ Paris/ Wien 1997.

[76] Interview im MOFA, am 4.6.1999.

Bei der Suche nach einer größeren sicherheitspolitischen Rolle in Asien-Pazifik gerieten zunächst multilaterale Ansätze für Japan zum Mittel der Wahl.[77] Von besonderer Bedeutung war in diesem Zusammenhang Japans Rolle bei der Lösung des *Kambodscha-Konfliktes*, der Sicherung von Frieden und Ordnung im post-kommunistischen Kambodscha und damit der ersten vollständigen Teilnahme des Landes bei der Beilegung eines internationalen Konfliktes seit dem Ende des Zweiten Weltkrieges. Die Rolle und Initiativfunktion Japans bezog sich seit Ende der 80er Jahre auf alle Phasen des Friedensprozesses: Die Vertrauensbildung durch politische und diplomatische Verhandlungen; den endgültigen Abschluß des Konfliktes durch den Friedensvertrag von Paris vom 23. Oktober 1991; die Entsendung von UN-Friedenstruppen nach Kambodscha; die wirtschaftliche und humanitäre sowie die Flüchtlingshilfe an die neue Regierung Kambodschas.[78] Japans mithin entscheidendes Engagement bei der Beilegung des Konfliktes wird allgemein als Meilenstein japanischer Diplomatie bezeichnet. So wurde nicht nur Japans Verhältnis zur ASEAN im allgemeinen sowie insbesondere zu Malaysia, Thailand und Indonesien deutlich aufgewertet.[79] Ebenso entscheidend war der positive Einfluß dieses ersten japanischen Beitrags zur Lösung eines internationalen Konflikts auf die Einstellung der Bevölkerung zu einem auswärtigen Einsatz japanischer Truppen. Aus den Erfahrungen Japans während des Einsatzes der UN-Friedenstruppen und des langwierigen Prozesses der Vertrauensbildung entstand letztlich auch das Bewußtsein der Notwendigkeit eines institutionellen Mechanismus zur Diskussion sicherheitspolitischer Fragen. Die spätere Gründung des ARF sei demnach nicht

---

77 Vgl.: Soeya, Yoshihide: Japan in Asia: Beyond The Balancing Act, in: Maull, Hanns (Hrsg.): Bowing to the Winds of Change? New Aspects in Japanese Economic, Foreign and Security Policies. (Arbeitspapiere zur Internationalen Politik, 88) Bonn 1994, S. 52-70.

78 Zur Rolle und Einbindung Japans bei der Lösung des Konfliktes vgl. den Bericht des japanischen Botschafters in den Niederlanden, Tadashi Ikeda, der maßgeblich in die Friedensverhandlungen und den japanischen Beitrag zu den UN-Friedenstruppen eingebunden war: Ders.: The Road to Peace in Cambodia. Japan's Role and Involvement. Tokyo 1998.

79 Vgl.: Johnstone, Christopher: Paradigms Lost: Japan's Asia Policy in a Time of Growing Chinese Power, in: Contemporary Southeast Asia, Vol. 21, No. 3 (December 1999), S. 365-385 (374-375) (1999a); Hughes, Christopher: Japan's subregional security and defence linkages with ASEAN's, South Korea and China in the 1990s, in: The Pacific Review, Vol. 9, No. 2 (1996), S. 229-250 (237); Dore 1997, S. 112.

zuletzt, wie es ein japanischer Experte bezeichnet hat, „a brainchild of Japan which has resulted from our Cambodia experience.“[80]

Bei dem Wunsch, künftig eine größere und eigenständigere internationale Rolle als asiatisch-pazifische Macht einzunehmen, war die Strategie des weichen Multilateralismus Mittel der Wahl japanischer Sicherheitspolitik. Da ein nach dem Ende des Ost-West-Konfliktes wachsender Einfluß Japans innerhalb der ASEAN erwartet wurde, indes insbesondere die südostasiatischen Staaten noch stets einen Mißbrauch einer wie auch immer gearteten größeren sicherheitspolitischen Funktion Japans befürchteten, war es japanischen Entscheidungsträgern zunächst nicht möglich, diesen sensiblen Politikbereich in einem offiziellen Rahmen zu diskutieren.[81] Zwar vollzogen sich japanische Überlegungen hinsichtlich der Organisation multilateraler Sicherheitsdialoge in Asien-Pazifik seit Frühjahr 1990 parallel zur ASEAN.[82] Die diese informellen Diskussionen mit Repräsentanten asiatischer Nachbarstaaten fördernden Beamten des japanischen Außenministeriums waren sich jedoch bewußt, daß Japan keine offizielle Initiativfunktion übernehmen konnte, sondern auf die Haltung der ASEAN Rücksicht zu nehmen gezwungen war. Wie delikat sich der Prozeß einer Rollenfindung gestaltete, zeigen die einschlägigen internen Diskussionen der second-track-Foren der ASEAN. Auf ihrem Treffen in Bangkok im Mai 1990 hatten die Mitglieder des wichtigsten Ideengebers des Regionalverbundes, die *ASEAN Institutes for Strategic and International Studies* (ASEAN-ISIS), auf die sich verschiebenden weltpolitischen Rahmenbedingungen und ihre Bedeutung für die asiatisch-pazifische Sicherheitsstruktur hingewiesen. In bezug auf Japan wurde im Abschlußbericht der Konferenz festgestellt:

> „While Japan may prove willing to take more political and diplomatic responsibilities, there are still many enduring domestic constraints, constitutional and political, as well as psychological, which make it unlikely that in the near future she will wish to extend her role into the realm of security.”[83]

---

[80] Interview mit Professor Kiichi Fujiwara, Tokyo Universität, 7. Juni 1999.
[81] Vgl.: Kawasaki 1997, S. 481.
[82] Interview mit Masashi Nishihara am 23.4.1999.
[83] Superpower Military Presence and the Security of Southeast Asia: Problems, Prospects and Policy Recommendations. Chairman's Report of the 1990 ASEAN-ISIS Meeting. Bangkok, 10. bis 13. Mai 1990, S. 15.

Dennoch wurde grundsätzlich die Legitimität Japans als künftiger sicherheitspolitischer Akteur in der Region anerkannt:

> „It is recognized that long-term trends point towards a greater political and diplomatic role on the part of Japan in the Western Pacific, and that, while still remote, there is a possibility of her playing a security role in the region."[84]

Nach Ansicht der ASEAN-ISIS-Mitglieder sollte jedoch jede Ausweitung einer künftigen Rolle Japans innerhalb des Rahmens seiner Allianz mit den USA erfolgen:

> „To ensure that the process of Japanese role expansion does not become a too great concern for Southeast Asian states, and to ensure that this role expansion benefits Southeast Asia at large, it is recommended that the ASEAN countries encourage the maintenance of the United States-Japanese security alliance as the overarching framework for Japan's role expansion."[85]

Während die inoffiziellen Reaktionen der ASEAN-Staaten seit 1990 darauf hinwiesen, daß die Übernahme von regionalen Sicherheitsaufgaben durch Japan sich zwar als hoch problematisch gestalten, jedoch prinzipiell möglich sein könnte,[86] sprach sich mit *Takakazu Kuriyama* ein Angehöriger des Außenministeriums 1990 weit dezidierter als seine Vorgänger für eine aktive Rolle Japans in der Welt aus. In einem internen Positionspapier mit dem Titel *„New Directions for Japanese Foreign Policy in the Changing World of the 1990s: Making Active Contributions to the Creation of a New International Order*", forderte Kuriyama eine kooperative Führungsrolle Japans gemeinsam mit den USA und der Europäischen Gemeinschaft ein. Sein vor dem Hintergrund erwarteter Kritik formuliertes Motto einer *‚big power without becoming a big power*'[87] ist seitdem eine Standardformel, die in nahezu jedem außenpolitischen Dokument Japans zu finden ist, in dem es um die Übernahme

---

[84] Ebda. S. 21.

[85] Ebda.

[86] Sueo Sudo hat die entsprechenden Bedingungen wie folgt zusammengefaßt: 1) Japans sicherheitspolitische Rolle solle sich auf den Bereich seiner 1000-Meilen-Zone in die Allianz mit den USA beschränken; 2) Japans Rüstungsanstrengungen sind akzeptabel, solange sie sich innerhalb der Parameter seiner Selbstverteidigung bewegen und nur den Bereich konventioneller Waffen umfassen; 3) zur Vermeidung von Fehlperzeptionen hinsichtlich der künftigen Sicherheitsrolle Japans in der Region sind institutionalisierte Konsultationsforen besonders wichtig; 4) Japans aktive politische Rolle in der Region ist wünschenswert, solange sie auch die Sicherheit der ASEAN sowie die nationale *Resilience* des Regionalverbundes stärkt. Vgl.: Ders.: Southeast Asia in Japanese Security Policy. (ISEAS Pacific Strategic Paper, 3. Singapore 1991, S. 52.

[87] Das Zitat findet sich bei: Leitch/ Kato/ Weinstein 1995, S. 37

politisch-diplomatischer Verantwortung geht. In einem Klima allgemeiner Ablehnung einer regionalen Führungsrolle haben japanische Politiker seitdem immer wieder eine aktivere Sicherheitspolitik für ihr Land eingefordert.

Und doch: Auch wenn Premierminister Kaifu im Mai 1991 bekannte, Japan wolle im Rahmen seiner guten Beziehungen zur ASEAN künftig eine „angemessene Rolle im politischen Bereich als eine Nation des Friedens spielen“[88], so war hier noch keine Verbindung zu möglichen Ansätzen einer Umsetzung dieses Anspruchs zu erkennen. Kaifus Äußerungen lassen jedoch den Schluß zu, daß sich die japanische Führung der Auswirkungen der globalen Umbruchsituation auf Japan selbst durchaus bewußt war. Die Strukturen der internationalen Beziehungen begannen, sich zu verändern, und mit ihnen entstanden für Japan gleichsam veränderte sicherheitspolitische Rahmenbedingungen. Für Angehörige des MOFA stellte sich daher fast zwangsläufig die Frage nach der Rolle Japans am Beginn einer neuen Epoche. Zugleich war es von höchster Bedeutung, bei der Formulierung entsprechender Konzepte sehr vorsichtig und vorfühlend zu agieren sowie den antizipierten Argwohn der Nachbarstaaten frühzeitig abzumildern. Wichtig war daher zunächst, der ASEAN ostentativ eine Schlüsselfunktion anzudienen. Zugleich wurde betont, daß eine neue Rolle Japans zu keiner Zeit mit der Übernahme militärischer Aufgaben in der Region verbunden sein sollte.[89] Die Chance, die Zukunft Asiens nun auch sicherheitspolitisch mit zu gestalten oder zumindest an ihr teilzunehmen, steht und fällt daher mit der 'Hilfestellung', welche Japan durch die Bindung an die Allianz mit den USA und die Führung der ASEAN erhält. Ein Mitarbeiter des MOFA hat dies wie folgt beschrieben:

> „Die Legitimität, die wir durch die Teilnahme an der Entwicklung und Durchführung multilateraler Sicherheit erlangen, ist die Grundlage für eine langfristige Normalisierung unserer Sicherheitspolitik, regional und weltweit.“[90]

---

[88] Kaifu, Toshiki: „Japan and ASEAN: Seeking a Mature Relationship for the New Age“. Rede während eines Staatsbesuchs in Singapur am 3. Mai 1991. Zu weiteren Reden Kaifus zur internationalen Rolle Japans und zum internationalen System vgl.: Edström 1999, S. 141-150.

[89] Takakazu Kuriyama, ein ranghoher Diplomat im MOFA, hatte dies als „diplomacy of a big power without appearing to be a big power“ bezeichnet. Das Zitat findet sich bei: Leitch/ Kato/ Weinstein 1995, S. 37.

[90] Interview im MOFA am 27.4.1999.

Das japanische Außenministerium war bereits seit Frühjahr 1990 Gastgeber informeller Gespräche mit Vertretern der Nachbarstaaten hinsichtlich der Möglichkeiten und Grenzen der Durchführung multilateraler Sicherheitsdialoge in Asien-Pazifik. Es war überdies das einzige Ministerium, das auf japanischer Seite in diese Prozesse involviert war.[91] Ein wichtiger Schritt für Japan, bei der Diskussion um einen Aufbau sicherheitspolitischer Dialogmechanismen teilzunehmen, eigene Konzepte vorzustellen und für eine eigenständigere Rolle zu werben, war die Teilnahme von Beamten des Außenministeriums an den Konferenzen der track-two-Mechanismen der ASEAN in Gestalt der ASEAN-ISIS, namentlich der Konferenz in Jakarta vom Juni 1991. Die Konferenz hatte zum Ziel, politische Vorschläge für den vierten ASEAN-Gipfel in Singapur im Januar 1992 zu entwickeln. Die zugänglichen Dokumente der ASEAN-ISIS-Treffen[92] zeigen deutlich, wie stark sich die Idee multilateraler Sicherheitsdialoge innerhalb der *epistemic community* der ASEAN zu diesem Zeitpunkt bereits durchgesetzt hatte.

Die Befürwortung regionaler Dialogmechanismen durch die ASEAN-ISIS ist das Ergebnis einer gewandelten Perzeption der regionalen Sicherheitsstruktur: So wurde auf der Konferenz im Juni 1991 als Ergebnis einer Analyse der Sicherheitsbeziehungen in Asien festgestellt, daß die Annäherung der beiden Supermächte für die Region sowohl Herausforderungen als auch Möglichkeiten böte.[93] Das Ende der Konflikte zwischen den Blöcken gäbe der ASEAN demnach die Chance, die künftige regionale multipolare Ordnung entscheidend mit zu gestalten und auch die Sicherheitsfrage selbst in die Hand zu nehmen.[94] Dies vor allem zu einem Zeitpunkt, zu dem nicht absehbar war, daß die USA ihre Vorwärtsstrategie in Asien und damit die massive Truppenkonzentration insbesondere in Korea, Japan und auf den Philippinen aufrechterhalten würden. Unter dem Titel *A Time for Initiative* hatten die Mitglieder der ASEAN-ISIS erstmals die Frage eines pazifikweiten Sicherheitsdialoges diskutiert. Als erster von insgesamt vier Vorschlägen[95] wurde dann die Initia-

---

91 Nishihara 23.4.1999.

92 Dies sind die an früherer Stelle bereits erwähnten Dokumente, die mir von Professor Soeya freundlicherweise zur Verfügung gestellt wurden.

93 Vgl. hierzu wie im folgenden ASEAN ISIS Memorandum 1991.

94 Vgl. auch Antolik 1994, S. 119. Dosch 1997a, S. 90/91.

95 1. Einführung eines sicherheitspolitischen Dialoges in Asien-Pazifik durch die ASEAN. 2. Initiative der ASEAN für eine neue Ordnung in Südostasien (Ausweitung des Treaty for Amity and Cooperation in Southeast Asia von 1976). 3. Initiative zur Stärkung der

tive eines politischen Dialoges für Asien-Pazifik dem ASEAN-Gipfeltreffen im Januar des darauffolgenden Jahres vorgelegt und dort von den Staats- und Regierungschefs der Assoziation angenommen.

Das japanische Außenministerium wurde auf diesem Treffen der ASEAN-ISIS sowie an anderen in der Region durchgeführten Konferenzen und Meetings auf der second-track-Ebene durch *Yukio Satoh* vertreten. Satoh ist heute Botschafter Japans bei den Vereinten Nationen und bekleidete zur Zeit des Jakarta-Treffens 1991 die Position *Information Analysis, Research and Planning Bureau Director General* im japanischen Außenministerium. Sowohl die Einbindung Japans in die wissenschaftlich-politische Diskussion multilateraler Sicherheitsdialoge als auch die Möglichkeit der Entwicklung eigener Ansätze ist eng mit seiner Person verbunden. Da Satoh als *der* intellektuelle Kopf gilt, der auf japanischer Seite den Gedanken multilateraler Sicherheitsdialoge maßgeblich entwickelt hat, nimmt er als außenpolitischer Akteur in dieser Hinsicht eine zentrale Stellung ein.[96] Satoh war als Mitglied

---

ASEAN. 4. Initiative zur Verbesserung der wirtschaftlichen Kooperation in den ASEAN-Staaten.

[96] Es soll hier kurz begründet werden, warum Satoh im folgenden quasi die Rolle eines Repräsentanten der japanischen Außenpolitik im Bereich sicherheitspolitischer Dialogprozesse mit einer Schlüsselbedeutung innerhalb des Akteursspektrums im Außenministerium einnimmt. Die zentrale Rolle Satohs bestätigen zunächst die Interviews mit Masashi Nishihara, 23.4.1999, Yoshihide Soeya, 18.6.1999 und Mitsuro Donowaki, 27.4.1999. In der Literatur wird diese Schlüsselstellung ebenfalls betont. So unter anderem Drifte 1998b, S. 83-84, der die Verbindung von Satoh mit der japanischen Idee eines regionalen Sicherheitsdialoges hervorhebt. Soeya erwähnt in einem Interview 1997 zusätzlich den entscheidenden Einfluß, den Satohs Konferenzbericht an das japanische Außenministerium auf den Vorstoß von Außenminister Nakayama im Juli 1991 hatte. Kawasaki 1997, S. 481-482, 492 schließlich sieht in Satoh den Repräsentanten der japanischen Diplomatie, der entscheidend an der Entstehung des ARF-Prozesses beteiligt war. Auch er sieht Satoh als den eigentlichen Ideengeber an, von welchem ausgehend Nakayama seinen Vorschlag eines politischen Dialoges vor den PMC präsentierte. Kawasakis Argumentation beruht auf dem Basisgedanken der maßgeblichen Rolle Satohs bei der Ausarbeitung und Entwicklung des Konzeptes regionaler Sicherheitsdialoge zur Verringerung von Mißtrauen. Paul Evans 1991, S. 64 setzt Satoh gleich mit einem neuen Ansatz japanischer Außenpolitik und stellt ebenso die Verbindung von Satoh zur späteren Initiative Nakayamas her. Ähnlich auch Anderson 1993 (Anm. 610), S. 529, der Satoh als Gestalter einer außenpolitischen Initiative Japans bezeichnet. Auch Mochizuki 1995, S. 153 stützt seine Darstellung der japanischen Initiative hinsichtlich eines sicherheitspolitischen Dialogforums auf einen Aufsatz Satohs. Letztlich weist sich Satoh selbst implizit auch in seinen eigenen Veröffentlichungen als Förderer eines Japan mit einschließenden Sicherheitsdialogs zur

der japanischen Bürokratie als *‚resource person‘* des japanischen Außenministeriums zu den Treffen der ASEAN-ISIS eingeladen worden und damit die einzige Verbindung der japanischen Regierung zu den sich abzeichnenden neuen Entwicklungen, wie sie auf den Konferenzen diskutiert wurden.[97] Er war zwar nicht zu allen Diskussionen zugelassen, hat es jedoch als aufmerksamer Zuhörer und kompetenter Diskussionsteilnehmer verstanden, die Stimmungen und Tendenzen innerhalb der second-track-Foren der ASEAN zu deuten und das diplomatische Vorgehen Japans in diesen sicherheitspolitischen Fragen entsprechend zu steuern.[98]

Als in privater Funktion am ISIS-Treffen in Jakarta vom 4. bis 5. Juni 1991 teilnehmender Diplomat des japanischen Außenministeriums hielt Satoh einen Vortrag, der aus japanischer Perspektive eine mögliche sicherheitspolitische Strategie für Asien-Pazifik vorstellte, eine Strategie, die Japan nicht aus den Entwicklungen in der Großregion ausschloß.[99] Vor dem Hintergrund der japanisch-amerikanischen Allianz und sich vertiefender wirtschaftlicher Kooperationsvorgänge in Asien-Pazifik befürwortete Satoh die Einführung eines sich auf der Basis wechselseitigen Vertrauens (*jap. anshin-kan*) entwickelnden Prozesses der Rückversicherung[100] und des politischen Dialoges zwischen den Staaten der Großregion. Als Teil eines vielschichtigen und komplexen Designs[101] sei dieser Ansatz am ehesten geeignet, *gemeinsam* mit

---

Verringerung von Mißtrauen zwischen den Staaten in Asien-Pazifik aus. Vgl. etwa: Satoh 1995, S. 273-274.

97 Interview mit Professor Yoshihide Soeya an der Keio-Universität, Tokyo, am 18.6.1999.

98 Soeya betont, daß sich sicherheitspolitischer Multilateralismus nicht durchgesetzt hätte ohne die engen Verbindungen der ISIS-Mitglieder zu ihren Regierungen. Diese Verbindung zwischen Think Tanks und gouvernementaler Ebene ist insbesondere im Sachbereich Sicherheit im bürokratisch gesteuerten politischen System Japans nahezu ausgeschlossen. Auch bestehe keine Verbindung zwischen Bürokratie und universitärer Forschung.

99 Der Vortrag ist in Aufsatzform erschienen unter dem Titel: "Asian-Pacific process for stability and security: Japan's post Gulf international initiatives". Ministry of Foreign Affairs, Japan August 1991. Die nachfolgenden Informationen zum Inhalt dieses Vortrags stammen aus einem Gespräch mit Professor Soeya an der Keio Universität vom 11. November 1997.

100 In den englischsprachigen Veröffentlichungen wird der Begriff der *mutual reassurance* verwendet.

101 Yukio Satoh hat sich später in einer Reihe von Veröffentlichungen zu dieser japanischen Sicherheitsstrategie geäußert, die er als *multi-faceted* oder *multi-layered* bezeichnet. Vgl.: Ders.: Emerging trends in Asia-Pacific security: the role of Japan, in: The

den bereits bestehenden bilateralen Sicherheitsmechanismen die fragile und noch fluide Sicherheitsstruktur in der Region zu erfassen und positiv zu beeinflussen. Der Begriff anshin-kan beschreibt ein *Gefühl* von Sicherheit, welches sich auf der Grundlage regelmäßiger institutionalisierter politischer Dialoge zwischen den Staaten der Region einstellen kann. Ein solcher Prozeß ist die Voraussetzung und Grundlage dafür, daß es zur Implementierung von Vertrauensbildenden Maßnahmen und zu sicherheitspolitischer Kooperation in der Region überhaupt erst kommen kann. Es wird erwartet, daß regelmäßige Dialoge zu transparenteren und vorhersagbaren Verhaltensmustern der Teilnehmer führen, die auf dieser Grundlage stabile wechselseitige Erwartungen etablieren können. Wie Satoh später wiederholt hat, gehen Maßnahmen zur wechselseitigen Rückversicherung über die Reichweite rein militärischer Sicherheits- und Vertrauensbildender Maßnahmen hinaus, wie sie etwa im KSZE/ KVAE-Prozeß entwickelt worden sind:

> „It must be noted that the endeavours to deepen a sense of 'mutual reassurance' must include a broader range of measures than those for 'confidence building'. The concept of 'confidence building', which had evolved in the process of East-West negotiations in the cold war era, was designed to reduce risks between adversaries. The concept is too narrow to meet the requirements of the Asia-Pacific region. There, no country regards another as an adversary except in the case of North and South Korea. The complex feelings and concerns which Asians hold towards each other are more deeply rooted than any security concern which adversaries have toward each other. Accordingly, working together on such non-military issues of common concern as environmental degradation and refugee would no doubt help enhance the level of mutual reassurance among the countries involved. The efforts to deepen mutual understanding in cultural and educational areas are also essential for mutual reassurance“.[102]

Satoh sah darüber hinaus in solchen Mechanismen auch eine besondere Chance für Japan:

> „As I argued in the paper which I presented at the seminar held in Manila in June 1991 (...) it is important for Japan 'to place herself in multilateral venues, wherein the countries which are worried about the future direction of Japanese defence policy

---

Pacific Review, Vol. 8, No. 2 (1995), S. 267-281; Ders.: Policy Coordination for Asia-Pacific Security and Stability. (The Australian National University, Strategic and Defence Studies Centre, Working Paper No. 305) Canberra November 1996; Ders.: Politische Koordination für Sicherheit und Stabilität im Asiatisch-Pazifischen Raum, in: Maull, Hanns (Hrsg.): Regionalismus in Asien-Pazifik. (Arbeitspapiere zur Internationalen Politik, 98) Bonn 1998, S. 59-85.

[102] Ebda. S. 273.

can express their concern'. Here Japan can learn from what the former Federal Republic of Germany had been doing since the end of the Second World War."[103]

Satohs Konzeption regionaler Sicherheitsdialoge unter Einschluß Japans stand Pate für eine kurze Zeit später folgende politische Stellungnahme des japanischen Außenministers *Taro Nakayama* auf den ASEAN-PMC im Juli 1991. Satohs Vortrag bei den ASEAN-ISIS sowie sein schriftlicher Bericht zum Verlauf der Konferenz gingen an die *„Asian Bureau Policy Section“* des Außenministeriums. Weitere Informationen teilte Satoh im Rahmen einer Besprechung mit dem Außenminister persönlich mit oder fügte sie als handschriftliche Notizen an den Rand seines Manuskriptes. Sowohl diese Besprechung als auch Satohs nachweislich in dieser Form *nicht* für die Öffentlichkeit bestimmte Manuskript dienten Nakayama indes als Blaupause für seine Rede vor den ASEAN-PMC am 22. Juli 1991.[104] Nach einer ausführlichen Darstellung der asiatisch-pazifischen Sicherheitssituation widmete sich der japanische Außenminister dann mit deutlichen Worten der Frage der künftigen politischen Rolle Japans in der Großregion:

> „As Japan's position on the international stage arises, however, there have been calls from inside and outside the country for us to take on responsibilities and roles for more befitting our position and power not only financially but through personnel participation as well."[105]

Da die Ausweitung der Rolle Japans in Asien-Pazifik zu manchen Irritationen geführt habe und sich einige Staaten besorgt über die militärische Dimension einer solchen Rolle geäußert hätten, sei es, so Nakayama,

> „increasingly important both for Japan and our fellow Asian nations to have opportunities on a constant basis enabling Japan to listen to the anxieties and concerns that other countries in Asia express regarding our foreign policy orientation and objectives, and, in turn, for Japan to provide our neighbors in Asia with direct, forthright explanations of our thinking. As we fulfill our political obligations in the Asia-Pacific region in the future, a vital part of our diplomatic activities will be to

---

[103] Ebda. S. 273-274.

[104] Gespräch mit Carolina Hernandez, Präsident des Institute for Strategic and Development Studies (ISDS), Manila und Hadi Soesastro, Exekutivdirektor des Centre for Strategic and International Studies (CSIS), Jakarta. Manila, 28. November 1999.

[105] Statement by Foreign Minister Taro Nakayama to the General Session of the ASEAN Post Ministerial Conference. Kuala Lumpur, July 22, 1991. Abgedruckt in: Ministry of Foreign Affairs, Japan: Diplomatic Bluebook 1991. Tokyo 1992, S. 463-471 (468).

> participate earnestly in a process which I might call "political dialogue designed to increase the sense of security felt by all parties."[106]

Nakayama beendete seine Rede mit dem Aufruf, den bereits bestehenden wirtschaftlichen Kooperationsforen in Asien-Pazifik und der amerikanisch-japanische Sicherheitsallianz einen institutionalisierten Mechanismus einen politischen Dialog hinzuzufügen, wie er zuvor auf dem ASEAN-Außenministertreffen beschlossen worden sei:

> „The dialogue we engage in here for the purpose of increasing the sense of reassurance felt by the friendly countries is intended to strengthen the political foundation of our mutual cooperative relations. In that respect such political dialogue is by nature different than confidence building measures which aims at easing military tensions.
>
> With such a recognition, I believe it would be meaningful and timely to use the ASEAN Post Ministerial Conference as a process of political dialogue for mutual reassurance among us."[107]

Nakayamas Rede stieß bei der ASEAN auf einhellige Ablehnung. Das Außenministerium hatte angenommen, daß im Zuge der weltpolitischen Veränderungen die Zeit für eine offizielle sicherheitspolitische Initiative Japans gekommen sei und daß diese vom Ausland positiv aufgenommen würde, nachdem sie doch in den informellen Kreisen der ASEAN auf breite Zustimmung gestoßen war. Diese Einschätzung erwies sich jedoch als falsch. Obwohl inhaltlich auf einer Linie mit den Vorschlägen der ASEAN-ISIS und im wesentlichen die Wiederholung einer gemeinsamen Stellungnahme des Treffens der ASEAN-Außenminister vom Vortag, zeigten sich die Zuhörer in einer ersten Reaktion nachgerade schockiert.[108] Nakayamas Rede wurde rundweg als ein Versuch Japans abgelehnt, sich erneut eine militärische Rolle in Asien anzumaßen. Obwohl sie in der Literatur meist positiv als erster offizieller Akt der Übernahme einer pazifikweiten politischen Funktion durch Japan gewertet wird,[109] ist doch das Gegenteil der Fall. Denn sie war ein frü-

---

[106] Ebda. S. 469.

[107] Ebda. S. 470.

[108] Hernandez und Soesastro betonen die „Totenstille", die während des Vortrages geherrscht habe.

[109] So etwa: Hook, Glenn: Japan and the ASEAN Regional Forum: Bilateralism, Multilateralism or Supplementalism? Japanstudien. Jahrbuch des Deutschen Instituts für Japanstudien der Franz von Siebold Stiftung, Band 10) 1998, S. 159-188; Neuerdings hat sich auch Paul Midford mit dem Nakayama-Vorschlag befasst: Vgl. ders.: „Japan's leadership role in East Asian security multilateralism: the Nakayama proposal and the logic of reassurance, in: The Pacific Review, Vol. 13, No. 3 (2000), S. 367-397.

her Rückschlag für die Versuche Japans, gemeinsam mit der ASEAN eine sicherheitspolitische Führungsrolle in der Großregion einzunehmen. Sie veranschaulicht jedoch auch, wie schwierig sich für Japan eine eigenständige Politikformulierung in Asien-Pazifik gestaltet, auch dann, wenn ein bestimmtes Thema bereits inoffiziell allgemeine Zustimmung gefunden hat. Jede sicherheitspolitische Initiative Japans, insbesondere wenn sie die engen Grenzen des legitimen Rahmens nationalen Interesses überschreitet, wird mit großem Mißtrauen beobachtet.[110] So schrieb der *Economist*, Nakayama habe die Rechnung ohne die aggressive Vergangenheit Japans gemacht:

> „The idea of Japan seeking a greater security role in the region was enough to ring alarm bells all over the Pacific."[111]

Und die kanadische Außenministerin *Barbara McDougall* brachte das Problem, dem Nakayama zum Opfer fiel, lakonisch auf den Punkt:

> „What is important about the Japanese proposal is that it is a Japanese proposal."[112]

Im Vergleich zur Vorlage Satohs hatte sich Nakayama nicht ausdrücklich auf die Einbindung Japans in die – allgemein als disziplinierender Mechanismus wahrgenommene – Allianz mit den USA bezogen. Satoh hatte unermüdlich auf die Bedeutung eines vielschichtigen Ansatzes hingewiesen, in dem der Aufbau eines sicherheitspolitischen Multilateralismus lediglich Teil eines größeren Ganzen war.[113] Nakayamas Rede konnte hingegen durchaus als Beginn eines möglichen japanischen Führungsanspruchs respektive einer von den USA gewollten größeren militärischen Rolle Japans im Rahmen der Allianz mißverstanden werden:[114]

---

[110] Dies ist bis heute der Fall, wie die Titel einiger Artikel zu diesem Thema zeigen: „Fears of Influence", in: Far Eastern Economic Review, 30. January 1997, S. 14-15; „Does Japan want a larger Role?", in: Look Japan, August 1997, S. 13; „Japan's Clarion Call", in: Far Eastern Economic Review, 28. January 1993; „Japan Rising?", in: Asiaweek, 20. Juni 1997, S. 20-21.

[111] „A Hesitant Patroller of the Pacific", The Economist, July 27, 1991, S. 29.

[112] Zitiert in: Far Eastern Economic Review, 1. August 1991, S. 11.

[113] Vgl.: Satoh 1995, S. 270-275.

[114] Die Informationen hierzu weichen voneinander ab. So weisen sowohl Angehörige des Außenministeriums als auch der informierten Kreise der Universitäten Keio und Tokyo darauf hin, Satoh sei in den Prozeß, der zur Nakayama-Rede führte, nur indirekt involviert gewesen und sei nach dem kurzen Briefing direkt nach London weiter geflogen. Dies korrespondiert mit Informationen von Mitgliedern der AEAN-ISIS, Satoh habe sich gleichfalls schockiert gezeigt und sich nach der desaströsen Reaktion auf die Nakayama-Rede in aller Form „für die Fehler" entschuldigt. Andererseits wird betont,

„Does "burden sharing", insisted on by the United States, imply division of responsibility as well as joint decision making?"[115]

Es lassen sich jedoch neben den beiden erwähnten Gründen noch weitere Deutungen anführen, welche die Ablehnung des Nakayama-Vorschlags erklären können: Zunächst war die japanische Initiative weder mit der ASEAN noch mit den USA abgesprochen. Sie kam daher völlig überraschend und konnte somit nur eine ablehnende Reaktion erzeugen.[116] Darüber hinaus befand sich der geplante Dialogprozeß nach Ansicht einiger ASEAN-Mitglieder noch bei weitem nicht in einer Phase, in der dieser formell als eine neue Initiative hätte verkündet werden können. Hier sei Japan offensichtlich einem Mißverständnis erlegen. Weiterhin war, gemessen am Selbstverständnis der ASEAN, alleinverantwortlich im Zentrum politischer Neuerungen der Region zu stehen, insbesondere eine *japanische* Vorreiterrolle die am wenigsten wünschenswerte Version für den eventuellen Beginn einer neuen Ordnung in der Großregion.[117] Dies wird besonders deutlich, wenn man sich die Angst der ASEAN vergegenwärtigt, der neu zu schaffende Dialogmechanismus könnte ohne die Betonung der eigenen Initiative von externen Mächten dominiert werden, nämlich den USA und Japan.[118] *Akiko Fukushima* führt noch ein weiteres Argument ins Feld: Der Vorschlag im Juli 1991 kam schlichtweg zu früh.[119] Innerhalb der ASEAN-ISIS war ja – wie oben bereits gezeigt – beschlossen worden, die Durchführung sicherheitspolitischer Dialoge dem im Januar 1992 stattfinden-

---

Sato habe sich innerhalb des Außenministeriums in einer sehr kontroversen Diskussion im Vorfeld der Nakayama-Rede mit seiner Linie durchgesetzt. Die Rede sei also durchaus eine Reflexion der Eindrücke Satohs gewesen.

115 Habib, Hasnan: Japan's Role in the Asia-Pacific Region: An ASEAN Perception, in: Kendall/ Joewono 1991, S. 247-261 (248).

116 Insbesondere die USA waren unter Bush zu diesem Zeitpunkt noch gegen jede wahrgenommene Aufweichung der bestehenden militärischen Allianzstrukturen in der Region durch multilaterale Foren.

117 Dosch 1999, S. 87 schreibt zu Recht: „Streng genommen ging die ursprüngliche Initiative zur Errichtung einer Konferenzserie auf hoher gouvernementaler Ebene im Politikfeld Sicherheit nicht von der ASEAN, sondern von Kanada, Australien und Japan aus. Diese drei Staaten können daher als 'drafters' des asiatisch-pazifischen Multilateralismus bezeichnet werden, während die ASEAN eher in der Rolle eines Architekten den vorhandenen Ideen die nötige Substanz verlieh."

118 Vgl. auch Simon, Sheldon: Security Prospects in Southeast Asia: Collaborative Efforts and the ASEAN Regional Forum. Papier eines Vortrags, gehalten anläßlich der Mainzer Konferenz „30 Years of ASEAN", 10.-12. Juli 1997.

119 Vgl.: Fukushima 1999, S. 144.

den Jahrestreffen der Staats- und Regierungschefs der ASEAN als Vorschlag vorzulegen. Diese hätten dann ausreichend Zeit gefunden, sich zunächst mit dem vollkommen neuen Basisgedanken des Aufbaus multilateraler Sicherheitsinstitutionen zu befassen, etwas, was bis dahin offiziell noch stets abgelehnt worden war.[120]

Die am 5. November 1991 angetretene neue Regierung Japans unter Premier *Kiichi Miyazawa* hatte sowohl die auf eine stärkere Beteiligung Japans an asiatisch-pazifischen Sicherheitsfragen hinarbeitende Politik der Kaifu-Administration übernommen als auch aus deren diplomatischen Fehlern gelernt. Ein am Tag des Regierungsantritts eigens eingerichtetes *Security Committee* im Unterhaus sollte nicht zuletzt die offensichtlichen Abstimmungsprobleme der Vorgänger innerhalb der Regierung vermeiden und eine einheitliche Strategie für Japans zukünftiges sicherheitspolitisches Auftreten unterstützen. Dies trat mit den internationalen Auftritten Miyazawas in den Jahren 1992 und 1993 deutlich zutage. *Bert Edström* hat in einer neuen Arbeit gezeigt, wie stark Miyazawas Politik davon bestimmt war, Japan eine größere internationale Rolle und einen Beitrag zu Frieden und Sicherheit in Asien zuzuweisen.[121] Bereits im Juli 1992 in einer Rede vor dem *National Press Club* in Washington[122] verwies der japanische Regierungschef auf die Bedeutung der sicherheitspolitischen Zusammenarbeit Japans und der USA bei der Gewährleistung von Stabilität in Asien-Pazifik.[123] In diesem Zusammenhang und als unterstützende Maßnahme schlug Miyazawa erstmals, wenn auch noch nicht ausdrücklich, die Errichtung eines sicherheitspolitischen Dialogmechanismus vor, der jedoch letztlich nicht allein die ASEAN-Staaten einschließen sollte:

> „In parallel with these bilateral and sub-regional approaches to the instabilities in the region, it is also important to build a region-wide framework for political dialogue encompassing a broader spectrum of countries. I believe that the Post-Ministerial

---

[120] Die Gesprächspartner im japanischen Außenministerium betonen, daß während des Ost-West-Konfliktes Multilateralismus aufgrund seines sozialistischen und pazifistischen Stigmas nicht offen diskutiert werden konnte, ohne die Bedeutung der Allianz mit den USA zumindest implizit abzuwerten.

[121] Edström, Bert: Japan's Evolving Foreign Policy Doctrine: From Yoshida to Miyazawa. London 1999.

[122] Address by Prime Minister Kiichi Miyazawa at the National Press Club. Washington, D.C., July 2, 1992. Abgedruckt in: Ministry of Foreign Affairs, Japan: Diplomatic Bluebook 1992. Tokyo 1993, S. 426-434.

[123] Vgl. ebda. S. 428.

Conference of ASEAN (ASEAN-PMC), at which ASEAN foreign ministers meet their counterparts form (sic!) the United States, Japan, Australia, New Zealand, Canada, the EC, and the Republic of Korea may, for now, most usefully serve this purpose. I heartily welcome the decision of the ASEAN Summit last January which points in this direction."[124]

Im Oktober desselben Jahres wiederholte Miyazawa seinen Vorschlag, einen Mechanismus zur Diskussion asiatisch-pazifischer Sicherheitsfragen ins Leben zu rufen, der allerdings in keiner Weise dazu gedacht sei, die bilateralen Sicherheitsbeziehungen Japans zur USA abzulösen.[125] In dem Maße, in welchem Miyazawa stets die Übernahme sicherheitspolitischer Aufgaben durch Japan in den Kontext der Allianz mit den USA stellte, sah er offensichtlich auch den multilateralen Sicherheitsdialog der ASEAN als ein zusätzliches Vehikel an, diese neue Rolle zu propagieren. In einer Rede am 16. Januar 1993 in Bangkok, die als „the first positive speech by an Asian leader regarding a bigger Japanese political role"[126] bezeichnet worden ist, trat dies dann erstmals in ganzer Deutlichkeit zutage. Miyazawa stellte hierin fest, daß die Staaten der Region bislang auf vielfältige Weise positiv auf bestehende Konflikte eingewirkt hätten. Dennoch wies er im Zusammenhang auf die seit dem Ende des Ost-West-Konfliktes veränderten und fluiden sicherheitspolitischen Rahmenbedingungen in Asien auf die Notwendigkeit eines multilateralen Sicherheitsdialoges hin, an dem auch Japan aktiv teilnehmen solle:[127]

„(...), it is clear that the collapse of the Cold War structure and the resultant fluidity in international relations are bound to affect the security landscape of this region as a whole. This awareness on the part of the countries of the region has, of late, sharpened their interest in the peace and stability of the region as a whole. It is important for the Asia-Pacific countries to share this interest and to enhance the transparency of their respective policies as well as their sense of *mutual reassurance* (Hervorhebung des Verfassers). Highly significant in this regard is the political and security dialogue which has been actively under way in the ASEAN Post-Ministerial Conference since last year. In this period of transformation for the international community, the countries of the Asia-Pacific region need to develop a long-term vision regarding the fu-

[124] Ebda. S. 430.
[125] Japan Times, 23. Oktober 1992, S. 1.
[126] Zitiert in: Brown 1994, S. 443.
[127] "Policy Speech by Prime Minister Miyazawa: The New Era of the Asia-Pacific and Japan-ASEAN Cooperation (Provisional Translation) Bangkok, 16 January 1993". Der Text der Rede ist abgedruckt bei: Morley, James: Japan and the Asia-Pacific. Defining a New Role. (Asian Update) May 1993, S. 16-19.

ture order of peace and security for their region. (...) Japan will actively take part in such discussions."[128]

Während Miyazawa den Aufbau neuer und die Stärkung bestehender pazifikweiter Institutionen vorschlug, betonte er erneut die enge Bindung Japans an die USA im Rahmen des Sicherheitsvertrages und der Allianz. Darüber hinaus nannte der Premier zwei weitere Vorbedingungen für eine größere Rolle Japans: Japan werde nie mehr die Position einer militärischen Macht anstreben und sich insbesondere in sicherheitspolitischen Fragen eng mit der ASEAN abstimmen.[129]

Die Rede Miyazawas, die als außenpolitische Strategie Japans allgemein als 'Miyazawa-Doktrin' bezeichnet wird, ist in gewisser Weise das vorläufige Endprodukt einer langen Reihe von *trial and error*-Versuchen seit der Fukuda-Doktrin der siebziger Jahre, die politischen Außenbeziehungen Japans innerhalb der Großregion neu zu definieren und im Gefolge neuer internationaler Rahmenbedingungen eine legitime sicherheitspolitische Rolle zu übernehmen. Gemäß dieser Doktrin strebt Japan nun nicht länger allein danach, seine Beziehungen zu Südostasien ökonomisch zu konsolidieren, sondern erkennt darüber hinaus die Bedeutung eines *pazifikweiten* sicherheitspolitischen Dialoges an. Dabei finden Konzepte Anwendung, die zunächst von Yukio Satoh entwickelt wurden und die zugleich Erfahrungen im Umgang mit der ASEAN widerspiegeln. Wie *Eugene Brown* zu Recht festgestellt hat, geht die Miyazawa-Doktrin kaum über die Feststellung der nun hinlänglich bekannten Notwendigkeit hinaus, daß die Staaten in Asien-Pazifik eine Vision für die künftige Sicherheit in der Region entwickeln müßten und daß Japan eine aktive Rolle hierbei spielen solle.[130] Miyazawas Bangkok-Rede, wie auch im übrigen die gesamte Politik des Premiers, war daher bedeutsam, weil sie geschickt die möglichen Ängste vor einem japanischen Militarismus ablenkte und der ASEAN ausdrücklich eine Führungsrolle zuwies. Darüber war ist ihr Zeitpunkt günstig gewählt. Sie war die letzte einer ganzen Reihe von Reden, in denen sukzessive die Idee einer asiatisch-pazifischen Sicherheitsstruktur unter Beteiligung Japans entwickelt wurde und die offensichtlich erfolgreich ein ,Imageproblem' japanischer

---

[128] Ebda. S. 16-17.

[129] "Japan will think and act together with ASEAN." Ebda. S. 19.

[130] Brown, Eugene: Japan's Security Policy in the Post-Cold War Era. Threat Perceptions and Strategic Options, in: Asian Survey, Vol. 34, No. 5, May 1994, S. 430-446 (443).

Asienpolitik beseitigen konnte.[131] Sie wurde länger nicht in Bausch und Bogen abgelehnt, wie dies noch im Falle des Nakayama-Vorschlags der Fall war – und sie suggerierte auch nicht mehr die bis dahin gängige Vorstellung in Asien von japanischen Premiers vor allem

> „portrayed in Thai and Indonesian newspapers as overweight businessman bringing foreign aid in order to receive profits.“[132]

Obwohl – oder vielleicht gerade – weil die Miyazawa-Doktrin nichts vollkommen Neues ansprach, sondern aufmerksam die Entwicklungen in der Großregion aufnahm und es geschickt verstanden hatte, unter dem Prinzip *'Japan-US security plus alpha'* für Japan eine Teilhabe an der Gestaltung einer pazifischen Sicherheitsarchitektur einzufordern, war sie letztlich erfolgreich. Sie war daher der erste offizielle, von den Nachbarn nicht abgelehnte, Schritt Japans hin zu einer größeren politischen Selbständigkeit in Asien, und sie beeinflußte die Diskussionen innerhalb der ASEAN über einen regionalen Sicherheitsdialog,[133] der schließlich in Form des ARF Gestalt annahm.

10.2. Japanische Erwartungen an die vom ARF-Prozeß ausgehenden Funktionsleitungen und Effekte

Japan nimmt seit Beginn am ARF-Prozeß teil und wird im gouvernementalen Dialog maßgeblich durch Beamte des Außenministeriums vertreten. Das japanische Verteidigungsamt war erstmals zum vierten ARF-MM zugelassen, hat jedoch im Jahr zuvor an den ARF-SOM und seit ihrer Errichtung an den Treffen der ARF-ISG und ARF-ISM teilgenommen. Im Außenministerium ist die *National Security Policy Division* (NSPD) im Foreign Policy Bureau für Japans Aktivitäten im ARF zuständig. Mit ihr korrespondiert die *International Policy Planning Division* (IPPD) der JDA, die bei der Ausarbeitung des jährlichen japanischen Positionspapiers zum ARF mitwirkt. Während der Außenminister Japan bei den ARF-MM repräsentiert, nimmt

---

[131] Außenminister *Michio Watanabe* hatte noch im November 1992 festgestellt: „I myself think we need to establish a track record. Some more history has to be put in place before we can be accepted as a truly peace loving nation.“ Zitiert in: „Foreign Minister Reasserts Tokyo's Regional Role“: Far Eastern Economic Review, 10. Dezember 1992, S. 10.

[132] So: Anderson, Stephen: Japan as an Activist State in the Pacific Basin: Japan and Regional Organizations, in: The Journal of East Asian Affairs, Vol. 7, No. 2, Summer 1993, S. 498-544 (529).

sein Stellvertreter an den vorbereitenden ARF-SOM teil. Ihm stehen vier Beamte des MOFA zur Seite: Der Direktor der NSPD, dessen persönlicher Assistent sowie zwei weitere Mitarbeiter der Abteilung.

Die Konzeption eines multilateralen sicherheitspolitischen Dialogmechanismus seitens des Außenministeriums beginnt zu einer Zeit, in welcher die USA solche Ansätze als nicht kompatibel zur eigenen Sicherheitspolitik und als kontraproduktiv zur bilateralen militärischen Allianz mit Japan ansehen. Jedoch haben die entsprechenden offiziellen japanischen Vorschläge zu keiner Zeit darauf abgezielt, die bilaterale Allianz mit den USA abzuwerten oder gar zu beenden. Die neorealistischen Annahmen hinsichtlich einer Beendigung der Allianz zugunsten eines japanischen Strebens nach militärischer Macht treffen hier offensichtlich nicht zu.[134] Im Gegenteil: Ausgehend von Yukio Satoh, dessen anshin-kan-Idee vor dem Hintergrund eines funktionierenden Sicherheitsabkommens mit den USA gedacht war,[135] betonen alle befragten Personen die unverrückbar zentrale Stellung der Allianz für Japan. Dies gilt ebenso für die offiziellen Verlautbarungen des Außenministeriums und der Defense Agency. Professor *Kiichi Fujiwara* von der Universität Tokyo betont gar:

> „Exclusive Multilateralism never really was a point in the discussion. Breaking with US-ties was never on the agenda."[136]

Wie Botschafter *Mitsuro Donowaki* erklärt, bedeutete die Multilateralismus-Idee somit auch nicht wirklich den Wechsel der japanischen Diplomatie in Asien-Pazifik, sondern war von Beginn an als Teil eines *„double track*"-Ansatzes[137] verstanden worden, der es Japan ermöglichen sollte, als ein eigenständiger Akteur an den neuen Sicherheitskonzepten teilzunehmen, ohne dabei auf seine Allianz mit den USA verzichten zu müssen. Dieser Ansatz

---

[133] Dies stellen etwa auch Brown 1994, S. 444, Villacorta 1994, S. 84 und Kawasaki 1997, S. 481 fest.

[134] Für zwei neuere neorealistische Erklärungsversuche japanischer ARF-Politik vgl.: Emmers, Ralf: The Influence of the Balance of Power Factor within the ASEAN Regional Forum, in: Contemporary Southeast Asia, Vol. 23, No. 2 (August 2001), S. 275-291 sowie Kawasaki, Tsujoshi: Postclassical realism and Japanese security policy, in: The Pacific Review, Vol. 14, No. 2 (2001), S. 221-240.

[135] Vgl. hierzu auch Satoh 1995, S. 270.

[136] Interview mit Professor Fujiwara, Tokyo, 22. Mai 1999.

[137] Dies hatte auch Miyazawa in seiner Rede von dem National Press Club 1992 betont. Vgl. ebenso: Drifte 1998b, S. 83.

wurde daher auch als die *„Vier-D-Strategie“* bezeichnet, welche die Gegensatzpaare „defense and dialogue“ und „deterrence and diplomacy“ integrierte. Da, so Donowaki, Verteidigung und Abschreckung gegeben waren, sicherheitspolitische Dialoge jedoch nur bilateral und auf ad hoc-Basis stattfanden, war eine institutionalisierte Konferenzdiplomatie letztlich nur die gedankliche Konsequenz.[138] Sie sollte die Allianz nicht ablösen, sondern im Gegenteil durch diese abgesichert werden. Die multilateralen Dialoge des anshin-kan-Konzeptes waren als Basis und Vorbedingung für jede weitergehende sicherheitspolitische Kooperation und für die als dringend notwendig erachtete Einführung von Vertrauensbildenden Maßnahmen zwischen den Staaten der Großregion verstanden worden. Die Vorstellung, daß hierdurch in Zukunft die Allianz eventuell untergraben werden könnte, sei so abwegig gewesen, daß sie intern nicht einmal diskutiert wurde. Um so hektischer gestaltete sich dann folglich die Überzeugungsarbeit, die Satoh in den USA leisten mußte, nachdem dort eben solche Befürchtungen geäußert worden waren.[139]

Der ARF-Prozeß erfüllt eine Reihe von Funktionen für Japans Sicherheitspolitik in Asien-Pazifik. Satoh hatte in dem zu schaffenden intergouvernementalen Dialogprozeß zunächst die Möglichkeit der Reduzierung von Erwartungsunsicherheit durch größere Transparenz und verbesserte Information zwischen den Staaten der Großregion gesehen.[140] Dies war insbesondere nach dem Ende des Ost-West-Konfliktes notwendig geworden, als der militärische Verbleib der USA in Asien-Pazifik in Frage stand, und damit eine mögliche militärische Rolle Japans nach einem Ende der Allianz denkbar geworden war. Ebenso wichtig war indes, China, den wahrscheinlichen künftigen asiatisch-pazifischen Hegemon, in einen Dialog zu binden.[141] Nach Meinung Satohs waren daher mutual reassurance-Maßnahmen schon allein wichtig, um diplomatische Spannungen und Aufrüstung oder daraus womöglich erwachsende militärische Konflikte gar nicht erst entstehen zu lassen:

---

[138] Gespräch mit Mitsuro Donowaki, Tokyo, 27. April 1999.

[139] Vgl.: Satoh 1995, S. 273; Kawasaki 1997, S. 481, Anm. 5.

[140] Vgl.: Kawasaki 1997, S. 482 und 485.

[141] Vgl. hierzu Satoh 1995, S. 268: „(a) How far will the United States reduce its military presence?; (b) How far will Japan expand its influence?; (c) How far will China expand its military capability?“

„Relations between the countries in the Asia-Pacific are still conditioned by sentiments of scepticism and guardedness. These sentiments derive from a variety of reasons. Bitter memories of past Japanese aggression persist in the minds of the victimized nations. So does a deep routed anxiety which the smaller nations feel about the bigger neighbours. And, a sense of rivalry exist between neighbouring nations. The efforts to enhance the level of 'mutual reassurance' are, therefore, important preconditions for political and security cooperation among the countries of the region."[142]

Hinter dieser Konzeption eines regelmäßigen sicherheitspolitischen Dialoges verbirgt sich die neoinstitutionalistische Überzeugung, daß durch Transparenz und Erfahrung im Kontakt mit anderen stabile wechselseitige Erwartungen entstehen können und sich Fehlperzeptionen hinsichtlich der militärischen Absichten der Staaten somit vermeiden lassen. So folgt *mutual reassurance* eben nicht der Vorstellung einer Machtbalance in der Großregion, sondern strebt eine Einbindung Chinas in einen sicherheitspolitischen Dialog zur Vertrauensbildung und zur eventuellen gemeinsamen Konfliktlösung nachgerade an. Satoh erkennt zwar die potentiell destabilisierenden Effekte der veränderten externen Strukturen in Asien-Pazifik an, stellt diesen jedoch dezidiert die sich aus multilateraler Kooperation und Offenheit ergebende friedensförderliche Wirkung der Dialogforen entgegen. Ebenfalls steht dahinter das Bewußtsein, daß solche Dialogstrukturen und Prozesse der Vertrauensbildung in Asien-Pazifik noch stets unterentwickelt sind und insbesondere in einer Phase des politischen Übergangs eine nicht zu unterschätzende zivilisierende Wirkung entfalten können.[143] Eine tiefergehende Kooperation, wie sie etwa mit dem partiellen Transfer von Souveränität an supranationale Organe einher geht, steht indes nicht zur Debatte. Jenseits multilateraler Dialogstrukturen gewährleistet allein die Allianz mit den USA militärische Sicherheit. Sie ist damit sozusagen der stabile Überbau, unter dem sich die verschiedenen Schichten von Vertrauensbildung und Transparenz entwickeln können.

---

[142] Satoh 1995, S. 272.

[143] Dies geht auch aus den späteren Veröffentlichungen Satohs hervor. Vgl.: Ders.: Politische Koordination für Sicherheit und Stabilität im Asiatisch-Pazifischen Raum, in: Maull, Hanns (Hrsg.): Regionalismus in Asien-Pazifik (Arbeitspapiere zur internationalen Politik, 98). Bonn 1998, S. 59-85; Ders.: Policy Coordination for Asia-Pacific Security and Stability. (Australia National University Strategic and Defence Studies Centre, Working Paper No. 305) Canberra 1996.

Der ARF-Prozeß entfaltet jedoch noch eine Reihe weiterer Wirkungen, die sich auf Japan selbst beziehen und die mithin die Sicherheitsallianz mit den USA ergänzen.[144] So spiegelt er nicht nur traditionelle pazifistische Überzeugungen wider, die Japan in vielen Bereichen der Rüstungssteuerung seit Jahren im Rahmen der Vereinten Nationen vertritt (erkennbar z.B. beim Waffenregister, dem Kathmandu-Prozeß[145] oder der Ächtung der Landminen). Er bietet zugleich eine Plattform, auf der es Japan möglich ist, für die Grundzüge seiner Sicherheitspolitik im Rahmen der Allianz mit den USA zu werben. Dabei hofft Japan langfristig auf einen *Gewöhnungseffekt* seitens seiner Nachbarstaaten hinsichtlich des Vertrauens als zuverlässiger Partner und der Akzeptanz für eine größere Rolle. Dies betrifft auch und besonders die Vorbehalte Chinas hinsichtlich der im Zuge der Neudefinition der Allianz gewachsenen Rolle Japans bei der gemeinschaftlichen Aufgabe der Schaffung von Frieden und Stabilität in der Region.[146]

Japanische Entscheidungsträger haben spätestens seit dem Zweiten Golfkrieg nach Möglichkeiten gesucht, um eine eigenständigere Sicherheitspolitik auf den Weg zu bringen und vor allem eine drohende *Marginalisierung* als sicherheitspolitischer Akteur zu vermeiden. Da Japan aufgrund seiner historischen Erblast in Asien-Pazifik wie kein zweiter Staat zuvorderst einer Legitimationsbasis für sein gesamtes außenpolitisches Handeln bedarf, gilt es innerhalb des ARF als einer der sogenannten *target-states.*[147] Als *target* ist Japan konstant der kritischen Betrachtung und Diskussion der anderen ausgesetzt. Durch diese relative Mehrbeachtung, die Japan dadurch neben China – und künftig neben Nordkorea – erfährt, kann die japanische

---

[144] Vgl. auch Drifte 1998b, S. 83-85.

[145] Der Kathmandu-Prozeß versucht, das insbesondere in den Entwicklungsländern stark verbreitete Problem sogenannter „kleiner Waffen“ in den Griff zu bekommen. Er kann als eine Erweiterung der Versuche der Vereinten Nationen verstanden werden, Transparenz in den Handel mit konventionellen Waffen zu bringen. Vgl.: Donowaki, Mitsuro: Addressing Light Weapons and Small Arms Proliferation, in: Chalmers/ Donowaki/ Green 1997, S. 203-211.

[146] Vgl.: Garrett, Banning/ Glaser, Bonnie: Chinese Apprehensions About the Revitalization of the U.S.-Japan Alliance, in: Asian Survey Vol. 37, No. 4 (April 1997), S. 383-402. Es sei darauf hingewiesen, daß der multilaterale Rahmen des ARF hier auch dezidiert bilaterale Funktionen erfüllt, wie etwa die Treffen von Angehörigen des militärischen Sektors einzelner Staaten. Ein deutliches Beispiel hierfür war die Erneuerung der Sicherheitspartnerschaft zwischen Australien und Indonesien am Rande des zweiten ARF 1995.

[147] Vgl.: Kawasaki 1997, S. 483.

Regierung politische Zuverlässigkeit und Konstanz demonstrieren und somit für Vertrauen in ihre Politik werben. Das Ziel, welches Japan durch das ARF erreichen will, besteht also darin, auf seine besondere sicherheitspolitische Situation hinzuweisen, verlorengegangenes Vertrauen zurückzuerlangen und Ressentiments bezüglich seiner Rolle in der Region abzubauen. Von der Verwirklichung dieser Ziele hängt entscheidend die Möglichkeit ab, in Zukunft aktiv einen Beitrag zur Stabilität der Großregion zu leisten. Japan mache daher, wie *Masashi Nishihara* dies ironisch bezeichnet hat, im ARF-Prozeß seine „Hausaufgaben".[148] *Kenneth Pyle* hat die Funktion dieser Form des Multilateralismus für Japan wie folgt beschrieben:

> „Japan's economic surge into Asia since 1985 requires more involvement in the region to protect its increased interests. Multilateralism provides some moving away and softening of the dominance of US-Japan relations. While the historical legacy is still not overcome, multilateralism provides a cover, a quite approach to the region, one that will help to restore Japan's legitimacy and claim to leadership."[149]

Die Beobachtung der Einstellungen der Nachbarstaaten, die Auseinandersetzung mit der eigenen aggressiven Vergangenheit: All diese Wahrnehmungen und Erfahrungen verdeutlichen einen Lernprozeß, der sich übrigens auch in der oben dargestellten Phase der japanischen Initiativen von Nakayama bis Miyazawa widerspiegelt. Der Einfluß der historischen Erfahrung, aber auch die Angst, als politisch relevanter Akteur schlichtweg übersehen zu werden, resultierte in dem Wunsch einer anerkannten und legitimen sicherheitspolitischen Stellung in der Großregion. Dies entspricht voll den Grundannahmen des Konstruktivismus, welcher die Bedeutung spezifischer historischer Erfahrungen sowie den sich daraus ergebenden Einstellungen und Rollen zur Erklärung japanischer Sicherheitspolitik betont. In dieser Hinsicht ist auch das vom Neorealismus so häufig bemühte ‚nationale Interesse' Japans in bezug auf den weichen Multilateralismus weniger auf eine klassische Staatsräson als vielmehr auf eine politisch geschickt instrumentalisierte Rücksichtnahme auf die Einstellungen anderer Staaten zurückzuführen. Der Wunsch Japans nach Anerkennung als legitimer Teamplayer in Asien-Pazifik und der dezidierte Wunsch, sich als *target-state* im ARF-Prozeß diese Anerkennung durch eine

---

[148] Interview mit Professor Nishihara, Tokyo, 18. November 1997.

[149] Pyle, Kenneth: The Context of APEC: US-Japan Relations, in: The National Bureau of Asian Research (NBR): America, Japan, and APEC: The Challenge of Leadership in the Asia-Pacific. NBR Analysis Series, Vol. 6, No. 3 (November 1995), S. 37-53 (50).

langfristige Selbstpräsentation und Selbstüberprüfung auch zu verdienen, sind hierfür anschauliche Beispiele.

Zugleich bleibt die Allianz mit den USA Japans wichtigste sicherheitspolitische Stütze in der Großregion. Sie sichert den noch jungen multilateralen Dialogprozeß ab und wirkt sozusagen als dessen Überbau. Das ARF wird daher nicht als eigenständiger Konfliktlösungsmechanismus, sondern lediglich als vertrauensbildende zweite Schicht der Allianz verstanden. Es dient der Schaffung eines Vertrauensgefühls zwischen seinen Mitgliedern. Japan sieht dies als Voraussetzung für eine weitergehende multilaterale Kooperation, während allein die Allianz mit den USA die Regelung eines militärischen Konfliktes verspricht, sollte das Dialogforum versagen.[150] *Michael Green* hat die multilaterale Dialogstruktur in Asien-Pazifik als ein geeignetes „outlet for Japanese power" bezeichnet, welches es Japan ebenfalls erlaube, sowohl einem möglichen Rückzug der USA aus der Großregion vorzubeugen als auch der amerikanischen Tendenz zum unilateralen Handeln entgegenzuwirken.[151] Es lassen sich daher im Hinblick auf Japan drei maßgebliche Zielrichtungen der Strategie des weichen Multilateralismus zusammenfassen:

1) *Weicher Multilateralismus als Instrument* der Sicherheitspolitik, welcher die Schaffung von Transparenz und die Bildung von wechselseitigem Vertrauen ermöglicht und dadurch eine positive Wirkung auf die fluide und unübersichtliche Sicherheitsstruktur in Asien-Pazifik entfaltet.
2) *Weicher Multilateralismus als Vorlage* für die Selbstdarstellung als Teamplayer sowie für eine legitime und eigenständigere Rolle, nicht nur als Ausgangspunkt für eine vergrößerte zukünftige sicherheitspolitische Handlungsfreiheit, sondern auch als vorbeugende Maßnahme gegen eine drohende Marginalisierung als internationaler Akteur.
3) *Weicher Multilateralismus als Versuchsballon*, der einerseits das Interesse der USA an der Aufrechterhaltung der Allianz auslotet, andererseits die notwendig gewordene bilaterale Debatte über die

---

[150] Glenn Hook 1998 hat aufgrund seiner der Allianz nachgeordneten Stellung die ARF-Politik Japans als „supplementarism" bezeichnet.
[151] Vgl.: Green 1998, S. 35; Soeya 1998b, S. 222; Asher 1997, S. 356.

Sicherheitsbeziehungen und die Aufgabenverteilung innerhalb der Allianz stimuliert.

Vor diesem Hintergrund erwarten weder das MOFA noch die JDA vom ARF-Prozeß die Beilegung und Lösung bestehender Konflikte in Asien-Pazifik. Verdienstvolle Leistungen des Forums seien Vertrauensbildung und eventuell präventive Diplomatie.[152] Darüber hinaus solle man keine übertriebenen Hoffnungen in den sicherheitspolitischen Dialogmechanismus setzen. *Yoichi Funabashi* verweist in diesem Zusammenhang auf die Position Chinas, das sich trotz anfänglich kooperativen Verhaltens etwa in der Spratlys-Frage noch immer nicht in den ARF-Prozeß integriert haben lasse.[153] Man solle die Möglichkeiten des Dialogmechanismus nicht überbewerten. Auch *Nishihara* betont, ein Sicherheitsregime werde sich im Rahmen des ARF nicht errichten lassen. Die mittelfristige Funktion des Forums bestehe letztlich darin, „to meet, to talk, to feel comfortable. Key security issues will not be handled by ARF."[154] Dennoch mache der Dialogmechanismus des ARF-Prozesses Sinn. Ein Mitglied des Japan Institute of International Affairs stellt fest:

> „The ARF is important if one is aware of its limits. Having a weak ARF which some like to call a talk-shop is better than having no ARF at all."[155]

Japans Haltung zum ARF-Prozeß ist dennoch durch eine gewisse Zwiespältigkeit gekennzeichnet. Sie ergibt sich einerseits aus dem Wissen um die prinzipiellen Möglichkeiten der Dialogforen und ihrer Bedeutung für die eigenen Politikziele sowie andererseits aus einer gewissen Frustration hinsichtlich der nahezu ausschließlichen Fixierung des Forums auf südostasiatische Angelegenheiten.[156] Inoffiziell äußern sich auch Stimmen, welche die Dominanz der ASEAN beim Agendasetting des ARF kritisieren. Sie fordern zudem, daß der Vorsitz der jährlichen Treffen des Forums unter allen Teilnehmer rotieren sollte und nicht nur unter den ASEAN-Staaten.[157]

---

[152] Ich stütze mich hier auf Interviews u.a. mit Beamten der JDA, des MOFA, des Japan Institute of International Affairs (JIIA), mit Seizaburo Sato sowie mit Wissenschaftlern der Aoyama Gakuin-, Keio-, Toyko- und Tsukuba-Universität von September bis Dezember 1997 und von März bis Juli 1999.

[153] Interview mit Yoichi Funabashi, Tokyo, 24. Juni 1999.

[154] Interview mit Masashi Nishihara, Tokyo, 18. November 1997.

[155] Interview im JIIA am 4. November 1997.

[156] Interview an der Tokyo-Universität, 7. Juni 1999.

[157] Interview an der Keio-Universität, 18. Juni 1999. Dies stellt auch Johnstone 1999a, S. 378-379 fest.

Dennoch: Im Bereich militärischer Transparenz und VBM sowie als Präsentationsplattform nimmt das ARF weiterhin eine Schlüsselstellung für Japans Sicherheitspolitik ein. Einige Beobachter haben anhand des Umfangs und der Position, die dem ARF in den öffentlichen Verlautbarungen des jährlich erscheinenden Blaubuchs des Außenministeriums gewährt wird, ein im Vergleich zu früheren Jahren reduziertes Interesse Japans an dem Dialogforum festgestellt.[158] Von größerer Aussagekraft scheinen hier jedoch Faktoren wie die Entwicklung des bilateralen Verhältnisses zur USA im Rahmen der Allianz sowie zu Rußland und China,[159] der Einfluß der asiatischen Krise[160] oder die Haltung der USA zu den Dialogprozessen zu sein. So schließt *Christopher Johnstone* aus der wachsenden Bedeutung Chinas für die japanische Außenpolitik, „(...) Japan's support for regional institutions and multilateralism in particular is likely to be more cautious tentative"[161], während *Graeme Cheeseman* aufgrund der Asienkrise ein allgemein rückläufiges Interesse der Staaten an den multilateralen Dialogforen und einen Rekurs auf traditionell bilaterale Sicherheitskonzepte festgestellt hat.[162] Zuletzt hat in diesem Zusammenhang auch *Desmond Ball* den negativen Einfluß der asiatischen Wirtschafts- und Finanzkrise auf die sicherheitspolitischen Kooperationsbemühungen hervorgehoben.[163] Zusätzlich könnten sich die Haltung der USA und der Verlauf der Allianzbeziehungen negativ auf Japans Interesse an den Dialogforen auswirken. Nämlich dann, wenn japanische Entscheidungsträger eine erfolgreiche Anerkennung Japans als legitimer Teamplayer im Bereich asiatisch-pazifischer Sicherheit perzipieren und zugleich das japanische Verhältnis zu den USA innerhalb der Allianz als dauerhaft und partnerschaftlich ausgewogen bewertet wird. Da jedoch, wie in einem späteren Kapitel dargestellt wird, sich die Allianzbeziehungen heute nach einer Phase der Stagnation und Verschlechterung tatsächlich auf einem

---

[158] So etwa Johnstone 1999a, S. 379.

[159] Vgl.: Drifte, Reinhard: An old architecture for peace? Reconfiguring Japan among unreconfigured great powers, in: The Pacific Review, Vol. 12, No.3 (1999), S. 479-489 (1999a); Johnstone 1999a, S. 365-385.

[160] Vgl.: Cheeseman, Greame: Asian-Pacific security discourse in the wake of the Asian economic crisis, in: The Pacific Review, Vol. 12, No.3 (1999), S. 333-356.

[161] Johnstone 1999a, S. 380.

[162] Vgl.: Cheeseman, Graeme: Asian-Pacific security discourse in the wake of the Asian economic crisis, in: The Pacific Review, Vol. 12, No. 3, 1999, S. 333-356.

[163] Vgl.: Ball, Desmond: Implications of the East Asian economic recession for regional security cooperation. (Australia National University Strategic and Defence Studies Centre. Working Paper No. 331) Canberra 1999.

historischen Höchststand befinden, die Anerkennung als verläßlicher Teamplayer jedoch noch nicht stattgefunden hat und nicht zuletzt ein entsprechendes Verhalten seitens der japanischen Entscheidungsträger nicht erkennbar ist, werden die Dialogforen ihre prinzipielle Bedeutung für Japan auch weiterhin behalten. Auch die gegenwärtige Phase allgemeiner japanischer Unzufriedenheit infolge einer wahrgenommenen Stagnation zumindest des gouvernementalen Dialoges innerhalb des ARF[164] oder das erkennbar nachlassende Interesse des einflußreichen Partners USA[165] werden hieran vorerst nichts ändern.

10.3. Zusammenfassung

Trotz eines sich spätestens seit der Asienkrise erneut im Wandel befindlichen strategischen Umfeldes, in dem insbesondere China über ein gewachsenes Potential verfügt und trotz der vielfältigen nordkoreanischen Bedrohungsformen bleibt die sich im ARF-Prozeß vermittelnde Strategie des weichen Multilateralismus dort Mittel der Wahl japanischer Außenpolitik, wo es weniger um militärische Sicherheit als um die Schaffung von Transparenz und die Förderung von Vertrauensbildung unter den Staaten der Großregion geht. Die Ziele bestehen hierbei grundsätzlich 1) im Finden einer Legitimationsbasis zuerst in Südostasien aufgrund der kritischen Haltung der ASEAN; 2) im Erwerb einer legitimen militärischen und politischen Rolle in Asien-Pazifik bzw. in der Vermeidung einer Marginalisierung als relevanter Akteur sowie 3) in der weitest möglichen Unabhängigkeit von externen Änderungen seines politisch-militärischen Umfeldes. Neben dem praktisch-politischen Nutzen für Japans Stellung in Asien-Pazifik reflektiert der weiche Multilateralismus mithin grundlegende Überzeugungen bezüglich der Bedeutung multilateraler Dialogforen, für die sich japanische Entscheidungsträger wie Yukio Satoh lange Zeit eingesetzt haben. Der Prozeß der Durchsetzung der Strategie ähnelt in vielem der japanischen Kooperation mit Australien im Vorfeld der APEC-Gründung 1989. Auch hier war Japan gezwungen, sich möglichst außerhalb der Öffentlichkeit für die Umsetzung seiner Ideen und Konzepte einzusetzen. Die asiatischen Reaktionen auf den ersten öffentlichen japanischen Vorstoß im Sachbereich Sicherheit durch Außenminister Nakayama vor den ASEAN-PMC 1991 zeigen deutlich die

---

[164] So ein japanischer Beobachter der ARF-Gespräche aus dem Außenministerium.
[165] Ralph Cossa hat erst kürzlich das Verharren des Gesamtprozesses auf einem niedrigen Niveau kritisiert.

Notwendigkeit eines Dialogmechanismus nicht nur im Bereich Vertrauensbildung, sondern auch für die Selbstpräsentation Japans als verläßlicher Teamplayer bei der Gestaltung einer künftigen Sicherheitsarchitektur in Asien-Pazifik.

11. Japans Strategie des harten Multilateralismus in Asien-Pazifik: Unterstützung von KEDO und von UN-Einsätzen in Kambodscha und in Ost-Timor

Die japanische ARF-Politik ist eng verbunden mit der Strategie des harten Multilateralismus, wie sie in der Förderung des Atomkonsortiums KEDO und in der Teilnahme Japans an Friedenserhaltenden Maßnahmen der Vereinten Nationen in Kambodscha und Ost-Timor zum Ausdruck kommt. Welche Ziele Japans mit dieser Strategie verfolgt und in welcher Weise sie kompatibel zur ARF-Politik ist, soll im folgenden veranschaulicht werden. Zuvor sind jedoch der sicherheitspolitische Hintergrund der Entstehung von KEDO sowie die Organisation und die Aufgaben des Konsortiums zu beschreiben.

11.1. Geschichte und Aufbau von KEDO

Wie oben bereits ausgeführt, stellt Nordkorea in vielfacher Hinsicht eine Bedrohung für die Sicherheit Japans und der Großregion dar. Dies gilt nicht nur für jene Szenarien, die im Anschluß an einen wirtschaftlichen und politischen Kollaps des kommunistischen Landes oder infolge eines militärischen Ausbruchsversuchs erwartet werden,[166] sondern insbesondere für die vielschichtigen Herausforderungen, welche sich langfristig aus dem vermuteten nordkoreanischen Nuklearprogramm für Japan ergeben.[167]

Seit den 50er Jahren hat Nordkorea mit der Entwicklung eines eigenen Atomprogramms begonnen[168] und betreibt heute Kernreaktoren eines Typs, von dem allgemein angenommen wird, daß er sich besonders gut für die Produktion waffenfähigen Plutoniums eignet. Am 12. Dezember 1985 trat

---

[166] Vgl.: Hughes 1998, S. 394-395, Hughes 1996, S. 85-88. Vgl. diese Arbeit S. ???

[167] Vgl.: Hughes 1996, S. 85-88; Harnisch 1998, S. 13-14.

[168] Eine ausgezeichnete Chronologie der auf die nordkoreanische Atomfrage bezogenen Schlüsselereignisse bietet der Anhang der Studie von Cossa, Ralph: The U.S.-DPRK Agreed Framework: Is it Still Viable? Is it Enough? (Pacific Forum CSIS Occasional Paper) Honolulu, April 1999, S. D1-D9.

Nordkorea auf Druck Rußlands dem Atomwaffensperrvertrag (*Non-Proliferation Treaty*, NPT) bei, weigerte sich jedoch in der Folgezeit, die in dem Vertrag zwingend vorgesehenen Vorortinspektionen der Internationalen Atomenergiebehörde (*International Atomic Energy Agency*, IAEA) zuzulassen. Nachdem eine Inspektion der IAEA 1992 erstmals Diskrepanzen zwischen den offiziellen nordkoreanischen Angaben und ihren eigenen Ergebnissen festgestellt hatte, lehnte Nordkorea alle weiteren Inspektionen der Behörde ab. Die zu diesem Zeitpunkt allgemeine Perzeption einer von Nordkorea ausgehenden nuklearen Bedrohung wurde zusätzlich verstärkt, als das Land im März 1993 seinen Rückzug vom NPT bekanntgab. Nordkorea hat bis heute zwar alle internationalen Anschuldigungen auf ein tatsächlich bestehendes Nuklearwaffenprogramm dementiert. Internationale Schätzungen gehen jedoch davon aus, daß Nordkorea genug waffenfähiges Plutonium besitzt, um ein bis zwei entsprechende Sprengkörper zu bauen.[169] Die gleiche internationale Unsicherheit besteht hinsichtlich der Frage, ob es Nordkorea bislang gelungen ist, ein funktionsfähiges Trägersystem für einen Atomsprengkopf zu entwickeln. In diesem Zusammenhang ist auch der Schock in der japanischen Bevölkerung zu erklären, den der nordkoreanische Raketentest vom 31. August 1998 ausgelöst hatte, als eine Trägerrakete des Typs Teapo-Dong I japanisches Gebiet überflog.

Die sich über mehrere Jahre hinweg ziehende Krise, in der vor allem die USA mit Nordkorea verhandelte, resultierte am 21. Oktober 1994 in der Verabschiedung des Genfer Nuklearabkommens („*Agreed Framework*") zwischen den beiden Staaten. Das Abkommen[170] verpflichtet Nordkorea zum sofortigen Einfrieren seines Nuklearprogramms und zur nachfolgenden Demontage seiner Anlagen. Darüber hinaus sagt Nordkorea die Rückkehr zum NPT und die Öffnung des Landes für Inspektionen der IAEA zu. Im Gegenzug verpflichten sich die USA zur Lieferung von jährlich 500.000 Tonnen Schweröl als alternative Energie, bis der erste der beiden zugesagten Leichtwasserreaktoren ans Netz geht. Ebenso erhält Nordkorea unter anderem Han-

---

[169] So Hughes 1996, S. 83-84.

[170] Wie Ralph Cossa 1999, S. 5-6 feststellt, handelt es sich nicht um einen völkerrechtlichen Vertrag, sondern im wahren Wortsinn um ein vertragsähnliches Grundgerüst ohne explizite Bindewirkung für die unterzeichnenden Parteien. Aufgrund des mittlerweile durch weitere Abkommen wie auch die Gründung von KEDO stark institutionalisierten Gesamtprozesses kann jedoch von einer disziplinierenden Wirkung der impliziten Regeln und Verfahren ausgegangen werden.

delserleichterungen sowie eine formale Zusicherung gegen die Anwendung und Drohung von nuklearen Waffen durch die USA.[171] Das Abkommen dient vorderhand der Einhegung des nordkoreanischen Nuklearproblems. Es ist jedoch zugleich auch Bestandteil der amerikanischen Strategie des „engagement", mit der versucht werden soll, Nordkorea in einen konstruktiven Dialog mit Südkorea einzubinden und die allgemein als äußerst gefährlich erachtete Implosion des kommunistischen Landes zu verhindern oder zumindest zu steuern.[172] Diese Strategie, die zunächst vom US State Department entwickelt wurde,[173] wird auch als „*soft landing*" bezeichnet und zielt darauf ab,

> „to provide sufficient aid to pro up and prevent the collapse of the North Korean economy and regime, and so avoid the attendant explosive and implosive security risks. The aims of the policy over the longer term are less clear, but as expressed by US State Department officials, the soft landing is designed to create the conditions of diplomatic and economic engagement which will allow North Korea to stabilize and reform its economy, enhance its integration into the Northeast Asian community, and thereby lessen its presence as a security threat."[174]

Um die Zusage der USA, im Gegenzug für die Demontage der nordkoreanischen Reaktoren bis 2003 zwei moderne LWR zu errichten, wurde am 9. März 1995 die KEDO ins Leben gerufen. KEDO ist fortan das internationale Konsortium, welches den Austausch der Reaktoren Nordkoreas im Rahmen des Agreed Framework überwachen und regeln soll. KEDO kann als eine internationale Organisation verstanden werden, deren Prinzipien, Normen, Regeln und Verfahren im wesentlichen durch das Agreed Framework,[175] die KEDO-Charta[176] sowie durch weitere Übereinkommen

---

[171] Vgl.: Drifte, Reinhard: The EU's stake at KEDO. (European Institute for Asian Studies, EIAS Briefing Paper no. 96/1) Brüssel Juni 1996, S. 3-4 (1996c); vgl. auch zuletzt: Ders.: The EU, KEDO and humanitarian aid, in: Dashwood, Christopher/ Möller, Kay (Hrsg.): North Korean Scenarios (1999-2003) and responses of the European Union. Baden-Baden 1999, S. 104-120 (1999b).

[172] Vgl.: Shin, Dong-Ik: Multilateral CBMs on the Korean Peninsula: making a virtue out of necessity, in: The Pacific Review, Vol. 10, No. 4 (1997), S.504-522 (510-511).

[173] Vgl.: Hughes 1998, S. 390-392.

[174] Hughes 1998, S. 392.

[175] „Agreed Framework Between the United States of America and the Democratic People's Republic of Korea", Geneva, 21. Oktober 1994. Auf auf der KEDO-Homepage im Internet unter: http://www.kedo.org/Agreements/agreedframework.htm.

[176] Der Text der KEDO Charta („Agreement on the Establishment of the Korean Peninsula Energy Development Organization", New York, 9. Mai 1995) findet sich auf der KEDO-Homepage im Internet unter: http://www.kedo.org/charter.htm.

zwischen KEDO und Nordkorea festgelegt worden sind. Das KEDO-Sekretariat befindet sich in New York. Wie Abbildung 3 verdeutlicht, wird es von einem Exekutivdirektor (*Executive Director*) geleitet, dessen sieben Abteilungen für die Durchführung der operativen Aufgaben der Organisation zuständig sind.[177] Das Sekretariat untersteht einem Exekutivausschuß (*Executive Board*). In ihm sind die drei Gründungsmitglieder USA, Südkorea, Japan und, seit 19. September 1997, die EU (Euratom) vertreten. Der Exekutivausschuß ist das zentrale Entscheidungsorgan von KEDO. Er allein ist zeichnungsberechtigt und entscheidet im Konsensverfahren über die Aufnahme neuer Mitglieder, über das KEDO-Budget sowie über die konkreten Aufgaben des die Organisation de iure nach außen repräsentierenden Exekutivdirektors. Mithin handelt KEDO nur als ein über staatlichen Partikularinteressen stehendes Kollektiv.[178] Sowohl der Exekutivdirektor als auch der Exekutivausschuß werden in Sachfragen von eigens einzurichtenden Expertenkomitees beraten. Jedes Jahr findet eine Allgemeine Konferenz (*General Conference*) statt, der alle Mitgliedsstaaten von KEDO angehören und die für den Jahresbericht der Organisation verantwortlich zeichnet.

Neben den vier Mitgliedern des Exekutivrates sind Argentinien, Australien, Chile, Indonesien, Kanada, Neuseeland, Polen, die Tschechische Republik und Usbekistan offizielle Mitglieder von KEDO.[179] Weitere 16 Staaten unterstützen das Konsortium in finanzieller und sonstiger Form.[180] Die Finanzierung des Projektes wird jedoch im wesentlichen von Südkorea, Japan, der EU (Euratom) und den USA getragen, dessen Gesamtkosten in einer Resolution des Exekutivrates vom 9. November 1998 4,6 Milliarden US$ angesetzt wurden.[181] Südkorea zahlt hiervon 70%, während Japan eine Unterstützung von 116,5 Milliarden Yen (etwa 1 Milliarde US$) zugesagt hat. Die EU beteiligt sich mit jährlich 75 Millionen ECU an KEDO, die USA übernehmen die Kosten für die Versorgung mit jährlich 500.000 Tonnen Rohöl, welches Nordkorea zur Energieversorgung benötigt, bis der erste der beiden LWR ans Netz geht. Die Reaktoren sind jedoch nicht kostenlos:

---

[177] Vgl.: http://www.kedo.org/Fact%20Sheets/fs4.htm.

[178] Vgl.: Gill, Bates: Proliferation and the U.S. Alliances in Northeast Asia. (Institute of International Studies. Asia/ Pacific Research Center, Stanford University) September 1997.

[179] Stand der Information: Juni 2001.

[180] Stand der Information: Juni 2001.

[181] Vgl.: http://www.kedo.org/Fact%20Sheets/fs8.htm.

Nordkorea muß nach Fertigstellung des ersten Reaktors die entstandenen Kosten innerhalb von 20 Jahren zurückerstatten.[182]

Abb. 3: Die KEDO-Struktur[183]

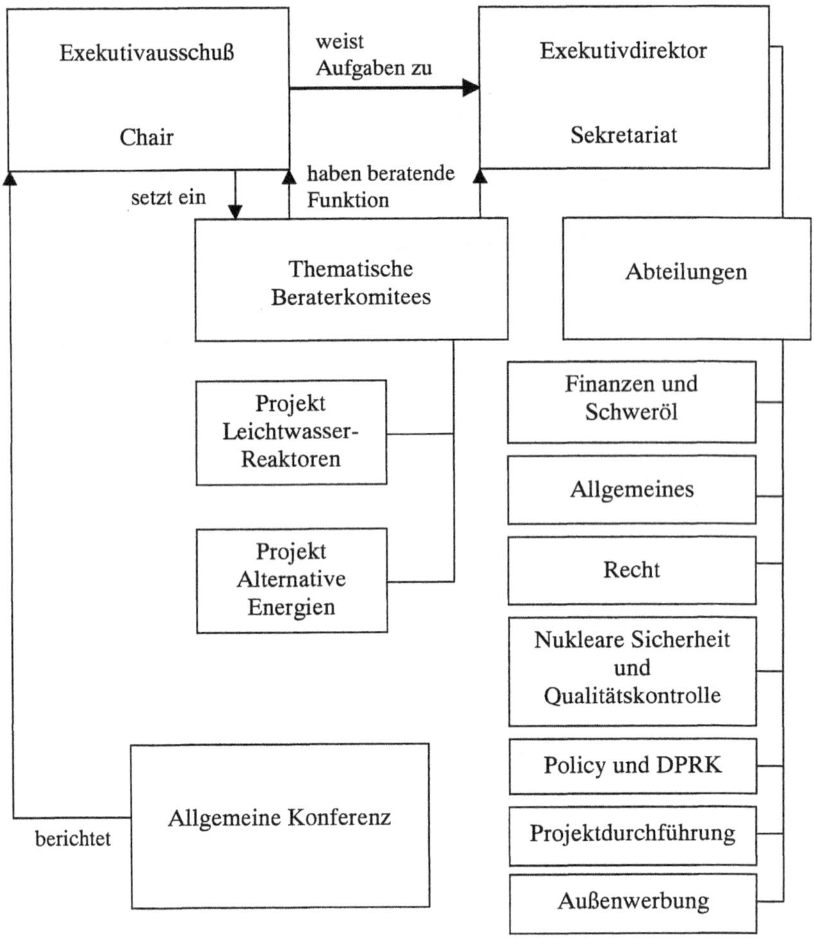

[182] Die Rückerstattung ist zinslos.
[183] Eigene Zusammenstellung.

11.2. Japans KEDO-Politik

Welche Rolle spielt nun KEDO in der Sicherheitspolitik Japans, und wie ist Japan in den Gesamtprozeß involviert? Wie oben bereits erwähnt, stellt Nordkorea eine vielschichtige Herausforderung für die Sicherheit Japans dar. Sie umfaßt sowohl Aspekte politischer als auch militärischer Sicherheit.[184] KEDO soll nun zunächst die Entwicklung eines nordkoreanischen Atomprogramms unterbinden und dem Land damit zugleich die Möglichkeit zur Proliferation nuklearer Waffen bzw. waffenfähigen Materials nehmen. KEDO gewährleistet aber auch, daß sich die USA weiterhin aktiv für die Sicherheit in Asien-Pazifik engagieren.[185] Dies gilt insbesondere in Verbindung mit ihrer militärischen Allianz mit Südkorea. Eine Schwächung oder gar eine Auflösung dieses Bündnisses, die von Nordkorea kontinuierlich betrieben wird, hätte dann als ein „*knock-on*"-Effekt weitreichende Auswirkungen auf die sicherheitspolitischen Grundlagen Japans.[186] KEDO ist darüber hinaus aus einem weiteren Grund von großer Bedeutung: Denn es ist die erste internationale Organisation in Nordostasien, die sich auf der Basis von Normen, Regeln und Verfahren mit der von Nordkorea ausgehenden Gefahr auseinandersetzt und die zudem positive Vorleistungen für eine eventuelle koreanische Wiedervereinigung erbringt.[187] Vor diesem Hintergrund ist KEDO ein nachgerade klassisches Beispiel für eine sich aus internationaler Kooperation ergebende absolute Gewinnverteilung, in der Nordkoreas Energiebedarf und die gemeinsamen amerikanisch-japanischen Interessen an einer Unterbindung der Entwicklung nuklearer Waffen in Einklang stehen. Jahrzehntelange Kooperationshindernisse in diesem hoch sensiblen Politikfeld wurden ganz offensichtlich erfolgreich beseitigt. Somit dient KEDO entsprechend den Erwartungen neoinstitutionalistischer Ansätze einer allgemeinen Vergrößerung der Erwartungssicherheit der beteiligten Akteure.

---

[184] Vgl.: Hughes 1996, S. 83-88.

[185] Gespräch mit einem hochrangigen Beamten der für die Koordination und die Durchführung der japanischen KEDO Politik zuständigen Northeast Asia Division im japanischen Außenministerium am 11. Juni 1999.

[186] Vgl.: Hughes 1996, S. 85-88: „With Japan uncertain about its political and security relations with the US, a North Korean nuclear weapon could become a genuine threat to military security." (88); Hughes 1998, S. 394-395. Ebenso: Harnisch 1998, S. 13-22.

[187] Vgl.: Drifte 1997a.

Obwohl Japan KEDO nicht selbst ins Leben gerufen hat und allein die USA über genug diplomatisches Gewicht verfügen, um als Initiator und Führungsakteur des KEDO-Projektes zu fungieren,[188] ist die japanische Unterstützung des Konsortiums mitentscheidend für dessen Erfolg. Zwar halten die USA den symbolischen Vorsitz über das Projekt. Sie haben sich jedoch im Agreed Framework gegenüber Nordkorea einer Reihe von – äußerst kostenintensiven – Verpflichtungen unterworfen, die nur von den KEDO-Mitgliedern gemeinschaftlich getragen werden können. Die Finanzierung für die Umsetzung des Agreed Framework bezieht sich im wesentlichen auf drei miteinander verbundene Aspekte: 1) den Bau zweier LWR; 2) die Lieferung von 500.000 Tonnen Schweröl im Wert von etwa 50 Millionen US$, die Nordkorea pro Jahr benötigt, um die Energieengpässe zu überbrücken, bis der erste der beiden Reaktoren ans Netz geht; 3) die Verwaltungskosten für KEDO.[189] Japan hat sich seit Beginn der nordkoreanischen Krise aktiv um eine Beilegung bemüht und hier eng mit den USA kooperiert.[190] In *diplomatischer* Hinsicht bezieht sich dies auch auf enge Konsultationen und Sondierungsgespräche des MOFA mit China, dem letzten Verbündeten Nordkoreas, hinsichtlich möglicher Sanktionen des Westens sowie der Möglichkeit der Einflußnahme Chinas auf die nordkoreanische Politik. Ebenso hat Japan prinzipiell zugesagt, sich an der *Erzwingung* von ökonomischen Sanktionen bis hin zur Seeblockade gegen Nordkorea zu beteiligen, sollte sich Nordkorea nicht an seine Zusagen im Agreed Framework halten.[191] Wichtig ist die Unterstützung Japans jedoch insbesondere auf *finanziellem* Gebiet, da sich hier die Möglichkeit bietet, mittels seiner ökonomischen Potenz zur Stabilität zumindest in der Region Nordostasien beizutragen. Südkorea trifft durch KEDO nicht nur wichtige

---

[188] Das Kuala Lumpur Statement zwischen Nordkorea und den USA zur Umsetzung des Agreed Framework weist den USA explizit die folgende Rolle zu: „The U.S. will serve as the principal point of contact with the DRK for the LWR project. In this regard, U.S. citizens will lead delegations and teams of KEDO as required to fulfill this role."

[189] Siehe hierzu: Drifte 1996c, S. 6-7.

[190] Vgl.: Hughes 1996, S. 88-90.

[191] Vgl.: Lind, Jennifer: Gambling with globalism: Japanese financial flows to North Korea and the sanctions policy option, in: The Pacific Review, Vol. 10, No. 3 (1997), S. 391-406. Eine aktive Beteiligung an einer Seeblockade ist jedoch wohl nur im Rahmen eines entsprechenden Entschlusses des Sicherheitsrates der UNO denkbar. Die Angst vor einer Remilitarisierung Japans, Japans bedingungslose Unterstützung bestehender Völkerrechtsnormen und die japanischen Verfassungsbestimmungen sprechen bislang dagegen.

politische und ökonomische Vorbereitungen für eine eventuelle Vereinigung, sondern entschärft den hochbrisanten Vereinigungsprozeß durch gemeinsame Anstrengungen mit dem Norden auf dem Wege der gemeinsamen Arbeit beim Bau der beiden Reaktoren schon im Vorfeld. Nachdem auf dem Baugelände in Sinpo ein Verbindungsbüro eröffnet wurde, fand im August 1997 der erste Spatenstich statt. Seitdem arbeiten dort etwa 100 südkoreanische Techniker. Am 19. Dezember 1999 wurde der schlüsselfertige Vertrag zwischen KEDO und der für den Bau der Reaktoren verantwortlichen *Korea Electric Power Corporation* (KEPCO) unterzeichnet und verabschiedet. Etwa 1000 Arbeiter und Ingenieure sind seither auf dem Gelände beschäftigt. Ebenso wird eine große Zahl nordkoreanischer Techniker in Südkorea ausgebildet.[192] Neben Südkorea unterstützt Japan KEDO mit einer Milliarde US$.[193] KEDO hat hierzu am 31. Januar 2000 einen entsprechenden Kreditvertrag mit der japanischen Bank für Internationale Kooperation (ehemals Export-Import Bank) geschlossen.[194] 1994 hatte Japan bereits 5,8 Millionen, 1995 19 Millionen und 1996 zuerst 3,7 Millionen US$ gezahlt.[195] Nachdem der amerikanische Kongreß eine von der Regierung bereits zugesagte Summe von 19 Millionen US$ einfror und damit kurzzeitig die Finanzierung des Projektes unmöglich geworden war, erklärte sich Japan zur Übernahme dieses Beitrags bereit.[196] Im September 1997 trat schließlich auch die EU KEDO bei und beteiligt sich seitdem mit 15 Millionen US$ pro Jahr an den Kosten des Projektes.[197]

Das KEDO-Projekt, dessen bloße Existenz als Erfolg der Nonproliferationsstrategie der USA und ihrer Partner gewertet werden muß, verläuft jedoch alles andere als reibungslos. Rückschläge und Verzögerungen im Zeitplan des Projektes haben sich bislang immer wieder durch überzogene Forderungen

---

192 Weitergeleitete Nachricht im Internet des Pacific Forum CSIS: Brown, David: Sharing Non-Proliferation Costs in Korea. PacNet #23, 5. Juni 1998.

193 Vgl.: „Lower House OKs $1 billion pledge to KEDO“, in: Japan Times, 4. Juni 1999, S. 2.

194 Vgl.: KEDO-Pressemitteilung vom 31. Januar 2000. Im Internet zugänglich unter: http://www.kedo.org/Press%20Releases/2000%20Press%20Releases/2000Press01.htm.

195 Das Außenministerium spricht bis Dezember 1997 von insgesamt 31,73 Millionen US$. Vgl.: Ministry of Foreign Affairs, Japan: Diplomatic Bluebook 1998. Japan's Diplomacy towards the 21st Century-New Developments and New Challenges Facing the International Community. Tokyo 1998, S. 29.

196 Daten von Drifte 1996c, S. 7.

197 Vgl. hierzu: „More cash for KEDO, please“, The Economist, 20. Juni 1998; „KEDO supporters on thin ice in Europe“, Japan Times, 2. November 1997, S. 19.

und Drohungen bzw. durch militärische Provokationen Nordkoreas ergeben. Dabei hat Nordkorea sein Ziel, soviel Nutzen wie möglich aus dem Interesse seiner Gegenüber an der Nichtweiterverbreitung von Atomwaffen und an einem soft landing zu ziehen, bislang weitgehend erreicht.[198] So hat das Land in verschiedenen Verhandlungsrunden immer wieder neue finanzielle Forderungen gestellt, die 1996 in der Argumentation gipfelten, das Projekt benötige zusätzliche 2 Milliarden US$, um erfolgreich zu sein. Im Gegenzug finden sich regelmäßige Drohungen, bei unzureichender finanzieller Hilfe des Auslands etwa die abgeschalteten Reaktoren erneut hochzufahren. Am 18. September 1996 strandete ein nordkoreanisches Spionage-U-Boot an der Küste Südkoreas.[199] Die Mehrheit der Besatzung beging Selbstmord, andere flüchteten auf dem Landweg, wobei südkoreanische Zivilisten und Militärs erschossen wurden. Während Nordkorea technische Schwierigkeiten für das Stranden des U-Bootes angab und die Südkoreaner für den Tod der Besatzung verantwortlich machte, stellte Südkorea die Arbeit von KEDO ein. Erst nach einer offiziellen Entschuldigung des Nordens – die indes kurze Zeit später widerrufen wurde – nahm Südkorea die Arbeit an KEDO wieder auf. Inwieweit daher der Aufbau des Konsortiums nicht doch letztlich erfolglos den vom Neorealismus betonten rational-egoistischen Machtkalkülen von Staaten ausgeliefert ist, bleibt dahingestellt.

KEDO ist für Japan aus mindestens drei Gründen von Bedeutung: *Erstens*, weil es der einzig versprechende Mechanismus zu sein scheint, Nordkorea von der Entwicklung nuklearer Waffen inklusive der Gefahr ihrer späteren Verbreitung auf dem Weg eines Koppelgeschäftes abzuhalten. *Zweitens*, weil KEDO als die bislang einzige gouvernementale Verbindung zu Nordkorea der wichtigste Ansatzpunkt für ein diplomatisches Engagement Japans auf der Halbinsel ist. *Drittens*, weil ein Scheitern des Konsortiums unweigerlich direkte Verhandlungen zwischen den USA und Nordkorea zur Folge hätte. Dies entspräche exakt den Zielen Nordkoreas, eine Art Gleichgewichtspolitik zu betreiben und die amerikanische Allianz mit Südkorea und damit das gesamte amerikanische Sicherheitssystem in Nordostasien zu schwächen.

---

[198] Vgl.: Hughes 1998, S. 393; Kurata, Hideya: Multilateralism and the Korean Problem with Respect to the Asian Pacific Region, in: The Journal of Pacific Asia, Vol. 3 (1996), S. 129-147 (144-147); Drifte 1997a hat das Akronym KEDO daher auch als „Korea's Energetic Determination to Obstruct" übersetzt.

[199] Informationen zu diesem Zwischenfall von Harnisch 1998, S. 15-16.

Denn Nordkorea würde durch direkte bilaterale Verhandlungen mit den USA nicht nur als Nuklearmacht und als politischer Verhandlungspartner aufgewertet. Japanische Entscheidungsträger müßten dann eine davon ausgehende Schwächung auch der japanisch-amerikanischen Allianz befürchten und, damit verbunden, die erneute Furcht seiner Nachbarn vor einer möglichen nuklearen Aufrüstung. Japans finanzielle Unterstützung des KEDO-Projektes ist daher sicherlich kein Beispiel einer so oft bemühten reaktiven und allein ökonomisch motivierten Außenpolitik. Jede andere Strategie verböte sich aufgrund der früheren japanischen Aggression in Korea und der fortwährenden Angst auf der Halbinsel vor möglichen ‚hidden intentions' ohnehin von selbst.[200] Die Entscheidung Japans, nach dem Raketenzwischenfall vom 31. August 1998 vorübergehend die Unterstützung für KEDO auszusetzen,[201] wird daher von Experten auch rundweg als diplomatischer Fehler des MOFA abgetan:

> „If we want to see a nuclear-free North Korea we must continue to pay for KEDO so as to not allow the regime to go nuclear."[202]

Letztlich kann sich die Unterstützung von KEDO durch Japan auch als eine wertvolle Investition in die Zukunft seiner Beziehungen zu Gesamtkorea erweisen. Denn jenseits einer Lösung des Problems erlaubt KEDO Japan nicht nur das Einfrieren der nuklearen Frage. Auch das Nuklearprogramm eines wiedervereinigten und potentiell aggressiven Korea könnte sich negativ auf die Sicherheit Japans und seinen andauernden Verzicht auf die Herstellung eigener nuklearer Waffen auswirken, insbesondere, wenn dies mit einem japanischen Vertrauensverlust in den nuklearen Schutzschirm der USA zusammenfallen würde.[203]

---

[200] Gespräch im JIIA, Tokyo, 24. Mai 1999.

[201] Im Zuge der Krise setzte Japan neben seiner finanziellen Unterstützung für KEDO bis auf weiteres die Flugverbindungen nach Nordkorea, die Nahrungsmittelhilfe sowie die mögliche Wiederaufnahme der seit November 1992 unterbrochenen bilateralen Normalisierungsgespräche aus. Reguläre Flugverbindungen wurden am 2. November 1999 wieder aufgenommen. Am 14. Dezember 1999 kündigte die japanische Regierung schließlich die Wiederaufnahme der Nahrungsmittelhilfe und Sondierungen für die Weiterführung der Normalisierungsgespräche an.

[202] Gespräch im JIIA, Tokyo, 24. Mai 1999.

[203] Vgl.: Drifte 1997c, S. 13-16.

11.3. Japans Teilnahme an Friedenserhaltenden Maßnahmen der Vereinten Nationen

Die Diskussion um Japans Teilnahme an den Friedensmissionen der UNO glich lange Zeit dem Versuch eines Spagats zwischen dem dezidierten Politikziel, die Arbeit der globalen Organisation auch auf dem Gebiet der Friedenstruppen zu unterstützen sowie den vielfältigen inneren und äußeren Beschränkungen, die sich gegen ein vermeintliches Wiederaufleben der militaristischen Vergangenheit auflehnten.[204] Nach seiner Aufnahme in die UNO am 18. Dezember 1956 als 80. Mitgliedsstaat war Japan, insbesondere in Gestalt der MOFA, intensiv um seine Anerkennung als aktives und konstruktives Mitglied der Völkergemeinschaft bemüht. Bis Ende der 80er Jahre schloß dies jedoch die Teilnahme der japanischen Streitkräfte an Friedenserhaltenden Maßnahmen der Vereinten Nationen (*Peacekeeping Operations*, PKO) kategorisch aus. Obwohl Japan bis Mitte der 80er Jahre zum zweitgrößten Beitragszahler der UNO aufgestiegen war, machten es eine skeptische öffentliche Meinung, die pazifistische Grundhaltung insbesondere der sozialistischen und kommunistischen Parteien Japans sowie politisches Taktieren der LDP dem MOFA in dieser Zeit unmöglich, ausreichende politische Unterstützung für eine Beteiligung der Selbstverteidigungsstreitkräfte an PKO zu gewinnen.[205] Ein Wandel der allgemein vorsichtigen Haltung in dieser Frage trat erst mit dem allmählichen Aufbrechen des Ost-West-Konfliktes und einer politischen Initiative Japans zur internationalen Kooperation unter Premierminister Takeshita 1988 ein.[206]

Während zwischen 1948 und Ende 1989 nur 18 Blauhelmeinsätze zu verzeichnen waren, stieg diese Zahl durch die größere Handlungsfreiheit der UNO in der Folgezeit rapide an. Allein zwischen 1991 und 1993 wurden

[204] Einen sehr guten Überblick bietet: Ogata, Sadako: Japan's policy towards the United Nations, in: Alger, Chadwick/ Lyons, Gene/ Trent, John (Hrsg.): The United Nations System: The policies of member states. Tokyo 1995, S. 231-270. Vgl. auch: Bauer, Frank: Japans Verhältnis zu den Vereinten Nationen, in: von Bredow, Wilfried/ Jäger, Thomas (Hrsg.): Japan, Europa, USA: Weltpolitische Konstellationen der 90er Jahre. Opladen 1994, S. 183-209.

[205] Vgl.: Heinrich/ Shibata/ Soeya 1999, S. 7-23; zur Haltung der Parteien und der Bürokratie vgl.: Mulgan 1995, S. 1005-1012 sowie Leitenberg, Milton: The Participation of Japanese Military Forces in U.N. Peacekeeping Operations (Maryland/ Tsukuba Papers on U.S.-Japan Relations). Maryland 1996.

[206] Vgl.: Edström 1999, S. 136-137.

insgesamt 13 Einsätze der UN-Friedenstruppen durchgeführt, was auch einen verstärkten Druck der internationalen Gemeinschaft hinsichtlich eines japanischen Beitrages an der Gestaltung friedlicher internationaler Rahmenbedingungen im Rahmen der UNO auslöste. Takeshita sah nun in den sich ändernden weltweiten Rahmenbedingungen die Chance für Japan, eine größere internationale Rolle insbesondere durch eine aktive Teilnahme an Friedenserhaltenden Maßnahmen einzunehmen. Trotz erster Entsendungen einzelner Gruppen ziviler Beobachter zwischen 1988 und 1992[207] führte jedoch erst das diplomatische Desaster des Zweiten Golfkrieges zu einem echten Wandel in der innerjapanischen Debatte um die Rolle des Landes in den völkerrechtlich sanktionierten Einsätzen der UN-Friedenstruppen.[208] Von entscheidender Bedeutung für die Ausarbeitung einer Gesetzesvorlage, welche die Entsendung der SDF zu UN-Friedenstruppen ermöglichen sollte, war indes auch, daß das Ende des Ost-West-Konfliktes Japan nicht nur erstmals die theoretische Möglichkeit eröffnete, einen ständigen Sitz im Sicherheitsrat der Vereinten Nationen anzustreben,[209] sondern daß zugleich die Lösung des Jahrzehnte alten Konfliktes in Kambodscha greifbar nahe schien. Das MOFA, welches in die internationalen Verhandlungen um eine Beilegung des Konfliktes stets aktiv involviert war,[210] sah nun erstmals die Chance für Japan, eine Schlüsselrolle in einer UN-Friedensmission zu spielen, von der mit Recht angenommen werden konnte, daß sie im Anschluß an eine formelle Lösung der Kambodscha-Frage gebildet würde und darüber hinaus erstmals aktiv an der Befriedung der Region teilzunehmen.

Die letztlich erfolgreiche Übernahme einer solchen internationalen Funktion, insbesondere bei der Beilegung eines Konfliktes innerhalb Ostasiens, war

---

[207] So 1988 je ein MOFA-Beamter zur Beobachtung im Grenzkonflikt zwischen Afghanistan/ Pakistan und Iran/ Irak, 1989 27 zivile Wahlbeobachter in Namibia, 1990 sechs zivile Wahlbeobachter in Nicaragua, 1991 ein MOFA-Beamter als Beobachter im Grenzkonflikt zwischen Irak und Kuwait, 1991-1992 ein MOFA-Beamter zur Vorbereitung UN-Mission in Kambodscha sowie 1992 drei zivile Wahlbeobachter in Angola.

[208] Vgl.: Hummel, Hartwig: Japanische Blauhelme. Von der Golfkriegsdebatte zum „PKO-Gesetz". (INEF Report, Heft 3) Duisburg 1994; Heinrich/ Shibata/ Soeya 1999, S. 19-21.

[209] Vgl.: Drifte, Reinhard: Japan's Quest for a permanent seat on the Security Council, in: Asia-Pacific Review, Vol. 5, No. 2 (1998), S. 87-109 (1998a).

[210] Vgl. insbesondere: Ikeda 1998.

nach Jahrzehnten vergeblicher Bemühungen des MOFA[211] und vor dem Hintergrund akut drohender sicherheitspolitischer Marginalisierung ein großer politischer Erfolg. Dies um so mehr, als mit der Möglichkeit, sich aktiv an der Lösung des Kambodscha-Konfliktes zu beteiligen, Japan auch zum ersten Mal ein wesentliches Ziel schon der Fukuda-Doktrin von 1977 verwirklichen konnte: Eine ernsthafte Brücken- und Vermittlerfunktion zwischen den indochinesischen Staaten und der ASEAN einzunehmen,[212] eine friedliche Koexistenz zwischen ihnen zu ermöglichen und sich so letztlich als rechtmäßiger und verläßlicher Partner der ASEAN durchzusetzen. Der Krieg in Kambodscha war der erste internationale Konflikt seit dem Zweiten Weltkrieg, an dessen Lösung Japan aktiv beteiligt war. Die Verabschiedung der „Law Concerning Cooperation for United Nations Peace-Keeping Operations and Other Operations" am 15. Juni 1992 (PKO-Gesetz) war daher der erste entscheidende Schritt Japans hin zu einer aktiven internationalen Rolle auch im Sachbereich Sicherheit:

> „Japan's contribution to U.N. peacekeeping has advanced considerably its slow progress of conversion from the status of a consumer to a supplier of international security."[213]

Das PKO-Gesetz benennt insgesamt 17 spezifische Aufgaben („International Peace Cooperation Assignments"), die Japan in einer UN-Friedensmission prinzipiell durchführen kann und unterscheidet hier zwischen militärischen und humanitären Aufgabenbereichen.[214] Die militärischen Aufgaben, die erst im Anschluß an einen entsprechenden Parlamentsbeschluß und nur von Einheiten der SDF durchgeführt werden, beinhalten unter anderem militärische Beobachtermissionen und die Überwachung des Austauschs von Kriegsgefangenen. Sie unterliegen den bereits genannten fünf Prinzipien,[215] die als Voraussetzung für eine japanische Teilnahme gegeben sein müssen. Im Dezember 2001 hat das japanische Parlament jedoch eine Revision des

---

[211] Vgl.: Mulgan, Aurelia: Japan's Participation in U.N. Peacekeeping Operations: Radical Departure or Predictable Response?, in: Asian Survey, Vol. 33, No. 6 (June 1993), S. 560-575 (563, Anm. 10).

[212] Vgl.: Ikeda 1999, S. 16; Johnstone 1999a, S. 375.

[213] Mulgan, S. 570.

[214] Vgl. hierzu: Heinrich/ Shibata/ Soeya 1999, S. 54-70.

[215] 1) Waffenstillstand, 2) Zustimmung aller Konfliktparteien, 3) Unparteilichkeit der Friedenstruppen, 4) Anwendung von Waffengewalt nur zur individuellen Selbstverteidigung, 5) Recht zum Abzug des japanischen Kontingentes, wenn eine dieser Bedingungen verletzt wird.

PKO-Gesetzes verabschiedet und dabei einige bis dahin geltende Beschränkungen der SDF aufgehoben: Die japanischen Kontingente dürfen nun unter anderem die Kriegsparteien entwaffnen, Pufferzonen kontrollieren und vor allem Waffengewalt auch zum Schutz von Angehörigen anderer Nationen einsetzen. Damit sind die SDF nun erstmals auch an der Durchführung sogenannter Kernaufgaben der UN-Friedenstruppen beteiligt.[216]

Humanitäre Missionen umfassen unter anderem die medizinische Vor-Ort-Versorgung, die Verteilung von Nahrungsmitteln und Wasser, die Wiederherstellung verträglicher Umweltbedingungen, den Wiederaufbau zentraler Einrichtungen sowie die Instandhaltung und Reparatur von Straßen, Maschinen und ähnlichem. Die Prinzipien für eine Teilnahme Japans an solchen Einsätzen sind weit weniger strikt und beinhalten lediglich einen formellen Waffenstillstand und die Zustimmung des Gastlandes.[217] Am 5. Juni 1998 hatte das japanische Parlament ein Gesetz zur Änderung einiger Bestimmungen des PKO-Gesetzes angenommen und schon damals den Einsatzrahmen für Japans Teilnahme an UN-Friedensmissionen etwas ausgeweitet. Eine der beiden wichtigsten Änderungen des Gesetzes umfaßte dabei die Frage der Anwendung von Waffengewalt. Während sie zuvor bei der Entscheidung des einzelnen Soldaten gelegen hatte, wurde sie nun auf den kommandierenden Offizier übertragen.[218]

Seit der Verabschiedung des PKO-Gesetzes 1992 hat Japan zweimal, in Kambodscha (1992-1993) und in Ost-Timor (seit 1999/2000), an Friedenserhaltenden Maßnahmen der UNO teilgenommen, die im *asiatisch-pazifischen Raum* durchgeführt wurden. Im Falle Kambodschas hatte Japan spätestens seit 1990 durch eine engagierte Dialog- und Konferenzdiplomatie mit den beteiligten Staaten[219] den Weg zur Durchführung der späteren UN-Friedensmission (UNTAC, *United Nations Transitory Administration in Cambodia*)

---

[216] Vgl.: „Revision des PKO-Gesetzes vom Parlament verabschiedet", in: Japan Aktuell, Jg. X, Heft 1 (Januar/ Februar 2002), S. 28-29.

[217] Vgl.: Heinrich/ Shibata/ Soeya 1999, S. 66.

[218] Hier ist übrigens eine interessante Abweichung von der langjährigen Argumentation der Regierung zu erkennen, für die heute offensichtlich die kollektive Anwednung von Waffengewalt in einem UN-Einsatz keinen Widerspruch zu Artikel 9 der Verfassung darstellt.

[219] Vgl.: Ikeda 1999, z.B. S. 15-16, 33-35, 54-61, 66-81, 143-145.

vorbereitet[220] und etwa 1300 Zivilisten und Militärs zu UNTAC entsandt. Das japanische Kontingent nahm Teil an der Überwachung der Wahlen. Es übernahm polizeiliche Aufgaben und reparierte vom Krieg zerstörte Straßen und Brücken. Auch im Fall von Ost Timor unterstützt Japan bislang die Friedensmission (*United Nations Transitional Administration in East Timor*, UNTAET) durch die Entsendung von zivilem Personal und hohen Beamten für humanitäre Flüchtlingshilfe[221] sowie durch einen umfangreichen finanziellen Zuschuß in Höhe von 100 Millionen US$ zum Wiederaufbau des Landes.[222] Aufgrund von unterschiedlichen Lageeinschätzungen durch das japanische Außenministerium und das Verteidigungsamt wurden keine Einheiten der SDF nach Ost-Timor entsandt. Dennoch wurden im Rahmen einer Kompromißlösung drei Transportmaschinen und 150 Soldaten der ASDF zur Versorgung der Flüchtlinge mit Hilfsgütern nach West-Timor geschickt.[223] Zudem nehmen 40 Spezialisten der *Japan International Cooperation Agency* (JCIA), einer dem Außenministerium angegliederten öffentlichen Körperschaft, am Wiederaufbau der zerstörten Infrastruktur Ost-Timors teil. Ebenso wurde zur Verbesserung der Kooperation zwischen dem MOFA und der UNTAET ein Verbindungsbüro vor Ort errichtet.[224]

Die Bedeutung der Teilnahme Japans insbesondere an diesen in seiner ostasiatischen Nachbarschaft durchgeführten Friedenserhaltenden Maßnahmen liegt auf der Hand: Denn sie ist nicht nur Beweis einer aktiven Sicherheitspo-

---

220 So auch Masashi Nishihara, der Japan mithin die zentrale Rolle bei der Entscheidung zugunsten der Durchführung von UNTAC zuschreibt. Interview am 18.11.1997. Den wohl inhaltlich umfassendsten und detailliertesten Beitrag hierzu liefert der bereits genannte Erfahrungsbericht „The Road to Peace in Cambodia“ des japanischen Botschafters Tadashi Ikeda.

221 Vgl.: Ministry of Foreign Affairs, Japan: Personnel Contribution for the United Nations Transitional Administration in East Timor (UNTAET). 19. April 2000. Pressemitteilung im Internet unter: http://www.mofa.go.jp/announce/announce/2000/4/419.html.

222 Vgl.: „Japan in military effort to help East Timor refugees“ sowie „Annan praises Japan's support for East Timor“. Die Informationen sind im Internet einsehbar unter den beiden folgenden Adressen: http://www.mastifffoundation.org/news/pacrim/rj19.htm; http://www.mastifffoundation.org/news/etimo/ka12b.htm. Japans Beitrag entspricht übrigens etwa einem Drittel aller zugesagten Mittel der Geberländer.

223 Vgl. die Übersicht: „Japanischer Diplomat stellvertretender Leiter der UNTAET – Rolle der japanischen Armee unklar“, in: Japan Aktuell. Wirtschaft, Politik, Gesellschaft, Jg. 8, Heft 1 (Februar 2000), Ziff. 66, S. 34.

224 Vgl. die Übersicht: „Japan beteiligt sich am Wiederaufbau Osttimors“, in: Japan Aktuell. Wirtschaft, Politik, Gesellschaft, Jg. 8, Heft 3, Ziff. 51, S. 208.

litik, die Konflikte jenseits finanzieller Mittel zu lösen imstande ist. Sie zeigt ebenso, daß Japan als ein legitimer und handlungsfähiger Teamplayer aufzutreten in der Lage ist, dessen aktive internationale Rolle nicht in eine Militarisierung seiner Außenpolitik mündet. Japans Engagement in der UN-Mission in Kambodscha, der erste Einsatz der SDF außerhalb Japans seit dem Kriegsende, war daher in allen Belangen ein Präzedenzfall.[225] Obwohl das japanische Kontingent nur einen vergleichsweise kleinen Teil der insgesamt 22.000 Mann starken UNTAC-Mission stellte, war die tatsächlich Bedeutung um ein vielfaches größer. Denn sie stieß auf ein positives internationales und innenpolitisches Echo und legitimierte die Entsendung von SDF zu weiteren Friedensmissionen.[226] Japan sicherte sich ein größeres Stück Handlungsfreiheit und Akzeptanz als internationaler Akteur im Sachbereich Sicherheit. Insbesondere UN-Friedensmissionen im asiatisch-pazifischen Raum bieten Japan daher nicht nur eine Plattform, um als verläßlicher Teamplayer aufzutreten. Da die SDF mit den Kontingenten anderer Staaten zusammenarbeiten, erfüllen sie auch eine wichtige vertrauensbildende Funktion.[227] Vor diesem Hintergrund beansprucht die folgende Äußerung des japanischen Botschafters *Tadashi Ikeda* nicht nur für UNTAC im besonderen, sondern für alle PKO in Asien-Pazifik Geltung:

> „It had become quite evident that even if a country with great economic prowess such as Japan tried to remain aloof to issues of war and peace, it would be asked to make an economic or financial contribution at the end of the day when the conflict was over. This much was clear: whatever else may happen, Japan would be asked to shoulder the cost. One need only to recall the example of the Gulf War in 1991. It was obvious that a request for aid would be made in the case of Cambodia, particularly since it was an Asian country. (...) The essential question was, "Why shouldn't Japan participate in the process of policy formation, take the initiative in stating its opinions, and even participate in the formation of a new international environment or world order that it believes to be correct?" (...) Moreover, by the late 1980s Japan stated that the Cambodian issue was one of the three largest destabilizing factors in Asia, alongside the Korean Peninsula and the Northern Territories. If Japan would not contribute, in any fashion, to peace in Cambodia, Japan's credibility would be se-

---

[225] Vgl. auch: Tomoda, Seki: Japan's search for a political role in Asia. The Cambodian peace settlement, in: Japan Review of International Affairs, Vol. 6, No. 1 (Spring 1992), S. 43-60.

[226] Vgl.: Ikeda 1999, S. 132; George 1993, S. 568.

[227] Hughes 1996, S. 237 verweist hinsichtlich der Kambodscha-Friedensmission auf die Kooperation der SDF mit thailändischen, indonesischen und malaiischen Truppen, Ikeda 1999, S. 134-139 hebt insbesondere die gemeinsamen historischen Erfahrungen japanischer und chinesischer Truppen hervor, die beide erstmals an einer PKO teilnahmen.

riously undermined. (...) Failure to participate in a manner commensurate with its presence or ability would unavoidably have given the international community the impression that Japan was evading its natural responsibilities. Precisely because the Cambodian issue was a case in which Japan's security was not directly affected, it had special significance to the international community, especially to the other Asian countries, for Japan to participate in every way it could."[228]

11.4. Zusammenfassung

Japans Strategie des harten Multilateralismus bezieht sich auf die Förderung solcher Organisationen und Institutionen in Asien-Pazifik, die der möglichst effektiven Verregelung (durch Normen, Regeln und Verfahren) eines spezifischen Problemfeldes aus dem Sachbereich Sicherheit dienen. Sowohl das Atomkonsortium KEDO (*Korean Peninsula Energy Development Organization*) als auch das Mandat der Friedenstruppen beziehen sich in dieser Hinsicht auf ein klar definiertes Problemfeld. Beide basieren darüber hinaus durch ihre jeweilige Rückbindung an internationale (Rahmenabkommen zwischen den USA und Nordkorea, KEDO-Charta) oder völkerrechtliche Vertragswerke und Rechtsakte (UNO-Charta, Resolutionen des Sicherheitsrates) auf einem im Vergleich zum weichen Multilateralismus hohen Grad der Verpflichtung seitens der Teilnehmerstaaten.[229] Japan tritt hier nicht notwendigerweise als Initiator auf wie etwa im Falle des weichen Multilateralismus in Gestalt der sicherheitspolitischen Dialogprozesse, sondern nimmt dort Teil an bereits gegebenen, jedoch als kompatibel angesehenen Strategien, wo seine vitale Sicherheitsinteressen berührt sind, diese jedoch nicht bilateral im Rahmen der Allianz mit den USA oder durch unilaterale und unkoordinierte Maßnahmen einzelner Staaten geschützt werden können. Wie im Falle des weichen Multilateralismus bestehen die erwarteten Funktionen zunächst in einer Bewahrung des gegenwärtigen Status quo. Darüber hinaus wird jedoch im günstigen Fall auch ein erkennbarer Zuwachs an militärischer Sicherheit erwartet. Im Falle des harten Multilateralismus wird gleichfalls von einer friedensförderlichen und vertrauensbildenden Wirkung für Asien-Pazifik ausgegangen. Ganz entgegen neorealistischen Annahmen etwa in bezug auf das nationale Interesse von

---

[228] Ikeda 1998, S. 17-18.

[229] Baker/ Morrison 2000, S. 17 haben das KEDO-Projekt als „Minilateralismus" bezeichnet.

Staaten wird auch hier Japans Anspruch auf politisch-diplomatische Anerkennung als legitimer Teamplayer im Sachbereich Sicherheit bedient.

Die Strategie der Unterstützung eines harten Multilateralismus insbesondere in Ostasien, wie sie in der KEDO-Politik und in der Teilnahme an den Friedenserhaltenden Maßnahmen der UNO in Kambodscha und Ost-Timor zum Vorschein kommt, weist wie schon zuvor der weiche Multilateralismus auf einen aktiven japanischen Staat hin. Im Falle von KEDO kommt deutlich der Wille zum Ausdruck, den Allianzpartner USA zu unterstützen und sich – wie auch bei den UN-Missionen – an der Befriedung der Großregion zu beteiligen. Japan hat in beiden Fällen seine diplomatischen und finanziellen Möglichkeiten der Einflußnahme effektiv genutzt und im Rahmen seiner politischen Möglichkeiten gehandelt. Sie sind beide ebenfalls nicht zu unterschätzen in ihrer Bedeutung bei der Vertrauensbildung und – besonders im Falle der UN-Missionen – der künftigen Außenwahrnehmung der japanischen Streitkräfte. Durch die Verabschiedung des PKO-Gesetzes hat Japan eine weitere Grundlage für seine Teilnahme an der effektiven Verregelung internationaler Probleme geschaffen.

12. Japans Strategie des weichen Bilateralismus

Japans weicher Bilateralismus scheint sich aufgrund der zentralen Bedeutung der Allianz mit den USA und vor dem Hintergrund bislang funktionierender multilateraler Strategien nicht recht zuordnen zu lassen. Zudem ist vorderhand nicht erkennbar, daß Japan hier als ein aktiver Akteur im Sachbereich Sicherheitspolitik auftritt. Es sind jedoch durchaus Maßnahmen erkennbar, welche – ergänzt durch den Einsatz ökonomischer Mittel – auf eine Verbesserung der verteidigungspolitischen Kontakte Japans zu den Schlüsselakteuren abzielen.[230] Im folgenden sollen daher die bilateralen militärisch-politischen Beziehungen Japans zu China, Korea und Rußland sowie ihre Bedeutung innerhalb der japanischen Sicherheitspolitik untersucht werden.

---

[230] Die JDA unterhält seit Anfang der 90er Jahre schwach institutionalisierte bilaterale verteidigungspolitische Kontakte auf Ministerebene sowie auf der Ebene hoher Offiziere zu China (seit 1994), Südkorea (seit 1994), Rußland (seit 1992) sowie zu einigen weiteren asiatisch-pazifischen Nachbarstaaten wie etwa Thailand (seit 1998) oder Indonesien und Singapur (seit 1997). Darüber hinaus bestehen solche Kontakte auch zu Australien und Kanada. Im folgenden werden die bilateralen Kontakte Japans mit China, Korea und Rußland besprochen, da sie für die Strategie des weichen Bilateralismus repräsentativ sind.

12.1. China

Nachdem die wirtschaftlichen und verteidigungspolitischen Kontakte zwischen Japan und China nach dem Tiananmen-Massaker 1989 vorübergehend eingestellt wurden, kam es seit 1993 zu erneuten und sich seither verdichtenden Beziehungen zwischen den militärischen Behörden beider Staaten. So waren nicht nur wechselseitige Besuche hoher Offiziere und der Verteidigungsminister zu verzeichnen – ein Stellvertreter des Chefs des Verteidigungsamtes besuchte China 1996 erstmals seit 11 Jahren, die Stabschefs der GSDF trafen sich im März 1998 zum ersten Mal überhaupt mit hohen Offizieren der Chinesischen Befreiungsarmee,[231] und im April 2000 hielt sich erstmals ein Chef des chinesischen Generalstabs zu einem offiziellen Besuch in Japan auf.[232] Seit 1993 findet zudem ein regelmäßiger bilateraler Sicherheitsdialog zwischen Beamten des japanischen und chinesischen Außen- und Verteidigungsministeriums statt. Dort werden unter anderem Fragen asiatisch-pazifischer Sicherheit sowie der Verteidigungspolitik beider Staaten erörtert. Zudem findet ein Meinungsaustausch zu den Themen statt, die im ARF besprochen werden.

Obuchi und Jiang Zemin einigten sich auf dem Tokyo-Gipfel im November 1998 darauf, einen heißen Draht zwischen den Regierungen ihrer Staaten einzurichten. Im Oktober 2000 hielt sich der chinesische Premierminister zu einem Staatsbesuch in Japan auf. Auch trotz der zu diesem Anlaß geäußerte Kritik Chinas an der vermuteten Stoßrichtung der neuen japanisch-amerikanischen Guidelines oder des gemeinsamen Raketenabwehrsystems sowie der japanischen Sorge hinsichtlich des zweistellig angewachsenen chinesischen Militäretats sind die sicherheitspolitischen Beziehungen im Ganzen als positiv zu bezeichnen.[233] Sie werden zudem durch Kooperationen auf dem Gebiet des Umweltschutzes sowie des Jugendaustauschs ergänzt[234]. Seit 2002 findet zudem ein weitreichendes kulturelles und politisches

---

[231] Diese Informationen sind entnommen aus: Defense of Japan 1998, S. 161-164.

[232] 1986 war es lediglich zu einem informellen Treffen auf dieser Ebene gekommen. Vgl. die Übersicht: „Erster Besuch eines Chefs des chinesischen Generalstabs in Japan", in: Japan aktuell. Wirtschaft, Politik, Gesellschaft, 3/00 (Juni 2000), S. 207.

[233] Der chinesische Außenminister hatte die Beziehungen zu Japan im Mai 2000 als „pragmatisch, abgerundet und reif" beschrieben. Vgl.: „Besuch des chinesischen Außenministers in Japan", Japan aktuell, 4/00 (August 2000), S. 308.

[234] Vgl.: Morrison, Charles (Hrsg.):Asia Pacific Security Outlook 1999. Tokyo/ New York 1999, S. 94-95.

Austauschprogramm statt, an dem neben China und Japan auch Südkorea beteiligt ist.

Ob und inwieweit von den ökonomischen Verbindungen zwischen China und Japan eine Wirkung auf die sicherheitspolitischen Beziehungen ausgeht, bleibt umstritten.[235] Das gleiche gilt für die Beantwortung der Frage, ob über die wirtschaftliche Bedeutung Japans eine sicherheitspolitische Annäherung mit China ermöglicht worden ist, oder ob China hierdurch sein strategisches Verhalten in Zukunft kooperativer gestalten wird. Zunächst ist davon auszugehen, daß die Reform der Wirtschaft auch weiterhin Chinas vorrangiges Ziel darstellt.[236] Japan wird daher entsprechend diesen Bedürfnissen auch hier der Prämisse der Comprehensive Security folgen und ökonomische Mittel zur Gestaltung eines günstigen sicherheitspolitischen Umfeldes einsetzen. Dies gilt in erster Linie für die oben beschriebene ODA-Politik, durch die Japan zum mit Abstand größten Kreditgeber Chinas geworden ist. Die „strategische" Wirkung dieses finanziellen Drucks zur Disziplinierung Chinas hat sich zuletzt im August/ September 2000 gezeigt: Verärgert über vermeintliche Spionageaktivitäten chinesischer Schiffe blockierte die LDP die Verabschiedung eines Kredites an China in Höhe von 158 Millionen US$.[237] Nachdem China daraufhin prompt versicherte, die japanischen Sorgen hinsichtlich maritimer Aktivitäten chinesischer Schiffe zu respektieren, wurde der Kredit am 7. September von der LDP gebilligt und einen Monat später durch das Kabinett angenommen.[238] Japan ist Chinas bedeutendster Handelspartner,[239] China der wichtigste Ort japanischer Direktinvestitionen.[240]

---

[235] Vgl. für zwei konträre Ansichten: Cheung, Tai Ming: The Interaction Between Economics and Security For China's external Relations, in: Shirk/ Twomey 1996, S 119-140 sowie: Huo in Hunsberger 1996, S.159-160.

[236] Vgl.: Huo in Hunsberger 1996, S. 153.

[237] Im Fiskaljahr 1999 wurden insgesamt 23 chinesische Forschungsschiffe innerhalb der 200-Meilen Zone Japans gesichtet. Dieser Trend schien auch im Frühjahr 2000 anzuhalten. Vgl.: „Eindringen chinesischer Schiffe in japanisches Hoheitsgebiet", Japan aktuell, 4/00 (August 2000), S. 308-309.

[238] „Friends Indeed", Far Eastern Economic Review, October 19, 2000, S. 20-21. Schon im Mai 2000 hatte der japanische Außenminister finanzielle Hilfe als Hebel genutzt, als er anmerkte, groß angelegte Entwicklungshilfe an China sei der japanischen Öffentlichkeit aufgrund der immensen Rüstungsausgaben Chinas schwer zu vermitteln. Vgl.: „Besuch des chinesischen Außenministers in Japan", Japan aktuell, 4/00 (August 2000), S. 308.

[239] „Handel mit China auf Rekordhöhe", in: Japan Aktuell, Jg. IX, Heft 2 (Januar/ Februar 2001), S. 137; Vgl.: Schüller, Margot: Japans Wirtschaftsbeziehungen zur VR China: Rückblick und aktuelle Entwicklungen, in: Pohl/ Mayer 1998, S. 369-384 (370).

Entsprechend haben japanische Banken ein Netz von Repräsentanzen und Niederlassungen in China errichtet.[241] *Manfred Pohl* hat aufgrund der besonderen Bedeutung Japans für die wirtschaftliche Entwicklung Chinas schon 1994 geschlossen:

> „China ist nicht (mehr) in der Lage, konsequent auf Japan wirtschaftlichen Druck auszuüben, denn dazu ist die chinesische Abhängigkeit von japanischer Kapitalhilfe und Zulieferung von dringend benötigter Technologie (ohne echten Technologietransfer!) inzwischen zu groß geworden.
>
> Japanische Direktinvestitionen und japanische Wirtschaftshilfe sind zur sichersten Garantie für politische Stabilität in Asien geworden."[242]

Die Funktion der bilateralen Dialogdiplomatie besteht samt ihrer Verbindung mit einer asymmetrischen wirtschaftlichen Interdependenz auf Seiten Chinas sowie in Ergänzung älterer bilateraler Kontakte zwischen beiden Staaten im Rahmen des ARF und der ASEAN[243] insbesondere im Wunsch Japans, China in die sicherheitspolitischen Geschicke der Großregion einzubinden und zudem für ein größeres Verständnis der eigenen Verteidigungspolitik zu werben. Dies sowie die Stärkung wechselseitigen Vertrauens ist gerade nach der negativen Reaktion Chinas auf die Verabschiedung der veränderten Verteidigungsrichtlinien zwischen Japan und den USA im November 1997 und der angestrebten gemeinsamen Entwicklung eines Raketenabwehrsystems (*Theatre Missile Defense*, TMD) von besonderer Bedeutung.[244] Denn China sieht hierin nicht nur die Gefahr eines amerikanisch-japanischen Kondominiums in Asien-Pazifik und sich selbst als eigentliche Zielscheibe dieser verteidigungspolitischen Kooperation. Insbesondere in TMD wird eine explizite Stoßrichtung gegen China (etwa zum Schutz Taiwans) und eine unzulässige Verschiebung der Sicherheitsparameter in Asien-Pazifik zugunsten Japans gesehen.[245] Zudem wird auch auf Seiten Chinas

---

[240] Vgl. ebda. S. 376.
[241] Vgl. ebda. S. 379.
[242] Pohl 1994, S. 36-37.
[243] Japan ist seit 1997 im Rahmen des sogenannten „ASEAN+3"-Prozesses gemeinsam mit China und Südkorea zunehmend auch in die politischen Belange der Region eingebunden.
[244] Vgl.: Defense of Japan 1998, S. 162 und 163.
[245] Vgl.: Wang, Jianwei/ Wu, Xinbu: Against Us or with us? The Chinese Perspective of America's Alliances with Japan and Korea. (Institute for International Studies, Stanford University. Asia/Pacific Research Center) Stanford Mai 1998, S. 29-34; Zhuo,

angenommen, daß von Japan zumindest langfristig eine militärische Bedrohung ausgehen kann. Japan werde, so die allgemeine Überzeugung, nicht auf Dauer an seinen pazifistischen Normen festhalten. Trotz der offiziellen Entschuldigung des japanischen Premiers Koizumi im Rahmen seines kurzfristig angesetzten China-Besuchs am 8. Oktober 2001 für die chinesischen Opfer der japanischen Aggression während des Zweiten Weltkrieges[246] wird befürchtet, daß die jüngeren Generationen weniger sensibel auf die Ängste anderer Staaten reagieren und empfänglicher für die militaristischen Töne konservativer Politiker sein könnten. Zudem wird darauf hingewiesen, daß Japan seit Anfang der 90er Jahre damit begonnen habe, große Mengen waffenfähigen Plutoniums von Frankreich zurückzuerwerben.[247] Doch auch wenn dies nicht für die Entwicklung nuklearer Waffen dienen sollte, sei Japan ohnehin führend im Bereich der dual-use-Technologie – und damit der Aufbau offensiver Waffensysteme lediglich eine Frage der Zeit.[248]

12.2. Die Koreanische Halbinsel

Japans Beziehungen zu Süd- und Nordkorea[249] sind seit Ende des Ost-West-Konfliktes durch eine gewisse Ambiguität gekennzeichnet sowie durch den Versuch, unterschiedliche Politikziele miteinander zu vereinbaren. So strebt Japan massiv eine Verbesserung der Kontakte zu Südkorea an, ordnet seine Beziehungen zu Nordkorea diesen deutlich nach und unterstützt offiziell die von den USA initiierte Politik des soft-landing, welche langfristig auf einen

---

Quansheng: China and the Mayor Power Relations in East Asia, in: Journal of Contemporary China, Vol. 10, No. 29 (2001), S. 663-681.

[246] Die Frage einer offiziellen Entschudigung für die Kriegsverbrechen des japanischen Militärs hat die bilateralen Beziehungen zwischen beiden Staaten lange Zeit iritiert. So blieb in früheren Gipfeltreffen diese für China so wichtige japanische Geste aus. Vgl.: Far Eastern Economic Review, 10. Dezember 1998, S. 21: „Sorry, no apology"; New York Times, 30. November 1998, S. A1: „Burying the past: War Guilt Haunts Japan"; The Wall Street Journal, 27. November 1998, S. A9: „Japan's Apology Effort to China Falls Flat; Tensions May Increase"; Agence France Presse, Oct. 8, 2001: "Japanese Premier Apologises to China for war Conduct". Im Internet nachzulesen unter: http://taiwansecurity.org/AFP/2001/AFP-100801.htm.

[247] Vgl. zu diesem Problemfeld: Harrison, Selig (Hrsg.): Japan's Nuclear Future. The Plutonium Debate and East Asian Security. Washington 1996.

[248] Vgl. hierzu: Christensen, Thomas: China, the U.S.-Japan Alliance and the Security Dilemma in East Asia, in: International Security, Vol. 23, No. 4 (Spring 1999), S. 49-80 (55-57).

[249] Für einen Überblick vgl.: Mendl 1995, S. 61-77.

möglichst gewaltfreien und ökonomisch günstigen Prozeß der Wiedervereinigung beider koreanischen Staaten abzielt. Dennoch scheint Japan zugleich am Erhalt des Status quo auf der Koreanischen Halbinsel gelegen, das heißt, an einer weitergehenden Teilung beider Staaten. Offiziell hat sich dies auch in der gegenwärtigen Entspannungsphase durch die Annäherung zwischen Nord- und Südkorea nicht geändert. So schreibt *Oknim Chung*:

> „In the wake of the collapse of the Communist bloc, Japan began to worry about a unified noncommunist Korea, which also could pose security problems for Japan. Therefore, Japan hopes to enjoy considerable political leverage by playing of the needs, hopes, and aspirations of the two Korean states as each tries to use Japan to get an edge on its antagonist. It is better for Japan that the Korean people ferment in their divided state, casting aspersions on each other, rather then shelve their ideological differences and turn their united attention to Japan."[250]

Ein wiedervereinigtes Korea würde zwangsläufig den Verbleib amerikanischer Truppen auf der Halbinsel in Frage stellen. Ohnehin lautet die offizielle Diktion Nordkoreas, die US-Truppen in Südkorea seien das Haupthindernis einer Wiedervereinigung. Einander widersprechende Äußerungen Kim Jong Ills und der staatlichen nordkoreanischen Medien nach dem historischen Gipfeltreffen mit dem südkoreanischen Präsidenten am 13. Juni 2000 weisen zudem darauf hin, daß der Annäherungsprozeß auf der koreanischen Halbinsel nicht notwendigerweise linear verlaufen wird und daß offensichtlich innerhalb der nordkoreanischen Führung in bezug auf eine Wiedervereinigung keine einheitliche Meinung besteht.[251] Darüber hinaus scheint es wenig wahrscheinlich, daß China einen vereinigten koreanischen Staat an seiner südlichen Grenze akzeptiert, der mit den USA verbündet ist und der unter dem nuklearen Schutz der einzig verbliebenen Supermacht steht. Eine Wiedervereinigung könnte daher ebenso die japanisch-amerikanische Allianz in

---

[250] Chung, Oknim: The Origins and Evolution of the Japanese-American Alliance: A Korean Perspective. (Institute for International Studies, Stanford University. Asia/Pacific Research Center Discussion Papers) Stanford, September 1998, S. 16; Ähnlich: Green, Michael: Japan-ROK Security Relations: An American Perspective. (Institute for International Studies, Stanford University. Asia/Pacific Research Center Discussion Papers) Stanford March 1999, S. 15-17; Ahn, Byung-Joo: Japanese policy toward Korea, in: Curtis 1993, S. 263-273 (263).

[251] Vgl.: "Seoul's Dangerous Assumptions", Far Eastern Economic Review, 26 October 2000, S. 29-30; "No Turning Back", Far Eastern Economic Review, 22 June 2000, S. 16-20.

Frage stellen und in letzter Konsequenz eine nukleare Aufrüstung Japans auslösen.

Vor diesem Hintergrund sind Japans sicherheitspolitische Beziehungen zu Südkorea im besonderen sowie die allgemeinen außenpolitischen Kontakte nach der Aufnahme regelmäßiger Treffen der Verteidigungsminister beider Staaten seit 1994 und der am 8. November 1998 nun auch formell erfolgten Entschuldigung Japans für seine Annexion und Kolonisation Koreas von 1910 bis 1945 als von guter Qualität zu bezeichnen.[252] Die beiden südkoreanisch-japanischen Gipfeltreffen im Mai und September 2000 sowie der Staatsbesuch Koizumis in Südkorea vom 21. bis 23. März 2002 haben diesen Prozeß weiter vertieft.[253] Schon das Weißbuch des japanischen Verteidigungsamtes von 1998 hatte Südkorea gar als Japans am freundlichsten gesonnenen Staat bezeichnet.[254] Seit 1994 finden nicht nur Kontakte auf Ministerebene statt, welche der Diskussion sicherheitspolitischer Angelegenheiten beider Staaten dienen. Auch ranghohe Offiziere sowie die Stabschefs der GSDF, der MSDF und der ASDF treffen sich in regelmäßigen Abständen mit Angehörigen der südkoreanischen Truppen. Da seit 1996 auch studentische und wissenschaftliche Austauschprogramme zwischen beiden Staaten stattfinden, kann insgesamt ein Stadium vielfältiger Kooperation konstatiert werden, das zudem mit engen militärisch-technologischen und wirtschaftlichen Kontakten einher geht. So waren und sind japanische Technologietransfers, insbesondere im Bereich von dual-use-Anwendungen maßgeblich am Aufbau einer eigenständigen südkoreanischen Waffenproduktion beteiligt.[255] Beide Staaten haben komplementäre wirtschaftliche

---

[252] Ein Experte im JIIA bezeichnet die bilateralen Beziehungen zu Südkorea gar als „very good! The best in our common history!“ Interview im JIIA, 24. Mai 1999.

[253] Letzlich tragen auch die gemeinsame Ausrichtung der Fußball-Weltmeisterschaft 2002 und die damit einhergehenden Maßnahmen wie etwa die Entschärfung der Visa-Bestimmungen für südkoreanische Staatsangehörige sowie die Austauschprogramme mit Jugendlichen und mit Lehrern zu einer Verbesserung der allgemeinen Beziehungen beider Staaten bei.

[254] Vgl.: Defense of Japan 1998, S. 168.

[255] Vgl.: Drifte, Reinhard: Viewpoint: Proliferation in Northeast Asia: South Korea's Dual-Use Technology Imports From Japan, in: The Nonproliferation Review, Spring/ Summer 1997, S. 72-82 (1997b); Ders.: The Japanese-Korean High-Technology Relationship. Implications for Weapons Proliferation and Arms Control Regimes. (Center for Pacific Asia Studies At Stockholm University, Occasional Paper 31) Stockholm, August 1997 (1997d).

Interessen und sind auf ihrem Gipfeltreffen im September 2000 übereingekommen, ihre bilaterale Kooperation im Bereich Handel und Technologie weiter zu intensivieren. Die seit November 1998 laufenden Planungen einer südkoreanisch-japanischen Freihandelszone wurden dabei erstmals konkretisiert.[256] Mehr noch als durch die sicherheitspolitischen Kontakte zwischen beiden Staaten wird in diesen Aktionen eine gute Möglichkeit gesehen, das durch die Vergangenheit belastete bilaterale Verhältnis endgültig zu entkrampfen. *Tsutomu Kichuchi* bezeichnet die Idee einer gemeinsamen Freihandelszone als eine

> „golden opportunity to stabilize our bilateral relationships. We share a common destiny and a Free Trade Area can be a stable foundation for both countries. It can help us to overcome the unstable relations of the past."[257]

Bis heute werden diese positiven Aspekte jedoch immer wieder durch die regelmäßig wiederkehrenden Spannungen beeinträchtigt. So kam es auch im letzten Jahr zu einer vorübergehenden Verschlechterung der bilateralen Beziehungen aufgrund erneuter Debatten um die beschönigende Darstellung der Besetzung Koreas durch Japan in japanischen Geschichtsbüchern.[258]

Zwar besteht keine direkte sicherheitspolitische Partnerschaft zwischen Japan und Südkorea. Beide Staaten sind jedoch durch ihre jeweilige Allianz mit den USA – und damit auch ihre wechselseitigen Geschicke – indirekt miteinander verbunden. Schon das Sato-Nixon-Kommuniqué, welches sich 1969 mit der Rückgabe Okinawas an Japan auseinandersetzte, hatte explizit eine Verbindung zwischen der Sicherheit Südkoreas und der Japans hergestellt.[259] Seit der Normalisierung der japanisch-südkoreanischen Beziehungen 1965 durch den *„Treaty of Basic Relations"*, in welchem Japan Südkorea als einzig rechtmäßigen Staat auf der koreanischen Halbinsel anerkannte, war es denn auch eines der Hauptziele Südkoreas, Japan von all jenen Kontakten zu Nordkorea abzuhalten, die zur Legitimierung Pjöngjangs beitragen konnten.[260] Erst

---

[256] Interview mit Jochen Legewie im DIJ, Tokyo, am 19. 4. 1999; Vgl.: "Japan-S.Korea Ties in Full Bloom", Korea Now, October 7, S. 10-11; "Wirtschaftsforschungsinstitute legen Bericht zu Freihandelsabkommen vor", Japan aktuell, 4/00 (August 2000), 302-303.

[257] Interview mit Professor Kikuchi im JIIA, Tokyo, am 21. Juni 1999.

[258] Vgl.: Rozman, Gilbert: Japan and Korea: should the US be worried about their new spat in 2001?, in: The Pacific Review, Vol. 15, No. 1 (2002), S. 1-28.

[259] Vgl. hierzu Welfield 1988, S. 249-250

[260] Vgl.: Chung 1998, S. 15.

in neuester Zeit hat Südkorea Japan seine Unterstützung bei dem Versuch der Verbesserung politischer Kontakte zu Nordkorea zugesagt.[261]

Während also zwischen Japan und Südkorea eine Reihe offensichtlich gut funktionierender bilateraler Kontakte auf unterschiedlichen Ebenen aufgebaut wurden, sind entsprechende Beziehungen zu Nordkorea bestenfalls rudimentär ausgebildet und haben bis April 2000 lediglich zwischen nicht-regierungsamtlichen Akteuren stattgefunden. Die Wiederaufnahme der wechselseitigen Normalisierungsgespräche zwischen Japan und Nordkorea sowie das historische Gipfeltreffen beider Staatschefs in Pjöngjang im Juli 2000 sind sicherlich bemerkenswerte Ereignisse, die vorderhand einigen Anlaß zum Optimismus geben. Ob sie jedoch den Beginn eines dauerhaften Annäherungsprozesses darstellen, hängt auch weiterhin von der Entwicklung des nordkoreanisch-südkoreanischen Verhältnisses ab und bleibt im Hinblick auf die bestehenden Differenzen sowie auf frühere erfolglose Ansätze einer Verbesserung der Beziehungen bis auf weiteres dahingestellt.[262] Seit Anfang der 70er Jahre bestehen Kontakte der LDP und SDP zu Nordkorea, welche sich aus diplomatischen und wirtschaftlichen Aspekten ergeben.[263] Seit 1989 gab es ebenso immer wieder Versuche, die Beziehungen zwischen Japan und Nordkorea zunächst auf dem Wege der inoffiziellen Kontakte und Erklärungen zwischen den japanischen Parteien und der Koreanischen Arbeiterpartei zu normalisieren.[264] Erste bilaterale staatliche Normalisierungsgespräche wurden jedoch im November 1992 unterbrochen, als sich Nordkorea weigerte, Inspektionen seiner Nuklearanlagen durch die IAEA zuzulassen. Weitere Versuche wurden danach durch den Raketentest und den Fischerbootzwischenfall schon im Vorfeld vereitelt. So unterstützt Japan zwar das KEDO-Projekt, hatte sich aber erst Ende 1999 dazu entschlossen, die Linienflüge nach Nordkorea wieder aufzunehmen und mit vorbereitenden Sondierungen hinsichtlich der Wiederaufnahme der Normalisierungsgespräche zu beginnen.[265] Diese Gespräche sind bislang jedoch von massiven Differenzen

[261] Vgl.: "Getting Down to Brass Tacks", Korea Now, June 3, 2000, S. 8-9.

[262] Vgl. die Übersicht: „Wiederaufnahme der Normalisierungsgespräche", in: Japan Aktuell. Wirtschaft, Politik, Gesellschaft, Jg. 8, Heft 3, Ziff. 56, S. 209-210.

[263] Vgl. hierzu Hughes 1998, insbesondere S. 396-397.

[264] Vgl. Ebda. S. 398-399.

[265] Vgl.: „Government Lifts Sanctions Against North Korea" (24. Dezember 1999): http://www.nttls.co.jp/fpc/e/shiryo/jb/9943.html; „Announcement by Chief Cabinet Secretary Mikio Aoki on the Resumption of Chartered Flights between Japan and North

geprägt und weit von erkennbaren Lösungsansätzen entfernt. So fordert Nordkorea eine offizielle Entschuldigung Japans für die Kolonialherrschaft von 1910-1945 einschließlich Entschädigungszahlungen und Kompensationen, während Japan auf eine bereits geleistete Entschuldigung von Premierminister Murayama von 1994 verweist und jedwede Zahlungen ablehnt. Ebenso streiten sich beide Staaten um die Vorwürfe der Verschleppung japanischer Staatsangehöriger sowie um die nordkoreanischen Raketentests und die Verletzung der Hoheitsrechte Japans durch das Eindringen nordkoreanischer Schiffe in die 200-Meilen-Zone.

Die Gründe für Japans enge Kooperation mit Südkorea und die noch immer zögerlichen Ansätze der Normalisierung der Beziehungen mit Nordkorea sind vielfältig. Zunächst stellt das übergeordnete Ziel guter Beziehungen zu Südkorea und den USA sicherlich die Hauptursache für das mangelnde Engagement bei der Annäherung zu Nordkorea dar. In seiner Nordkoreapolitik ist Japan sehr darauf bedacht, sich diplomatisch nicht zu weit von der Haltung Südkoreas zu entfernen. Dennoch erklären diese Faktoren wohl nur einen Teil der Motivation Japans. Entscheidend ist sicherlich auch, daß Japan an einer möglichst langen Perpetuierung des gegenwärtigen Status quo auf der koreanischen Halbinsel gelegen ist und daß erfolgreiche Normalisierungsgespräche Japan zur Zahlung von schätzungsweise 5 Milliarden US$ als Kompensation an Nordkorea verpflichten würden.[266] Ansonsten steht im Falle der Kontakte zu Südkorea die Bildung von Vertrauen und das Werben um Akzeptanz für eine wachsende internationale Rolle im Vordergrund der bilateralen Beziehungen, die so sehr von der traumatischen Erfahrung des japanischen Militarismus geprägt sind. Dies gilt insbesondere nach der verstärkten amerikanisch-japanischen Verteidigungskooperation seit 1997, in der die sicherheitspolitische und militärische Rolle Japans in Asien-Pazifik deutlich aufgewertet wurde.[267]

Korea“ (2. November 1999): http://www.mofa.go.jp/announce/announce/1999/11/1102-2.html.

[266] Vgl.: Green 1999, S. 7; Hughes 1998, S. 400.

[267] Vgl. hierzu Chung 1998, S. 14: „Korea will be the litmus test of Japan's willingness to surmount its past.“

12.3. Rußland

Japans bilaterale Beziehungen zu Rußland sind trotz des Versuchs der Entkrampfung im Rahmen der sogenannten *no-tie*-Gipfelgespräche zwischen Hashimoto und Jelzin in Krasnojarsk[268] vom 1. und 2. November 1997, der wechselseitigen Gipfeltreffen 1998 und 2000, des Staatsbesuchs Moris vom März 2001 sowie des Besuchs des russischen Außenministers in Japan vom Februar 2002 noch immer durch den noch nicht erreichten Abschluß eines Friedensvertrages und den Stillstand bei dem Versuch einer Lösung der konfligierenden territorialen Ansprüche um die „nördlichen Territorien" geprägt.[269] Seit der Anerkennung Rußlands durch Japan am 27. Dezember 1991 existieren eine ganze Reihe politisch-militärischer Kontakte zwischen beiden Staaten. 1996 und 1997 kam es erstmals zu Treffen des Chefs des japanischen Verteidigungsamtes mit dem russischen Verteidigungsminister. 1998 trafen sich die Stabschefs der japanischen und der russischen Streitkräfte zum ersten Mal zu gemeinsamen Gesprächen. In den Jahren zuvor waren schon hohe Beamte aus dem diplomatischen Dienst und dem militärischen Sektor beider Staaten insgesamt vier Mal als Mitglieder eines eigens eingerichteten Konsultationsgremiums zu einem ersten Meinungsaustausch zusammengekommen. Weitere Arbeitsgruppen erörtern bislang die Möglichkeit für einen bilateralen verteidigungspolitischen Diskurs für die kommenden Jahre.[270] Seit 1993 werden darüber hinaus gemeinsame Treffen zum Dialog und wissenschaftlichen Meinungsaustausch zwischen den verteidigungspolitischen Forschungsinstituten[271] beider Staaten organisiert. Weitere Aktivitäten seit 1998 umfassen Kontakte auf der Ministerebene sowie zwischen hochrangigen Offizieren und gemeinsame militärische Manöver zwischen den Truppen beider Staaten im Bereich von Such-und-Find-Aktionen.[272]

Trotz dieser vielschichtigen Kontakte sind die Beziehungen Japans zu Rußland auffallend dürftig, vor allem wenn man sie mit dem Engagement

---

[268] Vgl.: Diplomatic Bluebook 1998, S. 22-25.

[269] Vgl.: Morrison 1999, S. 95-96. Einen hervorragenden Überblick bietet zudem Mendl 1995, S. 52-61.

[270] Vgl.: Defense of Japan 1998, S. 166.

[271] Auf japanischer Seite das National Institute for Defense Studies. Auf russischer Seite das Military Strategy Research Center of the Chief of Staff of the Russian Forces.

[272] Vgl.: Defense of Japan 1999, S. 165-167, Morrison 1999, S 96.

Japans in anderen asiatisch-pazifischen Staaten oder der potentiellen Bedeutung Rußlands vergleicht. Dies gilt auch für den ökonomischen Bereich: Japan wickelt lediglich 2% seines Handels mit Rußland ab. Unter allen japanischen Direktinvestitionen belegt Rußland lediglich Platz 15.[273] Rußland bedarf zudem dringend japanischer Wirtschafts- und Finanzhilfe bei der Entwicklung seiner Infrastruktur und zur Nutzung seiner Ressourcen etwa in seinen östlichen Gebieten und in Sibirien[274] Der Grund für das fehlende Engagement Japans liegt zunächst in der berechtigten Sorge um die politische Stabilität in Rußland und um die Sicherheit seiner Investitionen.[275] Ein indes ebenfalls nicht zu unterschätzender Faktor ist die Lösung der Frage der „nördlichen Territorien", die von Japan offensiv mit der Aussicht auf Finanzhilfe verbunden wird. So wurde die Freigabe von japanischen Krediten in Höhe von 1,5 Milliarden US$, die Rußland während des Treffens zwischen Obuchi und Jelzin zugesagt wurden, explizit mit der Hoffnung verbunden, die Lösung der Kurilenfrage und den Abschluß eines Friedensvertrages zu beschleunigen.[276] Nachdem bereits 400 Millionen US$ zur Auszahlung gelangten, wurden die Zahlungen im Zuge der russischen Finanzkrise[277] im August 1998 eingestellt und erst im September 1999 wieder aufgenommen. Ein Restbetrag von 700 Millionen US$ steht indes noch aus.

Japan nutzt im Verhältnis zu Rußland eindeutig die krasse asymmetrische ökonomische Interdependenz als Hebel für die Verwirklichung politischer Ziele. Nur so kann letztlich auch die unnachgiebige Haltung Japans in der Kurilenfrage erklärt werden. Zwar sind Streitigkeiten, welche den Aspekt territorialer Souveränität betreffen, ohnehin kaum lösbar. Im Fall der wirtschaftlich völlig unbedeutenden südlichen Kurilen, die nach dem Ende des Ost-West-Konfliktes keinen strategischen Wert mehr besitzen, tritt jedoch

---

[273] Der Handel Japans mit Rußland betrug 1999 lediglich 4.3. Milliarden US$. Vgl.: Speech of Dr. Tatsuo Arima, the Representative, Government of Japan at the 37th Munich Security Council Meeting „Bilateral Relations with Russia from Japan's Perspective" (4.2.2002). http://www.mofa.go.jp/region/europe/russia/speech0102.html.

[274] Vgl.: Mendl 1995, S. 57 und 60.

[275] Vgl.: Panov, Alexander: Russia and Japan at a new stage of Relations, in: Asia-Pacific Review, Vol. 6, No. 1 (May 1999), S. 25-34 (29); Mendl 1995, S. 60.

[276] Vgl.: „Japan kündigt Freigabe der Rußlandkredite an", Japan aktuell 6/99 (Dezember 1999), S. 495.

[277] Vgl. hierzu: Hakamada, Shigeki: Factors behind the Russian crisis, in: Asia-Pacific Review, Vol. 6, No. 1 (May 1999), S. 35-42.

der Aspekt eines Koppelgeschäftes deutlich zutage. *Reinhard Drifte* schreibt dazu:

> „The use of aid in Japan's relations with Russia deserves special attention in the context of using aid for political purposes. In this case Japan uses aid in order to press its claim for the return of the Northern Territories from Russia. From 1988 onwards Tokyo took initiatives to attract support from allies and major partners, including the annual summit meetings of the Group of Seven. Without the usual diplomatic politeness the government made it very clear in 1991 that Russia could not expect any economic aid beyond humanitarian aid until it had returned the disputed Kuril islands."[278]

Die verteidigungspolitischen Kontakte auf allen Ebenen und ihr Überbau, den sie durch die rege Gipfeldiplomatie zwischen beiden Staaten erhalten, dienen dem Auffüllen eines langjährigen Vakuums in den bilateralen Beziehungen, welches durch den Ost-West-Konflikt verschleppt und durch die territoriale Frage sowie den noch immer nicht existierenden Friedensvertrag verursacht wurde. Im Bereich des Disputes um die südlichen Kurilen zeigt sich der Einsatz ökonomischer Mittel bei der Verwirklichung strategischer oder politischer Ziele einmal mehr sehr deutlich. Japan strebt sicherlich nach verbesserten Beziehungen zu Rußland, wie sie sich in der Moskauer Erklärung von 1998 zur wechselseitigen Vertrauensbildung und der Unterstützung Rußlands beim japanischen Anspruch auf einen ständigen Sicherheitsratssitz gezeigt hat. Im Gegensatz zu den Beziehungen zu den anderen asiatisch-pazifischen Staaten spielt Japan hier jedoch – gefördert durch ein vergleichsweise marginales wirtschaftliches Interesse – zumindest bis zur einvernehmlichen Lösung der Kurilenfrage seine Überlegenheit deutlich aus. Somit bezeichnet sich Rußland selbst zurecht als Außenseiter im Rahmen der bilateralen Beziehungen Japans zu den übrigen Schlüsselakteuren, dessen Kontakte zur ostasiatischen Wirtschaftsmacht zwar eine Entspannung des Verhältnisses herbeigeführen konnten, jedoch nicht in der Lage waren, eine verbesserte strategische Position in der Region einzunehmen.[279]

---

[278] Drifte 1998b, S. 132-133.

[279] Buszyushi, Leszek: Russia and Northeast-Asia: aspirations and reality, in: The Pacific Review, Vol. 13, No. 3 (2000), S. 399-420.

Japans dem weichen Bilateralismus zuzuordnenden völkerrechtlich unverbindlichen Eins-zu-Eins-Beziehungen zu den Schlüsselakteuren der Großregion komplementieren die beiden ersten Strategien. Mit dem nun erfolgten historischen Gipfeltreffen zwischen Japan und Nordkorea ist eine Verbesserung aller Kontakte festzustellen, die in erster Linie über die Schaffung vielschichtiger Dialoge auf die Entzerrung negativer wechselseitiger Wahrnehmungen abzielt. So sind gegenüber China trotz der noch immer nicht geleisteten Kriegsentschuldigung Japans mit der Errichtung eines heißen Drahtes zwischen Tokyo und Peking typische Maßnahmen der Vertrauensbildung auf den Weg gebracht worden, während das Verhältnis zu Südkorea trotz noch immer bestehender Vorbehalte als bemüht-kooperativ zu bewerten ist. Der erste Besuch des japanischen Bildungsministers in Südkorea überhaupt im März 2000 gewinnt hier auch vor dem Hintergrund des noch immer schwelenden Streits um die Auslegung der wechselseitigen Beziehungen in japanischen Geschichtsbüchern eine besondere Bedeutung. Mit Ausnahme seiner Haltung in bezug auf die nördlichen Territorien ist Japan offensichtlich auch um eine Verbesserung seiner Kontakte zu Rußland bemüht. Während diplomatische Fortschritte in der territorialen Frage mit der Aussicht auf finanzielle Zuwendungen verbunden werden, dienen die vielfältigen bilateralen Verteidigungskontakte der dringend nötigen wechselseitigen Vertrauensbildung. Denn Rußland ist sich wie China unsicher über die Stoßrichtung der japanisch-amerikanischen Allianz sowie bezüglich des großen Rüstungspotentials der beiden Partner, welches das Rußlands bei Kampfflugzeugen um ein dreifaches und bei der Flottenstärke um ein zweifaches übersteigt. Vermeintliche „Kalter-Krieg-Strategien“ der USA und Japans, die noch heute implizite Behandlung Rußlands als Gefahr für Japan sowie japanische Manöver innerhalb der 1000-Meilen-Zone werden als illegitime Ausweitung des Einsatzbereiches der SDF im Rahmen einer dem japanischen Territorium weit vorgelagerten Verteidigung wahrgenommen.[280] In allen dargestellten bilateralen Beziehungen nutzt Japan mehr oder weniger verdeckt bestehende ökonomische Asymmetrien für seine sicherheitspolitischen Ziele in der Großregion.

---

[280] Vgl.: Zagorski, A./ Zaitsev, V./ Shlyndov, A/ Tsyganov, Y./ Maltseva, G./ Ostroonkhov, O.: Russia and Northeast Asia: Economic and Security Interdependence

13. Japans Strategie des harten Bilateralismus am Beispiel der Neuordnung der japanischen Sicherheitspolitik im Rahmen des Umbaus der Allianz mit den USA

Mit dem Wandel der internationalen Struktur, die zwar in der Auflösung der Sowjetunion gipfelte, für Japan jedoch eine ganze Reihe neuer Bedrohungsformen entstehen ließ, war die Wirkungsmöglichkeit der seit den 70er Jahren um den Sicherheitsvertrag mit den USA gebildeten verteidigungspolitischen Koordinations- und Konsultationsforen fragwürdig geworden. Diese hatten zudem eine extrem ungleichgewichtige Aufgabenverteilung beider Allianzpartner festgeschrieben, die nun nicht nur den japanischen Zielen einer größeren sicherheitspolitischen Funktion für die Großregion entgegen stand, sondern auch immer wieder zu einer Reihe von Spannungen innerhalb der Allianz wegen der vermeintlichen sicherheitspolitischen Freifahrt Japans geführt hatte.[281] Ein erster Schritt hin zu größerer Handlungsfähigkeit auf bilateraler Ebene bestand in einer Neuorientierung hinsichtlich der Grundlagen und Ziele der japanischen Sicherheitspolitik und damit auch und als erstes in einer Neuformulierung der *Taiko* von 1976.[282] Diese hatte zwar die Bedeutung der USA bei der Verteidigung Japans und die Notwendigkeit einer qualitativen Verbesserung der eigenen Verteidigungsfähigkeit hervorgehoben. Sie war jedoch bei ihrer Zielformulierung von günstigen strukturellen Rahmenbedingungen sowie einer umfassenden Schutzgarantie der USA ausgegangen, die den japanischen Streitkräften lediglich die untergeordnete Funktion der Abwehr eines „begrenzten“ Angriffs zugewiesen hatte:

> „Japan's possession of a defense capability within the scope permitted by the Constitution (...) aims – together with the Japan-United States security arrangement – directly at forestalling any aggression against Japan and repelling it such aggression should it occur. (...)“

> "Assuming that the international political structure in this region – along with continuing efforts for global stabilization – *will not undergo any major changes for some time to come*, and that Japan's domestic conditions will also remain funda-

(I). (National Institute of Research Advancement (NIRA) Research Output, Vol. 2, No. 2 (1998), S. 25-26.

281 Zur japanisch-amerikanischen Allianz vgl. zuletzt: Green, Michael/ Cronin, Patrick (Hrsg.): The US-Japan Alliance: Past, Present and Future. New York 1999.

282 Vgl. auch: Sato, Seizaburo: Why the shift from *kokubo* (national defense) to *anzen hosho* (security)? A study of the basic issues surrounding Japan's security, in: Asia-Pacific Review, Vol. 7, No. 2 (2000), S. 12-32.

mentally stable, the most appropriate defense goal would seem to be the maintenance of a full surveillance posture in peacetime and the ability to cope effectively with situations *up to the point of limited and small-scale aggression.*"[283]

Diese Rahmenbedingungen hatten sich jedoch durch das Ende des Ost-West-Konfliktes und das Aufkommen neuer Bedrohungsfaktoren in Asien-Pazifik rapide verändert. Ebenso konnten sich die permanenten Handelskonflikte mit den USA, die technologischen Konflikte sowie die bilateralen Spannungen, welche durch Japans Politik während des Zweiten Golfkrieges und 1994 während der Nordkorea-Krise[284] entstanden waren, als Sprengstoff für die Allianz erweisen. Sowohl das gewandelte und komplexer gewordene Sicherheitsumfeld als auch das aufgrund der Handelskonflikte bis 1995 im Raum stehende Szenario eines amerikanischen Rückzugs als militärische Garantiemacht für Japan erforderten daher zunächst eine politische Neuorientierung und eine Anpassung der eigenen sicherheitspolitischen Grundlagen. *David Asher* schreibt hierzu:

„With tensions over trade and technology on the rise and repeated rumors to the effect that the United States would reduce its military presence in Asia sooner or later, the Japanese understandably began to explore their strategic options."[285]

Der erste und bis heute wichtigste Schritt der sicherheitspolitischen Anpassung Japans an die seit Ende des Ost-West-Konfliktes veränderten externen und internen Rahmenbedingungen erfolgte 1994 mit der Einrichtung eines privaten Beraterkomitees durch Ministerpräsident Hosokawa. Das Komitee unter dem Vorsitz des Präsidenten der Asahi Brauerei, *Hirotaro Higuchi*, nahm seine Arbeit am 28. Februar 1994 auf und legte nach insgesamt 20 Sitzungen am 12. August seinen Abschlußbericht Premierminister Murayama vor.[286] Im Zentrum des sogenannten *Higuchi-*

[283] Defense Agency 1996, S. 270-275 (270). Hervorhebung des Verfassers.

[284] Als im Laufe des Jahres 1994 Kampfhandlungen auf der koreanischen Halbinsel wahrscheinlich wurden, war deutlich geworden, daß Japans bestenfalls als zögerlich zu bezeichnende Unterstützung des Allianzpartners USA unweigerlich zu einem Ende der Allianz geführt hätte. Vgl.: Giarra, Paul: U.S.-Japan Defense Guidelines: Towards a New Accommodation of Mutual Responsibility. (Institute for International Studies, Stanford University. Asia/Pacific Research Center Discussion Papers) Stanford, June 1997, S. 5.

[285] Asher 1997, S. 355.

[286] The Modality of the Security and Defense Capability of Japan: The Outlook for the 21st Century (Advisory Group on Defense Issues, 12 August 1994). Die englische Manuskriptfassung des Berichtes wurde mir freundlicherweise von Professor Watanabe, ei-

Reports stand vor allem die Empfehlung einer Revision der Richtlinie für das Nationale Verteidigungsprogramm (*National Defense Program Outline*, NDPO, jap.: *Taiko*) von 1976.

Im folgenden sind die Maßnahmen Japans im Bereich seiner Strategie des um die Allianz kreisenden harten Bilateralismus sowie die daraus hervorgehenden Funktionen für die japanische Sicherheitspolitik zu diskutieren. Sie beginnen mit der Erarbeitung des Higuchi-Reports und führen – gemeinsam mit den drei bereits dargestellten Strategien – zu einem in der japanischen Nachkriegsgeschichte bislang unbekannten Grad der Verantwortung und Einbindung in die Geschicke der asiatisch-pazifischen Großregion.

13.1. Der Higuchi-Report und die Revision der Taiko von 1976

Der Bericht des Higuchi-Komitees stellt das wichtigste Ergebnis der Auseinandersetzung Japans mit den Grundlagen, den Zielen und den Modalitäten seiner Sicherheitspolitik vor einem gewandelten strategischen und innenpolitischen Umfeld nach dem Ende des Ost-West-Konfliktes dar. Er ist das erste offizielle Dokument, in dem die eindeutige Bereitschaft erkennbar ist, Japans Sicherheitssituation offen und kritisch zu untersuchen und entsprechend weitreichende Änderungsvorschläge auf den Weg zu bringen.[287] Der Bericht stellt zunächst das Aufkommen neuer Bedrohungen Japans in einem insgesamt weniger überschaubaren asiatisch-pazifischen Sicherheitsumfeld fest, in dem zudem die USA einen relativen Machtverlust erfahren habe.[288] Hieran schließt sich eine umfassende Diskussion der künftigen Grundlagen der Sicherheitspolitik Japans an, die auf insgesamt drei zentralen Säulen basieren soll: 1) der Förderung multilateraler Sicherheitskooperation auf globaler und auf asiatisch-pazifischer Ebene; 2) der Verbesserung der Funktionen der japanisch-amerikanischen Allianz sowie 3) der Aufrechterhaltung einer effizienten nationalen Verteidigungsfähigkeit. Vor diesem Hintergrund und angesichts sowohl positiver als auch negativer strategischer Szenarien weist der Bericht in diesem Zusammenhang auf die „große Verantwortung“ Japans und die notwendig gewordene Durchführung einer aktiven und konstruktiven Sicherheitspolitik hin:

---

nem Mitglied des Gremiums, zur Verfügung gestellt. Die nachfolgenden Zitate und Verweise basieren auf diesem Dokument.

[287] Vgl. auch: Drifte 1998b, S. 54-56.

[288] Vgl. Higuchi Report, S. 2-6.

„Japan should extricate itself from its security policy of the past that was, if anything, passive, and henceforth play an active role in shaping a new order. Indeed Japan has the responsibility of playing such a role."[289]

Im Bereich der multilateralen Sicherheitskooperation wird dann zunächst eine weitere Verbesserung der verfassungsrechtlichen und organisatorischen Grundlagen für die aktive Teilnahme der SDF an Friedenserhaltenden Maßnahmen der Vereinten Nationen und für die Landesverteidigung angemahnt. Insbesondere sei es

„desirable that discussions should be continued with a view to removing as soon as possible the provision in the International Peace Cooperation Law calling for a freeze on participation of the SDF in the field of peacekeeping activities mainly conducted by infantly (sic!) units."[290]

Daneben wird die verstärkte Einbindung auch des militärischen Sektors in die Diskussionen der asiatisch-pazifischen Dialogforen und der weitere Ausbau der sich etwa in ARF, CSCAP oder NEACD vollziehenden transparenzfördernden und vertrauensbildenden Maßnahmen gefordert.[291] Obwohl sich der Bericht des Higuchi-Komitees im Vergleich zur multilateralen Kooperation und der unilateralen Verteidigungsfähigkeit nur auf insgesamt etwa drei (!) von 29 Seiten mit der japanisch-amerikanischen Allianz auseinandersetzt, weist er ihr dennoch auch weiterhin eine zentrale, wenn auch über den bisherigen Modus hinausgehende, Rolle zu. So soll nicht nur die militärische Kooperation zwischen beiden Partnern grundsätzlich verbessert und hierzu insbesondere ein Abkommen mit den USA geschlossen werden,[292] welches die Aufgaben Japans im Bereich der logistischen Unterstützung amerikanischer Truppen im Ernstfall festlegt. Die Allianz wird nun offensichtlich auch als Rahmen für eine aktivere internationale Rolle Japans verstanden:

„The Japan-U.S. Security Treaty will assume a greater significance than ever before. In addition, it is necessary to reaffirm the significance of this treaty in the sense that

---

289 Ebda. S. 7.
290 Ebda. S. 14.
291 Vgl. Ebda. S. 9.
292 Es handelt sich hier um ein sogenanntes „Acquisition and Cross-Servicing Agreement" (ACSA), wie es etwa die Mitgliedsstaaten der NATO mit den USA geschlossen haben, um die komplizierte und verwaltungstechnisch aufwendige logistische Aufgabenverteilung zwischen den Allianzpartnern festzulegen.

it forms an essential framework for the active and constructive security policy Japan should pursue."[293]

Abschließend sieht der Bericht die Selbstverteidigungsstreitkräfte als verantwortlich für die Sicherheit der Seewege, die Abwehr einer Verletzung des japanischen Luftraumes und der Besetzung japanischen Territoriums, der Reaktion auf einen begrenzten Raketenangriff sowie bei Terrorakten und bei der Regelung des Zustroms bewaffneter Flüchtlinge. Breiter Raum wird letztlich der qualitativen Verbesserung der japanischen Selbstverteidigungsfähigkeit sowie der Reorganisation und Straffung der drei Gattungen der Selbstverteidigungsstreitkräfte vor veränderten demographischen, technologischen und fiskalpolitischen Rahmenbedingungen gewidmet. Als Zeitraum zur Umsetzung dieses „Neuen Denkens" werden zehn Jahre angenommen. Die zentralen Punkte dieser Neuordnung der japanischen Verteidigungspolitik werden wie folgt zusammengefaßt:

„(...): while making use of the concept of basic and standard defense capability Japan should make the necessary revisions to that concept by adapting it to the new strategic environment. Specifically, first, the intelligence function should be improved so as to deal with the opaque security environment. At the same time operational preparedness should be maintained so as to deal correctly with manifold dangers. Secondly, combat units should be reorganized into more efficient ones while their functions and quality should be improved by such methods as promoting the use of high-technology and the modernization of equipment. On the other hand, the overall scale of such units should be reduced. Thirdly, consideration should be given to the question of flexibility so that, in the event that a more serious situation has developed, the SDF can deal with it. We hope that reform and reorganization of defense capability based on such thinking will be carried out in stages, preferably within about 10 years."[294]

Das Higuchi-Komitee ist zwar das bekannteste, aber nicht das einzige Gremium, in welchem vor dem Hintergrund gewandelter externer und interner Rahmenbedingungen die Revision der Taiko von 1976 diskutiert wurde. Bereits das Verteidigungsprogramm für die Jahre 1991 bis 1995 hatte eine entsprechende Überprüfung der Modalitäten der japanischen Verteidigungsfähigkeit vorgesehen. Als ein Teil dieser Maßnahmen fanden daher 1993 und 1994 sogenannte *in-house discussions* der JDA parallel zum Higuchi-Komitee statt. Auf Basis dieser Diskussionen und Vorschläge nahmen dann das Kabinett und der Sicherheitsrat Japans am 28. November

---

[293] Ebda. S. 10.
[294] Ebda. S. 20.

1995 die neue *Taiko* an.[295] Sie ersetzt die alte Fassung und unterscheidet sich von dieser in einer Reihe von Punkten: So werden japanische Truppen nicht länger eine „*limited and small-scale aggression, in principle, without external assistance*"[296] abwehren, wie dies noch 1976 formuliert worden war, sondern einem bewaffneten Angriff sofort und gemeinsam mit den amerikanischen Truppen entgegentreten. Die grundlegende Bedeutung der japanisch-amerikanischen Allianz sowohl für die Sicherheit Japans als auch für die Wahrung des Friedens und der Stabilität in der Großregion wird zudem stärker als bisher betont.[297] Schließlich weist die neue Taiko den japanischen Streitkräften neben ihrer bisherigen Hauptaufgabe der Landesverteidigung zwei weitere Rollen zu: 1) die Reaktion auf Naturkatastrophen, innere Terrorakte und Situationen „in the areas surrounding Japan, which will have an important influence on national peace and security"; 2) den Beitrag zur Schaffung eines stabilen sicherheitspolitischen Umfeldes durch die Teilnahme an Friedenserhaltenden Maßnahmen der Vereinten Nationen, der Förderung von Sicherheitsdialogen sowie der internationalen Kooperation auf dem Gebiet der Rüstungskontrolle und der Abrüstung.

Die Streitkräfte werden durch die neue Verteidigungsrichtlinie nicht nur einer umfassenden militärischen Reform unterzogen. Auch der Aufgaben- und Einsatzbereich der SDF ist klar ausgeweitet worden, geht nun über die ausschließliche Verteidigung japanischen Territoriums hinaus und umfaßt die logistische Unterstützung der amerikanischen Truppen im Falle einer Bedrohung Japans außerhalb der eigentlichen Landesgrenzen. Zum ersten Mal besteht zudem die Möglichkeit, auch auf solche Konfliktsituationen zu reagieren, die nicht einen direkten Angriff auf japanisches Territorium beinhalten. *Frank Umbach* hat in diesem Zusammenhang zu Recht darauf hingewiesen, daß es sich hier um eine schrittweise Aushöhlung des Verbots der kollektiven Selbstverteidigung Japans sowie um eine graduelle Revolution der japanischen Sicherheits- und Verteidigungspolitik handelt.[298]

---

[295] Der Text der Taiko von 1995 ist abgedruckt in: Defense of Japan 1998, S. 324-332.
[296] NDPO 1976, S. 272. (Defense of Japan 1996)
[297] Reinhard Drifte zählt insgesamt 13 Hervorhebungen der Bedeutung der Allianz für die Sicherheit Japans. 1976 waren es nur zwei. Vgl.: Drifte 1998b, S. 71.
[298] Vgl.: Umbach, Frank: The Future of the U.S.-Japanese Security Alliance, in: Dosch/ Mols 2000. Manuskript, S. 125-131.

Mit der Verabschiedung der neuen Taiko hat Japan damit begonnen, jene *logistischen* Mängel im Bereich der sicherheitspolitischen Kooperation mit den USA zu beseitigen, die noch im Zweiten Golfkrieg und in der Nordkorea Krise von 1994 den Bestand der Allianz gefährdeten.[299] Ebenso hatten der Saringas-Anschlag und das Kobe-Erdbeben von 1995 die katastrophalen Auswirkungen fehlender Bestimmungen demonstriert, die den Einsatz der SDF und die Nutzung ihrer technischen Ausrüstung im Falle massiver innerer Vorkommnisse betrafen. Auch *Yoshihide Soeya* bemerkt hierzu ironisch,

> „Japan's security policy had much room for improvement."[300]

Der Prozeß der selbstbewußten Artikulation einer aktiveren und eigenständigeren Verteidigung und Allianzpolitik durch Japan, der mit dem Higuchi-Report erstmals sichtbare Konturen annahm, hatte entscheidende Auswirkungen auf die amerikanische Haltung zur Allianz im allgemeinen und zur Einschätzung des Allianzpartners im besonderen. Der Higuchi-Report hatte in seiner grundsätzlichen Auseinandersetzung mit der Zukunft der japanischen Sicherheitspolitik die USA *nicht*, wie sonst üblich, an die erste Stelle seines empfohlenen Maßnahmenkatalogs gesetzt. Zudem wurde offen die Frage gestellt,

> „(...) whether the United States, its preeminent military power notwithstanding, will be able to demonstrate leadership in multilateral cooperation."[301]

Ganz im Gegensatz zum Seitenumfang, welcher für die Diskussion der USA benötigt wurde, widmete sich der Bericht ausführlich den Vorteilen eines globalen und regionalen Multilateralismus und besprach selbstbewußt die Reorganisation und die neuen Aufgaben der japanischen Streitkräfte vor einem veränderten strategischen Umfeld. Zugleich machte ein Blick auf die Zusammensetzung des Komitees dem äußeren Beobachter klar, daß diese neue Politik die Unterstützung fast aller einflußreichen Kreise hatte und sich die Eigenwahrnehmung Japans als internationaler Akteur[302] in einem

---

[299] Giarra 1997, S. 5 schreibt hierzu: „ (...) it had become increasingly accepted that in the case of a conflict on the Korean peninsula (...), if Americans were dying in the defense of South Korea, the lack of Japanese involvement would mean the end of the bilateral security relationship."

[300] Soeya 1998c, S. 18.

[301] Higuchi-Report, S. 3.

[302] Auch Soeya 1998b, S. 213 spricht von den „new perceptions of security concerns in the post-Cold War era."

beträchtlichen Wandel befand.[303] Als Vertreter der JDA im Juli 1994 ihre Kollegen im Pentagon über erste Zwischenergebnisse der Beratungen des Gremiums informierten, zeigten sich diese nachgerade schockiert.[304] Der vermeintliche Versuch Japans, eine Neuformulierung seiner sicherheitspolitischen Grundlagen voranzutreiben, in denen die USA und die Allianz nicht länger im Zentrum zu stehen schienen, löste in der Folgezeit eine Welle hektischer Aktivitäten auf amerikanischer Seite aus.[305] Amerikanische Sicherheitsexperten und Japanbeobachter wie *Joseph Nye*, der neue amerikanische Sicherheitsberater im Weißen Haus, und *Michael Green* wurden auf die sich anbahnenden Entwicklungen aufmerksam. Sie reisten nach Japan, um von den Komiteemitgliedern genauere Informationen zur japanischen Position und zum Stellenwert der USA in den strategischen Planungen zu erhalten.[306] Offensichtlich wurden die Beratungen des Higuchi-Komitees verstanden als ein sich anbahnender Politikwechsel weg von einer starken Sicherheitspartnerschaft mit den USA und entweder hin zu einem UN-zentrierten Pazifismus, in dessen Mittelpunkt ein nicht näher definierter globaler und regionaler Multilateralismus stand oder zu einem militärischen Unilateralismus eines seine hegemonialen Ansprüche nun erneut einfordernden japanischen Staates.[307] *David Asher* schreibt hierzu:

> „On the one hand, the report highlighted the role of the U.S. nuclear umbrella in ensuring Japanese security and stressed the need for cooperation with the United States on next-generation military systems such as theater missile defense (TMD). On the other hand, it raised doubts about America's future commitment to Asia in general and Japan in particular, recommended elevating the United Nations to the level of the United States as a "security partner", expanded the roles and missions of the Japanese military, and sanctioned the development and acquisition of potential systemic

---

[303] Aus der Wirtschaft waren führende Persönlichkeiten wie etwa der Vorsitzende des Keidanren und der Vorstandsvorsitzende der Bank of Tokyo anwesend. Wichtiger für die äußere Wahrnehmung des Komitees war jedoch die Teilnahme von Makoto Sakuma, dem ehemaligen Administrative Joint Chief of Staff der SDF sowie insbesondere von Seiki Nishihiro, dem früheren administrativen Vice Minister und sogenannten „godfather" der JDA.

[304] Gespräch mit Yoshitaka Sasaki, Senior Researcher, Asahi Shimbun, Asia Network, Department of Politics, Tokyo, 1. Juni 1999.

[305] So auch: Asher 1997, S. 354-358.

[306] Interview mit Akio Watanabe, am 22. Juni 1999. Professor Watanabe schrieb als Mitglied des Komitees den ersten Entwurf des Berichtes.

[307] Asher 1997, S. 355 erwähnt, daß die 1994 gebildete Koalitionsregierung aus LDP mit den Sozialisten, also der Partei, die seit jeher einen unbewaffneten Pazifismus gefordert hatte, auch in den USA die Besorgnis auslöste, Japan wolle sich von der gemeinsamen Allianz lösen.

means of strategic autonomy, such as intelligence satellites, long-range air and sea transport craft, and air-to-air refueling tanker planes.

The report captured well the growing doubts in Tokyo regarding the reliability of the United States as a protector of Japan and its global interests and reflected the confusion inside the Japanese government as to what it should do in the event the U.S.-Japan security relationship seriously deteriorated."[308]

13.2. Die Bedeutung und Wirkung des Higuchi-Reports

Auch wenn der Bericht durch Formulierungen, Japan solle eine Politik des nationalen Interesses durchführen und seine Sicherheitspolitik während des Ost-West-Konfliktes zugunsten einer multilateralen Sicherheitsstrategie ändern,[309] beim Allianzpartner USA Irritationen auslöste, so entsprach doch keine dieser Wahrnehmungen den tatsächlichen Absichten des Higutchi-Komitees. Zwar sprach der Bericht durchaus von multilateralen Ansätzen als Teil einer japanischen Sicherheitspolitik. Das Wissen um die Defizite regionaler Dialogforen und um die gestiegenen Erwartungen hinsichtlich einer Teilnahme der SDF an Friedenserhaltenden Maßnahmen der Vereinten Nationen war indes in keiner Weise eine Absage an die Funktionsfähigkeit und die Bedeutung der japanisch-amerikanischen Allianz. *Akio Watanabe*, ein Mitglied des Komitees, stellt hierzu fest:

„It was not at all our intention to have bilateralism replaced by multilateral security arrangements. To the contrary, we wanted to give a new rationale for the U.S.-Japan alliance in the post Cold War context."[310]

Tatsächlich war japanischen Entscheidungsträgern durchaus an einer Stärkung der Allianz und an einer Aufwertung der Funktionen Japans innerhalb des Verteidigungsbündnisses mit den USA gelegen. Nach dem Ende der Sowjetunion war zwar ein wichtiger gemeinsamer Feind verloren gegangen. Die Allianz blieb jedoch auch weiterhin für Japan von zentraler Bedeutung als Garant für die Stabilität in Asien-Pazifik, als Abwehrmaßnahme gegen eine nukleare oder konventionelle militärische Bedrohung durch China oder Nordkorea sowie als Rahmen für jede denkbare eigenständige sicherheitspolitische Funktion Japans in der Großregion. Eine Wiederholung von Situationen wie im Zweiten Golfkrieg oder in der Nordkorea-Krise mußte daher um jeden

---

[308] Ebda. S. 356.
[309] Vgl.: Higuchi-Report, S. 8 und 11.
[310] Interview mit Professor Watanabe, Tokyo, 22. Juni 1999.

Preis vermieden werden, nicht zuletzt, um den Revisionisten in der amerikanischen Öffentlichkeit und deren Aufruf, die Allianz mit Japan und die amerikanische Vorwärtsstrategie in Asien zu beenden, nicht zusätzliche Argumente an die Hand zu geben. Tatsächlich hatten die Revisionisten mit der Wahl Clintons 1992, dessen Administration den Vorrang wirtschaftlicher und technologischer Fragen gegenüber der Allianz betonte, erstmals die Chance der Beeinflussung der amerikanischen Außenpolitik gegenüber Japan. *David Asher* schreibt:

> „President Bill Clinton came into office speaking barely a word about the U.S.-Japan treaty and for two years did little to counter Japanese uncertainty regarding the strength of America's commitment to the alliance."[311]

Der Higuchi-Report zielte also nicht nur darauf ab, Japan eine erweiterte Rolle innerhalb eines sich drastisch verändernden sicherheitspolitischen Umfeldes zuzuweisen, sondern auch darauf, den Bestand der Allianz als Legitimationsbasis für eine solche Rolle zu erhalten. *Akio Watanabe* bemerkt, es sei von japanischer Seite durchaus antizipiert worden, daß sich die Vorschläge des Higuchi-Komitees zur Erweiterung der multilateralen Kooperation positiv auf die Frage auswirken würden,

> „whether and how long the U.S. forces would be able to remain engaged if the American taxpayers begin to feel that their military presence in Asia is not worthwhile from the viewpoint of their own national interest. In this instance, any increase in individual and joint efforts on the part of Asian countries for regional security should be valued positively. The more vigorous multilateral activities among regional members become, the more confident American soldiers and taxpayers will be regarding the value of their continued presence in Asia/Pacific.
>
> It is for this reason that the Advisory Group for the Japanese Prime Minister spoke in favor of multilateral cooperation."[312]

Vor diesem Hintergrund kann der Higuchi-Bericht in dreierlei Weise verstanden werden: 1) als „Versuchsballon" zum Austesten des tatsächlichen Willens der USA, die Allianz zu erhalten; 2) als Strategie der impliziten Herausforderung der USA durch die multilaterale Komponente mit dem gleichen Effekt; 3) als lange überfälliger Schritt Japans hin zu einem „normalen Staat", mit einem entsprechend eigenständigen sicherheitspoliti-

---

[311] Asher 1997, S. 343.

[312] Watanabe, Akio: South East Asia and Japan, in: Everett/ Sommerville 1995, S. 111-120 (118-119).

schen Auftreten und einer politischen Vision. Gleich welches Verständnis die wirkliche Absicht des Berichtes am besten reflektiert, seine Bedeutung für die japanisch-amerikanischen Beziehungen bleibt unübersehbar, wenn man sich die früheren Krisen zwischen beiden Allianzpartnern vergegenwärtigt. Seit den späten 1980er Jahren wurde Japans wirtschaftliche Macht in Kreisen der amerikanischen Regierung als eine Bedrohung des *American Way of Life* verstanden. 1991 warnte denn auch eine von der CIA in Auftrag gegebene Studie:

> „They are going to defeat us, to lower our standard of living, and to threaten our national security."[313]

Tatsächlich wurde denn auch seitens der USA die Allianz mit Japan als Mittel nicht nur zur militärischen Vor-Ort-Präsenz in Asien-Pazifik, sondern auch zur Minimierung japanischer Machtansprüche verstanden.[314] In die gleiche Richtung zielten Stellungnahmen des amerikanischen Marine-Korps, die US-Truppen in Japan dienten als *„cap in the bottle"* gegen ein Wiederaufleben des japanischen Militarismus, aber auch Artikel von Nye und anderen, die sich unter den Titeln *„Coping with Japan"* oder *„Harnessing Japan"* für eine amerikanische Strategie der Förderung der Entwicklung Japans zu einer Zivilmacht, bzw. der amerikanischen Steuerung und Einhegung der wachsenden internationalen Bedeutung Japans aussprachen.[315] Unter diesen Vorzeichen konnte also der Bericht des Higuchi-Komitees ohne weiteres als Herausforderung amerikanischer Interessen in Asien-Pazifik verstanden werden. Sicherlich jedoch war er ein deutliches Signal an die USA, sich entschiedener für eine Fortführung seiner Vorwärtsstrategie und für den Erhalt der Allianz mit Japan auszusprechen.

Als verantwortlicher Experte für die Formulierung der neuen amerikanischen Ostasien-Strategie der Clinton-Administration[316] reagierte Joseph Nye auf die japanischen Entwicklungen und setzte sich in der Folgezeit vehement für den

---

[313] Zitiert aus: Far Eastern Economic Review, 27. Juni 1991.

[314] Vgl.: Soeya 1998c, S. 23.

[315] Vgl.: Nye, Joseph: Coping With Japan, in: Foreign Policy, No. 89 (Winter 1992/93), S. 96-115; Dam, Kenneth/ Deutch, John/ Nye, Joseph/ Rowe, David: Harnessing Japan: A U.S. Strategy for Managing Japan's Rise as a Global Power, in: The Washington Quarterly, Vol. 16, No. 2 (Spring 1993), S. 29-42.

[316] Department of Defense, Office of International Security Affairs: United States Security Strategy for the East Asia-Pacific Region. Washington, D.C. Department of Defense, February 1995.

Erhalt und die Erneuerung der amerikanisch-japanischen Sicherheitsallianz ein. Seine nach ihm benannte *Initiative*[317] zur Aufrechterhaltung der Allianz und zur Trennung kontroverser Handelsfragen vom Sachbereich Sicherheit unterstützte den legitimen Anspruch Japans, mehr als nur ein Handelspartner der USA zu sein und sah in Japan nun einen gleichberechtigten Partner innerhalb des Bündnisses mit entsprechenden Funktionen auch für die Sicherheit in der Großregion. Interessanter Weise entfernte sich Nye mit seiner Initiative von seiner früheren Position, daß die USA Japan lediglich zum eigenen Nutzen *„vor den Karren spannen“* und sicherstellen solle, daß

> „the strategic choices that Japan makes will be those that most closely match U.S. interests.“[318]

Durch das unter der Federführung von Nye entworfene und im Februar 1995 veröffentlichte Strategiepapier der amerikanischen Regierung für die Region Ostasien trat die Clinton-Administration den Tendenzen in der amerikanischen Öffentlichkeit entgegen, die einen teilweisen oder vollständigen Abzug der US-Truppen aus Asien-Pazifik und eine Verringerung der in Japan stationierten Streitkräfte gefordert hatten. Durch die Zusage, auch weiterhin 47.000 Truppen vor Ort zu stationieren, beruhigte die amerikanische Regierung lang gehegte japanische Befürchtungen, die USA könnten aufgrund der vielfältigen Handelskonflikte mit dem Allianzpartner die sicherheitspolitische Kooperation mit Japan reduzieren oder ganz beenden. Noch im April 1991 hatte ein Strategiepapier des amerikanischen Verteidigungsministeriums die Verringerung der Militärausgaben auf 4% des BSP bis 1995 sowie eine dreistufige Reduzierung und Reorganisierung der amerikanischen Truppen im Pazifik empfohlen.[319] Zwischen 1989 und 1992 reduzierten die USA tatsächlich ihre Truppenpräsenz in Asien von 141.000

Zur Strategie der sogenannten „Nye Initiative“ vgl.: Nye Joseph: The Case for Deep Engagement, in: Foreign Affairs, Vol. 74, No. 4 (July-August 1995), S. 90-102; zur revisionistischen Gegenposition vgl.: Johnson, Chalmers/ Keehn, E.: The Pentagon's Ossified Strategy, in: Foreign Affairs, Vol. 74, No.4 (July-August 1995), S. 103-114; Zur Einordnung der Initiative als Reaktion auf den japanischen Vorstoß durch den Higuchi-Report vgl.: Ennis, Peter: The Nye Initiative: Can it save the U.S.-Japan Alliance?, in: Tokyo Business Today, June 1995, S. 38-41.

[318] Dam, Kenneth/ Deutch, John/ Nye, Joseph/ Rowe, David: Harnessing Japan: A U.S. Strategy for Managing Japan's Rise as a Global Power, in: The Washington Quarterly, (Spring 1993), 29–42 (30).

[319] Vgl.: US Department of Defense: The Strategic Framework for the Asian-Pacific Rim: Looking Towards the 21st Century. Washington April 1991.

auf 98.000.[320] Unter der neuen Clinton-Administration war zudem eine deutliche Innenorientierung der USA festzustellen. Vor diesem Hintergrund zweifelte man in Japan zunehmend am amerikanischen Engagement, die Allianz weiterhin aufrechtzuerhalten. Ein Ende der Allianz hätte zugleich den Verlust des zentralen Referenzpunktes und der wichtigsten strukturellen Konstante der japanischen Außenpolitik bedeutet.

Die Beratungen des Higuchi-Komitees waren nach japanischer Lesart letztlich erfolgreich, da sie ein erneutes Engagement der USA für den Erhalt der Allianz auslösten. Obwohl, wie ein Beamter des Außenministeriums feststellte, „the course of the report was reversed"[321], da nahezu alle Hinweise auf multilaterale Sicherheitsansätze fallen gelassen wurden, so löste der Bericht doch eine Entwicklung aus, die in einer gemeinsamen japanisch-amerikanischen Strategie gipfelte und die den Interessen Japan in mehrerer Hinsicht diente: der eindeutigen Betonung der Bedeutung der Allianz sowohl für die USA als auch für Japan sowie der Verlagerung ihrer Funktion weg von der reinen Verteidigung Japans zur logistischen Unterstützung der USA bei der gemeinsamen Stabilisierung des Sicherheitsumfeldes in Asien-Pazifik.[322]

13.3. Exkurs: Das Okinawa-Problem

Die dem japanischen Festland im Süden vorgelagerte Insel Okinawa ist der operative Fixpunkt der japanisch-amerikanischen Allianz. Nahezu 75% aller US-Truppen und Einrichtungen befinden sich auf Okinawa, das bei lediglich 1% der gesamten Landmasse Japans seit Abschluß des ersten Sicherheitsvertrages 47.000 amerikanische Soldaten beherbergt. Aus strategischer Sicht ist Okinawa von zentraler Bedeutung für die Abschreckungsfunktion und die Wirksamkeit der Allianz. Gelegen im südchinesischen Meer sind von hier aus rasche Eingriffsmöglichkeiten in den meisten nordostasiatischen und südostasiatischen Krisengebieten möglich. Das Okinawa-Problem ergibt sich aus einer Reihe von Faktoren:[323] Über Jahrhunderte hinweg war Okinawa ein un-

---

320 Zahlen von Johnstone 1999a, S. 371.

321 Gespräch im japanischen Außenministerium, 12. Juni 1999.

322 Vgl. auch: Soeya, Yoshihide: The Japan-U.S. Alliance in a Changing Asia, in: Japan Review of International Affairs, Vol. 10, No. 4 (Fall 1996), S. 265-275 (268).

323 Vgl. hierzu: Watanabe, Akio/ Hisayoshi, Ina: Changing Security Environments and their Impacts on U.S.-Japan Security Relations, in: Hosoya, Chihiro/ Shinoda, Tomohito (Hrsg.): Redefining the Partnership. The United States and Japan in East Asia. Lanham/ New York/ Oxford 1998, S. 15-28 (25-26); Chalmers Johnson spricht in diesem Kon-

abhängiges Königreich (Ryukyu) und wurde erst seit 1868 unter die Oberhoheit Japans gezwungen. Obwohl seine Bevölkerung stets kulturelle Autonomie vom japanischen Festland anstrebte, war es Schauplatz der blutigsten Kämpfe während der letzten Tage des Pazifischen Krieges, in denen etwa 200.000 seiner Einwohner getötet wurden. Nach dem Ende des Krieges wurde Okinawa unter amerikanische Verwaltung gestellt. Trotz der unter den Bewohnern Okinawas besonders ausgeprägten pazifistischen und antimilitaristischen Grundhaltung flogen die USA im Vietnamkrieg ihre Einsätze von Okinawa aus. Sie lagerten dort nukleare Waffen und Nervengase. Obwohl Okinawa 1972 formell an Japan zurückgegeben wurde und die Bewohner der Insel auf ihre Unabhängigkeit hofften, so galt dies nicht für die militärischen Basen der amerikanischen Streitkräfte. Sie konnten erhalten werden, da die japanische Regierung für die USA Pachtverträge mit einer 25jährigen Laufzeit mit den Landbesitzern abgeschlossen hatte. Letztlich ist Okinawa die wirtschaftlich ärmste Provinz Japans mit einer deutlich höheren Arbeitslosenquote als das Festland. Zu all diesen Faktoren kommen die ständige Lärmbelästigung, eine hohe Umweltverschmutzung und weitere Gefahren für die Bevölkerung hinzu.

Der Prozeß der Erneuerung der durch viele Spannungen belasteten und für Japan durch ein inakzeptables Ungleichgewicht gekennzeichneten Allianz, der mit dem Higuchi-Bericht und der nachfolgenden amerikanischen Initiative unter Nye begonnen wurde, erfuhr einen nachhaltigen Rückschlag durch die Vergewaltigung eines 12jährigen japanischen Mädchens durch drei Angehörige der US-Streitkräfte im September 1995. In engem Zusammenhang mit der nun wieder abrupt ins Licht tretenden Okinawa-Frage stellte sich auch die von den japanischen Behörden lange vernachlässigte Aufgabe einer Reduzierung der militärischen Basen auf Okinawa und damit eine Entlastung der Bevölkerung erneut in besonderer Schärfe. Der Zwischenfall vom September führte zur größten Krise innerhalb der Allianz seit den Unruhen im Zuge der Erneuerung des Sicherheitsvertrages von 1960. Dies betraf insbesondere auch die öffentliche Meinung Japans. Der Zwischenfall löste Proteste aus, die den Abzug aller amerikanischen Streitkräfte und ein

---

text vom dem nun 50 Jahre andauernden Betrug an den Bewohnern Okinawas. Vgl.: Ending Japan's Protectorate Status, in: Harrison, Selig/ Prestowitz, Clyde (Hrsg.): Asia After the „Miracle“: Redefining U.S. Economic and Security Priorities. Washington 1998, S. 109-124.

Ende des faktischen Protektoratsstatus Okinawas forderten. Die antiamerikanische Stimmung wurde zusätzlich angeheizt, als der amerikanische Oberbefehlshaber der Streitkräfte im Pazifik äußerte, die drei Männer hätten besser getan, wenn sie für die sexuellen Handlungen bezahlt hätten.[324] Die öffentliche und politische Unterstützung in beiden Staaten für die Allianz fiel auf einen Tiefpunkt, als auch das einflußreiche Washingtoner *Cato Institute*, das bisher stets den Erhalt der Allianz gefordert hatte, die revisionistische Argumentation aufnahm und einen Rückzug der USA aus der Region vorschlug. So argumentierte *Ted Carpenter*, die Allianz diene nicht länger den amerikanischen oder den japanischen Interessen. Japan beteilige sich ohnehin nicht angemessen an den Kosten für seine Verteidigung. Ebenso sei Japans finanzieller Beitrag zur Sicherung der amerikanischen Truppenpräsenz im Rahmen seines *Host Nation Support* (HNS) in Relation zum amerikanischen Engagement vergleichsweise gering.[325]

Vor dem Hintergrund des Zwischenfalls vom 4. September 1995 klingt Carpenters Beitrag und seine Kritik beinahe zynisch. Denn Japan zahlt nicht nur mit sozialem Unfrieden durch die fortwährenden Spannungen zwischen Okinawa und der Zentralregierung für die Präsenz der amerikanischen Truppen, sondern trägt im Rahmen von Sonderabkommen mit den USA auch enorme finanzielle Kosten.[326] Japan begann 1978 mit der Zahlung für die Verbesserung der amerikanischen Basen. 1987 übernahm die japanische Regierung dann die Löhne für die japanischen Arbeiter auf den Basen und die Kosten für die Versorgung der US-Truppen. Trotz der Wirtschaftskrise betrug 1996 das Budget für die US-Truppen im Rahmen des HNS 640 Millionen Yen. Dies sind mehr als 100.000 US$ pro Jahr und pro Soldat, und damit der weitaus höchste Beitrag irgendeines amerikanischen Allianzpartners. Darüber hinaus hat sich Japan in einem Abkommen mit den USA 1995 verpflichtet, von 1996 bis 2001 unter anderem den Lohn der zivilen Truppenangehörigen zu zahlen sowie für Wasser, Gas, Elektrizität, Kommunikation, den Unterhalt der Trainingsgelände und die Betriebskosten anderer Einrichtungen aufzu-

---

[324] Ebda; Mainichi Daily News. 21. November 1995, S. 2.

[325] Vgl: Carpenter 1995.

[326] Sie wurden mit dem neuen Sicherheitsvertrag 1960 geschlossen. Vgl.: Agreement Under Article VI of the Treaty of Mutual Cooperation and Security Between Japan and the United States of America, Regarding Facilities and Areas and the Status of United States Armed Forces in Japan. (Auszüge) In Kraft getreten am 23. Juni 1960. Abgedruckt in: Defense of Japan 1998, S. 384-385.

kommen.[327] Im Fiskaljahr 2000 stand erstmals eine Verringerung des HNS an, die sich aus der schwierigen wirtschaftlichen Situation und einem im Vergleich zu früher kontroverseren Prozeß der Budgetierung ergab.[328]

Die Vergewaltigung trug dazu bei, daß ein Großteil der Landbesitzer Okinawas sich hinfort weigerte, die auslaufenden Pachtverträge mit der japanischen Regierung zu erneuern.[329] Der Gouverneur der Präfektur Okinawa, *Masahide Ota*, lehnte es ebenso ab, über eine mögliche Verlagerung der amerikanischen Basen auch nur zu verhandeln. Ota wurde zwar nach den Wahlen vom 14. November 1998 durch den regierungsfreundlicheren Kandidaten der LDP, *Keiichi Inamine*, ersetzt. Das Problem der militärischen Basen hat sich dadurch jedoch bislang nicht gelöst. Geschürt durch anfängliche illegale Versuche der japanischen Regierung, die Basen auf Okinawa zu erhalten,[330] belastet es den sozialen Frieden und unterminiert prinzipiell die öffentliche Unterstützung Japans für die Allianzpolitik der Regierung. Das Okinawa-Problem erschwert es daher der japanischen Regierung, ihrer Wählerschaft den Sinn der massiven Truppenpräsenz vor Ort und der finanziellen Unterstützung der US-Truppen zu vermitteln.[331] Letztlich stellt es beide Allianzpartner vor ein entscheidendes Problem: Wo, wenn nicht auf Okinawa, sollen in Zukunft die US-Truppen stationiert werden, und wie wirkt sich eine mögliche Verlagerung oder Reduzierung der US-Basen auf die Sicherheit Japans und der Region aus? Sicher ist, daß der Verlust Okinawas nicht nur der gesamten amerikanischen Vorwärtsstrategie in Asien-Pazifik ein Ende setzen, sondern zugleich das Ende des zentralen Referenzpunktes und

---

327 Agreement Between Japan and the United States of America Concerning New Special Measures Relating to Article XXIV of the Agreement Under Article VI of the Treaty of Mutual Cooperation and Security Between Japan and the United States of America, Regarding Facilities and Areas and the Status of United States Armed Forces in Japan. (Auszüge) In Kraft getreten am 11. Dezember 1995. Abgedruckt in: Defense Agency 1998, S. 386-387.

328 Vgl.: Breer, William/ Shironitta, Tokuko: Host Nation Support Debate: Change to Strengthen the Alliance. Quelle: http://www.csis.org/japan/japanwatch/jw0400.html.

329 Vgl.: Etsujiro, Miyagi: Readressing the Okinawan Base Problem, in: Japan Quarterly (January-March 1996), S. 27-32.

330 So berichtet die Japan Times vom 9. April 1999, S. 3 von der illegalen Besetzung einer Kommunikationsbasis, nachdem sich der Besitzer des Grundstückes geweigert hatte, einen neuen Pachtvertrag mit der japanischen Regierung zu unterschreiben.

331 Vgl.: Shimada, Haruo: The Significance of the Okinawa Issue: The Experience of the Okinawa Problem Committee, in: Cossa, Ralph (Hrsg.): Restructuring the U.S-Japan Alliance. Toward a More Equal Partnership. Washington 1997, S. 83-97.

der wichtigsten strukturellen Konstante der japanischen Sicherheitspolitik bedeuten würde.[332] Er würde ebenso das grundsätzlich defensive Verteidigungskonzept Japan mit einem Schlag beenden und eine offensive oder gar nuklear ausgerichtete Aufrüstung des Landes unumgänglich machen.

Ein Ansatz zur Lösung des Okinawa-Problems wurde mit der Gründung einiger spezieller Foren durch die japanische Regierung, das MOFA und die JDA geschaffen. Sie befassen sich mit Fragen der Reduzierung der amerikanischen Basen, ihrer teilweisen Rückgabe oder mit allgemeinen Ansätzen zur Verbesserung der Lebensqualität für die auf der Insel lebenden Bevölkerung.[333] Ein *Special Action Committee on Okinawa* (SACO) zwischen den USA und Japan, das im November 1995 ins Leben gerufen wurde, veröffentlichte am 2. Dezember 1996 seinen Abschlußbericht über Pläne und Maßnahmen zur Reduzierung und Verlagerung der Militärbasen, ihrer Rückgabe oder gemeinsamen Nutzung sowie der Verbesserung der Lebensbedingungen für die Bevölkerung.[334] Wie die Vorschläge des Komitees letztlich umgesetzt werden, steht bei der bestehenden Vielzahl der Einzelfragen und bei der noch stets gegebenen Ablehnung anderer Präfekturen jedoch weiterhin aus.

13.4. Die Neudefinition der Allianz

Der zunächst im Rahmen unilateraler und nationaler Verlautbarungen eingeleitete Bedeutungs- und Funktionswandel der Allianz wurde am 17. April 1996 durch eine gemeinsame Erklärung von Premierminister Hashimoto und Präsident Clinton in Tokyo zusätzlich bestätigt.[335] Beide bekräftigten darin die unbedingte Notwendigkeit des Erhalts der Allianz, nicht nur zum Schutz Japans, sondern auch zum Schutz der Großregion:

> „(...) the Japan-U.S. security relationship, based on the Treaty of Mutual Cooperation and Security between Japan and the United States of America, remains the corner-

---

[332] Vgl.: Hoshino, Toshiya: The Second Generation Japan-United States Security Alliance, in: Tow, William/ Trood, Russel/ Hoshino, Toshiya (Hrsg.): Bilateralism in a Multilateral Era. The Future of the San Francisco Alliance System in the Asia-Pacific. Tokyo 1997, S. 64-82 (71).

[333] Vgl.: Defense of Japan 1998, S. 266-274.

[334] Der Bericht ist abgedruckt in: Defense of Japan 1998, S. 420-426.

[335] Der Text der Erklärung ist abgedruckt in: Defense of Japan 1998, S. 320-323.

stone for achieving common security objectives, and for maintaining a stable and prosperous environment for the Asia-Pacific Region as we enter the 21st century."[336]

Unter dem expliziten Hinweis auf die nordkoreanische Bedrohung sowie auf weitere Bedrohungsfaktoren in Asien-Pazifik wurde vor allem klargestellt, daß Japan im Rahmen seiner Partnerschaft mit den USA eine Rolle als sicherheitspolitischer Stabilisator in Asien-Pazifik spielen könnte. Zudem bestätigten beide Staaten ihre weitere Zusammenarbeit im Bereich der Waffentechnologie. Um die Kooperation beider Staaten zu verbessern und damit letztlich die Sicherheitsallianz auf eine Basis zu stellen, die den gewandelten Rahmenbedingungen nach dem Ost-West-Konflikt entsprechen konnte sowie darüber hinaus in der Lage war, zum einen die bilaterale Aufgabenverteilung der jeweiligen Streitkräfte erkennbar werden zu lassen und zum andern den innerjapanischen Veränderungen Rechnung zu tragen, hob die Erklärung insbesondere fünf Bereiche hervor:[337] 1) den Informationsaustausch und die wechselseitige Konsultation hinsichtlich der internationalen sicherheitspolitischen Rahmenbedingungen; 2) die Überprüfung und Neuformulierung der Guidelines von 1978 im Hinblick auch auf die Bedrohungssituation in der Nachbarschaft japanischen Territoriums („*situations in areas surrounding Japan*"); 3) die Verbesserung der logistischen Kooperation zwischen beiden Staaten im Rahmen eines *Acquisition and Cross-Servicing Agreement* (ACSA); 4) die engere Zusammenarbeit auf dem Gebiet der militärischen Technologie; 5) die gemeinsame Bekämpfung der Proliferation nuklearer Waffen.

Von besonderer Bedeutung des Gipfeltreffens war die Unterzeichnung eines ACSA am 15. April 1996 sowie die Entscheidung, die Guidelines von 1978 zu überprüfen und an die neuen Gegebenheiten anzupassen. Durch das ACSA sollte ein verbindlicher und transparenter Rahmen für die wechselseitige logistische Kooperation zwischen den SDF und den US-Truppen für gemeinsame militärische Übungen, die Teilnahme an Friedenserhaltenden Maßnahmen der UNO und für humanitäre Hilfsaktionen geschaffen werden.[338] Als ebenso wichtig erwies sich die Entscheidung der japanischen

---

[336] Ebda. S. 320-321.

[337] Vgl.: Ebda. S. 321-322.

[338] Das „Agreement between the Government of Japan and the Government of the United States of America Concerning Reciprocal Provision of Logistic Support, Supplies and Services Between the Self-Defense Forces of Japan and the Armed Forces of the United

Regierung, die gemeinsamen Verteidigungsrichtlinien mit den USA von 1978 zu erneuern. Diese enthielten zwar recht genaue Angaben zur Aufgabenverteilung zwischen beiden Allianzpartnern im Falle der Verteidigung japanischen Territoriums. Sie waren jedoch bei der Frage, in welcher Weise japanische Truppen die USA bei der Beilegung eines Konfliktes außerhalb japanischen Territoriums („*in the Far East*") unterstützen sollten, sehr viel weniger präzise und beschränkten sich auf den vagen Hinweis,

> „The Governments of Japan and the United States will consult together from time to time whenever changes in the circumstances so require."[339]

Um den SDF neben der reinen Landesverteidigung die Teilnahme an der gemeinsamen Sicherung der Großregion im Rahmen einer verbesserten bilateralen Kooperation und Koordination mit den amerikanischen Truppen zu ermöglichen, wurde das *Subcommittee for Defense Cooperation* (SDC) zwischen Japan und den USA im Juni 1996 mit der Überprüfung und Neuformulierung der alten Guidelines von 1978 beauftragt. Gemäß der Anweisungen des *Japan-U.S. Security Consultative Committee* (SCC), dem sogenannten 2+2 Gremium, dem die Außen- und Verteidigungsminister beider Staaten angehören, war es die Aufgabe des SDC, bis Herbst 1997 einen entsprechenden Bericht zur effektiveren verteidigungspolitischen Kooperation zwischen den USA und Japan fertigzustellen. Ein im Juni 1997 veröffentlichter Zwischenbericht sollte der Transparenz der laufenden Beratungen des Subkomitees und der öffentlichen Debatte in beiden Ländern dienen.[340] Am 23. September 1997 veröffentlichte das SCC in einer gemeinsamen Stellungnahme sein Endergebnis der Guidelines-Überprüfung, während gleichzeitig hohe Beamte des japanischen Außen- und des Verteidigungsministeriums nach China und Korea reisten, um dort die Ziele, Inhalte und die Bedeutung der nun verbesserten sicherheitspolitischen Kooperation zwischen Japan und den USA in Asien-Pazifik zu erläutern.

Was im Rahmen der gemeinsamen Erklärung noch als rechtlich unverbindliche und nicht näher konkretisierte Absichtserklärung im Bereich

---

States of America", in Kraft getreten am 28. Juni 1996, ist in Teilen abgedruckt in: Defense of Japan 1998, S. 393-395.

339 Guidelines for Japan-U.S. Defense Cooperation, November 27, 1978, Teil III.

340 „An Outline of the Interim Report on the Review of the Guidelines for U.S.-Japan Defense Cooperation." Dokument mit freundlicher Unterstützung des japanischen Außenministeriums.

der verteidigungspolitischen Kooperation erkennbar war, erhielt durch die neuen Guidelines 1997[341] ein anderes Gewicht. Diese legen erstmals seit Ende des Ost-West-Konfliktes konkret die grundlegenden Ziele und Modalitäten der verteidigungspolitischen Kooperation zwischen beiden Allianzpartnern in drei Bereichen offen: 1) Kooperation unter normalen Bedingungen („*cooperation under normal circumstances*"); 2) gemeinsame Reaktionen auf einen bewaffneten Angriff gegen Japan („*actions in response to an armed attack against Japan*"); 3) Kooperation in Situationen im Umfeld Japans, die den Frieden und die Sicherheit Japans gefährden („*cooperation in situations in areas surrounding Japan that will have an important influence on Japan's peace and security*"). Von entscheidender Bedeutung in allen drei Bereichen der Guidelines ist die offensichtliche Verbesserung der Mechanismen der gemeinsamen Planung, der Koordination und der Durchführung militärischer Aktionen sowie der bilateralen Aufgabenverteilung im Konfliktfall. Hierzu wurde die Errichtung von zwei weiteren bilateralen Mechanismen zur gemeinsamen Planung und Durchführung im Bereich der Verteidigung Japans beschlossen.[342] Aufgrund der verfassungsrechtlichen Beschränkungen bleibt die Rolle der SDF bei Situationen in der Nachbarschaft Japans jedoch auf die logistische Unterstützung der USA jenseits von Kampfhandlungen und außerhalb der aktuellen Kampflinien beschränkt. Dies muß sich jedoch nicht auf japanisches Territorium allein beziehen, sondern umfaßt auch die Meere und den Luftraum Japans, solange diese „*rear area*" sind, sich also hinter der Front befinden.

Dennoch bleiben hinsichtlich der tatsächlichen Reichweite des japanischen Beitrags zur Sicherheit der Region und zum japanischen Beitrag zur Sicherheit in den „areas surrounding Japan" eine Reihe von Ungereimtheiten bestehen[343]: 1) Die japanische Unterstützung der USA soll ausschließlich ohne die Anwendung von Waffengewalt stattfinden. Unter den neuen Guidelines darf Japan zwar als logistische Hilfe amerikanische Waffen und Munition transportieren, es ist indes verboten, etwa Waffen und Munition der SDF den US-Truppen zur Verfügung zu stellen; 2) Die Verbindung der Bestimmungen des Sicherheitsvertrages zwischen Japan und den USA hinsichtlich einer

---

[341] Das Dokument ist abgedruckt in: Defense of Japan 1998, S. 374-383; ausführlich zu den verschiedenen Bereichen der Guidelines vgl.: Ebda. S. 191-205.

[342] Vgl.: Defense of Japan 1998, S. 204-205.

[343] Ich beziehe mich hier auf Soeya 1998c, S. 21-22.

Artikel VI Situation, der Nutzung der amerikanischen Basen in Japan für die regionale Sicherheit und der angestrebten Kooperation in den neuen Guidelines. Nach Artikel V des Sicherheitsvertrages ist japanische Kooperation mit den USA allein zur Sicherheit Japans zulässig. Obwohl also Japans Beitrag zur Allianz durch die Sicherheit Japans rechtfertigt wird, haben die mit den Guidelines beschlossenen Kooperationsmechanismen über diesen begrenzten Bereich hinausgehende Wirkungen; 3) Was bedeutet schließlich die Begriffskonstruktion „situations in areas surrounding Japan"? Die offizielle Position der japanischen Regierung verweist auf die Bedeutung des Begriffs, welche sich aus eventuellen und nicht im Vornherein festlegbaren Krisensituationen und *nicht* durch eine implizite geographische Definition ergebe. Während damit die koreanische Halbinsel eindeutig unter die vitalen Sicherheitsinteressen Japans fällt, ist in offizieller Lesart Taiwan nicht durch dieses Konzept erfaßt. Das Fehlen einer verbindlichen und eindeutigen Definition hat beträchtliche Spannungen mit China ausgelöst, das hierin einen Versuch der Einmischung in seine inneren Angelegenheiten sieht.[344]

Wie insbesondere der dritte Bereich der Guidelines zeigt, wurde die sicherheitspolitische Kooperation zwischen Japan und den USA über die reine Verteidigung Japan hinaus ausgeweitet und umfaßt nun auch die Unterstützung der USA durch Japan beim Versuch der Eindämmung militärischer Herausforderungen in Asien-Pazifik, solange diese mit der Sicherheit Japans zusammenfallen. Hierin liegt die besondere Bedeutung der Begriffskonstruktion der „areas surrounding Japan", die ein verantwortlicher Beamter aus dem japanischen Außenministerium als das *„core concept"* der neuen Guidelines bezeichnet hat.[345] Denn die nun situationsbedingte – das heißt prinzipiell unbegrenzte – Definitionsgewalt hinsichtlich des Einsatzbereiches der Allianz ist trotz der de iure geltenden Beschränkungen für Japan ein massiver Eingriff in die sicherheitspolitischen Rahmenbedingungen der Großregion, zumindest aber eine bis dahin noch nicht gekannte Ausweitung des Zuständigkeitsbereiches Japans im Rahmen seiner Unterstützerfunktion der amerikanischen Truppen. Nicht zuletzt aufgrund dieser Möglichkeiten hat

---

[344] Vgl. zur erneuerten japanisch-amerikanischen Sicherheitskooperation in Asien-Pazifik und der Bedeutung Taiwans: Chu-Kwang, Chin: The U.S.-Japan Joint Declaration: Strategic Implications for Taiwan's Security, in: World Affairs, Vol. 160, No. 3 (Winter 1998), S. 152-162.

[345] Interview mit einem für den Guidelines-Prozeß zuständigen Beamten im MOFA, 4. Juni 1999.

ein Beamter des Verteidigungsamtes zur Frage der Reichweite der Definition angemerkt:

> „The concept of situations in areas surrounding Japan could mean anything as long as it will influence our national security. It may even include Germany."[346]

Dennoch, die Reichweite des militärischen Beitrags zur Unterstützung der amerikanischen Truppen durch Japan bleibt notwendigerweise begrenzt. Sie beschränkt sich auf Maßnahmen zur Regelung des Zustroms von Flüchtlingen, auf Such-und-Find-Aktionen, auf Evakuierungseinsätze außerhalb von Kampfgebieten, auf die Bereitstellung etwa von militärischen Einrichtungen, auf Unterstützungshilfe in den Bereichen Transport, Nachschub, Medizin und Kommunikation sowie Überwachungsmissionen und Minenräumaktionen. Insgesamt nennen die neuen Guidelines 40 konkrete Maßnahmen der bilateralen Kooperation und der japanischen Unterstützung im Konfliktfall außerhalb Japans. *Yoshihide Soeya* schreibt zu diesen neuen Aufgaben Japans im Rahmen der Allianz:

> „Its contribution may be too small in the eyes of those wanting more cooperation from Japan, and too large to those concerned about Japan's profile as a major power. In fact, these items of cooperation are the result of compromise between the military rationale presented by the United States and constitutional and legal constraints on the part of Japan. Under these circumstances, the motivation on the Japanese side has been to do as much as possible within the constraints. This is so because the lack of understanding of the Japanese situation among the American public, including influential members of Congress, is correctly perceived by Japanese policy-makers as a central source of American frustration about the U.S.-Japan alliance, and therefore an intractable source of alliance instability."[347]

Mit der Ausarbeitung der neuen Guidelines wurde ein dringend notwendiger Erneuerungsprozeß der japanisch-amerikanischen Sicherheitsallianz abgeschlossen. Aufgrund der erstmals offen dargelegten Position der japanischen Regierung, in Zukunft aktiv an der Gestaltung eines stabilen Sicherheitsumfeldes in Asien-Pazifik teilzunehmen und aufgrund der faktischen Ausweitung des Geltungsbereiches der Allianz kommt dies einer Neudefinition der Funktionsweise und der Ziele des Bündnisses gleich. Die japanischen Streitkräfte nehmen nun einen größeren Stellenwert innerhalb der Aufgabenverteilung zwischen beiden Allianzpartnern ein. Ihre Rolle geht durch die vage Einsatzbeschreibung der „areas surrounding Japan" über die

---

[346] Interview in der JDA, 20. Mai 1999.
[347] Soeya 1998c, S. 22.

reine Landesverteidigung hinaus.[348] Ein Sicherheitsexperte im JIIA hat dieses nicht auf einen bestimmten geographischen Bereich bezogene, sondern situationsbedingte Konzept mit dem von den USA entlehnten Begriff der „*strategic ambiguity*“ gegenüber China umschrieben.[349] So beziehe sich der Anwendungsbereich der Allianz und damit Japans in den Guidelines beschriebene Unterstützung der USA, durchaus auch auf einen Konflikt um Taiwan. Dies werde jedoch nicht offen ausgesprochen, um China bewußt im Unklaren zu lassen, der Führung kein Argument an die Hand zu geben, es handele sich hier um einen Eingriff in die inneren Angelegenheiten Chinas, um zwar keine direkte Konfrontation heraufzubeschwören jedoch zugleich eine abschreckende Wirkung zu erzielen. Zur Stärkung der Allianz und zur Ausweitung der eigenen Rolle begibt sich Japan mit der Formulierung der neuen Guidelines, die den eng begrenzten Bereich der von der japanischen Regierung als legitim angesehenen individuellen Selbstverteidigung überschreiten, bewußt in eine mögliche Konfrontation mit China.

13.5. Die Umsetzung der Guidelines-Bestimmungen in innerstaatliches Recht

Durch die erfolgreiche Abstimmung im Oberhaus des japanischen Parlamentes am 24. Mai 1999 wurde die in den Guidelines bekundete Kooperation mit den USA in „situations surrounding Japan“ in innerstaatliches Recht umgewandelt. Gemeinsam mit einer im Gang befindlichen Revision des Gesetzes über die Selbstverteidigungsstreitkräfte von 1952 und einer Neufassung des ACSA von 1996 wurde damit größere Klarheit und Erwartungssicherheit hinsichtlich der japanischen Unterstützung der USA geschaffen. Zur Tragweite der Gesetze schrieb die *Japan Times*:

> „The guidelines laws are the first legislation that could send the Self-Defense Forces into a war (outside of Japanese territory).“[350]

Gemäß der neuen Gesetzesvorlagen,[351] die auch von den beiden größten Oppositionsparteien Japans getragen werden, ist es den SDF nun vor einem

---

[348] Zur Abkehr von Japans traditionellem Verständnis von Selbstverteidigung vgl. auch: Mulgan, Aurelia: Beyond Self-defence? Evaluating Japan's Regional Security Role under the New Defence Cooperation Guidelines, in: Pacifica Review: peace, security & global change, Vol. 12, No. 3 (1999), S. 223-246.

[349] Interview im JIIA, 25. November 1997.

[350] Zitiert in: Japan Times, Dienstag, 25. Mai 1999, S. 3.

rechtlich abgesicherten Hintergrund möglich, die amerikanischen Truppen bei einem Konfliktfall in der Nachbarschaft Japans oder auch zum Schutz lebenswichtiger Wasserstraßen um Taiwan oder im Südchinesischen Meer aktiv zu unterstützen bzw. ausgedehnte Rettungsaktionen durchzuführen. Diese Maßnahmen schließen jedoch die Lieferung von Waffen und Munition und das Reparieren von sich im Einsatz befindenden amerikanischen Waffensystemen sowie den Aufenthalt der SDF in Kampfgebieten aus. Der Premierminister bedarf bei der Entscheidung zur Unterstützung der US-Truppen *prinzipiell* der Zustimmung des Parlamentes, er kann sich diese jedoch im „dringenden Notfall" auch ex post facto sichern. Die Reichweite des japanischen Beitrags zur Unterstützung der amerikanischen Truppen bleibt aufgrund der vielfältigen Auflagen bis auf weiteres auf den Bereich des „Rear Area Support" begrenzt. Zudem bewegt sich die japanische Regierung durch die noch nicht ausreichend definierten Begriffe in einer verfassungsrechtlichen Grauzone. Wo endet zum Beispiel die *„rear area"*, die gemeinhin als sichere Zone bezeichnet wird, und wo geht diese Form der japanischen Kooperation mit den USA von der rechtlich legitimierten individuellen zur noch stets illegitimen kollektiven Selbstverteidigung über?[352]

Trotz aller möglichen Schwachpunkte und rechtlichen Unklarheiten, die im Zuge der Neudefinition der Allianz zutage getreten sind: Die Guidelines und die Bindewirkung, die sie nun als geltendes japanisches Recht entfalten, sind der erste Schritt, um Japan im Falle eines Konfliktes handlungsfähig zu machen und den von den USA seit langem geforderten Beitrag zur Funktion der Allianz und zu ihrem Erhalt zu leisten. Die Aufmerksamkeit in der öffentlichen Meinung, die der Gesamtprozeß der Neudefinition seit 1997 erfährt, hat nicht zuletzt vor dem Hintergrund des zeitlich und dramaturgisch „günstig" gelegenen Fischerboot-Zwischenfalls vom 23. März 1999 eine offene politische Debatte in Japan ausgelöst, in der auch eigentliche Tabuthemen, wie eine mögliche Verfassungsänderung, engagiert diskutiert werden. Laut einer Umfrage der *Yomiuri Shimbun* vom März 1999 hat sich

---

[351] „The Outline of the New Legal Framework to be Established For Ensuring the Effectiveness of the Guidelines for U.S.-Japan Defense Cooperation". Masch. Man. des MOFA. Dokument liegt dem Verfasser vor; Vgl. auch: Asahi Evening News, Dienstag, 25. Mai 1999 verschiedene Beiträge.

[352] Hisahiko Okazaki hat die künstliche Trennung dieser beiden Konzepte immer wieder scharf kritisiert. Vgl. zuletzt: Ders.: „Japan ill-prepared for an emergency on the Korean Peninsula", in: The Japan Times, 22. April 1999, S. 21; Vgl. auch: Soeya 1999b, S. 28.

erstmals seit 1981 eine Mehrheit der Befragten für eine Verfassungsänderung ausgesprochen.[353] Der nordkoreanische Raketentest vom 31. August 1998 sowie die Serie pakistanischer und indischer Nukleartests im Laufe des Jahres 1998 haben ebenso ein strategisches Denken in Japan ausgelöst und zu einer veränderten Einstellung der japanischen Öffentlichkeit zum sicherheitspolitischen Profil des Landes beigetragen. Die japanische Regierung hat im Anschluß an diese Vorfälle die seit 1996 unterbrochene gemeinsame Forschung und Entwicklung eines Raketenabwehrsystems (TMD) mit den USA wiederaufgenommen[354] und Ende 1998 bekanntgegeben, bis 2003 vier eigene Aufklärungssatelliten ins All zu schicken.[355] In bezug auf den Prozeß des Guidelines-Gesetzgebungsverfahrens hat ein Beamter der JDA zu Recht bemerkt: „North Korea has helped us to pass Diet legislation and to forge public sentiment"[356], während *Yoshihide Soeya* zur Reaktion Japans auf die nordkoreanischen Raketentests im Hinblick auf die Allianz feststellt:

> „Japan's strong reaction to this latest event is significant in revealing its welling aspirations to become a "strategically relevant" country. Until quite recently, Japan was strategically "irrelevant" in the sense that it neither thought nor acted according to the highly political (not to mention military) incentives of international politics. (...) the increasing tendency among Japanese to think strategically will eventually create a movement for the creation of a more equal alliance with the U.S. A more equal U.S.-Japan alliance, with Japan assuming a greater burden, would remove the emotional and political friction that arises from the fundamentally unequal arrangements of the alliance. In that sense, North Korea's latest transgression may not be entirely unwelcome."[357]

Im Zuge der Guidelines-Debatte und des verstärkten „strategischen Denkens" in Japan hat auch die Diskussion um eine Verfassungsänderung ein neue Qualität erhalten. Während diese früher vornehmlich in den großen Zeitungen und intellektuellen Kreisen ausgetragen wurde, findet sie heute verstärkt auch innerhalb und zwischen den politischen Parteien statt.[358] So wurden am 20. Januar 2000 verschiedene Untersuchungskommissionen des Parlamentes zur

---

[353] Vgl.: Johnstone 1999b, S. 123-124.

[354] Vgl.: Green, Michael/ Akihisa, Nagashima: Key Areas to Watch in Japan-U.S. Security Relations, in: Japan Quarterly, January-March 1999, S. 17-22 (20-21).

[355] Vgl.: Umbach, Frank: Massenvernichtungswaffen in Asien. Ist die Politik der Nichtverbreitung gescheitert?, in: Internationale Politik, 10/1999, S. 47-52 (49-50).

[356] Interview in der JDA am 20. Mai 1999.

[357] Soeya 1998a, S. 23.

[358] Vgl.: „Constitution revamp gains momentum", in: The Japan Times, 9. Juni 1999, S. 4

Überprüfung der Verfassung eingesetzt[359]. Die Untersuchungskommissionen wurden bewußt nicht unter der vorweggenommenen Prämisse einer möglichen Verfassungsänderung eingesetzt. Sie besitzen als reine Diskussionsforen zwar nicht das Recht, entsprechende Gesetzesvorlagen zur Verfassungsthematik einzubringen. Ebenso sind in ihnen sowohl Befürworter als Gegner einer Verfassungsänderung vertreten. Dennoch darf die Reichweite des auf fünf Jahre terminierten Prozesses nicht unterschätzt werden. Denn er markiert den Beginn einer in der japanischen Nachkriegsgeschichte als historisch zu bezeichnenden offenen und umfassenden nationalen Diskussion des Tabuthemas einer möglichen Verfassungsänderung und damit auch der pazifistischen Grundlagen Japans. Das Ergebnis sowohl der Debatte, die sicherlich als weiterer Schritt eines sicherheitspolitischen Wandlungsprozesses begriffen werden darf, als auch der politischen Umsetzung wird mittelfristig abhängen von einer auch weiterhin positiv zur Verfassungsänderung eingestellten Öffentlichen Meinung und den sich durch Wahlen und Parteienneuordnungen ergebenden Mehrheiten. Die Verfassungsdiskussion, die von Beobachtern als das Thema der kommenden zehn Jahre angesehen wird,[360] wird sich aufgrund der Neudefinition der Allianz auch der Frage der individuellen oder kollektiven Selbstverteidigung stellen müssen. Vor diesem Hintergrund haben nicht nur neben Vertretern der Liberalen-[361] und der Demokratischen Partei Japans[362] auch einflußreiche LDP-Politiker eine Verfassungsreform zugunsten der expliziten Anerkennung des Rechts auf kollektive Selbstverteidigung gefordert.[363] Auch unter dem neuen Premierminister Koizumi hat das Thema weitere Zustimmung und Beschleunigung erhalten.

---

[359] Vgl.: „Diet Chambers Set Up Research Commissions on the Constitution". Nachzulesen im Internet auf der sehr informativen Homepage des Foreign Press Center/ Japan unter: http://www.nttls.co.jp/fpc/e/shiryo/jb/0004.html.

[360] Interview mit Gebhard Hielscher, Ostasien-Korrespondent der Süddeutschen Zeitung, Tokyo, 25. Juni 1999.

[361] „Constitution needs revising: Ozawa". The Japan Times, 8. Juni 1999, S. 1 und 2.

[362] „When words in the Constitution become alienated from reality, a nation with a mature democracy should revise its Constitution, and should not easily attempt to reinterpret it". Zitiert in: The Japan Times, 25. Juni 1999, S. 1

[363] „Alter Constitution on self-defense: Yamasaki", in: The Japan Times, 7. Juni 1999, S. 2; „LDP lawmakers demand revision, widening of SDF law", in: The Japan Times, 23. Juni 1999, S. 3.

13.6. Zusammenfassung: Die Bedeutung des harten Bilateralismus für Japan

Japans Strategie des harten Bilateralismus wurde am Beispiel der Bemühungen um einen Umbau der Allianz mit den USA dargestellt. Sie weisen Japan als einen äußerst aktiven Staat aus, der sich intensiv um die Verwirklichung seiner strategischen Ziele einsetzt. Die Motivation für den Erhalt und die Stärkung der Allianz war jedoch nicht ein durch das Ende des Ost-West-Konfliktes neu zum Vorschein gekommener Systemdruck. Ohnehin ist die Allianz mit den USA bis heute die eigentliche strukturelle Konstante japanischer Sicherheitspolitik. Im Hintergrund der Strategie des harten Bilateralismus stand vielmehr das Ziel Japans, in einer Phase massiver handelspolitischer und gesellschaftlicher Differenzen mit den USA die strategische Partnerschaft zu vertiefen. Japan hat also den Erhalt und eben nicht den etwa von vielen Seiten erwarteten Zerfall der Allianz betrieben. Wie auch beim weichen Multilateralismus stand dabei weniger eine neorealistisch verstandene Staatsräson im Hintergrund, sondern das Nachdenken über die Auswirkungen der negativen Wahrnehmung seitens der Nachbarstaaten und der möglichen Wege zur Verringerung dieser Vorbehalte. Zwar übt die Allianz durchaus eine klassische Abschreckungsfunktion insbesondere gegenüber China aus und kann auch als Ausdruck einer Gleichgewichtspolitik in der Großregion verstanden werden. Sie dient zudem der militärischen Sicherheit Japans. Dies trifft jedoch nicht auf die Ursache der japanischen Anstrengungen zum Erhalt und Ausbau der Allianz zu. Im Hintergrund des Engagements, welches in diesem Kapitel dargestellt wurde, stand erkennbar das Ziel, eine Marginalisierung als Akteur zu verhindern und sich durch die Allianz eine Erweiterung der aufgrund der Vorbehalte der asiatischen Staaten so lange eingeschränkten Handlungsmöglichkeiten zu sichern. Die Ausweitung des japanischen Zuständigkeitsbereichs in der Großregion folgt also weniger dem Ziel einer sicherheitspolitischen Dominanz, sondern orientiert sich an dem Wunsch, ein anerkannter Teamplayer und legitimer Akteur im Sachbereich Sicherheit zu sein.

Japan hat die Strategie des harten Bilateralismus engagiert verfolgt und sich mit der Umsetzung der Guidelines in innerstaatliches Recht wohl dauerhaft vom Image des sicherheitspolitischen Trittbrettfahrers verabschiedet. Wie aus der Analyse des Higuchi-Reports hervorgeht, bedurfte Japan vor dem Hintergrund innerer Herausforderungen und erkannter Defizite seiner Sicherheitspolitik sowie aufgrund eines gewandelten strategischen Umfeldes in Asien-Pazifik sowohl einer größeren Rolle innerhalb der Großregion als auch einer funktionsfähigen Allianz mit den USA als Legitimationsbasis für eine solche Rolle. Während die Allianz nur mit einem deutlichen Hinweis auf ihre Bedeutung für Japan und durch den erkennbaren Willen des oft gescholtenen Allianzpartners, eigene Voraussetzungen für ein besseres Funktionieren des Bündnisses zu schaffen, zu retten schien, war sie umgekehrt zugleich die Voraussetzung für die Umsetzung eines solchen gewachsenen Rollenverständnisses durch Japan.

Der harte Bilateralismus Japans, so wie er sich in Gestalt der sicherheitspolitischen Netzwerke und Kooperationsbeziehungen mit den USA präsentiert, bildet nach wie vor den Gravitationspunkt der japanischen Außenpolitik insgesamt. Er ist klar von handelspolitischen Fragen und daraus resultierenden Spannungen getrennt. Er dient zunächst der militärischen und nuklearen Abschreckung und beugt zugleich einer nuklearen Wiederbewaffnung Japan vor, die weitreichende negative Auswirkungen auf das Sicherheitsumfeld in Asien-Pazifik zeitigen würde. Als Stabilisierungselement in Asien-Pazifik dient die Allianz jedoch – und für Japan in ganz zentraler Weise – auch als Grundlage für jede mögliche Rolle Japans. Indem sie Japan die Möglichkeit eröffnet, als sicherheitspolitische Garantiemacht neben den USA auftreten zu können, ist sie der Rahmen für die legitime Teilhabe Japans an der Gestaltung der asiatisch-pazifischen Sicherheitsarchitektur. Die Bedeutung der Allianz läßt sich jedoch nur verstehen vor dem Hintergrund des weichen Multilateralismus in Gestalt etwa des ARF-Prozesses. Nur durch die Legitimation, die Japan hierdurch erfährt, sowie durch die vertrauensbildend wirkenden Dialoge des Forums ist auch eine eigenständigere und größere Rolle innerhalb der Allianz möglich. Zur Vermeidung der Marginalisierung als sicherheitspolitisch relevanter Akteur und zur Anpassung seiner Sicherheitspolitik an ein gewandeltes internationales Umfeld war sowohl ein multilateraler Dialograhmen als auch eine stabile bilaterale Verteidigungsgemeinschaft notwendig.

Es ist bislang nicht erkennbar, ob sich im Zuge der gemeinsamen Allianzpolitik ein Ende des traditionellen japanischen Pazifismus einstellen könnte. Zwar weisen die Umsetzung der Guidelines in innerstaatliches Recht und die aktuelle Verfassungsdebatte, aber auch die im Dezember 2001 vom Parlament verabschiedete Revision des PKO-Gesetzes von 1992 auf bevorstehende Modifikationen der traditionellen Haltung hin. Die Aufgabe etwa der drei nicht-nuklearen Prinzipen, wie sie der Neorealismus erwartet, ist indes aufgrund inneren und externen Drucks unwahrscheinlich. Zudem ist vorderhand nicht erkennbar, daß es sich beim harten Bilateralismus Japans um den unilateralen Gestaltungswillen einer aufstrebenden militärischen Großmacht handeln könnte. Japan hat zu keiner Zeit ein Ende der Allianz oder eine unilaterale Großmachtpolitik angestrebt. Hierfür war letztlich auch die Bedeutung des Bündnisses als Handlungsrahmen zu groß. Dieser Handlungsrahmen wurde jedoch erhalten, um eine von den Nachbarn legitimierte größere Sicherheitspolitische Rolle zu realisieren. Als unverzichtbarer Bestandteil neben dem ARF-Prozeß muß daher auch die japanische Allianzpolitik im Lichte derjenigen Forschungsansätze verstanden werden, welche den Aufbau von Institutionen zur Verfolgung gemeinsamer Interessen oder den Einfluß von spezifischen Erwartungen und Wahrnehmungen auf das Rollenverhalten von Staaten betonen.

14. Zusammenfassende Schlußfolgerungen

Diese Arbeit hatte zum Ziel, den Leser für die Facetten des japanischen Außenverhaltens im Sachbereich Sicherheit nach dem Ende des Ost-West-Konfliktes zu sensibilisieren und vor dem Hintergrund der internationalen Forschung einen Ansatz zu präsentieren, wie die Sicherheitspolitik Japans möglichst umfassend beschrieben und erläutert werden kann. Hierzu wurden die bi- und multilateralen Strategien Japans untersucht und ein Wandel Japans hin zu einem engagierten und aktiven und zielgerichtet handelnden Akteur im Sachbereich Sicherheit festgestellt. Japans Ziele bestehen dabei grundsätzlich 1) in der Gewährleistung nationaler Sicherheit und eines stabilen Status quo in Asien-Pazifik; 2) im Erwerb einer legitimen militärischen und diplomatischen Rolle in der Area bzw. in der Vermeidung der Marginalisierung als sicherheitspolitisch relevanter Akteur sowie 3) in der weitest möglichen Unabhängigkeit von Veränderungen seines politisch-militärischen Umfeldes. Japans Sicherheitspolitik läßt sich daher beschreiben als das Außenverhalten einer Status-quo-Macht, die dort aktiv auf die sicherheitspolitischen Rahmenbedingungen in Asien-Pazifik Einfluß nimmt, wo diese sich negativ auf die Großregion insgesamt auswirken können oder wo sie dazu geeignet sind, Japans Möglichkeit zu beschränken, als verläßlicher Teamplayer aufzutreten bzw. an der Gestaltung eines stabilen strategischen Umfeldes teilzunehmen. Methodisch wurde wie folgt vorgegangen: Nach der Erarbeitung des Forschungsrahmens der Untersuchung in den *Kapiteln 1 bis 3* wurden in *Kapitel 4* mit der Verfassung, der Allianz und dem Konzept der Comprehensive Security die bis heute geltenden Grundlagen japanischer Sicherheitspolitik vorgestellt. Es hat sich dabei gezeigt, wie stark Japan insbesondere während des Ost-West-Konfliktes ökonomische Mittel zur Verwirklichung strategisch relevanter Ziele eingesetzt hat. Darüber hinaus wurden im Bereich der Allianz und der Verfassung Defizite festgestellt, die sich lange Zeit hemmend auf eine eigenständige Sicherheitspolitik ausgewirkt haben.

Wie in *Kapitel 5* verdeutlicht wurde, war Japans Sicherheitspolitik in Asien-Pazifik während des Ost-West-Konfliktes durch eine dicht vernetzte bilaterale Kooperation mit den USA geprägt, während traditionell unilaterale Politikkonzepte in diesem Sachbereich nicht erkennbar waren. Multilaterale Strategien wurden hingegen nur im wirtschaftlichen Sektor gefördert. Entsprechende Sicherheitskonzepte für die Großregion wurden von japanischen Entscheidungsträgern lange Zeit rundweg abgelehnt oder zumindest nicht offen diskutiert. Nicht zuletzt aufgrund seiner militaristischen Vergangenheit betrieb Japan in Südostasien eine Sicherheitspolitik, die nur indirekt zum Vorschein kommen konnte. Als Teil des Konzeptes der Comprehensive Security war Japan auch während des Ost-West-Konfliktes bemüht, durch verbesserte Beziehungen zur ASEAN eine anerkannte sicherheitspolitische Rolle zunächst in der Region einzunehmen. Das Engagement für die Assoziation ist hierfür ein anschauliches Beispiel.

Im Zentrum aller sicherheitspolitischen Planungen stand jedoch die Allianz mit den USA. Sie garantierte Japan militärischen Schutz vor einer sowjetischen bzw. chinesischen Bedrohung, sei sie konventionell oder nuklear. Den USA garantierte sie im Gegenzug Stützpunktrechte in Japan und eine logistische Basis, die es der westlichen Supermacht ermöglichte, die Ausbreitung des Kommunismus effektiv und weit vor ihren eigenen Grenzen einzudämmen. Mit dem Aufbrechen des Ost-West-Konfliktes und der Auflösung der Sowjetunion war dann nicht nur der gemeinsame Feind, sondern auch eine wesentliche Bedingung für das Bestehen der Allianz verschwunden. Ein Ende der Allianz mit den USA hätte für Japan jedoch zugleich den Verlust der wichtigsten Konstanten seiner Außen- und Sicherheitspolitik bedeutet. Überdies hätte sie Japan einem fluiden und potentiell instabilen sicherheitspolitischen Umfeld in Asien-Pazifik ausgesetzt, in dem Japan aufgrund seiner militaristischen Vergangenheit selbst als latente

Bedrohung wahrgenommen wird. Japans so oft kritisierte Passivität in sicherheitspolitischen Fragen war damit von den USA ebenso oktroyiert, wie sie nach dem Ende des Zweiten Weltkrieges von der japanischen Politik perpetuiert wurde. Denn die Allianz war und ist nicht nur Sicherheit *für* Japan, sondern auch Sicherheit *vor* Japan. Als Status-quo-Macht konnte Japan während des Ost-West-Konfliktes somit eine weitgehend risikofreie Außenpolitik in Asien-Pazifik betreiben, wo politisch-militärische Stabilität erfolgreichen Handel gewährleistete und in der eine ganze Reihe von Beschränkungen, die sich aus der Aggression Japans im Pazifischen Krieg ergaben, ohnehin jede Debatte über eine mögliche Teilhabe Japans an der regionalen Sicherheit von Vornherein ausschloß.

Während in *Kapitel 6* die Akteure japanischer Sicherheitspolitik vorgestellt wurden, hat *Kapitel 7* verdeutlicht, in welcher Weise sich die traditionelle Zurückhaltung Japans infolge sich im Wandel befindlicher externer Einflußfaktoren letztlich geändert hat. Während die Haltung der ASEAN bezüglich einer größeren militärischen Rolle Japans in der Großregion noch durch Vorbehalte bestimmt war, führten die sich parallel zu den externen Entwicklungen in *Kapitel 8* beschriebenen verändernden innerjapanischen Rahmenbedingungen zu einer ersten offenen Debatte in Japan, welche Rolle das Land in Zukunft spielen könne und wie seine legitimen sicherheitspolitischen Interessen in einer Großregion zu verfolgen seien, in der sich ein stabiles militärisch-politisches Umfeld noch nicht herausgebildet hatte. Entscheidend war hier zunächst das Ende der jahrzehntelangen lähmenden politischen Frontstellung der großen Parteien sowie eine Entideologisierung der Politik allgemein. Externe Krisen wie die Kambodscha-Frage, aber auch nie zuvor gekannter innerer Terror haben zu einer größeren Akzeptanz der Selbstverteidigungsstreitkräfte beigetragen. Dies geht einher mit demographischen Veränderungen, die wohl ebenfalls ein international bestimmteres Auftreten Japans hervorrufen werden. Letztlich scheint die gegenwärtige Verfassungsdiskussion auf eine öffentliche Meinung zu treffen, die sich für erweiterte militärische Funktionen Japans auf internationalem Gebiet ausspricht.

Vor dem Hintergrund der Ziele und Interessen Japans wurden in den *Kapiteln 9 bis 13* vier sicherheitspolitische Strategien herausgearbeitet, die sich je nach ihrem Ansatz und Institutionalisierungsgrad voneinander unterscheiden lassen (Tabelle 5):

Tab. 5: Matrix der Strategien japanischer Sicherheitspolitik

Weicher Multilateralismus, z.B.: *ARF-Prozeß*	Weicher Bilateralismus, z.B.: *Einzelkontakte China/Korea/Rußland*
Harter Multilateralismus, z.B.: *UN-Friedenstruppen/ KEDO*	Harter Bilateralismus, z.B.: *Amerikanisch-Japanische Allianz*

Entsprechend der Matrix lassen sich nun die Strategien japanischer Sicherheitspolitik den jweiligen Idealtypen zuordnen und beschreiben. Vor dem Hintergrund der eingangs gestellten Leitfragen können die ersten Annahmen dieser Arbeit wie folgt bestätigt und konkretisiert werden:

1.) Seit dem Ende des Ost-West-Konfliktes, stark beeinflußt durch die negativen Erfahrungen des Zweiten Golfkrieges sowie durch die positiven Erfahrungen im Rahmen der Beilegung des Kambodscha-Konfliktes, fördert Japan aktiv den ARF-Prozeß. Diese Form des Multilateralismus ist ein neues Element japanischer Sicherheitspolitik, das jedoch nicht auf die Bildung problemfeldspezifischer Regelwerke in der Form von internationalen Regimen abhebt. Der Prozeß ist insgesamt durch ein hohes Maß an Unverbindlichkeit für seine Teilnehmer sowie durch das Fehlen eines handlungsleitenden Regel- und Sanktionsmechanismus gekennzeichnet. Dennoch ist diese Form niedrig verregelter Dialog- und Konsultationsprozesse für Japan Mittel der Wahl, um nach dem Ende des Ost-West-Konfliktes und vor dem Hintergrund einer Reihe von innenpolitischen Änderungen an einer möglichen Neuordnung des sicherheitspolitischen Umfeldes teilzuhaben und eine drohende Marginalisierung in der Großregion zu vermeiden. Trotz der nicht mehr ungebrochenen Euphorie in bezug auf den ARF-Prozeß, die das Ergebnis einer neu erstarkten Allianz mit den USA sowie gewisser Frustrationen hinsichtlich der Dominanz südostasiatischer Fragen in dem Forum darstellt, ist dieser sich am Idealtyp des weichen Multilateralismus orientierende Dialogprozeß auch weiterhin eine der zentralen Säulen japanischer Sicherheitspolitik in Asien-Pazifik. Im Kontext des Konzeptes der Comprehensive Security ist der weiche Multilateralismus in seiner Verbindung mit den übrigen drei Strategien der Ausgangspunkt einer eigenständigen japanischen Sicherheitspolitik unter Duldung der ASEAN.

Wie das Nakayama-Beispiel gezeigt hat, ist er zunächst ein wichtiger – weil auch der erste – multilaterale Mechanismus japanischer „Vergangenheitsbewältigung“ in der Großregion. Seine erwarteten Effekte gehen jedoch darüber weit hinaus. So dient der Prozeß der Reduzierung von Erwartungssicherheit unter den Teilnehmern, die sich durch größere Transparenz und Information in Teilen des Sachbereichs Sicherheit ergibt. Diese friedensförderliche Wirkung ist insbesondere in der gegenwärtigen fluiden Phase der Neuordnung und der neuen Herausbildung einer Sicherheitsstruktur in der Großregion von Bedeutung, in der noch stets eine Reihe von unterschiedlich motivierten zwischenstaatlichen Spannungen bestehen. Hier herrscht also auf japanischer Seite die Überzeugung, daß allein ein in einem institutionalisierten Prozeß verlaufender regelmäßiger sicherheitspolitischer Dialog zwischen den Staaten der Großregion ein ausreichendes Maß an Vertrauensbildung in einer Phase des politischen Übergangs hervorbringen kann. Neben seiner Bedeutung für Asien-Pazifik entfaltet der sich unter dem gouvernementalen Überbau des ARF vollziehende Prozeß des weichen Multilateralismus noch eine Reihe weiterer Wirkungen, die sich auf Japan selbst beziehen. So dient er hier vor allem einer verbesserten Eigendarstellung als legitimer und verläßlicher Teamplayer in Sachen Sicherheit. Auf der multilateralen Bühne des ARF-Prozesses kann Japan als sogenannter „target-state“ politische Zuverlässigkeit und Konstanz demonstrieren und somit für Vertrauen in seine Sicherheitspolitik werben. Von der Verwirklichung des Ziels, verlorengegangenes Vertrauen zurückzuerlangen und alte Ressentiments oder Ängste abzubauen, hängt ganz entscheidend die Möglichkeit ab, eine aktive, legitime Rolle in der Area zu übernehmen und eine Marginalisierung als sicherheitspolitischer Akteur zu verhindern. Der weiche Multilateralismus als Strategie wurde als erster und damit wichtigster Schritt Japans konzipiert, um nach verlorenen Jahrzehnten Akzeptanz und Vertrauen der asiatischen Nachbarn wiederzugewinnen und um der Großregion ein Dialogforum zu Aspekten der sich im drastischen Wandel befindlichen Sicherheitsstruktur zu geben. Dabei zeigt sich folgendes: Japan ist sich der überwiegend negativen Wahrnehmung seitens seiner Nachbarn bewußt und versucht, diesem mit dem Ziel einer verbesserten Akzeptanz und der Möglichkeit der Übernahme einer eigenständigen sicherheitspolitischen Rolle innerhalb der Großregion entgegenzusteuern. Daher wurde ein multilateraler Mechanismus favorisiert, der insbesondere der Vertrauensbildung und der Eigendarstellung dienen sollte. Der ARF-

Prozeß wird nicht zum Ausgleich von Machtinteressen oder als Deckmantel einer offensiven japanischen Wiederbewaffnung genutzt, sondern als komplementär zur japanischen Allianz mit den USA verstanden.

2.) Trotz der Bedeutung des weichen Multilateralismus bleibt der am Beispiel der militärischen Allianz mit den USA dargestellte harte Bilateralismus der Gravitationspunkt japanischer Sicherheitspolitik. Das robuste und engmaschige Netzwerk aus bilateralen Abkommen und Verträgen ermöglicht Japan einen effektiven militärischen Schutz gegen jede mögliche äußere Bedrohung. Der von Japan initiierte und gemeinsam mit den USA letztlich bewerkstelligte Erhalt der Allianz hat auch einer möglichen offensiven Wiederaufrüstung Japans und damit der Destabilisierung der Großregion vorgebeugt. Durch den bislang erfolgten Umbau des Bündnisses übernimmt Japan nun größere Funktionen nicht nur bei der Verteidigung des eigenen Territoriums, sondern auch bei der gemeinschaftlichen Gewährleistung der Sicherheit in Asien-Pazifik. Japan ist also hier im Gegensatz zum ARF-Prozeß ordnungsbildend aktiv und auf eine Veränderung des Status quo in der Großregion aus. Trotz des vom ARF-Prozeß ausgehenden Gewöhnungseffektes ist – zumindest mittelfristig – jede denkbare Variante einer sicherheitsrelevanten Funktion Japans in der Area von einer funktionierenden und stabilen militärischen Allianz mit den USA abhängig, die von den asiatischen Staaten als zentrales Mittel der Einhegung eventueller japanischer Hegemonieansprüche angesehen wird. Somit kann die Strategie des weichen Multilateralismus nicht isoliert verstanden werden, sondern ist in den Kontext der Bemühungen Japans um einen Aus- und Umbau der Allianz im Rahmen seiner Strategie des harten Bilateralismus zu stellen.[364] Aus Sicht der ASEAN ist Japans Teilnahme an den multilateralen Dialogstrukturen und damit jede sich hieraus mittelfristig ergebende Möglichkeit einer eigenständigen Rolle auf sicherheitspolitischem Gebiet

---

[364] Eine neuere Untersuchung von Peter Katzenstein und Nobuo Okawara bestätigt dieses Ergebnis. Die Autoren argumentieren, daß sich Japan, ausgehend von einer starken Tradition des Bilateralismus, nun vorsichtig auch multilateralen Politikkonzepten annähere und diese beiden Pole miteinander in einer Politik verbinde: „What matters instead is a layering of bilateral and multilateral state policies as the foundation for an incipient security multilateralism.“ Dies.: Japan and Asia-Pacific Security: regionalization, entrenched bilateralism and incipient multilateralism, in: The Pacific Review, Vol. 14, No. 2 (2001), S. 165-194 (183).

einerseits nur möglich vor dem Hintergrund einer starken Allianz mit den USA.[365] Andererseits bietet allein diese Allianz Japan die Möglichkeit, die etwa durch den ARF-Prozeß erworbene prinzipielle Legitimität als sicherheitspolitischer Akteur tatsächlich in zielgerichtete Handlungen umzusetzen. Japan bedarf also multilateraler Dialogstrukturen *und* einer funktionsfähigen Allianz gleichermaßen, um sein Ziel der Teilhabe an der Gestaltung der asiatisch-pazifischen Sicherheitsarchitektur und des aktiven Beitrags zur Sicherheit und Stabilität der Area zu verwirklichen.

3.) Die Strategie des harten Multilateralismus ist einerseits eingebettet in entsprechende Beschlüsse des Sicherheitsrates der Vereinten Nationen und seiner durch die Charta zugewiesene Aufgabe der Hauptverantwortung für die Wahrung des Weltfriedens und der internationalen Sicherheit. Andererseits erfolgt Japans Engagement vor dem Hintergrund der bislang effektiven Arbeit einer auf das spezifische Problemfeld Nonproliferation abstellenden internationalen Organisation mit einem entsprechenden Regelwerk, welches hohe Verpflichtungen auch an Japan selbst stellt. Die am Beispiel von KEDO und den Friedenserhaltenden Maßnahmen der Vereinten Nationen dargestellte Strategie des harten Multilateralismus bedient zunächst den Wunsch nach militärischer Sicherheit. Die Teilnahme Japans an den UN-Einsätzen in Kambodscha und Ost-Timor fördert darüber hinaus auch den Anspruch auf Anerkennung als legitimer Teamplayer in Asien-Pazifik. Sie reflektiert ebenso die Überzeugung, die Arbeit der Vereinten Nationen zu fördern und Konflikte durch nicht-militärische Mittel beizulegen. Im Falle des Kambodscha-Konfliktes konnte Japan daneben erstmals seit der Formulierung durch Premierminister Fukuda 1977 eine anerkannte Brückenfunktion als Vermittler zwischen Indochina und der ASEAN einnehmen. Im Falle von KEDO besteht die zentrale Bedeutung im Unterbinden des vermuteten nordkoreanischen Nuklearprogramms durch eine internationale Organisation. Japan ist als Unterstützer der soft-landing-Politik der USA und als eines der Gründungsmitglieder des Konsortiums wesentlich am Erfolg des Projektes beteiligt, durch das die USA als Garantiemacht an Asien-Pazifik gebunden

[365] Vgl.: Wanandi, Jusuf: Report of Workshop VII – Peace and security in Southeast Asia, in: Hassan, Jawhar/ Mahmood, Rohana (Hrsg.): Towards a New Pacific Order. Proceedings of the Fifth Asia-Pacific Roundtable, Kuala-Lumpur, June 10-14, 1991. ISIS Malaysia 1991, S. 143-156.

bleibt und das Ziel Nordkoreas verhindert wird, als anerkannte Nuklearmacht nur noch direkt mit den USA zu verhandeln und somit deren Allianzen mit Südkorea und Japan zu torpedieren. KEDO erfüllt daher vier Aufgaben für Japan: Es ist bislang der einzige Mechanismus, um Nordkorea im Rahmen eines Tauschgeschäftes von der Entwicklung von Nuklearwaffen und ihrer Verbreitung abzuhalten. KEDO ist zudem die einzige gouvernementale Verbindung Japans zu Nordkorea und damit wichtiger Ansatzpunkt für ein diplomatisches Engagement auf der Halbinsel. Ein Scheitern von KEDO hätte unweigerlich direkte Verhandlungen Nordkoreas mit den USA zur Folge und käme einem Erfolg der nordkoreanischen Strategie der Schwächung des amerikanischen Allianzsystems gleich. Letztlich ist es mit KEDO eventuell möglich, das Nordkorea-Problem so lange einzufrieren, bis es sich im Rahmen etwa einer koreanischen Wiedervereinigung von selbst auflöst bzw. diplomatisch dergestalt zu behandeln, daß eine von einem wiedervereinigten Korea ausgehende nukleare Bedrohung effektiv eingehegt werden kann.

4.) Japans dem weichen Bilateralismus zuzuordnende Sicherheitspolitik vollzieht sich im Rahmen von Eins-zu-Eins-Beziehungen zu den oben genannten Schlüsselakteuren in der Großregion (China, Rußland und Korea) und hier außerhalb völkerrechtlicher Verträge. Sie dienen insgesamt der Entkrampfung der zwischenstaatlichen Kontakte, die durch historische, territoriale und politische Konflikte belastet sind sowie der Verbesserung der Dialog- und Konsultationsstrukturen auf der Ebene der Verteidigungspolitik. Japans weicher Bilateralismus ist zudem stark durch die Verbindung mit – dem Konzept der Comprehensive Security zuzuordnenden – ökonomischen Aspekten gekennzeichnet. Ganz im Gegensatz zum harten Bilateralismus im Rahmen der Allianz mit den USA setzt Japan hier gezielt ökonomische und finanzielle Mittel zur Gestaltung eines günstigen sicherheitspolitischen Umfeldes ein. Während im Fall Chinas die Schaffung von Vertrauen und größerer Transparenz vor allem vor dem Hintergrund der neu definierten Allianz im Vordergrund steht, zielen die Kontakte zu Rußland langfristig auf eine Lösung der Territorialfrage und den Abschluß eines Friedensvertrages ab. Japans bilaterale Kontakte zu Südkorea, die seit der offiziell geleisteten Entschuldigung für die ehemalige Aggression und sich verdichtender wirtschaftlicher und technologischer Kontakte in eine neue Phase getreten sind, dienen auch weiterhin vor allem der Entkrampfung eines noch stets emotional aufgeladenen Verhältnisses der beiden militärischen Partner der USA. Im Gegensatz hierzu können die bilateralen Beziehungen zu Nordkorea bestenfalls als marginal und von untergeordnetem Rang bezeichnet werden. Funktionelle Anreize bestehen bislang kaum. Sicherheitsrelevante Funktionen in bezug auf Nordkorea werden durch KEDO erfüllt.

Trotz ihrer unterschiedlichen Bedeutung im Gesamtzusammenhang der japanischen Sicherheitspolitik nach dem Ost-West-Konflikt haben alle vier Strategien vor allem eines veranschaulicht: Einen aktiven japanischen Staat, der im Rahmen seines Konzeptes der Comprehensive Security auch ökonomische Mittel zur Gestaltung eines günstigen strategischen Umfeldes einsetzt, der jedoch heute auch legitimer Teilnehmer an der Gestaltung der Sicherheitsbeziehungen in der Großregion ist. Ein erster Wandel hat sich durch den sicherheitspolitischen Neubeginn durch das Initiieren des ARF-Prozesses eingestellt. Hierauf aufbauend wurde die Allianz mit den USA dergestalt umgebaut, daß sie Japan eine erweiterte Rolle innerhalb eines sich neu formierenden sicherheitspolitischen Umfeldes in Asien-Pazifik ermöglichte. Indem Japan nun auch erstmals ordnungsbildend im Sachbereich Sicherheit als internationaler Akteur aktiv wird, ist zugleich ein Abgehen von der Yoshida-Strategie und der mit ihr verbundenen Verneinung sicherheitspolitischer Eigenständigkeit erkennbar.

Wie anhand der referierten Strategien deutlich wurde, läßt sich die japanische Sicherheitspolitik nicht adäquat durch eine einzelne, klar geschnittene Perspektive darstellen und erklären.[366] Stellt man also die Erwartungen der Literatur der vorfindbaren Vielschichtigkeit japanischer Sicherheitspolitik entgegen, so wird deutlich, daß sich diese nahezu zwangsläufig einer monokausalen Betrachtung entziehen muß. *Robert Uriu* schreibt hierzu:

> "The analysis of Japanese security politics thus provides a perfect illustration of the need to simultaneously consider elements at both the external and internal levels. Each level cannot be understood in isolation from the other, and causal arrows are rarely unidirectional."[367]

---

[366] Vgl. auch: Xuewu, Gu: Strategische Irrtümer: Eine kritische Betrachtung der dominierenden Ansätze zur Gestaltung der Sicherheitsordnung in Ostasien, in: ASIEN, Nr. 77 (Oktober 2000), S. 5-22.

[367] Uriu, Robert: Domestic-International Interactions and Japanese Security Studies, in: Journal of Asian and African Studies, Vol. 33, No. 1 (February 1998), S. 76-93 (91).

Dieser Einschätzung kann nur zugestimmt werden. Denn es lassen sich sowohl für die optimistischen als auch für die pessimistischen Annahmen der Literatur hinsichtlich der Bewertung der Allianz, der Chance der Remilitarisierung Japans oder der Funktion multilateraler Institutionen in Asien-Pazifik einige Gegenfragen formulieren: Wie dauerhaft sind zum Beispiel die normativen und kulturellen Einflußfaktoren? Ist Japan gleichsam genetisch zu Pazifismus und Anti-Militarismus prädestiniert, oder sind diese Grundhaltungen letztlich doch abhängig von einem spannungsfreien internationalen Umfeld? Werden also doch der ‚Druck des Systems' und sich ändernde strukturelle Rahmenbedingungen Japan gleichsam zu einer Remilitarisierung zwingen? Welche Rolle spielt schließlich die Allianz bei der künftigen Gestaltung japanischer Sicherheitspolitik? Dient sie der Einhegung eines gleichsam angeborenen Zwangs der japanischen Politik zur Hegemonie oder einem von japanischen Eliten schon lange internalisierten Wunsch, eine Funktion als anerkannter Sicherheitspartner in der Großregion einzunehmen? Tatsächlich kommt die Forschung zur Sicherheitspolitik Japans nicht umhin, einzelne japanische Strategien im Sachbereich Sicherheit zu isolieren und vor dem Hintergrund der spezifischen Interessenlagen und Ziele Japans zu erklären.[368] Manche Widersprüche innerhalb einer theoretischen Argumentationslinie ließen sich damit vermeiden. Drei kurze Beispiele mögen dies verdeutlichen:

> "I do not believe that the weakening of domestic constraints will lead to a resurgence of militarism (...) or an aggressive security policy that some analysts seem to fear. (...) I do believe that if the external environment were to become *significantly more threatening* (...) Japanese security policy makers would then be freer to pursue a more active security policy."[369]

> "Rapid changes in Germany's and Japan's cultures of antimilitarism are likely *only if they are challenged by a major external shock.*"[370]

> "If faced with direct external threats with which a trading state cannot hope to deal with economic means, could and would Japan change its security orientations? *I think*, the answer is a definite yes.[371]

---

[368] Vgl. hierzu etwa die Vorgehensweise von Takashi Inoguchi, der die hemmenden und fördernden Einflußfaktoren auf das japanische Außenverhalten im Sachbereich Sicherheit differenziert. Ders.: Japan's Foreign Policy in an Era of Global Change. London 1993.

[369] Uriu 1998, S. 86 (Hervorhebung des Verfassers).

[370] Berger 1995, S. 318 (Hervorhebung des Verfassers).

Zunächst kann festgestellt werden, daß bei aller Plausibilität, welche den Arbeiten der dem Neorealismus und dem liberalen Institutionalismus zuzurechnenden Autoren in Teilen zukommt, eine Außensicht allein nicht ausreicht, um die Vielfalt der sich stark an Normen orientierenden Beweggründe japanischen Außenverhaltens zu erfassen. So sind für beide Ansätze Staaten ausschließlich rational handelnde Akteure, die vorwiegend materielle Interessen – seien diese militärisch oder ökonomisch definiert – in einem systemischen Umfeld verfolgen. Innerhalb dieses Umfeldes unterliegen sie bestimmten Handlungsbeschränkungen, die etwa durch die internationale Machtverteilung, Anarchie oder durch eine gegebene Institutionenkonstellation erzeugt werden. Damit wird japanische Sicherheitspolitik jedoch zwangsläufig zur Reaktion auf systemische Bedürfnisse komprimiert. Ideen, Werte, oder erworbene und veränderbare Normen und Identitäten finden keine Berücksichtigung. Japans Sicherheitspolitik entzieht sich jedoch einer monokausalen Betrachtungsweise. *Michael Zürn* hat zurecht bemerkt:

> „Staaten sind in dieser Sicht nicht in der Lage, ihre eigenen Motivationen und Zielsetzungen zu überdenken. Sie sind willfährige Instrumente von historischen Kräften, die außerhalb ihrer Kontrolle liegen. Es herrscht also ein situationsbedingter Determinismus, in dem die individuellen Staaten, deren Organisation und die Intentionen der Politiker völlig unbedeutend sind. Ein solches versteckt naturalistisches Weltbild übersieht die Reflexionsfähigkeit sozialer Akteure.“[372]

Die sicherheitspolitischen Strategien Japans lassen sich in ihrer Vielfalt letztlich nur anhand kognitiver Variablen erschöpfend erklären. So sind die traditionell pazifistischen und jedes militärische Auftreten Japans verneinenden Strömungen offensichtlich nicht von Dauer, wie die sich erkennbar im Wandel befindende öffentliche Meinung oder die Politik Koizumis beweisen. Systemische Einflußfaktoren müssen sicherlich in die Erklärung japanischer Sicherheitspolitik mit einbezogen werden. Sie üben jedoch nicht alleine den entscheidenden Einfluß auf Japans sicherheitspolitische Strategien aus. Vielmehr scheinen sie gerade im Bereich der Allianzpolitik erst durch ihre Verbindung mit normativen und innergesellschaftlichen Einflußfaktoren ihre handlungsleitende Wirkung zu entfalten.

---

[371] Uriu 1998, S. 85 (Hervorhebungen des Verfassers).
[372] Zürn 1992, S. 94-95.

Hier kann das Rollenkonzept der Zivilmacht eine Lücke schließen. So übersieht zum Beispiel die Forderung Johnsons, Carpenters, Christensens oder Laynes nach einer klassischen Politik des Balancing durch Japan oder nach einer nationalen Verteidigung Japans ohne die USA (die dann zwangsläufig offensiv ausgerichtet sein müßte), wie stark Japan für die Verwirklichung seines Ziels von mehr Teilhabe an der Gestaltung von Sicherheit in Asien-Pazifik davon abhängt, sowohl gesellschaftliche Einstellungen als auch die Vorbehalte seiner Nachbarn zu berücksichtigen. Der gescheiterte Vorstoß Nakayamas zur Errichtung eines Sicherheitsdialoges für Asien-Pazifik zu Beginn der 90er Jahre ist hierfür ein anschauliches Beispiel. Das sicherheitspolitische Verhalten Japans, seine Ziele sowie die Wahl der hierfür einzusetzenden politischen Instrumente läßt sich daher besser als Ergebnis eines kognitiven Prozesses, als Reflexion der Akteure über ihre Ziel-, Mittel- und Wertepräferenzen deuten.[373]

Trotz allen erkennbaren Wandels sind die zentralen Bestimmungsfaktoren japanischer Sicherheitspolitik konstant geblieben. So stellt die Allianz mit den USA noch immer die wesentliche strukturelle Rahmenbedingung für Japan dar. Ihre Bedeutung hat sich mit dem Ende des Ost-West-Konfliktes nicht verringert, sondern ist im Gegenteil gestiegen. Zugleich erklärt weniger das Aufbrechen der „objektiven" Struktur des Ost-West-Konfliktes als solcher als vielmehr die real bestehende Möglichkeit einer Auflösung der „subjektiv" als wichtigste strukturelle Rahmenbedingung wahrgenommenen Allianz mit den USA inklusive einer Veränderung der öffentlichen Meinung die beschriebenen Veränderungen japanischer Sicherheitspolitik. Somit stand nicht so sehr das Ziel eines Ausbalancierens des sich neu formierenden Machtgefüges in der Großregion im Zentrum der Sicherheitspolitik Japans, als vielmehr der unbedingte Erhalt der Allianz als eine der beiden Säulen, denen das Land neben der multilateralen Platform zur Ausübung einer neuen sicherheitspolitischen Rolle zwingend bedarf. Sicherlich sucht Japan im Rahmen eines neuen strategischen Umfeldes militärische Sicherheit, die durch die Allianz mit den USA gewährleistet werden kann. Die Allianz kann indes nicht nur mit den Kategorien Macht und Gegenmacht verstanden werden. Denn sie dient ebenso der Realisierung des Wunsches, als ein von den

---

[373] Vgl. Kirste 1998, S. 42-43.

Nachbarn anerkannter Partner an der Gestaltung der Sicherheitsbeziehungen in der Großregion teilzunehmen.

Die Frage nach Konstanz oder Wandel der japanischen Sicherheitspolitik in Asien-Pazifik kann nicht im Ausschlußverfahren beantwortet werden. Hinsichtlich der Allianz mit den USA steht eindeutig der Aspekt der Konstanz im Vordergrund, einer Konstanz, die jedoch im Zuge der Neudefinition der Allianz sowie der größeren Rolle Japans in der bilateralen Aufgabenverteilung zunehmend durch Aspekte des Wandels komplettiert wird. Die japanischen Initiativen seit dem Higuchi-Report, die Verabschiedung der neuen gemeinsamen Verteidigungsrichtlinien und ihre teilweise Umsetzung in japanisches Recht, die gegenwärtige Debatte um eine Verfassungsänderung, die Revision des PKO-Gesetzes Ende 2001 sowie die verstärkte Kooperation Japans mit den USA etwa auf dem Gebiet der Raketenabwehr (Bsp.: TMD) und der Terrorismusbekämpfung werden zu einer fundamentalen Umgestaltung der Rolle Japans nicht nur innerhalb der Allianz beitragen. Sowohl der weiche Bilateralismus als auch beide Varianten der multilateralen Strategien belegen eindeutig die Aspekte des Wandels in diesem Teilbereich japanischer Sicherheitspolitik. Damit ist trotz einer festzustellenden leichten Verringerung der Bedeutung des weichen Multilateralismus insgesamt, in der sich auch ein vermehrt „strategisches Denken" Japans widerspiegelt, nachdem der erste Schritt hin zu größerer Anerkennung im Rahmen des ARF-Prozesses erfolgreich abgeschlossen worden ist, eine insgesamt zunehmende Multilateralisierung der Sicherheitspolitik der letzten zehn Jahre festzustellen. Die Frage nach Konstanz oder Wandel läßt sich daher wohl am ehesten mit der lakonischen Feststellung eines konstanten Wandels beantworten.

Die Forderung, Japan solle stärker an der Gewährleistung internationaler Sicherheitspolitik beteiligen, hat nach dem 11. September 2001 erneut an Überzeugungskraft gewonnen. Kritische Stimmen bestehen zwar noch immer. Zugleich scheinen jedoch die, welche eine militärische Funktion Japans kategorisch ablehnen, weniger zu werden. Innerhalb der japanischen Politik wird heute bestimmter als zuvor eine größere sicherheitspolitische Rolle des Landes eingefordert und auch in deutlich stärkerem Maße als in den vorangegangenen Jahren vom Ausland – auch seitens der asiatisch-pazifischen Nachbarn – akzeptiert oder sogar begrüßt.[374] Die innere und äußere Akzeptanz einer größeren internationalen Rolle Japans ist heute demnach vorhanden. Japan hätte diese Position aber mit einer Politik der Stärke und der Ignoranz der Vorbehalte seiner Nachbarn – das kann vom heutigen Standpunkt aus mit Sicherheit gesagt werden – nicht erreicht. Vielmehr hat sich eine Politik der kleinen Schritte und ein Denken in größeren Zeiträumen bei gleichzeitiger außenpolitischer Konstanz ausgezahlt.

Es ist evident, daß Japan heute einen wichtigen militärischen Machtfaktor in Asien-Pazifik darstellt und diesen Machtfaktor auch einzusetzen bereit ist. Hinter dieser Entwicklung steht jedoch kein Automatismus der Machtanhäufung und eines nationalen Interesses, welches sich ausschließlich durch eine autonome und unilateral gewonnene Strategie der Politik definiert. Ebenso wenig wurde diese Entwicklung ausgelöst durch ein Streben nach Mehrung eines ökonomisch definierten Nutzens als Reflex auf die Bedürfnisse des internationalen Systems. Nationales Interesse ist selbstverständlich auch in Japan existent. Dieses Interesse wird indes stark endogen definiert: Durch ein im Aufbrechen begriffenes anti-militaristisches Normengerüst und durch ein dezidiertes Daraufachten bzw. Antizipieren, wie nationale Entscheidungen vom internationalen Umfeld wahrgenommen werden könnten. Es sind dies vor allem innergesellschaftliche Einstellungen, Einstellungen, die nach dem Zweiten Weltkrieg erworben und verinnerlicht wurden und die sich durch die nationalen und internationalen Herausforderungen des vorangegangenen Jahrzehnts in Richtung einer „Normalisierung" im Sinne der Verneinung pazifistischer Maximalpositionen verändert und beschleunigt haben. Welche Option Japan auch in Zukunft wählen mag: Eine Rückkehr zum dogmatischen Pazifismus, die Ausübung des Rechts kollektiver Selbstverteidigung, die Abschaffung des Artikels Neun seiner Verfassung, die gemeinsame oder alleinige Gewährleistung von Sicherheit und Stabilität in Asien-Pazifik, oder die militärische Renuklearisierung; allen Möglichkeiten ist eine Prämisse gemeinsam: Daß nämlich die hinter einer Entscheidung stehenden Interessen eben nicht rational und a priori vorgegeben sind, sondern im Spannungsfeld von –

[374] Dies betrifft mittlerweile eine ganze Reihe unterschiedlicher kooperativer Aktionen zur Herstellung eines günstigen sicherheitspolitischen Umfeldes in der Großregion, wie sie zuletzt in der aktiven Teilnahme der japanischen Marine an der Bekämpfung der Piraterie in Südostasien erkennbar geworden sind.

wandelbaren – gesellschaftlichen, historischen Normen und Identitäten sowie externen Herausforderungen erzeugt werden.

An dieser Stelle kann abschließend festgestellt werden, daß die sicherheitspolitischen Strategien Japans ohne Zweifel den derzeitigen externen strategischen Rahmenbedingungen in der Area angemessen sind. Dieser veränderte Rahmen hat Japan trotz etwa der nordkoreanischen Bedrohung nicht, wie von Waltz 1993 angenommen, zur eigenen nuklearen Aufrüstung veranlaßt. Vielmehr ist eine Politik erkennbar, die bewußt auf unilaterales Handeln verzichtet und die auf kooperative Elemente setzt. So bindet Japan heute beispielsweise China verstärkt in internationale Regelwerke und Organisationen ein und stärkt insbesondere seine vielschichtigen Kontakte zu Südkorea. Hierdurch und gestützt durch den Verzicht auf jegliche nationalen Alleingänge sichert sich Japan bei allen noch bestehenden Vorbehalten seiner kritischen Nachbarn für die Zukunft einen wichtigen Handlungsrahmen, dessen Grenzen besser denn je verhandelbar sind.

Zugleich scheinen sich die inneren normativen und letztlich pazifistischen Einflußfaktoren, die eine autonomere Sicherheitspolitik bislang verhindert haben, zu ändern. Spätestens seit der Einwilligung in die gemeinsame Erforschung eines Raketenabwehrsystems, den nach dem 11. September 2001 verstärkt geführten Diskussionen um eine Verfassungsreform und der Entscheidung, bis 2003 vier Aufklärungssatelliten ins All zu schicken, zeigt sich, daß Japan keinesfalls zur Fortführung seines durch die Ablehnung des Rechtes auf kollektive Selbstverteidigung gekennzeichneten Pazifismus vorbestimmt ist. Japan hat zwar weder bei drohendem Hegemonieverlust der USA Anfang der 70er noch durch die nordkoreanische Bedrohung seit Mitte der 90er Jahre ernsthaft eine nukleare Option in Erwägung gezogen. Dennoch ist eine verstärkte Nutzung seines Machtpotentials im Rahmen seiner Allianz mit den USA erkennbar. Japans Sicherheitspolitik ist selbstverständlich durch die möglichst umfassende Gewährleistung militärischer Sicherheit geprägt. Kaum berücksichtigt wird jedoch die andere Komponente: Das Streben nach Anerkennung als internationaler Akteur, der eine legitime Teilhabe an der gemeinschaftlichen Gestaltung eines stabilen Sicherheitsumfeldes einfordert. Letztlich ist Japans Sicherheitspolitik der letzten Dekade der Aufholprozeß eines Staates, der infolge seiner militaristischen Vergangenheit während des Ost-West-Konfliktes mit einer Nebenrolle als ungleicher Partner in einer militärischen Allianz zufrieden war und dessen erster Kontakt mit der

Außenwelt durch die gewaltsame Öffnung 1856 bereits in einer Reaktion und Anpassung auf die Vorgaben anderer bestand. In welcher Weise sich dieses Selbstverständnis bis heute geändert hat, veranschaulicht zum Abschluß dieser Arbeit das Zitat eines hohen Beamten aus dem japanischen Außenministerium:

> „Was wir letztlich sicherheitspolitisch tun oder lassen, das entscheiden wir nach bestem Wissen um den Frieden für unser Volk und die Stabilität unseres Landes. Ob wir hierbei zum Beispiel Artikel Neun haben oder nicht, ist vollkommen irrelevant. Das ist natürlich auch eine gesellschaftliche Frage. Wir würden jedoch in letzter Konsequenz immer das tun, was wir im gegebenen Fall für richtig und notwendig erachten."[375]

[375] Interview am 12.6.1999.

Literaturverzeichnis

1. Monographien, Aufsätze, Dokumente und Sammelbände

"*A Hesitant Patroller of the Pacific*": The Economist, July 27, 1991, S. 29.

Abe, Hitoshi/ Shindo, Muneyuki/ Kawato, Sadafumi: The Government and Politics in Japan. Tokyo 1994.

Acharya, Amitav: Confidence-Building Measures in the Asia-Pacific: Their Relevance to the UN Conventional Arms Register, in: Chalmers/ Donowaki/ Greene 1997, S. 163-176.

Acharya, Amitav: Making Multilateralism Work: ARF and Security in the Asia-Pacific, in: Everett/ Sommerville 1995, S. 179-193.

Acharya, Amitav: A New Regional Order in South-East Asia: ASEAN in the Post-Cold War Era, in: Adelphi Paper 279, International Institute for Strategic Studies, August 1993.

Ahn, Byung-Joo: Japanese policy toward Korea, in: Curtis 1993, S. 263-273.

Ahn, C.S.: Interministry Coordination in Japan's Foreign Policy Making, in: Pacific Affairs, Vol. 71, No. 1, (1998) S. 41-60.

Akaha, Tsuneo: Japanese-Russian Economic Relations and their Implications for Asia-Pacific Security, in: Shirk/ Twomey 1996, S. 197-212.

Akaha, Tsuneo: Japanese Security Policy in Post-Cold War Asia, in: Kwak/ Olsen 1996, S. 9-40.

„*America and Japan: Friends in need*": The Economist, 13. April 1996, S. 19-21.

Alagappa, Muthiah: Asian Security Practice Material and Ideational Influences. Stanford 1998.

Alagappa Muthiah: Rethinking Security: A Critical Review and Appraisal of the Debate, in: Ders. 1998, S. 27-64.

Alagappa, Muthiah: Conceptualizing Security: Hierarchy and Conceptual Travelling, in: Ders. 1998, S. 677-697.

Alagappa, Muthiah: Systemic Change, Security, and Governance in the Asia-Pacific, in: Chee 1997, S. 29-89.

Alger, Chadwick/ Lyons, Gene/ Trent, John (Hrsg.): The United Nations System: The policies of member states. Tokyo 1995.

„*Alter Constitution on self-defense: Yamasaki*", in: The Japan Times, 7. Juni 1999, S. 2

Anderson, Stephen: Japan as an Activist State in the Pacific Basin: Japan and Regional Organizations, in: The Journal of East Asian Affairs, Vol. 7, No. 2, 1993, S. 498-544.

Arase, David: U.S. and ASEAN Perceptions of Japan's Role in the Asian-Pacific Region, in: Kendall/ Joewono 1991, S. 262-287.

Armacost, Michael: Friends or Rivals? The Insider's Account of U.S.-Japan Relations. New York 1996.

Armitage, Richard, in: The Research Institute for International Affairs, Korea (RIIA International Forum Proceedings): New Discourses on a Peace Regime in Northeast Asia and Korea: Contending Views and New Alternatives. Conference held November 22-23, 1996 at the Intercontinental Hotel, Seoul, Korea, S. 1-16.

„*Arthritic Nation*": Far Eastern Economic Review, 16. Juli 1998: S. 10-14.

ASEAN Institutes of Strategic and International Studies: Enhancing ASEAN Security Cooperation. An ASEAN-ISIS Memorandum. ASEAN-ISIS, 5. Juni 1993.

ASEAN Institutes of Strategic and International Studies (ASEAN-ISIS): A Time For Initiative. Proposals for the Consideration of the Fourth ASEAN Summit (ASEAN-ISIS Memorandum, No. 1) Juni 1991.

ASEAN Secretariat Jakarta: The Twenty-Fourth ASEAN Ministerial Meeting and Post Ministerial Conference with the Dialogue Partners. Kuala Lumpur, 19-24 July 1991.

ASEAN Secretariat Jakarta: ASEAN Documents Series 1967-1988. Jakarta 1988[3.]

„*ASEAN Summit Opens with Call for Hard Decisions*": Daily Yomiuri, 28 January 1992, S. 1.

Asher, David: A U.S.-Japan Alliance for the Next Century, in: Orbis, Vol. 41, No.3, Summer 1997, S. 343-374.

Asher, David: What Became of the Japanese "Miracle", in: Orbis, Vol. 40, No. 2 (Spring 1996), S. 215-234.

Association of Southeast Asian Nations: Background Notes. ASEAN-PMC, Senior Officers Meeting, 18. March 1993.

Auer, James: Defining Defense, in: Look Japan, June 1999, S. 28.

Auer, James: The Imperative U.S.-Japan Bond, in: Orbis, Vol. 39, No. 1 (Winter 1995), S. 37-53.

Babic, Lidija/ Huldt, Bo (Hrsg.): Mapping the Unknown. Towards a New World Order (The Yearbook of the Swedish Institute of International Affairs 1992-93). Stockholm 1993.

Baker, Richard/ Morrison, Charles (Hrsg.): Asia Pacific Security Outlook 2000. Tokyo/ New York 2000.

Baldwin, David (Hrsg.): Neorealism and Neoliberalism. The Contemporary Debate. New York 1993.

Baldwin, David: Power analysis and world politics: New trends versus old tendencies, in: World Politics, Vol. 31, No.2 (January 1979), S. 161-194.

Ball, Desmond: Implications of the East Asian economic recession for regional security cooperation. (Strategic and Defence Studies Centre, Australian National University. Working Paper No. 331) Canberra 1999.

Ball, Desmond: Maritime Cooperation, CSCAP and ARF, in: Bateman/ Bates 1996, S. 1-22.

Ball, Desmond: CSCAP: Its future place in the regional security architecture, in: Nagara/ Ean, 1996, S. 289-325.

Ball, Desmond: Trends in Military Acquisitions in the Asia-Pacific Region: Implications for Security and Prospects for Constraints and Controls. (The Australian National University. Strategic and Defence Studies Centre, Working Paper, No. 273) Canberra 1993a.

Ball, Desmond: The Council for Security Cooperation in the Asia Pacific (CSCAP), in: Indonesian Quarterly, Vol. 21, No. 4 (1993), S. 495-505 (1993b).

Barnds, William (Hrsg.): Japan and the United States: Challenges and Opportunities. New York 1979.

Barnett, Robert: Beyond War. Japan's Concept of Comprehensive National Security. Washington etc. 1984.

Bateman, Sam/ Bates, Stephen (Hrsg.): The Seas Unite: Maritime Cooperation in the Asia-Pacific Region. (Canberra Papers on Strategy and Defence, No. 118) Canberra 1996.

Bauer, Frank: Japans Verhältnis zu den Vereinten Nationen, in: von Bredow/ Jäger 1994, S. 183-209.

Berger, Thomas: Norms, Identity, and National Security in Germany and Japan, in: Katzenstein 1996, S. 317-356.

Berger, Thomas: From Sword to Chrysanthemum. Japan's Culture of Antimilitarism, in: International Security, Vol. 7, No. 4 (Spring 1993), S. 119-150.

Bergner, Jeffrey: The New Superpowers. Germany, Japan, the US and the New World Order. New York 1991.

Bernhardt, Rudolf (Hrsg.): Encyclopedia of Public International Law (EPIL), Band 3: Use of Force/ War and Neutrality/ Peace Treaties. Amsterdam 1982.

„Besuch des chinesischen Außenministers in Japan", Japan aktuell, 4/00 (August 2000), S. 308.

Blaich, Fritz: Merkantilismus, in: Handbuch der Wirtschaftswissenschaften, Band 5. Stuttgart 1980, S. 240-251.

Blaker, Michael: Japan in 1995. A Year of Natural and Other Disasters, in: Asian Survey, Vol. 36, No. 1 (January 1996), S. 41-52.

Blaker, Michael: Evaluating Japan's Diplomatic Performance, in: Curtis 1993, S. 1-42.

Blechinger, Verena: Zwischen Bilateralismus und Regionalismus: Die innenpolitische Debatte über eine neue politische Rolle in Asien, in: Japanstudien 1998, S. 71-106.

Blechinger, Verena: Reformfieber (*Gyokaku Fiba*) oder Opportunismus? Zur Diskussion über die Verwaltungsreform in Japan, in: Japanstudien.

Jahrbuch des Deutschen Instituts für Japanstudien der Philipp-Franz-von-Siebold Stiftung, Band 7, 1995, S. 31-70.

Blecker, Robert (Hrsg.): U.S. Trade Policy and Global Growth. Armonk/ London 1996.

Blecker, Robert: The Trade Deficit and U.S. Competitiveness, in: Ders. 1996, S. 179-214.

Boeckh, Andreas (Hrsg.): Lexikon der Politik, Band 6: Internationale Beziehungen. München 1994.

Bonker, Don: America's Trade Crisis. The Making of the U.S. Trade Deficit. Boston 1988.

Brainard, William/ Perry, George (Hrsg.): Brookings Papers on Economic Activity, 2. Washington 1996.

Bredow, Wilfried von/ Jäger, Thomas (Hrsg.): Japan, Europa, USA. Weltpolitische Konstellationen der 90er Jahre. Opladen 1994.

British Year Book of International Law, Vol. 64 (1993).

Broinowski, Alison (Hrsg.): Understanding ASEAN. London 1982.

Brown, David: Sharing Non-Proliferation Costs in Korea. PacNet #23, 5. Juni 1998.

Brown, Eugene: Japan's Security Policy in the Post-Cold War Era. Threat Perceptions and Strategic Options, in: Asian Survey, Vol. 34, No. 5, May 1994, S. 430-446.

Bruns, Gabriele: Die japanische Demokratie. Das politische System zwischen Stagnation und Aufbruch. (Kieler Schriften zur politischen Wissenschaft, Band 10) Frankfurt 1999.

„*Burying the past: War Guilt Haunts Japan*“: New York Times, 30. November 1998, S. A1.

Buszyushi, Leszek: Russia and Northeast-Asia: aspirations and reality, in: The Pacific Review, Vol. 13, No. 3 (2000), S. 399-420.

Buzan, Barry: The Asia-Pacific: what sort of region in what sort of world?, in: McGrew/ Brook 1998, S. 68-87.

Buzan, Barry/ Segal, Gerald: Rethinking East Asian Security, in: Survival, Vol. 36, No. 2 (Summer 1994), S. 3-21.

Buzan, Barry: People, States and Fear: An Agenda for International Security Studies in the Post-Cold War Era. Boulder 1991.

Calder, Kent: The Institutions of Japanese Foreign Policy, in: Grant, Richard: The Process of Japanese Foreign Policy. Focus on Asia. London 1997, S. 1-24.

Calder, Kent: Japanese Foreign Economic Policy Formation: Explaining the Reactive State, in: Word Politics, Vol. 15, No. 4, July 1988, S. 517-541.

Caporaso, James: International Relations Theory and Multilateralism: The Search for Foundations, in: Ruggie 1993, S. 51-90.

Carpenter, Ted: Paternalism and Dependence: The U.S.-Japanese Security Partnership, in: Policy Analysis, No. 244, November 1, 1995.

Catley, Bob/ Keliat, Makmur: Spratlys: The Dispute in the South China Sea. Aldershot 1997.

Cha, Victor: Alignment Despite Antagonism: The United States-Korea-Japan Triangle. Stanford 1999.

Chairman's Report of the 1990 ASEAN-ISIS Meeting. Bangkok, May 10 – 13, 1990: Superpower Military Presence and the Security of Southeast Asia: Problems, Prospects and Policy Recommendations.

Chairman's Statement: The Eighth Meeting of the ASEAN Regional Forum.

Hanoi, 25 July 2001.

Chairman's Statement: The Seventh Meeting of the ASEAN Regional Forum. Bangkok, 27 July 2000.

Chairman's Statement: First Meeting of the ASEAN Regional Forum (ARF) Bangkok, Thailand, 25 July 1994.

Chalmers, Malcolm/ Donowaki, Mitsuro/ Greene, Owen (Hrsg.): Developing Arms Transparency. The Future of the United Nations Register (Bradford Arms Register Studies No. 7). Bradford 1997.

Chalmers, Malcolm: Openness and Security in South-East Asia, in: Survival, Vol. 3, No. 3 (Autumn 1996), S. 82-89.

Checkel, Jeffrey: The Constructivist Turn in International Relations Theory, in: World Politics, Vol. 50 (January 1998), S. 324-348.

Chee, Chan Heng (Hrsg.): The New Asia-Pacific Order. Singapore 1997.

Cheeseman, Graeme: Asian-Pacific security discourse in the wake of the Asian economic crisis, in: The Pacific Review, Vol. 12, No. 3, 1999, S. 333-356.

Cheung, Tai Ming: The Interaction Between Economics and Security For China's external Relations, in: Shirk/ Twomey 1996, S 119-140.

Cho, Myunghoon: Japan und die Koreaner, in: Mayer/ Pohl 1994, S. 208-218.

Christensen, Thomas: China, the U.S.-Japan Alliance and the Security Dilemma in East Asia, in: International Security, Vol. 23, No. 4 (Spring 1999), S. 49-80.

Christensen, Thomas: Chinese Realpolitik, in: Foreign Affairs, Vol. 75, No. 5 (September-October 1996), S. 37-52.

Christensen, Thomas/ Snyder, Jack: Chain Gangs and Passed Bucks: Predicting Alliance Patterns in Multipolarity, in: International Organization, Vol. 44, No. (Spring 1990), S. 137-168.

Chu-Kwang, Chin: The U.S.-Japan Joint Declaration: Strategic Implications for Taiwan's Security, in: World Affairs, Vol. 160, No. 3 (Winter 1998), S. 152-162.

Chung, Oknim: The Origins and Evolution of the Japanese-American Alliance: A Korean Perspective. (Institute for International Studies, Stanford University. Asia/Pacific Research Center Discussion Papers) Stanford, September 1998.

„*Constitution needs revising: Ozawa*“: The Japan Times, 8. Juni 1999, S. 1 und 2.

“*Constitution revamp gains momentum*“: The Japan Times, 9. Juni 1999, S. 4.

Cordesman, Anthony: The Asian Conventional Military Balance in 2002: Northeast Asia. CSIS (Center for Strategic and International Studies) Washington DC, February 2002.

Cossa, Ralph: The U.S.-DPRK Agreed Framework: Is it Still Viable? Is it Enough? (Pacific Forum CSIS Occasional Paper) Honolulu, April 1999.

Cossa, Ralph: Track Two Diplomacy: Promoting Regional Peace, Stability, in: U.S. Foreign Policy Agenda, Vol. 3, No. 3 (January 1998), S. 26-29.

Cossa, Ralph (Hrsg.): Restructuring the U.S-Japan Alliance. Toward a More Equal Partnership. Washington 1997.

Craig, Garby/ Bullock, Mary (Hrsg.): Japan. A New Kind of Superpower? Washington DC 1994.

Cronin, Richard: Japan, the United States and for the Asia-Pacific Century: Three Scenarios for the Future. ISEAS, Singapur 1992.

Cronin, Robert: Changing Dynamics of Japan's Interaction with Southeast Asia, in: Southeast Asian Affairs 1991, Annual Review (ISEAS Singapore) 1991, S. 49-68.

Cummings, Bruce: Japan and Northeast Asia into the Twenty-first Century, in: Katzenstein/ Shiraishi 1997, S. 136-168.

Curtis, Gerald (Hrsg.): The United States, Japan, and Asia. London/ New York 1994.

Curtis, Gerald (Hrsg.): Japan's Foreign Policy After the Cold War. Coping with Change. Armonk 1993.

Curtis, Gerald: Domestic Politics and Japanese Foreign Policy, in: Barnds 1979, S. 21-85.

Czempiel, Ernst-Otto: Die Reform der UNO. Möglichkeiten und Mißverständnisse. München 1994.

Dahrendorf, Ralf: Homo Sociologicus. Ein Versuch zur Geschichte, Bedeutung und Kritik der Kategorie der sozialen Rolle. (Studienbücher zur Sozialwissenschaft, Band 20) Opladen 1977.

Dam, Kenneth/ Deutch, John/ Nye, Joseph/ Rowe, David: Harnessing Japan: A U.S. Strategy for Managing Japan's Rise as a Global Power, in: The Washington Quarterly, Vol. 16, No.2 (Spring 1993), S. 29-42.

Dao Huy Ngoc: Asia-Pacific and Regional Security Cooperation, in: Everett/ Sommerville, 1995, S. 195-207.

Dashwood, Christopher/ Möller, Kay (Hrsg.): North Korean Scenarios (1999-2003) and responses of the European Union. Baden-Baden 1999.

David, Harald: Tensions Within ASEAN (Monographs on South-East Asian Politics and International Relations No.1) Hull 1996.

Delbrück, Jost: Collective Security, in: Bernhardt, Rudolf (Hrsg.): Encyclopedia of Public International Law (EPIL), Band 3: Use of Force/ War and Neutrality/ Peace Treaties. Amsterdam 1982, S. 105-114.

Deng, Yong: Japan in APEC: The Problematic Leadership Role, in: Asian Survey, Vol. 37, No. 4 (April 1997), S. 353-367.

Derichs, Claudia: Soziale Bewegungen im Japan der Nachkriegszeit – Betrachtungen aus der Sicht der neuen Bewegungsforschung, in: Dies./ Osiander 1998, S. 35-56

Derichs, Claudia/ Osiander, Anja (Hrsg.): Soziale Bewegungen in Japan. Hamburg 1998.

Derichs, Claudia: Kleine Einführung in die Politik und das politische System Japans. (Duisburger Arbeitspapiere Ostasienwissenschaften, No. 12) Duisburg 1996.

Destler, I.M.: American Trade Politics. Washington DC/ New York 1995[3].

deVillafranca, Richard: Japan and the Northern Territories Dispute. Past, Present, Future, in: Asian Survey, Vol. 33, No. 6 (June 1993), S. 610-624.

Dewitt, David: Common, Comprehensive and Cooperative Security, in: The Pacific Review, Vol. 7, No. 1 (1994), S. 1-15.

Dibb, Paul/ Hale, David/ Prince, Peter: The Strategic Implications of Asia's Economic Crisis, in: Survival, Vol. 40, No. 2 (Summer 1998), S. 5-26.

Dibb, Paul: Towards a New Balance of Power in Asia. Adelphi Paper 295. Oxford/ New York 1995a.

Dibb, Paul: How to Begin Implementing Specific Trust-Building Measures in the Asia-Pacific Region. (Strategic and Defence Studies Centre, Australia National University. Working Paper No. 288) Canberra July 1995 (1995b).

Dicke, Klaus: Internationale Kooperation als politikwissenschaftliche Kategorie, in: Forschungsbericht und Halbjahresschrift der Universität Kiel, Heft 36 (neue Folge), April 1993, S. 5-16.

Dieter, Heribert: Die globalen Währungs- und Finanzmärkte nach der Asienkrise: Reformbedarf und politische Hemmnisse. (INEF Report, Heft 41/1999) Duisburg 1999.

"Diskussion über 'nördliche Gebiete' geht weiter", in: Japan Aktuell, Jg. IX, Heft 4 (Mai/ Juni 2001), S. 344-345.

Dobson, Wendy: Japan's Role in the World. (Centre for Japan Studies at ISIS Malaysia), Kuala Lumpur 1992.

Doehring, Karl: Systeme kollektiver Sicherheit, in: Isensee/ Kirchhof 1992, S. 669-686.

Doner, Richard: Japan in East Asia: Institutions and Regional Leadership, in: Katzenstein/ Shiraishi 1997, S. 197-233.

Donowaki, Mitsuro: Addressing Light Weapons and Small Arms Proliferation, in: Chalmers/ Donowaki/ Green 1997, S. 203-211.

„Does Japan want a larger Role?": Look Japan, August 1997, S. 13.

Dore, Ronald: Japan, Internationalism and the UN. London/ New York 1997.

Dosch, Jörn: Asia-Pacific after the Crisis. Masch. Man. 18.1.2001.

Dosch, Jörn: Multilateralismus in der amerikanischen Asienpolitik nach dem Kalten Krieg. Entwurf der Habilitationsschrift Juli 1999.

Dosch, Jörn: Emerging Multilateralization of Security Cooperation in the Asia-Pacific Region – Following European Experiences and Models or driven by an Indigenous Approach?, in: Krause/ Umbach 1998, S. 143-164.

Dosch, Jörn/ Mols Manfred (Hrsg.): International Relations in the Asia-Pacific New Patterns of Power, Interest and Cooperation. Hamburg/ London 2000.

Dosch, Jörn: Die ASEAN: Bilanz eines Erfolges. Akteure, Interessenlagen, Kooperationsbeziehungen. Hamburg 1997a.

Dosch, Jörn: PMC, ARF and CSCAP: Foundations for a Security Architecture in the Asia-Pacific? (Australian National University. Strategic & Defence Studies Centre, Working Paper, No. 307) Canberra June 1997 (1997b).

Dosch, Jörn /Faust, Jörg (Hrsg.): Die ökonomische Dynamik politischer Herrschaft. Das pazifische Asien und Lateinamerika. Opladen 2000.

Drifte, Reinhard: An old architecture for peace? Reconfiguring Japan among unreconfigured great powers, in: The Pacific Review, Vol. 12, No.3 (1999), S. 479-489 (1999a).

Drifte, Reinhard: The EU, KEDO and humanitarian aid, in: Dashwood/ Möller 1999, S. 104-120 (1999b).

Drifte, Reinhard: Japan's Quest for a permanent seat on the Security Council, in: Asia-Pacific Review, Vol. 5, No., 2 (1998), S. 87-109 (1998a).

Drifte, Reinhard: Japan's Foreign Policy for the 21st Century: From Economic Superpower to What Power? Oxford 1998[2] (1998b).

Drifte, Reinhard: Development of the North Korean nuclear industry. (Dinner Debate, European Energy Foundation, Brussels, 22 April 1997) Masch. Man. (1997a).

Drifte, Reinhard: Viewpoint: Proliferation in Northeast Asia: South Korea's Dual-Use Technology Imports From Japan, in: The Nonproliferation Review, Spring/ Summer 1997, S. 72-82 (1997b).

Drifte, Reinhard: Japan and Its Security Environment in Asia (Center For Pacific Asia Studies At Stockholm University. Occasional Paper 30) June 1997 (1997c).

Drifte, Reinhard: The Japanese-Korean High-Technology Relationship. Implications for Weapons Proliferation and Arms Control Regimes. (Center for Pacific Asia Studies At Stockholm University, Occasional Paper 31) Stockholm, August 1997 (1997d).

Drifte, Reinhard: „Japan's Foreign Policy in the 1990s: From Economic Superpower to What Power?" Masch. Man. London 1996 (1996a).

Drifte, Reinhard: „The Weak Japan is a Myth": The Japan Times, Montag, 23. September 1996, S. 17 (1996b).

Drifte, Reinhard: The EU's stake at KEDO. (European Institute for Asian Studies, EIAS Briefing Paper no. 96/1) Brüssel Juni 1996 (1996c).

Drifte, Reinhard: Japan's Foreign Policy. London 1990 (1990a).

Drifte, Reinhard: Japan's Security Policy and Southeast Asia, in: Contemporary Southeast Asia, Vol. 12, No. 3, December 1990, S. 186-197 (1990b).

Drucker, Peter: In Defense of Japanese Bureaucracy, in Foreign Affairs, Vol. 77, No.5 (September/ October 1998), S. 68-80.

Druwe, Ulrich: Huntingtons „Kampf der Kulturen". Eine kritische Analyse aus politiktheoretischer Sicht, in: Rechtstheorie, 29, Heft 3/4 (1998), S. 269-291.

Dupont, Alan: The Environment and Security in Pacific Asia, in: Adelphi Paper 319. International Institute for Strategic Studies 1999.

Eberstadt, Nicholas: Financial Transfers From Japan to North Korea. Estimating the Unreported Flows, in: Asian Survey, Vol.36, No. 5 (May 1996), S. 523-542.

Edström, Bert: Japan's Evolving Foreign Policy Doctrine. From Yoshida to Miyazawa. London 1999.

„Eindringen chinesischer Schiffe in japanisches Hoheitsgebiet", Japan aktuell, 4/00 (August 2000), S. 308-309.

Eli, Max: Japans Wirtschaft im Griff der Konglomerate. Frankfurt 1988.

Emmers, Ralf: The Influence of the Balance of Power Factor within the ASEAN Regional Forum, in: Contemporary Southeast Asia, Vol. 23, No. 2 (August 2001), S. 275-291.

Ennis, Peter: The Nye Initiative: Can it save the U.S.-Japan Alliance?, in: Tokyo Business Today, June 1995, S. 38-41.

Er, Lam Peng: Japan and the Spratlys Dispute: Aspirations and Limitations, in: Asian Survey, Vol. 36, No. 10 (October 1996), S. 995-1010.

Erster Besuch eines Chefs des chinesischen Generalstabs in Japan", in: Japan aktuell. Wirtschaft, Politik, Gesellschaft, Jg. 8, Heft 3, Ziff. 48, S. 207.

Etsujiro, Miyagi: Readdressing the Okinawan Base Problem, in: Japan Quarterly (January-March 1996), S. 27-32.

Evans, Paul: Regional Institutions, Regional Identities, in: Mackerras 1995², S. 564-574.

Evans, Paul: Building Security: The Council for Security Cooperation in the Asia-Pacific (CSCAP), in: The Pacific Review, Vol. 7, No. 2 (1994), S. 125-139 (1994a).

Evans, Paul: Managing Security Relations After the Cold War: Prospects for the Council for Security Cooperation in Asia Pacific, in Indonesian Quarterly, Vol. 22, No. 1994, S. 62-70 (1994b).

Evans, Paul: Emerging patterns in Asia-Pacific security: The search for a regional framework, in: Hassan/ Mahmood 1991, S. 51-68.

Everett, Michael/ Sommerville, Mary (Hrsg.): Multilateral Activities in South East Asia (Pacific Symposium 1995) Washington 1995.

Fallows, James: Containing Japan, in: The Atlantic Monthly, May 1989, S. 40-54.

Faust, Jörg: Diversifizierung als außenpolitische Strategie – Chile, Mexiko und das pazifische Asien. Opladen 2001.

F.A.Z.-Institut: Länderanalyse Japan, Dezember 1999.

„*Fears of Influence*“: Far Eastern Economic Review, 30. January 1997, S. 14-15.

Finn, Richard: Japan's Search for a Global Role: Politics and Security, in: Hunsbersger 1997, S. 113-130.

„*Foreign Minister Reasserts Tokyo's Regional Role*“: Far Eastern Economic Review, 10. Dezember 1992, S. 10.

Foreign Press Center, Japan: Fact and Figures of Japan. Tokyo 1999.

Freedman, George/ LeBard, Meredith: The Coming War with Japan. New York 1991.

Frei, Daniel: Sicherheit. Grundfragen der Weltpolitik. Stuttgart/ Berlin/ Köln/ Mainz 1977.

Friedberg, Aaron: Will Europe's Past Be Asia's Future?, in: Survival, Vol. 42, No. 3 (Autumn 2000), S. 147-159.

Friedberg, Aaron: Ripe for Rivalry: Prospects for Peace in a Multipolar Asia, in: International Security Vol. 18, No. 3 (1993-1994), S. 5-33.

Frowein, Jochen: Kommentar zu Art. 39, 41, 42, 43, in: Simma 1991, S. 559-595.

Fukuda, Kazuo: The Framework of Security in Asia: The Impact of US Foreign Policy Changes, in: Taylor/ Sato 1995, S. 95-106.

Fukushima, Akiko: Japanese Foreign Policy. The Emerging Logic of Multilateralism. London 1999.

Funabashi, Yoichi: Asia Pacific Fusion. Japan's Role in APEC. Washington 1995.

Funabashi, Yoichi (Hrsg.): Japan's International Agenda. New York/ London 1994.

Funabashi, Yoichi: Introduction: Japan's International Agenda for the 1990s, in: Ders. 1994, S. 1-27.

Funabashi, Yoichi: Japan and the New World Order, in: Foreign Affairs, Vol. 70, No. 5 (Winter 1991-92), S. 58-74.

Gaddis, John: Strategies of Containment. New York 1982.

Garby, Craig/ Bullock, Mary (Hrsg.): Japan. A New Kind of Superpower? Washington D.C. 1994.

Garofano, John: Flexibility or Irrelevance: Ways Forward for the ARF, in: Contemporary Southeast Asia, Vol. 21, No. 1 (April 1999), S. 74-94.

Garrett, Banning/ Glaser, Bonnie: Chinese Apprehensions About the Revitalization of the U.S.-Japan Alliance, in: Asian Survey Vol. 37, No. 4 (April 1997), S. 383-402.

"Getting Down to Brass Tacks", Korea Now, June 3, 2000, S. 8-9.

Giarra, Paul: U.S.-Japan Defense Guidelines: Towards a New Accommodation of Mutual Responsibility. (Institute for International Studies, Stanford University. Asia/Pacific Research Center Discussion Papers) Stanford, June 1997.

Gibney, Frank: Politics and Government in Japan, in: Maidment/ Goldblatt/ Mitchell 1998, S. 51-78.

Gill, Bates: Proliferation and the U.S. Alliances in Northeast Asia. (Institute of International Studies. Asia/ Pacific Research Center, Stanford University) September 1997.

Gill, Bates/ Mak, Joon Num/ Wezeman, Siemon: ASEAN Arms Acquisitions: Developing Transparency. Kuala Lumpur 1995.

Gill, Stephen: Global Structural Change and Multilateralism, in: Ders (Hrsg.): Globalization, Democratization and Multilateralism. Tokyo/ New York/ Paris 1997.

Gilpin, Robert: Where Does Japan Fit In?, in: Newland 1990, S. 5-22.

Gilpin, Robert: War and Change in World Politics. Cambridge 1981.

Glaubitz, Joachim: Japan und China: Zwischen Mißtrauen und Kooperation, in: Pohl/ Mayer 1998^2, S. 195-207.

Grant, Richard (Hrsg.): The Process of Japanese Foreign Policy. Focus on Asia. London 1997.

Grant, Richard: Japan and Northeast Asia, in: Ders. 1997, S. 107-122.

Green, Carl: Japan's Growing Leadership in Global Development, in: SAIS Review, Vol. 14, No. 1 (Winter-Spring 1994), S. 101-181.

Green, Michael: Japan-ROK Security Relations: An American Perspective. (Institute for International Studies, Stanford University. Asia/Pacific Research Center Discussion Papers) Stanford March 1999.

Green, Michael/ Cronin, Patrick (Hrsg.): The US-Japan Alliance: Past, Present and Future. New York 1999.

Green, Michael/ Akihisa, Nagashima: Key Areas to Watch in Japan-U.S. Security Relations, in: Japan Quarterly, January-March 1999, S. 17-22.

Green, Michael, State of the Field Report: Research on Japanese Security Policy, in: Access Asia Review, Vol. 2, No. 1 (September 1998), S. 5-39.

Green, Michael/ Self, Benjamin: Japan's Changing China Policy: From Commercial Liberalism to Reluctant Realism, in: Survival, Vol. 38, No. 2 (Summer 1996), S. 35-58.

Green, Michael: Arming Japan: Defense Production, Alliance Politics, and the Postwar Search for Autonomy. New York 1995.

Grieco, Joseph: Anarchy and the Limits of Cooperation, in: Baldwin, David (Hrsg.): Neorealism and Neoliberalism 1993, S. 116-140.

Grieco, Joseph: Anarchy and Cooperation, in: International Organization, Vol. 42, No. 3 (1988), S. 485-508.

Grove, Eric: Global Security. North American, European and Japanese Interdependence in the 1990s. (Brassey's Atlantic Commentaries, No. 5), London 1991.

"*Guidelines for Japan-U.S. Defense Cooperation. Report by the Subcommittee for Defense Cooperation, Submitted to and Approved by the Japan-U.S. Security Consultative Committee. 27. November 1978.*"

Habib, Hasnan: Japan's Role in the Asia-Pacific Region: An ASEAN Perception, in: Kendall/ Joewono 1991, S. 247-261.

Hänggi, Heiner: Sozialer Konstruktivismus als goldene Brücke? Zur jüngsten Theoriedebatte in der Disziplin der Internationalen Beziehungen, in: Bulletin, No. 1 (Schweizerische Akademie der Geistes- und Sozialwissenschaften) März 1998, S. 32-40.

Hakamada, Shigeki: Factors behind the Russian crisis, in: Asia-Pacific Review, Vol. 6, No. 1 (May 1999), S. 35-42.

„Handel mit China auf Rekordhöhe", in: Japan Aktuell, Jg. IX, Heft 2 (Januar/ Februar 2001), S. 137;

Harnisch, Sebastian: Soft Landing oder Hard Landing? Nordkorea in der Krise, in: ASIEN Nr. 69 (Oktober 1998), S. 5-29.

Harris, Stuart: The Economic Aspects of Security in the Asia/Pacific Region, in: Journal of Strategic Studies, Vol. 18, No. 3 (September 1995), S. 32-51.

Harrison, Selig/ Prestowitz, Clyde (Hrsg.): Asia After the „Miracle": Redefining U.S. Economic and Security Priorities. Washington 1998.

Harrison, Selig (Hrsg.): Japan's Nuclear Future. The Plutonium Debate and East Asian Security. Washington 1996.

Hasegawa, Tsuyoshi: Rethinking the Russo-Japanese Territorial Dispute, in: Japan Echo, Winter 1995, S. 23-31.

Hasenclever, Andreas/ Mayer, Peter/ Rittberger, Volker: Theories of International Regimes. (Cambridge Studies in International Relations: 55) Cambridge 1997.

Hassan, Jawahr/ Mahmood, Rohana (Hrsg.): Towards a New Pacific Order. Proceedings of the Fifth Asia-Pacific Roundtable Kuala Lumpur, June 10-14, 1991. ISIS Malaysia 1991.

Heginbotham, Eric/ Samuels, Richard: Mercantile Realism and Japanese Foreign Policy, in: International Security, Vol. 22, No. 4 (Spring 1998), S. 171-203.

Heinrich, William/ Shibata, Akiho/ Soeya, Yoshihide: UN-Peace-Keeping Operations: A Guide to Japanese Policies. Tokyo/ New York/ Paris 1999.

Hellmann, Donald: Japanese Politics and Foreign Policy: Elitist Democracy Within an American Greenhouse, in: Inoguchi/ Okimoto 1988, S. 345-378.

Hellmann, Donald: Japan and East Asia. The New International Order. London 1972.

Herrmann, Wilfried: Missile Proliferation in Asia, in: Military Technology MILTECH, 3/ 2000, S. 50-54.

Higgott, Richard: De Facto and De Jure Regionalism: The Double Discourse of Regionalism in the Asia-Pacific, in: Global Society, Vol. 11, No. 2, 1997, S. 156-183.

Higgott, Richard/ Leaver, John/ Ravenhill, John (Hrsg.): Pacific Economic Relations in the 1990s. Cooperation or Conflict. St Leonards 1993.

Hilpert, Hanns Günther: Die US-amerikanische Handelspolitik gegenüber Japan, in: Japan: Analysen und Prognosen, Nr. 138, Dezember 1997, S. 15-24.

Holland, Harrison: An Alliance in Need of Therapy: The Troubled US-Japan Relationship, in: Journal of East Asian Affairs, Vol. 7, No. 1 (Winter 1993), S. 186-225.

Hook, Glenn: Japan and the ASEAN Regional Forum: Bilateralism, Multilateralism or Supplementalism? Japanstudien. Jahrbuch des Deutschen Instituts für Japanstudien der Franz von Siebold Stiftung, Band 10) 1998, S. 159-188.

Hook, Glenn: Militarization and Demilitarization in Contemporary Japan. London/ New York 1996.

Hoshino, Toshiya: The Second Generation Japan-United States Security Alliance, in: Tow/ Trood/ Hoshino 1997, S. 64-82.

Hosoya, Chihiro/ Shinoda, Tomohito (Hrsg.): Redefining the Partnership. The United States and Japan in East Asia. Lanham/ New York/ Oxford 1998.

Hughes, Christopher: Japanese policy and the North Korean 'soft landing', in: The Pacific Review, Vol. 11, No. 3 1998, S. 389-415.

Hughes, Christopher: Japan's subregional security and defence linkages with ASEAN's, South Korea and China in the 1990s, in: The Pacific Review, Vol. 9, No. 2 (1996), S. 229-250.

Hummel, Hartwig: Japan's Military Expenditures After the Cold War: The ‚Realism' of the Peace Dividend, in: Australian Journal of International Affairs, Vol. 50, No.2, 1996, S. 137-155.

Hummel, Hartwig: Japan, Außenpolitik, in: Boeckh 1994, S. 241-248.

Hummel, Hartwig: Japanische Blauhelme. Von der Golfkriegsdebatte zum „PKO-Gesetz". (INEF Report, Heft 3) Duisburg 1994.

Hunsberger, Warren. (Hrsg.): Japan's Quest. The Search for International Role, Recognition and Respect. Armonk/ London 1997.

Hunsberger, Warren: Japan's Economy: From Resource Constraints to External Surpluses, in: Ders. 1997, S. 35-58.

Hunsberger, Warren/ Finn, Richard: Japan's Historical Record, in: Hunsberger 1997 S. 15-34.

Huo, Hwei-ling: Japan and China: Collaborators or Rivals?, in: Hunsberger 1997, S. 150-166.

Hurtzig, Julia/ Sandschneider, Eberhard: National Interest and Multilateral Cooperation: The PRC and its Policies towards APEC and ARF, in: Dosch/ Mols 2000, S. 215-242.

Ikeda, Tadashi: The Road to Peace in Cambodia. Japan's Role and Involvement. Tokyo 1998.

Inada, Juichi: Japan's Aid Diplomacy: Economic, Political or Strategic?, in: Newland 1990, S. 100-120.

Inoguchi, Takashi: Japan's Foreign Policy in an Era of Global Change. London 1993.

Inoguchi, Takashi: The ideas and structures of foreign policy: looking ahead with caution, in: Ders. 1993, S. 3-56.

Inoguchi, Takashi: Japan's response to the Gulf Crisis: an analytic overview, in: Ders. 1993, S. 98-114.

Inoguchi, Takashi: Japan's role in international affairs, in: Survival, Vol. 34, No. 2 (Summer 1992), S. 71-87.

Inoguchi, Takashi/ Okimoto, Daniel (Hrsg.): The Political Economy of Japan, Vol. 2: The Changing International Context. Stanford 1988.

Institute of Administrative Management Under the Supervision of Management and Coordination Agency, Prime Minister's Office, Government of Japan: Organization of the Government of Japan. Tokyo 1999.

Institute of Southeast Asian Studies (Hrsg.): Southeast Asian Affairs 1989. Singapore 1989

International Institute for Strategic Studies: Military Balance 1999/2000. London 1999.

Iriye, Akira: Japan, China in the Global Setting. Cambridge 1992.

Isensee, Joseph/ Kirchhof, Paul (Hrsg.): Handbuch des Staatsrechts der Bundesrepublik Deutschland (Band VII: Normativität und Schutz der Verfassung – Internationale Beziehungen) Heidelberg 1992.

Ishihara, Shintaro/ Mahathir, Mohamad: The Voice of Asia. Two Leaders Discuss the Coming Century. Tokyo 1995.

Ishihara, Shintaro/ Morita, Akio: The Japan That Can Say No. The new U.S.-Japan relations Card. Washington, D.C. 1991.

Ito, Takatoshi: Japan and the Asian Economies: A „Miracle" in Transition, in: Brainard/ Perry 1996, S. 205-272.

Iwanaga, Kenkichiro: *Sengo Nihon no Seito to Gaiko* (Political party and diplomacy in postwar Japan). Tokyo 1985.

Iwasawa, Yuji: The relationship between international law and national law: Japanese experience, in: British Year Book of International Law, Vol. 64 (1993), S. 344-375.

„*JAL captains set on defense pact collision course*": Asahi Evening News, *20. Mai 1999, S. 3.*

„*Japan begrüßt Bush-Regierung mit vorsichtigem Optimismus*", in: Japan Aktuell Jg. IX, Heft 1 (November/ Dezember 2000), S. 34-35.

„*Japan beteiligt sich am Wiederaufbau Osttimors*", in: Japan Aktuell. Wirtschaft, Politik, Gesellschaft, Jg. 8, Heft 3, Ziff. 51, S. 208.

„*Japan beteiligt sich am Wiederaufbau Osttimors*", in: Japan Aktuell. Wirtschaft, Politik, Gesellschaft, Jg. 8, Heft 3, Ziff. 51, S. 208.

„*Japan darf künftig an Kriegen teilnehmen*", Financial Times Deutschland, 19.10.2001.

Japan Defense Agency: Defense of Japan 1998. Tokyo 1998

Japan Defense Agency: Defense of Japan 1997. Tokyo 1997.

Japan Echo, Vol. 24 1997 (Special Issue): The Japanese Bureaucracy. Historical and Cultural Perspectives.

„Japan kündigt Freigabe der Rußlandkredite an", Japan aktuell 6/99 (Dezember 1999), S. 495.

„Japan Rising?": Asiaweek, 20. Juni 1997, S. 20-21.

"Japan-S.Korea Ties in Full Bloom", Korea Now, October 7, S. 10-11.

„Japan supportive but wary of the limelight. The backroom boys." Far Eastern Economic Review, 16. November 1989, S. 11-12.

"Japanese Premier Apologises to China for war Conduct"; Agence France Presse, Oct. 8, 2001.

„Japanischer Diplomat stellvertretender Leiter der UNTAET – Rolle der japanischen Armee unklar", in: Japan Aktuell. Wirtschaft, Politik, Gesellschaft, Jg. 8, Heft 1 (Februar 2000), Ziff. 66, S. 34.

„Japan's Apology Effort to China Falls Flat; Tensions May Increase": The Wall Street Journal, 27. November 1998, S. A9.

„Japan's Clarion Call": Far Eastern Economic Review, 28. January 1993.

"Japan's Role in the International Community: Special Study Report on Japan's Role in the International Community, LDP." Auszüge in: Japan Echo, Vol. 19, No. 2 (Summer 1992), S. 49-58.

„Japans Handelsüberschuß sinkt im Herbst", in: Japan Aktuell, Jg. IX, Heft 1 (November/ Dezember 2000), S. 31.

„Japans Handelsüberschuß sinkt weiter", in: Japan Aktuell, Jg. IX, Heft 4 (Mai/ Juni 2001), S. 333-334.

Japanstudien. Jahrbuch des Deutschen Instituts für Japanstudien der Franz von Siebold Stiftung, Band 10) 1998.

Job, Brian: Multilateralism in the Asia-Pacific Region, in: Tow, William/ Trood, Russell/ Hoshino, Toshiya 1997, S. 160-179.

Johnson, Chalmers: Ending Japan's Protectorate Status, in: Harrison/ Prestowitz 1998, S. 109-124.

Johnson, Chalmers: Old military alliance repackaged threatens Asian stability, in: The Japan Times, Thursday, September 25, (1997), S. 19.

Johnson, Chalmers: Containing China: U.S. and Japan Drift Towards Disaster, in: Japan Quarterly, Vol. 43, No. 4 (October-December 1996), S. 10-18.

Johnson, Chalmers: Japan: Who Governs? The Rise of the Developmental State. New York 1995.

Johnson, Chalmers/ Keehn, E.: The Pentagon's Ossified Strategy, in: Foreign Affairs, Vol. 74, No. 4 (July-August 1995), S. 103-114.

Johnson, Chalmers: Japan in Search of a „Normal" Role, in: Deadalus, Vol. 121, No. 4 (Fall 1992), S. 1-33.

Johnson, Chalmers: Johnson, Chalmers: MITI and the Japanese Miracle. The Growth of Industrial Policy, 1925-1975. Stanford 1982.

Johnson, Christopher: Redefining the US-Japan Alliance, in: Survival, Vol. 42, No.1 (Spring 2000), S. 173-181.

Johnstone, Christopher: Paradigms Lost: Japan's Asia Policy in a Time of Growing Chinese Power, in: Contemporary Southeast Asia, Vol. 21, No. 3 (December 1999), S. 365-385 (1999a).

Johnstone, Christopher: Strained Alliance: US-Japan Diplomacy in the Asian Financial Crisis, in: Survival, Vol. 41, No. 2 (Summer 1999), S. 121-138 (1999b).

Jorgensen-Dahl, Arnfinn: Regional Organization and Order in South-East Asia. New York 1982.

Judis, John: A free ride for the Japanese in the Gulf. Burden Shirking, in: The New Republic, March 4, 1991, S. 21-22.

Kaifu, Toshiki: Japan's Vision, in: Foreign Policy, No. 80 (Fall 1990), S. 28-39.

Kashiwashobo Publishing: The Constitution of Japan. English and Japanese. Tokyo 1996.

Katahara, Eiichi: Japan's Concept of Comprehensive Security in the Post-Cold War World, in: Shirk/ Twomey 1996, S. 213-231.

Katzenstein, Peter: Introduction: Asian Regionalism in Comparative Perspective, in: Ders./ Shiraishi 1997, S. 1-44.

Katzenstein, Peter: Asian Regionalism in Comparative Perspective, in: Ders./ Shiraishi 1997, S. 1-44.

Katzenstein, Peter/ Shiraishi, Takashi (Hrsg.): Network Power. Japan and Asia. Ithaca/ London 1997.

Katzenstein, Peter (Hrsg.): The Culture of National Security: Norms and Identity in World Politics. New York 1996 (1996a).

Katzenstein, Peter: Cultural Norms and National Security: Police and Military in Postwar Japan. Ithaca/ London 1996 (1996b).

Katzenstein, Peter/ Tsujinaka, Yutaka: „Bullying," „buying," and „binding": US-Japanese transnational relations and domestic structures, in: Risse-Kappen 1995, S. 79-111.

Katzenstein, Peter/ Okawara, Nobuo: Japan and Asia-Pacific Security: regionalization, entrenched bilateralism and incipient multilateralism, in: The Pacific Review, Vol. 14, No. 2 (2001), S. 165-194.

Katzenstein, Peter/ Okawara, Nobuo: Japanese Security Issues, in: Garby/ Bullock 1994, S. 55-58.

Katzenstein, Peter/ Okawara, Nobuo: Japanese National Security: Structures, Norms, and Policies, in: International Security, Vol. 17, No. 4 (Spring 1993), S. 84-118 (1993a).

Katzenstein, Peter/ Okawara, Nobuo: Japan's National Security: Structures, Norms and Policy Responses in a Changing World. Ithaca/ New York 1993 (1993b).

Kawasaki, Tsuyoshi: Between realism and idealism in Japanese security policy: the case of the ASEAN Regional Forum, in: The Pacific Review, Vol. 10, No. 4 (1997), S. 480-503.

Kawasaki, Tsuyoshi: Postclassical realism and Japanese security policy, in: The Pacific Review, Vol. 14, No. 2 (2001), S. 221-240.

Keck, Otto: Der neue Institutionalismus in der Theorie der Internationalen Politik, in: PVS 32 (1991), S. 635-653

„KEDO supporters on thin ice in Europe": Japan Times, 2. November 1997, S. 19.

Kegley, Charles/ Raymond, Gregory: A Multipolar Peace? New York 1994.

Kelsen, Hans: Collective Security and Collective Self-Defense under the Charter of the United Nations, in: American Journal of International Law (AJIL), Vol. 42, No. 4 (1948), S. 783-796.

Kendall, Harry/ Joewono, Clara (Hrsg.): Japan, ASEAN, and the United States. (Institute of East Asian Studies, University of California at Berkeley. Research Papers and Policy Studies, 35) Berkeley 1991.

Keohane, Robert: Multilateralism: an Agenda for Research, in: International Journal, Vol. 45, No. 4 (Autumn 1990), S. 731-764.

Keohane, Robert/ Nye, Joseph: Power and Interdependence. World Politics in Transition. Boston 1989[2].

Keohane, Robert: After Hegemony. Discord and Collaboration in the World Political Economy. Princeton 1984.

Keohane, Robert/ Martin, Lisa: The Promise of Institutionalist Theory, in: International Security, Vol. 20, No. 1 (Summer 1995), S. 39-51.

Kerbo, Harold/ McKinstry, John: Who Rules Japan? The Inner Circles of Economic and Political Power. Westport/ London 1995.

Kerde, Ortrud/ Pauer, Erich: Japanische Außenpolitik: Im Fernen Osten nichts Neues, in: von Bredow, Wilfried/ Jäger, Thomas (Hrsg.): Japan, Europa, USA. Weltpolitische Konstellationen der 90er Jahre. Opladen 1994, S. 211-230.

Kerr, Pauline: The Security Dialogue in the Asia-Pacific, in: The Pacific Review, Vol. 7, No. 4 (1994), S. 397-409.

Kevenhörster, Paul: Japan – Außenpolitik im Aufbruch. Opladen 1993.

Kikuo, Sato: Why Haven't the Northern Territories Reverted to Japan?, in: Journal of Japanese Trade and Industry, No. 2 1996, S. 14-19.

Kirste, Knut: Rollentheorie und Außenpolitikanalyse. Die USA und Deutschland als Zivilmächte. Berlin/ Bern/ New York/ Paris/ Wien 1998.

Kissinger, Henry: Diplomacy. New York 1994.

Kiyokatsu, Nishiguchi: Japan and the Asian Economic Miracle, in: Hunsberger 1997, S. 133-149.

Knapp, Manfred/ Krell, Gert (Hrsg.): Einführung in die Internationale Politik. München/ Wien 1996[3].

Köchler, Hans: Das Abstimmungsverfahren im Sicherheitsrat der Vereinten Nationen. Rechtsphilosophische Überlegungen zu einem normenlogischen Widerspruch und seinen Folgen für die internationalen Beziehungen. (Veröffentlichungen der Arbeitsgemeinschaft für Wissenschaft und Politik an der Universität Innsbruck, VI). Innsbruck 1991.

Koh, Byung: Japan's Administrative Elite. Berkeley/ Los Angeles 1989.

Kohler-Koch, Beate: Regime in den Internationalen Beziehungen. Baden-Baden 1989.

Kohler-Koch, Beate: Zur Empirie und Theorie internationaler Regime, in: Dies. 1989, S. 17-85.

Kojima, Kiyoshi: (Hrsg.): Pacific Trade and Development. Papers and Proceedings of a Conference Held by The Japan Economic Research Center in January 1968. Tokyo 1968.

Kojima, Kiyoshi: Japan's Interest in the Pacific Trade Expansion, in: Ders. 1968, S. 153-193.

Kojima, Kiyoshi: Japan and a Pacific Free Trade Area. Berkeley/ Los Angeles 1971.

Kozai, Shigeru: Japanese Participation in United Nations forces, in: Japanese Annual of International Law, Vol. 9, 1965, S. 11-14.

Krause, Joachim/ Umbach, Frank (Hrsg.): Perspectives of Regional Security Cooperation in Asia-Pacific: Learning from Europe or Developing Indigenous Models? (Arbeitspapiere zur Internationalen Politik, Nr. 100) Bonn, September 1998.

Kumar, Negesh (Hrsg.): Globalization, Foreign Direct Investment and Technology Transfers. Impacts on and Prospects for Developing Countries. London/ New York 1998.

Kunimi, Nakano: The Constitution of Japan, in: Journal of Japanese Trade & Industry, No. 2 1996, S. 20-23.

Kurata, Hideya: Multilateralism and the Korean Problem with Respect to the Asian Pacific Region, in: The Journal of Pacific Asia, Vol. 3 (1996), S. 129-147.

Kwak, Tea-Hwan/ Olsen, Edward (Hrsg.): The Major Powers of Northeast Asia. Seeking Peace and Security. Boulder/ London 1996.

LaFeber, Walter: The clash: a history of U.S.-Japan relations. New York/ London 1997.

Lake, David/ Morgan, Patrick (Hrsg.): Regional Orders. Building Security in a New World. Pennsylvania State University Press 1997.

Layne, Christopher: The Unipolar Illusion: Why New Great Powers Will Rise, in: International Security, Vol. 17, No. 4 (Spring 1993), S. 37-39.

„*LDP lawmakers demand revision, widening of SDF law*“: The Japan Times, 23. Juni 1999, S. 3.

Leaver, Richard: Restructuring in the Global Economy: From Pax Americana to Pax Nipponica?, in: Alternatives 14 (1989), S. 429-462.

Legewie, Jochen: Wirtschaftliche Integration der ASEAN: Zur Rolle japanischer Unternehmen bei der Entstehung und Umsetzung industrieller Kooperationskonzepte, in: Japanstudien, Band 10 (1998), S. 215-247.

Legewie, Jochen: Außenwirtschaftliche Verflechtungen, in: Deutsches Institut für Japanstudien (Hrsg.): Die Wirtschaft Japans. Strukturen zwischen Kontinuität und Wandel. Berlin/ Heidelberg/ New York 1997, S. 293-316.

Lehmann, Jean-Pierre: Japanese Attitudes towards Foreign Policy, in: Grant 1997, S. 123-141.

Leifer, Michael: The ASEAN peace process: a category mistake, in: The Pacific Review, Vol. 12, No. 1 (1999), S. 25-38.

Leifer, Michael: The ASEAN Regional Forum. (Adelphi Paper 302) Oxford 1996.

Leitch, Richard/ Kato, Akira/ Weinstein, Martin: Japan's Role in the Post-Cold War World. (Contributions in Political Science, Number 361) Westport, Connecticut/ London 1995.

Leitenberg, Milton: The Participation of Japanese Military Forces in U.N. Peacekeeping Operations (Maryland/ Tsukuba Papers on U.S.-Japan Relations). Maryland 1996.

Lentner, Howard: Foreign Policy Analysis: A Comparative and Conceptual Approach. Columbus/ Ohio 1974.

Levin, Norman: The Strategic Dimensions of Japanese Foreign Policy, in: Curtis 1993, S. 202-217.

Levin, Norman: Japan's Defense Policy: The Internal Debate, in: Kendall/ Joewono 1991, S. 75-91.

Lim, Robert: The ASEAN Regional Forum: Building on Sand, in: Contemporary Southeast Asia, Vol. 20, No. 2 (August 1998), S. 115-136.

Lind, Jennifer: Gambling with globalism: Japanese financial flows to North Korea and the sanctions policy option, in: The Pacific Review, Vol. 10, No. 3 (1997), S. 391-406.

Link, Werner/ Schütt-Wetschky, Eberhard/ Schwan, Gesine (Hrsg.): Jahrbuch für Politik 1995, 5. Jg., 2. Halbband, Baden-Baden 1995.

„*Lower House OKs $1 billion pledge to KEDO*": Japan Times, 4. Juni 1999, S. 2.

MacArthur, Douglas: Reminiscences. New York 1964.

Mack, Andrew/ Ball, Desmond: The Military Build-Up in the Asia-Pacific Region: Scope, Causes and Implications for Security. (The Australian National University. Strategic and Defence Studies Centre, Working Paper, No. 264) Canberra June 1992.

Mackerras, Colin (Hrsg.): Eastern Asia: An Introductory History. London 1995^2.

Maidment, Richard/ Goldblatt, David/ Mitchell, Jeremy (Hrsg.): Governance in the Asia-Pacific. London/ New York 1998.

Mak, Joon Num: The Asia-Pacific security order, in: McGrew/ Brook 1998, S. 88-120.

Mandelbaum, Michael (Hrsg.): The Strategic Quadrangle. Russia, China, Japan and the United States in East Asia. New York 1995.

Mansfield, Mike: The United States and Japan: Sharing Our Destinies, in: Foreign Affairs, Vol. 68, No. 2 (Spring 1989), S. 3-15.

Marble, Andrew: The PRC at the Dawn of the Twenty-first Century: Why the "China Threat" Debate?, in: A Journal of Chinese Studies and International Affairs, Vol. 36, No.1 (January/ February 2000): Special Issue: The "China Threat" Debate, S. 1-18.

Marris, Esme/ Overland, Malcolm: PBEC. The History of the Pacific Basin Economic Council 1967 to 1997. Bridging the Pacific. Wellington and Honolulu May 1997.

Mason, David/ Bellerud, Nana Goto: Japan Bashers and America Bashers: Public Opinion and US-Japan Relations in a Time of Transition, in: The Journal of East Asian Affairs, Vol. 10, No. 1 (Winter/ Spring 1996), S. 156-191.

Mason, David/ Turay, Abdul (Hrsg.): Japan, NAFTA and Europe. Trilateral Cooperation or Confrontation? New York 1993.

Maswood, Javed: Japanese Defence. The Search for Political Power. Singapore 1990.

Matthews, Ron/ Matsuyama, Keisuke (Hrsg.): Japan's Military Renaissance? New York 1993.

Matthews, Ron: Japan's Security into the 1990s, in: Ders./ Matsuyama 1993, S. 1-34.

Maul, Heinz Eberhard: Sicherheitspolitik und Streitkräfte, in: Pohl/ Mayer 1998², S. 155-163.

Maull, Hanns/ Nabers, Dirk (Hrsg.): Multilateralismus in Ostasien-Pazifik. Probleme und Herausforderungen im neuen Jahrhundert. Hamburg 2001

Maull, Hanns/ Segal, Gerald/ Wanandi, Jusuf (Hrsg.): Europe and the Asia-Pacific. Ithaca/ London 1998.

Maull, Hanns: Die Außenpolitik Japans, in: Knapp/ Krell 1996³, S. 204-240.

Maull, Hanns/ Kirste, Knut: Zivilmacht und Rollentheorie, in: Zeitschrift für Internationale Beziehungen, 3. Jg. (1996) Heft 2, S. 283-312.

Maull, Hanns (Hrsg.): Bowing to the Winds of Change? New Aspects in Japanese Economic, Foreign and Security Policies. (Arbeitspapiere zur Internationalen Politik, 88) Bonn 1994.

Maull, Hanns (Hrsg.): Japan und Europa: Getrennte Welten? Frankfurt/ New York 1993.

Maull, Hanns: Civilian Power: The Concept and its Relevance for Security Issues, in: Babic/ Huldt, 1993, S. 115-131 (126).

Maull, Hanns: Germany and Japan: The New Civilian Powers, in: Foreign Affairs, Vol. 69, No. 5 (Winter 1990-91), S. 91-106.

May, Bernhard: Japan in der Krise? Ökonomische und politische Umwälzungen in Japan als Herausforderung für die Triade. Arbeitspapiere zur Internationalen Politik, 95) Forschungsinstitut der Deutschen Gesellschaft für Auswärtige Politik, Bonn 1996.

May, Bernhard: Entwicklungshilfepolitik, in: Mayer/ Pohl 1994, S. 166-178.

May, Bernhard: Japans Neue Entwicklungshilfepolitik. Oldenburg 1989.

Mayer, Hans Jürgen/ Pohl, Manfred (Hrsg.): Länderbericht Japan. Geographie, Geschichte, Politik, Wirtschaft, Gesellschaft, Kultur. (Bundeszentrale für politische Bildung, Schriftenreihe Band 355) Bonn 1994.

McDougall, Derek: The International Politics of the New Asia-Pacific. Boulder 1997.

McGrew, Anthony/ Brook, Christopher (Hrsg.): Asia-Pacific in the New World Order. London/ New York 1998.

Mc Sweeney, Bill: Security, Identity and Interests. A Sociology of International Relations. (Cambridge Studies in International Relations: 69) Cambridge 1999.

Mearsheimer, John: A Realist Reply, in: International Security, Vol. 20, No. 1 (Summer 1995), S. 82-93.

Mearsheimer, John: The False Promise of Institutions, in: International Security, Vol. 19, No. 3 (Winter 1994/95), S. 5-49.

Mearsheimer, John: Back to the Future: Instability in Europe After the Cold War, in: International Security, Vol. 15, No. 1 (Summer 1990), S. 5-56.

Mendl, Wolf: Japan's Asia Policy. Regional Security and Global Interests. London/ New York 1995.

Mendl, Wolf: Japans Außen- und Sicherheitspolitik in Ostasien, in: Maull 1993, S.188-213.

Menk, Thomas: Gewalt für den Frieden. Die Idee der kollektiven Sicherheit und die Pathognomie des Krieges im 20. Jahrhundert. (Schriften zum Völkerrecht, Band 105) Berlin 1992.

Menon, Rajan: The Once and Future Superpower: At Some Point Japan is Likely to Build a Military Machine that Matches its Economic Might, in: The Bulletin of the Atomic Scientist, Vol. 53, No.1 (January/ February 1997), S. 34.

Midford, Paul: Japan's leadership role in East Asian security multilateralism: the Nakayama proposal and the logic of reassurance, in: The Pacific Review, Vol. 13, No. 3 (2000), S. 367-397.

"*Miles to Go*": Far Eastern Economic Review, 26. November 1998.

"*Military Makeover?*": Far Eastern Economic Review, 15. April 1999, S. 24.

Ministry of Foreign Affairs, Japan: Diplomatic Bluebook 1998. Japan's Diplomacy towards the 21st Century-New Developments and New Challenges Facing the International Community. Tokyo 1998.

Ministry of Foreign Affairs, Japan: Diplomatic Bluebook 1991. Japan's Diplomatic Initiatives. Tokyo, December 1991.

Ministry of Foreign Affairs, Japan: Diplomatic Bluebook 1978. Tokyo 1979.

Miyamoto, Masao: Straitjacket Society. An Insider's Irreverent View of Bureaucratic Japan. Tokyo/ New York/ London 1995.

Miyashita, Akitoshi: Gaiatsu and Japan's Foreign Aid: Rethinking the Reactive-Proactive Debate, in: International Studies Quarterly, Vol. 43, No. 4 (1999), S. 695-732.

„*Miyazawa-Initiative läuft aus*", Japan aktuell 3/00 (Juni 2000), S. 205-206.

Mochizuki, Michael/ O'Hanlon, Michael: A Liberal Vision for the US-Japan Alliance, in: Survival, Vol. 40, No. 2 (Summer 1998), S. 127-134 (1998a).

Mochizuki, Mike: Security and Economic Interdependence in Northeast Asia. (Institute for International Studies. Asia/ Pacific Research Center, Stanford University) Mai 1998 (1998b).

Mochizuki, Michael (Hrsg.): Toward A True Alliance: Restructuring U.S.-Japan Security Relations. Washington 1997.

Mochizuki, Michael: Toward a New Japan-U.S. Alliance, in: Japan Quarterly Vol. 43, No. 3 (July-September 1996), S. 4-16.

Mochizuki, Mike: Japan. Domestic Change and Foreign Policy. (RAND National Defense Research Institute) Santa Monica 1995.

Mochizuki, Michael: Japan as an Asia-Pacific Power, in: Ross 1995, S. 125-159.

Mochizuki, Mike: Japan's Search for Strategy, in: International Security, Vol. 8, No. 3 (Winter 1983-84), S. 152-179.

Mohl, Robert von: Die Pflege der internationalen Gemeinschaft als Aufgabe des Völkerrechts, in: Ders.: Staatsrecht, Völkerrecht und Politik 1, Tübingen 1860, S. 579-636.

Mols, Manfred: Asia-Pacific: Why Theory and what Type of it? A View from Political Science, in: Dosch/ Mols 2000, S. 7-38.

Mols, Manfred: Die Asienkrise: Manifeste und Latente Züge, internationale Auswirkungen und die Rolle von APEC und ASEAN, in: In: Dosch/ Faust 2000, S. 255-284.

Mols, Manfred: Regionalismus im asiatisch-pazifischen Raum, in: Zeitschrift für Politikwissenschaft, 6. Jg. (1996) Heft 4, S. 1043-1066 (1996a).

Mols, Manfred: Integration und Kooperation in zwei Kontinenten. Das Streben nach Einheit in Lateinamerika und Südostasien. Stuttgart 1996 (1996b).

Mols, Manfred: Regionalismus, in: Staatslexikon der Görres-Gesellschaft, Band 4. Freiburg etc. 1988[7], S. 774-777.

Moravcsik, Andrew: Taking Preferences Seriously: A Liberal Theory of International Politics, in: International Organization, Vol. 51, No. 4 (Autumn 1997), S. 513-553.

„More cash for KEDO, please": The Economist, 20 June 1998.

Morley, James: Japan and the Asia-Pacific. Defining a New Role. (Asian Update) May 1993.

Morrison, Charles (Hrsg.): Asia Pacific Security Outlook 1999. Tokyo/ New York 1999.

Morrison, Charles (Hrsg.): Asia-Pacific Security Outlook 1997. Honolulu 1997.

Müller, Harald: Die Chance der Kooperation Regime in den internationalen Beziehungen. Darmstadt 1993.

Mulgan, Aurelia: Beyond Self-defence? Evaluating Japan's Regional Security Role under the New Defence Cooperation Guidelines, in: Pacifica Review: peace, security & global change, Vol. 12, No. 3 (1999), S. 223-246.

Mulgan, Aurelia: The role of foreign pressure (gaiatsu) in Japan's agricultural trade liberalization, in: The Pacific Review, Vol. 10, No. 2 (1997), S. 165-209.

Mulgan, Aurelia: International Peacekeeping and Japan's Role. Catalyst or Cautionary Tale?, in: Asia Survey, Vol. 35, No. 12 (December 1995), S. 1102-1117.

Mulgan, Aurelia: Japan's Participation in U.N. Peacekeeping Operations: Radical Departure or Predictable Response?, in: Asian Survey, Vol. 33, No. 6 (June 1993), S. 560-575.

Muramatsu, Michio/ Krauss, Ellis: The Conservative Policy Line and the Development of Patterned Pluralism, in: Yamamura/ Yasukichi 1987, S. 516-554.

Nagara, Bunn/ Ean, Cheah Siew (Hrsg.): Managing Peace and Security in the Asia-Pacific. Papers presented at the Eighth Asia-Pacific Roundtable, June 5-8, 1994.

Nakano, Minoru: The Policy-Making Process in Contemporary Japan. London/ New York 1997.

Narita, Norihiko: Changing Japanese Politics. (About Japan Series, 24) Foreign Press Center, Japan 1999.

Neary, Ian (Hrsg.): Leaders and Leadership in Japan. Richmond 1996.

Neff, Robert/ Holstein, William/ Magnuson, Paul: Rethinking Japan: The Harder Line Toward Tokyo, in: Business Week, 7. August 1989, S. 44-52.

„*New Alliance in Asia*", Korea Now, December 2, 2000, S. 5-7.

Newland, Kathleen (Hrsg.): The International Relations of Japan. London 1990.

Nielebock, Thomas/ Rittberger, Volker: Die japanische und deutsche Außenpolitik in vergleichender Perspektive. Ein Tagungsbericht, in: Zeitschrift für Internationale Beziehungen, 6. Jg. (1999) Heft 1, S. 147-161.

"No Turning Back", Far Eastern Economic Review, 22 June 2000, S. 16-20.

Nolan, Jane: The Global Arms Market After the Gulf War. Prospects for Control, in: Washington Quarterly, Vol. 15, No. 3 (Summer 1992) 125-138.

„*Nordkorea kommt zum ASEAN-Sicherheitsforum*": Frankfurter Allgemeine Zeitung, Dienstag 25.7.2000, S. 1.

North, Douglass: Institutions, Institutional Change and Economic Performance. (The Political Economy of Institutions and Decisions) Cambridge 1990.

Nye, Joseph: Conflicts After the Cold War, in: The Washington Quarterly, Vol. 19 (1996), S. 5-24.

Nye Joseph: The Case for Deep Engagement, in: Foreign Affairs, Vol. 74, No. 4 (July-August 1995), S. 90-102.

Nye, Joseph: Coping With Japan, in: Foreign Policy, No. 89 (Winter 1992/93), S. 96-115.

Ogata, Sadako: Japan's policy towards the United Nations, in: Alger/ Lyons/ Trent 1995, S. 231-270.

Ogita, Tatsushi: The APEC Policy-Making Process in Japan. (IDE-APEC Study Center. Working Paper Series, 95/96-No. 7) Tokyo 1996.

O'Hanlon, Michael: Restructuring U.S. Forces and Bases in Japan, in: Mochizuki, Michael 1997, S. 149-178.

O'Hanlon, Michael: A New Japan-U.S. Security Bargain, in: Japan Quarterly, Vol. 44, No. 4 (December 1997), S. 12-19.

Okamoto, Yukio: Japan and the United States: The Essential Alliance, in: The Washington Quarterly, Vol. 25, No. 1 (2002), S. 59-72.

Okazaki, Hisahiko: „Japan ill-prepared for an emergency on the Korean Peninsula", in: The Japan Times, 22. April 1999, S. 21.

Okazaki, Hisahiko: Clearing the Way for a Global Security Role, in: Japan Echo, Vol. 20, No. 2 (Summer 1993); S. 8-11 (1993a).

Okazaki, Hisahiko: Southeast Asia in Japan's national strategy, in: Japan Echo Vol. 20, 1993 (special issue), S. 52-63 (1993b).

Okita, Saburo: Japan's Quiet Strength, in: Foreign Policy, Vol. 75 (Summer 1989), S. 128-145.

Okita, Saburo: Natural Resource Dependency And Japanese Foreign Policy, in: Foreign Affairs, Vol. 52, No. 4 (July 1974), S. 714-724.

Otte, Max/ Grimmes, William: Japans Beziehungen zu den Vereinigten Staaten, in: Maull, 1993, S. 110-139.

Otto, Carsten: „International Regimes" in the Asia-Pacific? The Case of APEC, in: Dosch/ Mols 2000, S. 39-66.

Otto, Carsten: Japans bewaffneter Pazifismus. Die Sicherheitspolitik einer wirtschaftlichen Supermacht seit dem Ende des Ost-West-Konfliktes, in: ASIEN, Nr. 73, (Oktober 1999), S. 7-28 (1999a).

Otto, Carsten: Japan in APEC. A European View. Vortrag, gehalten am DIJ in Tokyo am 26. Mai 1999. Masch. Man. (1999b).

Otto, Carsten: Das Waffenregister der Vereinten Nationen. Ziele und Probleme der internationalen Rüstungssteuerung. (Studien zur Internationalen Politik, Bd. 1) Wiesbaden 1997.

Owada, Hisashi: The Japanese Role in the Security of East Asia, in: Grove 1991, S. 3-18.

Ozawa, Ichiro: Blueprint for a New Japan. The Rethinking of a Nation. Englische Übersetzung. Tokyo/ New York/ London 1994.

Paik, Jin-Hyun: Exclusive Economic Zone and Maritime Boundary Delimitation in Northeast Asia, in: Bateman/ Bates 1996, S. 195-210.

Pacific Basin Economic Council: Thirteenth General Meeting. Sydney, Australia, May 5-8, 1980. Closing Summary.

Packard, George: Protest in Japan. The Security Crisis of 1960. Princeton 1966.

Panov, Alexander: Russia and Japan at a new stage of Relations, in: Asia-Pacific Review, Vol. 6, No. 1 (May 1999), S. 25-34.

Paribatra, Sukhumbhand: The Gulf crisis and its impact on the Asia-Pacific region's political and security developments, in: Hassan/ Mahmood 1991, S. 123-127.

Pempel, T.J.: From Exporter to Investor: Japanese Foreign Economic Policy, in: Curtis 1993, S. 105-120.

Pfeil, Florian: Zivilmacht für die Menschenrechte? Menschenrechte in der deutschen Außenpolitik 1990-1998 (POLITICA – Schriftenreihe zur politischen Wissenschaft, Bd. 40). Hamburg 2000.

Pharr, Susan: Japan's Defensive Foreign Policy and the Politics of Burden Sharing, in: Curtis 1993, S. 235-262.

Pohl, Manfred/ Mayer, Hans Jürgen (Hrsg.): Länderbericht Japan. Geographie, Geschichte, Politik, Wirtschaft, Gesellschaft, Kultur. (Bundeszentrale für politische Bildung, Schriftenreihe Band 355) Bonn 1998[2]

Pohl, Manfred: Japan und die Zukunft der ASEAN-Staaten, in: Aus Politik und Zeitgeschichte, B 48/98, S. 13-24 (13).

Pohl Manfred: Japans Rolle in Ostasien: Großmacht wider Willen?, in: APuZ, B50/94, S. 27-38.

Pohl, Manfred: Die innenpolitische Entwicklung von Nakasone bis Miyazawa, in: Maull 1993, S. 185-109.

Polomka, Peter: East Asian Security in a Changing World, in: Korean Journal of Defense Analysis, Vol. 4, No. 2 (Winter 1992), S. 75-77 (1992a).

Polomka, Peter: Japan as peacekeeper: Samurai state, or new international civilian power? (Canberra Papers on Strategy and Defence, No. 97) Canberra 1992 (1992b).

Prestowitz, Clyde: Trading Places. How America Is Surrendering Its Future to Japan and How to Win It Back. Tokyo 1991.

Pyle, Kenneth: Restructuring foreign and defense policy: Japan, in: McGrew/ Brook, 1998, S. 121-136.

Pyle, Kenneth: The Context of APEC: US-Japan Relations, in: The National Bureau of Asian Research (NBR): America, Japan, and APEC: The Challenge of Leadership in the Asia-Pacific. NBR Analysis Series, Vol. 6, No. 3, November 1995, S. 37-53.

Pyle, Kenneth: Can Japan Lead in the International System?, in: Mason/ Turay 1993, S. 219-241.

Pyle, Kenneth: The Japanese Question: Power and Purpose in a New Era. Washington, DC 1992.

Rachman, Gideon: Containing China, in: Washington Quarterly, Vol. 19, No. 4 (Winter 1996), S. 129-139.

Ravenhill, John: The 'Japan Problem' in Pacific Trade, in: Higgott/ Leaver/ Ravenhill 1993, S. 106-132.

Richardson, Bradley: Japanese Democracy: Power, Coordination, and Performance. New Haven/ London 1997.

Rieger, Hans Christoph: ASEAN Economic Cooperation Handbook. Singapur 1991.

Risse-Kappen, Thomas (Hrsg.): Bringing transnational relations back in. Non-state actors, domestic structures and international institutions. Cambridge 1995.

„Revision des PKO-Gesetzes vom Parlament verabschiedet", in: Japan Aktuell, Jg. X, Heft 1 (Januar/ Februar 2002), S. 28-29.

Rittberger, Volker/ Mayer, Peter (Hrsg.): Regime Theory and International Relations. Oxford 1995.

Rix, Allan: ASEAN and Japan: More than Economics, in: Broinowski 1982, S. 196-195.

Romana, Elpidio: Security, Politicians and the Public in Japan, in: Kendall/ Joewono 1991, S. 49-74.

Ross, Robert (Hrsg.): East Asia in Transition: Towards a New Regional Order. Armonk/ New York 1995.

Roy, Denny: Restructuring foreign and defence policy. The People's Republic of China, in: McGrew/ Brook 1998, S. 137-155.

Roy, Denny: Assessing the Asia-Pacific ‚Power Vacuum', in: Survival, Vol. 37, No. 3 (Autumn 1995), S. 45-60.

Rozman, Gilbert: Japan and Korea: should the US be worried about their new spat in 2001?, in: The Pacific Review, Vol. 15, No. 1 (2002), S. 1-28.

Rüland, Jürgen: Neue Wege der Zusammenarbeit in Südostasien. Die Gemeinschaft Südostasiatischer Staaten (ASEAN) nach dem 27. Ministertreffen in Bangkok (22.-28. Juli 1994). (Rostocker Informationen zu Politik und Verwaltung, Heft 1) Rostock 1994.

Ruggie, John: Multilateralism: The Anatomy of an Institution, in: Ders. 1993, S. 3-50.

Ruggie, John (Hrsg.): Multilateralism Matters. The Theory and Praxis of an Institutional Form. New York 1993.

„*Russia Returns*“: Far Eastern Economic Review, 13 January 2000, S. 21.

Sakaiya, Taichi: The Myth of the Competent Bureaucrat, in: Japan Echo, Vol. 25, No. 1 (February 1998), S. 25-39.

Sakanaka, Tomohisa: Japan's Changing Defence Policy, in: Matthews/ Matsuyama 1993, S. 69-83.

Samuels, Richard: Rich Nation, Strong Army: National Security and the Technological Transformation of Japan. Ithaca/ New York 1994.

Sase, Masamori: Japanische Sicherheitspolitik nach dem Kalten Krieg, in: Österreichische Militärische Zeitschrift, Vol. 34, No. 3, Mai-Juni 1996, S. 293-300.

Sato, Seizaburo: Why the shift from *kokubo* (national defense) to *anzen hosho* (security)? A study of the basic issues surrounding Japan's security, in: Asia-Pacific Review, Vol. 7, No. 2 (2000), S. 12-32.

Satoh, Yukio: Politische Koordination für Sicherheit und Stabilität im Asiatisch-Pazifischen Raum, in: Maull, Hans (Hrsg.): Regionalismus in Asien-Pazifik (Arbeitspapiere zur Internationalen Politik, 98). Bonn 1998, S. 59-85.

Satoh, Yukio: Policy Coordination for Asia-Pacific Security and Stability. (The Australian National University, Strategic and Defence Studies Centre, Working Paper No. 305) Canberra November 1996

Satoh, Yukio: Emerging Trends in Asia-Pacific Security: the role of Japan, in: The Pacific Review, Vol. 8, No. 2, 1995, S. 267-281.

Satoh, Yukio: Asian-Pacific Processes for stability and security': Japan's post Gulf international initiatives. Japanisches Außenministerium, Masch. Man., August 1991.

Schnabl, Gunther/ Gurbaxani, Indira: Goals, Decision-Making Mechanisms and Instrument in the Japanese-American Trade Conflict, in: Intereconomics, May/ June 1998, S. 126-135.

Schubert, Gunter: Die Beziehungen Japans zu Taiwan, in: Mayer/ Pohl 1994, S. 205-207.

Schüller, Margot: Japans Wirtschaftsbeziehungen zur VR China: Rückblick und aktuelle Entwicklungen, in: Pohl/ Mayer 1998, S. 369-384.

„Schulbuchstreit entwickelt sich zur diplomatischen Krise", in: Japan Aktuell, Jg. IX, Heft 4 (Mai/ Juni 2001), S. 342-343.

Schwartz, Frank: Advice and Consent: The Politics of Consultation in Japan. Cambridge/ New York/ Melbourne 1998.

Segal, Gerald: Adjusting to the New International Order, in: Mathews/ Matsuyama 1995, S. 102-116.

Segal, Gerald: Rethinking the Pacific. Oxford 1990.

"Seoul's Dangerous Assumptions", Far Eastern Economic Review, 26 October 2000, S. 29-3.

Shimada, Haruo: The Significance of the Okinawa Issue: The Experience of the Okinawa Problem Committee, in: Cossa 1997, S. 83-97.

Shin, Dong-Ik: Multilateral CBMs on the Korean Peninsula: making a virtue out of necessity, in: The Pacific Review, Vol. 10, No. 4 (1997), S. 504-522.

Shirk, Susan/ Twomey, Christopher (Hrsg.): Power and Prosperity. Economic and Security Linkages in Asia-Pacific. New Brunswick/ London 1996.

Shiro, Okubo: Japan's Constitutional Pacifism and United Nations Peacekeeping, in: Hunsberger, Warren 1997, S. 96-112.

Shultz, Richard/ Godson, Roy/ Greenwood, Ted (Hrsg.): Security Studies for the 1990s. New York 1993.

Simma, Bruno: Charta der Vereinten Nationen. Kommentar. München 1991.

Simma, Bruno/ Verdross, Alfred: Universelles Völkerrecht. Theorie und Praxis. Berlin 1984[3].

Simon, Sheldon: Security prospects in Southeast Asia: collaborative efforts and the ASEAN Regional Forum, in: The Pacific Review, Vol. 11, No. 2 (1998), S. 195-213.

Simon, Sheldon: Security Prospects in Southeast Asia: Collaborative Efforts and the ASEAN Regional Forum. Papier eines Vortrags, gehalten anläßlich der Mainzer Konferenz „30 Years of ASEAN", 10.-12. Juli 1997.

Singh, Gurdip: Asian Economic Overview: The Impact of Economic Factors on Security, in: Military Technology/ MILTECH 3/ 2000, S. 56-58.

Smith, Patrick: Japan: A Reinterpretation. New York 1997.

Smith, Peter: Talons of the Eagle. Dynamics of U.S.-Latin American Relations. New York/ Oxford 2000².

Snidal, Duncan: Relative Gains and the Pattern of International Cooperation, in: American Political Science Review, Vol. 85, No. 3 (1991), S. 701-726.

Snitwongse, Kusuma: ASEAN's Security Cooperation: Searching for a Regional Order, in: The Pacific Review, Vol. 8, No. 3 (1995), S. 518-530.

„*Sorry, no apology*": Far Eastern Economic Review, 10. Dezember 1998, S. 21.

Soesastro, Hadi: Open Regionalism, in: Maull/ Segal/ Wanandi 1998, S. 84-96.

Soeya, Yoshihide: Shape Up Or Ship Out. Recent Events in the Sea of Japan have exposed the limited parameters of Japanese defense and security posture, in: Look Japan, June 1999, S. 23 (1999a).

Soeya, Yoshihide: The Correct Use Of Force, in: Look Japan April 1999, S. 23 (1999b).

Soeya, Yoshihide: Japan Takes A Stand, in: Look Japan, Dezember 1998, S. 23 (1998a).

Soeya, Yoshihide: Japan: Normative Constraints versus Structural Imperatives, in: Alagappa 1998, S. 198-233 (1998b).

Soeya, Yoshihide: Japan's Dual Identity and the U.S.-Japan Alliance. (Discussion Papers. Asia/Pacific Research Center. Institute for International Studies, Stanford University) Stanford, May 1998 (1998c).

Soeya, Yoshihide: The Japan-U.S. Alliance in a Changing Asia, in: Japan Review of International Affairs, Vol. 10, No. 4 (Fall 1996), S. 265-275.

Soeya, Yoshihide: Japan in Asia: Beyond The Balancing Act, in: Maull 1994, S. 52-70.

Soon, Lau/ To, Lee (Hrsg.): The Security of the Sea Lanes in the Asia-Pacific Region. Singapore 1988.

Spruyt, Hendrik: A new architecture for peace? Reconfiguring Japan among the great powers, in: The Pacific Review, Vol. 11, No. 3 (1998), S. 364-388.

St John, Ronald: Japan's Moment in Indochina. Washington Initiative ... Tokyo Success, in: Asian Survey, Vol. 35, No.7, July 1995, S. 668-681.

Stockwin, James.: New Directions in Japanese Politics, in: Neary 1996, S. 265-275.

Stockwin, James: Japan. Divided Politics in a Growth Economy. London 1982^2.

Sudo, Sueo: The Fukuda Doctrine and ASEAN. New Dimensions in Japanese Foreign Policy. (Institute of South East Asian Studies (ISEAS) Singapore 1992.

Sudo, Sueo: Southeast Asia in Japanese Security Policy. (Institute Southeast Asian Studies, Pacific Strategic Paper 3) Singapore 1991.

Sudo, Sueo: Japan's Role in the Context of the Emerging Asia-Pacific World, in: Southeast Asian Affairs 1989. ISEAS Singapore 1989, S. 51-65.

Takeshi, Ishida/ Krauss, Ellis: Democracy in Japan. Pittsburgh 1989.

Tadokoro, Masayuki: The End of Japan's „Non Decision" Politics, in: Asian Survey, Vol. 34, No. 11 (November 1994), S. 1002-1015.

Tanaka, Akihito: Japan's Security Policy in the 1990's, in: Funabashi 1994, S. 28-56.

Tanaka, Heizo: Japan's Role and Responsibilities in the World Economic System, in: The Washington Quarterly, Vol. 13, No. 3 (Summer 1990), S. 107-120.

Taylor, Trevor/ Sato, Seizaburo (Hrsg.): Future Sources of Global Conflict (The Security Challenges for Japan and Europe in a Post-Cold War World, Volume 4) London 1995.

Terada, Takashi: The Australia-Japan Partnership in the Asia-Pacific: From Economic Diplomacy to Security Co-operation?, in: Contemporary Southeast Asia, Vol. 22, No. 1 (April 2000), S. 175-198.

Terada, Takashi: The origins of Japan's APEC policy: Foreign Minister Takeo Miki's Asia-Pacific policy and current implications, in: The Pacific Review, Vol. 11, No. 3 (1998), S. 337-368.

„Too Shy for Big Time": Far Eastern Economic Review, 30. Juli 1998, S. 23.

Thayer, Nathaniel: Japanese Foreign Policy in the Nakasone Years, in: Curtis 1993, S. 90-104.

The ASEAN Regional Forum: A Concept Paper. 1995.

The Comprehensive Security Study Group: Report on Comprehensive National Security. Tokyo, July 1980.

The Constitution: Four Newspapers Speak Out. Asahi Shimbun: Beware of Hasty Constitutional Revisionists, in: Japan Echo. Spring 1995, S. 35-39.

The Modality of the Security and Defense Capability of Japan: The Outlook for the 21st Century (Advisory Group on Defense Issues, 12 August 1994).

The National Institute for Defense Studies, Japan: East Asian Strategic Review 1998-1999. Tokyo 1999.

„*The Outline of the New Legal Framework to be Established For Ensuring the Effectiveness of the Guidelines for U.S.-Japan Defense Cooperation*". Masch. Man. des MOFA. Tokyo 2000.

„*The Personal Touch*", Far Eastern Economic Review, January 27, 2000, S. 24-26.

Tiedtke, Alexander: Japan und der Vorwurf des Trittbrettfahrerverhaltens in der US-amerikanisch-japanischen Allianz. (Schriften zur Wirtschaftstheorie und Wirtschaftspolitik, Band 5) Frankfurt/M./ Berlin/ Bern/ New York/ Paris/ Wien 1997.

Tomoda, Seki: Japan's search for a political role in Asia. The Cambodian peace settlement, in: Japan Review of International Affairs, Vol. 6, No. 1 (Spring 1992), S. 43-60.

Tow, William: Assessing U.S. Bilateral Security Alliances in the Asia Pacific's „Southern Rim": Why the San Francisco System Endures. (Institute for International Studies, Stanford University. Asia/Pacific Research Center) Stanford, October 1999.

Tow, William/ Trood, Russell/ Hoshino, Toshiya (Hrsg.): Bilateralism in a Multilateral Era. The Future of the San Francisco Alliance System in the Asia-Pacific. Tokyo 1997.

"*Treacherous shoals. China's forward policy in the South China Sea has rattled Asean and alarmed the US. The Chinese say they want a peaceful settlement but their actions suggest otherwise*": Far Eastern Economic Review, 13. August 1992, Cover Story, S. 14-20.

Tsuneoka, Setsuko: Pacifism and Some Misconceptions About the Japanese Constitution, in: Kashiwashobo Publishing 1996, S. 120-153.

Twomey, Christopher/ Shirk, Susan: Understanding the Economic-Security Nexus, in: Shirk/ Twomey 1996, S. 1-15.

Um, Khatharya: Southeast Asia and Japan: Political, Economic and Security Implications for the 1990s, in: Kendall/ Joewono 1991, S. 187-211.

Umbach, Frank: ASEAN and Major Powers: Japan and China – A Changing Balance of Power?, in: Dosch/ Mols 2000, S. 171-213.

Umbach, Frank: The Future of the U.S.-Japan Security Alliance, in: Dosch/ Mols 2000, S. 111-154.

Umbach, Frank: Massenvernichtungswaffen in Asien. Ist die Politik der Nichtverbreitung gescheitert?, in: Internationale Politik, 10/1999, S. 47-52.

University of Toronto-York. University Joint Center for Asia-Pacific Studies: Dialogue Monitor, May 1997.

Urata, Shujiro: Japanese Foreign Direct Investment in Asia: Its Impact on Export Expansion and Technology Acquisition of the Host Economies, in: Kumar 1998, S. 146-173.

Uriu, Robert: Domestic-International Interactions and Japanese Security Studies, in: Journal of Asian and African Studies, Vol. 33, No. 1 (February 1998), S. 76-93.

U.S.-Department of Defense, Office of International Security Affairs: United States Security Strategy for the East Asia-Pacific Region. Washington, D.C. Department of Defense, February 1995.

US Department of Defense: The Strategic Framework for the Asian-Pacific Rim: Looking Towards the 21st Century. Washington April 1991.

US Department of State: Joint Communiqué, Department of State Bulletin, Vol. XLV, No. 1150 (July 1961), S. 57-58.

Verosta, Stephan: Alliance, in: EPIL, Band 3, S. 10-14.

Villacorta, Wilfrido: Japan's Asian Identity. Concerns for ASEAN-Japan Relations, in: ASEAN Economic Bulletin, Vol. 11, No. 1 (1994), S. 79-92.

Vogel, Ezra: Japan as Number One in Asia, in: Curtis 1994, S. 159-183.

Vogel, Ezra: Japanese-American Relations After the Cold War, in: Deadalus, Vol. 21, No. 4 (Fall 1992), S. 35-60.

Wallace, William: Foreign Policy and the Political Process. London 1971.

Wallraf, Wolfram: Japan und Südostasien, in: Pohl/ Mayer 1998[2], S. 385-398.

Wallraf, Wolfgang: Japan nach der Einparteienherrschaft: Neue Politik durch institutionellen neuen Wandel?, in: Link/ Schütt-Wetschky/ Schwan 1995, S. 247-275.

Wallraf, Wolfgang: Japan, Rußland und die Transformation der Ost-West Beziehungen, in: Mayer/ Pohl 1994, S. 224-233.

Watanabe, Akio: Japan's Postwar Constitution and Its Implications for Defense Policy: A Fresh Interpretation, in: Matthews, Ron/ Matsuyama, Keisuke 1993, S. 35-49.

Walt, Stephen: International Relations: One World, Many Theories, in: Foreign Policy, No. 110 (Spring 1998), S. 29-47.

Walt, Stephen: The Renaissance of Security Studies, in: International Studies Quarterly, Vol. 35, No. 2 (1991), S. 211-239.

Waltz, Kenneth: The Emerging Structure of International Politics, in: International Security, Vol. 18, No.2, (1993), S. 44-79.

Waltz, Kenneth: Theory of International Politics. New York 1979.

Waltz, Kenneth: The Stability of a Bipolar World, in: Deadalus 93 (Summer 1964), S. 881-909.

Wanandi, Jusuf: Report of Workshop VII – Peace and security in Southeast Asia, in: Hassan/ Mahmood 1991, S. 143-156.

Wang, Jianwei/ Wu, Xinbu: Against Us or With Us? The Chinese Perspective of America's Alliances with Japan and Korea. (Institute for International Studies, Stanford University. Asia/Pacific Research Center) Stanford Mai 1998.

Wassmund, Hans: Die Supermächte und die Weltpolitik. USA und UdSSR seit 1945. München 1989.

Wassmund, Hans: Grundzüge der Weltpolitik. Daten und Tendenzen von 1945 bis zur Gegenwart. München 1985[2].

Watanabe, Akio/ Hisayoshi, Ina: Changing Security Environments and their Impacts on U.S.-Japan Security Relations, in: Hosoya/ Shinoda 1998, S. 15-28.

Weber, Max: Wirtschaft und Gesellschaft. Grundriß der verstehenden Soziologie. Tübingen 1976[5].

Weggel, Oskar: ASEAN: Regional- und Außenpolitik, in: Aus Politik und Zeitgeschichte, B33, 1984, S. 17-32.

Weinstein, Martin: Japan's Foreign Policy Options: Implications for the United States, in: Curtis 1993, S. 218-234.

Welfield, John: An Empire in Eclipse. Japan in the Postwar American Alliance System: a Study in the Interaction of Domestic Politics and Foreign Policy. London 1988.

Wendt, Alexander: Collective Identity Formation and the International State, in: American Political Science Review, Vol. 88, No. 2 (June 1994), S. 384-396.

Wendt, Alexander: Anarchy is what States make of it: the social construction of power politics, in: International Organization, Vol. 46, No. 2 (Spring 1992), S. 391-425.

„*Wiederaufnahme der Normalisierungsgespräche*“: Japan Aktuell. Wirtschaft, Politik, Gesellschaft, Jg. 8, Heft 3, Ziff. 56, S. 209-210.

Wilkening, Dean: Ballistic-Missile Defence and Strategic Stability (Adelphi Paper 334). Oxford, May 2000.

Willett, Susan: East Asia's Changing Defence Industry, in: Survival, Vol. 39, No. 3 (Autumn 1997), S. 107-134.

"Warmth in Siberia. Hashimoto and Yeltsin hope to thaw relations", in: Far Eastern Economic Review, 30. October 1997, S. 30-31.

Winckelmann, Johannes (Hrsg.): Max Weber. Gesammelte Politische Schriften 1988[5].

"Wirtschaftsforschungsinstitute legen Bericht zu Freihandelsabkommen vor", Japan aktuell, 4/00 (August 2000), 302-303.

Wolf, Klaus Dieter/ Zürn, Michael: „International Regimes“ und Theorien der Internationalen Politik, in: PVS 27 (1986), S. 201-221.

Wolferen, Karel van: The Enigma Of Japanese Power. The First Full-Scale Examination Of The Inner Workings Of Japan's Political/ Industrial System. New York 1989.

Wolfers, Arnold: National Security as an Ambiguous Symbol, in: Ders. 1962, S. 147-165.

Wolfers, Arnold (Hrsg.): Discord and Collaboration. Essays on International Politics. Baltimore 1962.

Woods, Lawrence: Learning from NGO Proponents of Asia-Pacific Regionalism, in: Asian Survey, Vol. 35, No. 9 (September 1995), S. 812-827.

Woods, Lawrence: Asia Pacific Diplomacy: Nongovernmental Organizations and Pacific Cooperation. Vancouver 1993.

Woolley, Peter: Japan's 1991 Minesweeping Decision. An Organizational Response, in: Asian Survey, Vol. 36, No. 8 (August 1996), S. 804-817.

Xuewu, Gu: Strategische Irrtümer: Eine kritische Betrachtung der dominierenden Ansätze zur Gestaltung der Sicherheitsordnung in Ostasien, in: ASIEN, Nr. 77 (Oktober 2000), S. 5-22.

Yahuda, Michael: The International Politics of the Asia-Pacific, 1945-1995. London/ New York 1995.

Yamakage, Susumu: Japan's National Security and Asia-Pacific's Regional Institutions in the Post-Cold War Era, in: Katzenstein, Peter/ Shiraishi, Takashi 1997, S 275-305.

Yamamura, Kozo/ Yasukichi, Yasuba (Hrsg.): The Political Economy of Japan, Vol. 1: Domestic Transformation. Stanford 1987.

Yamaoka, Michio: PBEC, PECC and APEC. (Waseda University Discussion Paper Series, No. 5) Tokyo 1996.

Yayama, Taro: The Recruit Scandal. Learning from the Causes of Corruption, in: Journal of Japanese Studies, Vol. 16, No. 1 (1990), S. 93-114.

Yomiuri Shimbun Constitutional Studies Group: A Proposal for a Sweeping Revision of the Constitution, in: Japan Echo, Vol. 22, No. 1 (Spring 1995), 26-29.

Yoo, Se Hee: Sino-Japanese Relations in a Changing Asia, in: Curtis 1993, S. 303-322

Young, Oran: International Regimes: Towards a New Theory of Institutions, in: World Politics 39 (October 1986-July 1987), S. 104-122.

Zagorski, A./ Zaitsev, V./ Shlyndov, A/ Tsyganov, Y./ Maltseva, G./ Ostroonkhov, O.: Russia and Northeast Asia: Economic and Security Interdependence (I). (National Institute of Research Advancement (NIRA) Research Output, Vol. 2, No. 2, 1998.

Zhuo, Quansheng: China and the Mayor Power Relations in East Asia, in: Journal of Contemporary China, Vol. 10, No. 29 (2001), S. 663-681.

Zürn, Michael: Interessen und Institutionen in der internationalen Politik. Grundlegung und Anwendungen des situationsstrukturellen Ansatzes. Opladen 1992.

2. Zeitungen und nicht-wissenschaftliche Zeitschriften

- Asahi Evening News
- Asahi Shimbun
- Far Eastern Economic Review
- Frankfurter Allgemeine Zeitung
- Handelsblatt
- Japan Times
- Korea Now
- Mainichi Daily News
- Nihon Keizai Shimbun

3. Pfadangabe verwendeter Internetseiten

http://projects.sipri.se/milex/mex_major_spenders.html.

http://www.adbi.org

http://www.aseansec.org/dialog/meu.htm

http://www.aseansec.org/dialog/mjap.htm

http://www.aseansec.org/politics/pol_arf7.htm

http://aus-cscap-anu.edu.au/Calendar1.html

http://www.csis.org/japan/japanwatch/jw0400.html

http://www.dfa.gov.ph/pisu/speech/sp-asean21.st.html

http://www.dfat.gov.au/arf/arf_meet.html

http://www.fpcj.jp/e/shiryo/jb/0145.html

http://www.fpcj.jp/e/shiryo/jb/0214.html.

http://www.kedo.org/Agreements/agreedframework.htm

http://www.kedo.org/charter.htm

http://www.kedo.org/Fact%20Sheets/fs4.htm

http://www.kedo.org/Fact%20Sheets/fs8.htm

http://www.kedo.org/Press%20Releases/2000%20Press%20Releases/2000Press01.htm

http://www.mastifffoundation.org/news/etimo/ka12b.htm

http://www.mastifffoundation.org/news/pacrim/rj19.htm

http://www.mofa.go.jp/announce/announce/2000/4/419.html

http://www.mofa.go.jp/announce/announce/1999/11/1102-2.html.

http://www.mofa.go.jp/policy/oda/budget/1999.html.

http://www.mofa.go.jp/region/europe/russia/speech0102.html.

http://www.mofa.go.jp/region/europe/russia/territory/index.html.

http://www.nttls.co.jp/fpc/e/shiryo/jb/9943.html

http://www.nttls.co.jp/fpc/e/shiryo/jb/0004.html.

http://www.nttls.co.jp/fpc/e/shiryo/pocket/defense/defense.html.

http://taiwansecurity.org/AFP/2001/AFP-100801.htm.

Interviewverzeichnis

(Aufgeführt sind all jene Interviewpartner, die einer namentlichen Nennung zugestimmt haben. Die berufliche Funktion bezieht sich auf den Zeitpunkt des Gesprächs)

- Donowaki, Mitsuro; Botschafter a.D. Sonderberater des japanischen Außenministers, MOFA.
- Drifte, Reinhard; Professor. East Asia Research Centre, Department of Politics. University of Newcastle, Great Britain.
- Fujimoto, Kentaro; Japan-U.S. Security Treaty Division. North American Affairs Bureau, Ministry of Foreign Affairs, Japan (MOFA).
- Fujiwara, Kiichi; Associate Professor. Institute of Social Science. University of Tokyo.
- Funabashi, Yoichi; Chief Diplomatic Correspondent and Columnist, Asahi Shimbun.
- Hernandez, Carolina; Professor. Präsident des Institute for Strategic and Development Studies (ISDS).
- Hielscher, Gebhard; Ostasienkorrespondent, Süddeutsche Zeitung, Japan.
- Hoshino, Toshiya; Senior Research Fellow. Center for American Studies, Japan Center of International Affairs.
- Ishikawa, Hiroshi; Deputy Director. National Security Policy Division, Foreign Policy Bureau, Ministry of Foreign Affairs, Japan (MOFA).
- Ishizuki, Hideo; Assistant Director. Northeast Asia Division. Asian Affairs Bureau, Ministry of Foreign Affairs, Japan (MOFA).
- Kikuchi, Tsutomu; Professor. Visiting Research Fellow. Center for Asia-Pacific Studies. Japan Institute of International Affairs (JIIA).
- Krauss, Ellis: Professor of International Relations and Pacific Studies. University of California, San Diego.
- Kurata, Hideya: Visiting Research Fellow. Center for Asia-Pacific Studies. Japan Institute for International Affairs (JIIA).
- Mibae, Teisuke: Assistant Director. National Security Policy Division. Foreign Policy Bureau, Ministry of Foreign Affairs, Japan (MOFA).
- Mine, Yoshiki; Director General for International Affairs, Japan Defense Agency.

- Nishihara, Masashi; Professor of International Relations. Nation Defense Academy, Japan.
- Sasaki, Yoshitaka; Senior Researcher. The Asahi Shimbun Asia Network, Department of Politics.
- Sato, Seizaburo; Professor. Research Director, Institute for International Policy Studies (IIPS), Japan.
- Shimada, Tekehiro: Assistant Director. First Southeast Asia Division. Asian Affairs Bureau, Ministry of Foreign Affa#irs, Japan (MOFA).
- Soesastro, Hadi: Executive Director. Centre for Strategic and International Studies (CSIS), Jakarta.
- Soeya, Yoshihide; Professor of Political Science. Faculty of Law, Keio University, Japan.
- Stares, Paul; Director of Studies. Japan Center for International Exchange (JCIE).
- Tomoda, Seki; Professor. Institute for Asian Studies. Asia University.
- Watanabe, Akio: Professor. Aoyama Gakuin University. School of International Politics, Economics and Business.

Kristina Gerteiser

Die Sicherheits- und Verteidigungspolitik der Europäischen Union

Rechtliche Analyse der gegenwärtigen Struktur und der Optionen zur weiteren Entwicklung

Frankfurt/M., Berlin, Bern, Bruxelles, New York, Oxford, Wien, 2002. 280 S.
Europäische Hochschulschriften: Reihe 2, Rechtswissenschaft. Bd. 3430
ISBN 3-631-39166-8 · br. € 45.50*

Die Frage einer europäischen Sicherheits- und Verteidigungspolitik stellt einen der wichtigsten Aspekte der europäischen Einigung dar. Zum einen ist sie ein feiner Gradmesser für die Integrationsfähig- und -willigkeit der Mitgliedstaaten, zum anderen wird sie in hohem Maße von der sich gerade derzeit stark verändernden globalen sicherheitspolitischen Lage beeinflußt. Die vorliegende Arbeit analysiert und erläutert die Sicherheits- und Verteidigungspolitik, wie sie in den Verträgen von Maastricht, Amsterdam und Nizza erarbeitet wurde und derzeit angewendet wird. Weiterhin werden zwei mögliche Szenarien der Weiterentwicklung der europäischen Sicherheits- und Verteidigungspolitik untersucht und mit ihren Voraussetzungen und Auswirkungen dargestellt.

Aus dem Inhalt: Entwicklung der europäischen Sicherheits- und Verteidigungspolitik im Kontext der europäischen Einigung · Ausprägung der ESVP im Vertrag von Amsterdam · Konzepte der Integration der Beistandsverpflichtung mittels eines fakultativen Zusatzprotokolls zum Unionsvertrag oder bei einer Integration des WEU-acquis in die GASP

FSC
www.fsc.org
MIX
Papier | Fördert gute Waldnutzung
FSC® C083411

Kolibri 360 GmbH
Ferdinand-Jühlke-Straße 7
99095 Erfurt, Deutschland
produktsicherheit@kolibri360.de

Druck:
CPI Druckdienstleistungen GmbH
im Auftrag der
Kolibri 360 GmbH
Ferdinand-Jühlke-Str. 7
99095 Erfurt